继《走进美国大报》、《走进英国大报》后
又一传媒管理力作

走近日本大報

OBSERVATIONS ABOUT JAPENESE NEWSPAPERS

崔保国／著

追寻百年大报足迹　探访东瀛报业秘笈

南方日報出版社
NANFANG DAILY PRESS

图书在版编目（CIP）数据

走进日本大报 / 崔保国著. —广州：南方日报出版社，2007.6
ISBN 978-7-80652-616-3

Ⅰ. 走…　Ⅱ. 崔…　Ⅲ. 报纸—新闻工作—研究—日本　Ⅳ. G219.313

中国版本图书馆 CIP 数据核字（2007）第 041102 号

走进日本大报

著　　者：崔保国
出版发行：南方日报出版社
地　　址：广州市广州大道中 289 号
电　　话：（020）87373998-8502
经　　销：全国新华书店
印　　刷：广东金冠科技发展有限公司
开　　本：787mm×1092mm　1/20
印　　张：19.5　插页:0.5
字　　数：330 千字
版　　次：2007 年 6 月第 1 版
印　　次：2007 年 6 月第 1 次印刷
定　　价：40.00 元

投稿热线：（020）87373998-8503　读者热线：（020）87373998-8502

网址：http://www.nanfangdaily.com.cn/press　http://www.southcn.com/ebook

受访日本大报版面一览

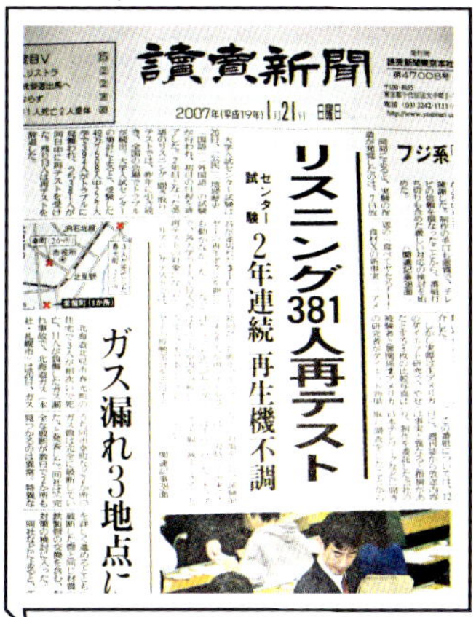

讀賣新聞

2007年(平成19年)1月21日 日曜日

リスニング381人再テスト

センター試験 2年連続 再生機不調

ガス漏れ3地点に

《读卖新闻》

MAINICHI

毎日新聞

ねつ造

「あるある大事典Ⅱ」納豆ダイ

制作会社 過去に

伯東

時代の風 瀬戸内寂聴氏 2

センター試験初日 18・25・30

mai お届けします

《每日新闻》

2007年(平成19年)1月19日 金曜日

朝日新聞

日銀

利上げ見送り、賛成6反対3

異例の伯仲

審議委員真っ二つ

クローバー

紙面から

《朝日新闻》

産經新聞

1.21(日)

朝の詩

芸術の新発信地

新美術館きょう開館

《产经新闻》

2007年(平成19年)1月21日(日曜日)

日本経済新聞

1月21日 日曜日

確定拠出年金

キヤノン、ヤマトも導入

拠出限度額の引き上げなど 普及のカギに

資産残高3兆円

有人店舗

《日本经济新闻》

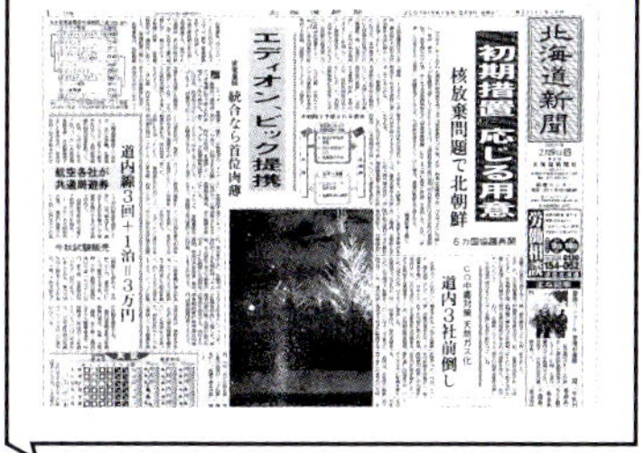

北海道新聞

初期措置に応じる用意

核放棄問題で北朝鮮

エディオン、ビック提携

《北海道新闻》

河北新報

自民大勝 296議席

与党320超 「郵政」信任

民主惨敗 岡田氏辞意

公明3減、連立は維持

宮城小選挙区 自民5、民主1

《河北新闻》

2007年(平成19年)1月21日(日曜日) (日刊)

東京新聞

中日新聞東京本社

宝塚のカラオケ店

火災で1人死亡、2人重体

調理場で出火 店長らを聴取

関西テレビ「打ち切りも」

田中真さん

新宿西口 アメミヤ 1・4・1 雨宮ビル ☎(03)3342-0141

読者応答室 電話 03-6910-2201 休日以外毎日 午前10時から午後6時まで

国立新美術

《东京新闻》

信濃毎日新聞

防衛相との会談拒絶

批判発言に不快感

見返り調整難航

《信浓每日新闻》

神戸新聞

他メーカーでも死者

名門復活へ ブログ大作戦

水鳥、4割の群れで減少

《神户新闻》

京都新聞

75歳以上に在宅療養計画

舞鶴市長に斎藤氏

《京都新闻》

西日本新聞

久間防衛相との会談拒否

三たび休会の可能性

《西日本新闻》

中日新聞

同じ構造で別名外機種

5人死亡もリンナイ製

《中日新闻》

朝日新闻社原社长箱岛信一（原日本报业协会会长）握手欢迎本书作者的来访

作者和每日新闻社社长北村正任（现任日本报业协会会长）的合影

读卖新闻东京本社社长内山齐接受本书作者采访

日本经济新闻社社长杉田亮毅与作者亲切交谈

东京新闻社总裁宇治敏彦
在回答作者问题

产经新闻论说委员长
吉田信行

河北新报社的会长一力一夫
在接受作者采访

信浓每日新闻社常务副社长小坂壮太郎陪同作者在编辑部采访

西日本新闻社社长多田昭重在回答作者问题

作者在北海道新闻社的编辑部

目　录
Contents

前　言

近十年来，世界报协公布的全世界发行量排名前五位的报纸几乎全都是日本的报纸，世界发行量排名第一的日本报纸《读卖新闻》每天的发行量竟高达1400万份。为什么世界上发行量最大的报纸既不是在报业发达的美国，也不是在人口众多的中国，也不是在报业历史悠久的欧洲，而是在只有1.2亿多人口的日本？这似乎是个谜。

日本国土面积只有38万平方公里，共有47个行政区划单位（1都、1道、2府、43县），人口总数1.2亿多。为什么会在这个国土不大，人口也不多的国家里出现这么多世界级的大报呢？这是一个传媒业界和学界都非常关注又不得其解的问题。本书正是从这一问题出发去考察日本报纸的历史与今天，努力去揭开这个报业王国的神秘面纱。

日本第一份真正意义上的近代报纸是诞生于1870年4月的《横滨每日新闻》。19世纪90年代以后，无论是以言论为主的“大报”（即“政论报纸”）还是以娱乐为主的“小报”，均朝着商业性报纸的方向发展。明治末期，日本报业的商业化倾向越来越明显，逐渐演变为一个赢利行业。1918至1919年间，大阪的《每日新闻》和大阪《朝日新闻》先后改为股份公司。

20世纪30年代，日本报界也被卷入军国主义的漩涡，报纸被军国主义政府压迫和掌控。“二战”结束后，美国占领军在日本推行“民主改革”，日本报业进入了一个新的发展阶段。50年代和70年代分别促成了日本报业的两次高速发展时期，使得日本报业发展达到了世界领先的水平。

从20世纪80年代起，日本报纸的发行量和普及率就已高居发达国家前列。根据世界报业协会（WAN）《World Press Trends》（2005年版）的数据，从总发行量上来看，日本报纸的日均发行量为70364份，位居世界第二，中国报纸以日均发行量88657份位居世界第一。从每千人拥有报纸量来看，挪威以650.7份位列榜首，日本以644.2份位居第二，但中国每千人报纸拥有量仅为86.3份。在世界范围内，欧洲大陆的报纸普及程度最高，西方发达国家的每千人报纸拥有量都达到300份以上，特别是北欧国家，挪威、瑞典、芬兰、丹麦等国的每千人拥有量亦高居欧洲前列。从报业发展水平来看，日本的确是名副其实的报业王国。那么，对于日本的报业的研究就有了国际意义和典型意义。让我们一起走进日本报业去看个究竟吧。

表 0–1　　世界主要国家的报纸发行量和千人报纸拥有量①

国名	总发行量（单位：千份）					报纸种类					每千人拥有量
	2000	2001	2002	2003	2004	2000	2001	2002	2003	2004	
（北美洲）											
加拿大	5167	5185	5005	4930	5350	104	104	102	102	100	198.7
美国	55773	55578	55186	55185	54626	1480	1468	1457	1456	1457	232.5
（南美洲）											
阿根廷	2200	–	–	–	–	109	112	122	181	182	74.8
厄瓜多尔	1220	–	–	–	–	36	–	–	–	–	137.3
（亚洲）											
中国	75603	82047	85470	88657	–	909	975	1007	1035	–	86.3
日本	71896	71694	70815	70339	70364	110	106	106	105	107	644.2
马来西亚	2191	2399	2474	2572	2753	31	34	33	33	35	171.5
新加坡	1334	1300	1325	1496	1542	11	10	10	11	11	415.0
（大洋洲）											
澳大利亚	3083	–	–	2970	2934	48	48	48	47	49	182.1
新西兰	777	764	745	739	738	26	26	24	24	23	232.7
（欧洲）											
丹麦	1481	1456	1433	1875	1825	31	30	30	34	34	413.8
芬兰	2304	2309	2268	2243	2255	55	54	54	53	53	522.1
荷兰	5193	5250	5046	4856	4712	38	37	37	36	36	350.8
挪威	2578	2527	2524	2450	2405	82	81	81	78	78	650.7
瑞典	4100	4078	4068	4282	4312	96	97	94	94	95	577.7
瑞士	2666	2634	2594	2539	2486	104	98	98	97	93	397.9

① 根据世界报业协会（WAN）：《WorldPress Trends》(2005 年版）编制，来源于日本新闻协会《日本新闻年鉴 2005—2006》。其中关于中国报业的统计与国内的数字有一些差别。谨供参考。

第一节　关于报业研究方法

本书试图对日本报业进行较系统的考察和研究，主要采用的是案例研究方法。我们选择了若干家日本报纸作为案例研究的素材，选择的标准主要依据就是所谓“大报”的概念。那么何谓“日本大报”呢？报纸大小的衡量标准有很多，可以从发行量，可以从读者定位的层次，也可以从报纸的收入多少，还可以从历史的悠久程度等方面来区分。但其中最没有争议的衡量指标就是发行量。所以，本书划分大报小报的一个基本标准就采用看一家报纸近几年的日平均发行量的办法来决定。

一、关于“报纸的发行量”

“发行量”是一个重要概念，也是大家经常提到但却对其含义无法确定的概念。一般来说，对发行量的界定主要是从报业经营或广告价值的角度而言的，不同发行量所对应的广告效果是不一样的。同时，从各个角度对各区域或各阶层发行量进行细分，有利于媒介对这些市场信息的监控，增强对报纸自身的了解，从而科学地调整读者结构和广告结构。

目前，我国对于发行量的界定比较模糊，还不够科学。我国各种统计资料上提到的“发行量”，大部分指的都是各家报纸每年 1 月 1 日这一天的发行量；而且，这天的发行量通常都是由各家报社自己报上来的。这种发行量在国际上被称为“宣称发行量” (Claimed Circulation)，即由媒体本身根据实际印刷量扣除未发行份数所宣布的发行量。这种发行量的价值和可信度不是很高。针对这种情况，中国报业协会在 1999 年曾就报纸的发行量如何统计有过一个提议①，提出按照报纸在一段时间内（一般是一年）平均每期的发行量来确认发行量的办法，但业内一直没有定论和回响。

“发行量” (Circulation) 一词在国际通行的解释中，是指某印刷媒体每期实际发行到读者手中的份数。一般意义上讲的报纸发行量应该是报

---

① 《报纸发行量如何界定》，人民网 2003 年 12 月 20 日，http://www.people.com.cn/GB/guandian/2263339.html。

纸的某一年的“日平均期发量”。比如说一份日报在通常情况下一年是365期，它的平均期发行量怎么算呢？假定这张报纸一年出了365期，应该是该年每一期的发行量加总之后除以365天，这个平均数就是它这一年的“日平均期发量”，或者叫某年度的平均期发量。这种计算方法要比目前有些单位每年上报的发行量数字科学得多、合理得多。然而，这种计算方法要得到真正的执行却绝非易事。首先需要建立一个客观公正的第三方核查机构，还需要一套科学的核查方法和制衡机制，更重要的是需要培养一批有高尚职业道德的核查人员。这种经过核查的发行量叫做“稽核发行量”（Audited Circulation）。稽核发行量是由独立的第三方对印刷媒体发行量加以稽核后提供的发行量数据。在核查里面还有许多细目，比如每份报纸的月平均发行量，每个不同地区的日平均发行量等。另外还有几个关于发行量的概念值得注意：

订阅发行量（Subscribed Circulation）：印刷媒体发行量中属于长期订阅部分的发行量，又分家庭订阅发行量和单位订阅发行量①。

零售发行量（Retailed Circulation）：印刷媒体发行量中属于单期购买部分的发行量。主要指读者在报摊购买的数量，零售发行量对刊物和广告的价值也很重要。

赠阅发行量（Free Circulation）：印刷媒体发行量中有一部分属于赠阅的部分。赠阅发行量大部分并非读者主动选择的结果，所以应该从平均期发量扣除。

发行量虽然并不是衡量媒体影响力和经营业绩的唯一指标，但是一个重要的又比较容易量化的指标。

二、报业在传媒业的地位

报业在日本传媒业中是个举足轻重的行业，一是因为报业的份额最大，二是因为报业是传媒业中资历最老的，广播电视业的大老板往往是报社的大老板。日本传媒产业的总量到底有多大，这是一个很难统计的数据。日本电通总研通过对个人媒介支出情况的调查，推算出了2004年日本传媒市场的规模是19.4万亿日元，如表2所示。其中，“随意支付型”的市场规模为9.2万亿日元，“合同支付型”的市场规模为10.2万亿日元，总计为19.4万亿日元。关于日本媒介产业的市场规模，业界有着各

① 家庭订阅的读者通常对刊物具有较强的兴趣，因此无论对媒体本身还是广告价值而言，家庭订阅量和订阅读者均具有较高价值，单位订阅发行有助于增加传阅率。

种各样的推算。例如，根据经济产业省下属的组织“数字内容协会(DCAJ)”的推算，2004年的媒介内容产业的市场规模有13.3362万亿日元[1]；另外，总务省所统计的2003年“媒介、软件市场”规模是10.8604万亿日元[2]。这都是可以参考的推算数据。

按电通的推算来说。其中报纸零售加订阅的总额是1.992万亿日元，这标志着报纸在日本传媒产业中所占的份额超过了1/10。

表0-2　　2004年的日本国内传媒市场规模

（单位：亿日元）

类型	媒介分类	金额
随意支付型	书籍	14070
	杂志(除漫画以外的)	7050
	漫画	3450
	报纸(零售额)	1620
	音乐CD（卖的）	10500
	音乐CD（租的）	2700
	录像软件（卖的）	7120
	录像软件（租的）	3690
	电影•戏剧＊	10080
	家庭用游戏软件	4610
	电脑软件	4470
	游戏中心	2720
	现场活动＊	13380
	卡拉OK	5240
	上网	1290
	小计	91980

① 《数字内容白皮书2005》，财团法人“数字内容协会”发行。

② 《媒介•软件的制作及流通状况》。该调查研究由总务省信息通信经济室和信息通信政策研究所（IICP）与财团法人“整合媒介发展中心”联合实施。

（续上表）

类型	媒介分类	金额
合同支付型	手机（包括 PHS）	38310
	报纸（合同）	18300
	NHK	5610
	NHK-BS	1670
	收费卫星转播	3180
	有线电视	3860
	网络	11750
	电话	19690
	小计	102380

总计:19436 亿日元

据电通总研推测，今后日本的信息传媒市场将会呈现出缓慢发展的趋势，其主要原因如下：(1) 在对信息媒介的总支出中，个人支出占相当的比例，受个人收入的限制，今后持续增长的空间不大；(2) 通信市场的激烈竞争将带来宽带、电话、手机等使用费的进一步降低，与此对应的人们的支出金额也会略微减少；(3) 年轻一代一直都是内容产业的主要消费群体，受生育减少的影响，预计这一消费群体在人数上每年将会以 0～2% 的速度持续减少。因此，未来传媒市场竞争的决定因素将是内容、价格和支付方式等。

第二节 日本的五大报系

从日本报业的总体结构来看，日本的报纸可以分为四大类型：第一类是全国性发行的报纸，如《朝日新闻》、《读卖新闻》；第二类是跨区域发行的报纸，如《北海道新闻》；第三类是地方性报纸，如《神户新闻》；第四类是专业类报纸，如《日本农业新闻》等。其中规模和影响最大的是全国性发行的报纸。日本最著名的全国性报纸被称为五大报系。

一、五大报系——日本式传媒集团

所谓日本的五大报系，就是指《朝日新闻》、《读卖新闻》、《每日新闻》、《产经新闻》和《日本经济新闻》等五家有全国发行网的报纸。这五家报纸的发行总量占到全国报纸发行量的一半以上，并且均跻身世界报纸发行量前十名之列。除了这五份全国性大报之外，日本区域性报纸、地方性报纸、专业类报纸等也均有不凡的业绩。如福冈县的最大报纸《西日本新闻》，早报与晚报的总发行量约为 103 万份。《北海道新闻》是日本北部最有影响的报纸，其发行量约为 197 万份，静冈县主要的报纸《静冈新闻》则拥有约 148 万份的发行量。

日本报业的发展史上，在 20 世纪 50 年代和 70 年代有两个快速发展期，各大报纸的技术革新、设备竞赛以及全国范围内的发行竞争全面展开，逐渐形成新的报业垄断格局。1950 年“电波三法”对电波经营限制的解除，促使报业经营形成多样化的趋势，报业的产业结构发生变化。报业通过积极参加民营电视台投资建设，以及对民营电视台的积极扶持，让报业和民营广播电视业的资本、人力合在一起，形成了综合传媒集团。在《读卖新闻》、《朝日新闻》、《每日新闻》、《日本经济新闻》和《产经新闻》这五家全国性大报的基础上建立了五大全国广播电视网，形成五个全国性的垄断性传媒集团，这些报社又都在东京、大阪以及其他主要城市设立总社、分社，每个总社、分社又出版各种地方版、多种期刊、图书。所以各报社实际上是拥有众多子报子刊的报业集团。各报社除了出版报刊外，还经营广告和其他文化产业。除传媒产业外，各报社还兼营其他业务，比如有旅游、交通、娱乐、房地产、保险等方面的子公司，因此这些报社同时又是跨行业的企业集团。

长期以来，日本报界基本上是以《朝日新闻》、《读卖新闻》、《每日新闻》、《产经新闻》和《日本经济新闻》为主导，形成一个“五分天下”的格局。每个地方二级城市基本上是一城一报的局面。但近年来情况也在发生着变化，而且这种变化越来越明显。首先是《读卖新闻》抢夺了《朝日新闻》发行量第一的龙头宝座位置，成为世界公认的发行量第一的报纸。现在《朝日新闻》和《读卖新闻》的发行量相差了 100 多万份。俗称“三大报”（即《读卖新闻》、《朝日新闻》、《每日新闻》三种报纸）中的《每日新闻》虽然曾经也占据日本报业的重要地位，但在 1977 年石油危机的冲击后经营状况一蹶不振。《每日新闻》的发行量被《读卖新闻》远远超越。而《日本经济新闻》则一跃而起，发展迅速。《产经新闻》的经营状况和发行量也是每况愈下，一些区域性大报发展迅速，正在接近全国性大报的发行量。因此可以说“五分天下”的格局也在发生着变化，面临着“破局”的挑战。

二、日本报业的集中度

日本报纸的日均发行量约为 7082 万份，在过去的十几年中，日本一直是世界报纸日均发行量最大的国家，这几年才被中国超越，位居世界第二。而创造这一庞大报业市场的日报报社却总共只有 120 多家，我们中国报纸的日均发行量虽然有 8000 多万份，可是却有近 2000 家报社在平摊这一市场，可见日本报业的集中度是很高的。除了五大全国性报纸外，中小城市的地方报业基本上保持了一城一报的格局。

日本新闻协会通过对 95 家主要日报社的调查发现，报社的资本金额规模不足 1 亿日元的有 44 个（占总数的 46.3%），约占一半。报社总体来说都属于资本投入较小的企业。但每年的营收总额都在几百亿至几千亿日元。

在五家全国性报纸中占有举足轻重地位的是被称作三大报的《读卖新闻》、《朝日新闻》和《每日新闻》。据日本新闻协会 2003—2004 年度统计数字显示，三大报的日均总发行量 3194 万份，占全国报纸总发行量的 45.1%。这就意味着仅这三大报纸的发行量就接近于剩下的那 100 多份报纸的总发行量。而在这三大报中，《朝日新闻》和《读卖新闻》在日本报界占据领先地位。日本发行量最大的是《读卖新闻》，2004 年度其早报和晚报的总发行量高达 1406 万份；其次是《朝日新闻》1225 万份，再次是《每日新闻》563 万份；最大的财经类报纸《日本经济新闻》则有 464 万份；之后是《产经新闻》约 275 万份。

与欧美报纸比较，日本报纸的发行量实在令人惊叹。美国销量最大的《今日美国》也不过 219 万份，英国销量最大的大众报纸《太阳报》也只有 347 万份。

表 0-3　　日美报纸日均发行量对比

（单位：万份）

日本报纸发行量			美国报纸发行量		
	报名	发行量		报名	发行量
1	读卖新闻	1008	1	USA Today	219
2	朝日新闻	822	2	The Wall Street Journal	210
3	每日新闻	395	3	The New York Times	113
4	日本经济新闻	302	4	Los Angeles Times	98
5	产经新闻	215	5	Washington Post	77
日本报纸总计发行量		7081	美国报纸总计发行量		5518

注：★日本是 2005 年 1—6 月的平均值（日本 ABC 协会调查），只计算日报发行量，未计晚报发行量。

★美国是 2003 年的实际发行量（AdvertisingAge2004 年 1 月刊）。

第三节 日本报业的规模与结构

同一份报纸分别出早报和晚报是日本报纸的一大特征，早报、晚报合在一起是一套。据《日本新闻年鉴 2005—2006》的统计数据显示，日本共有 120 多家日报。如果将配套发行的早报和晚报进行分别计算的话，日本 2004 年日报日均发行量为 7081.5071 万份。

一、从发行量看日本大报

在目前的 120 多家日本报纸中，日均发行量在 100 万份以上的有 10 家，占总体的 10%左右，日均发行量在 50 万份以上的有 12 家，占总体的 10%强。我们就暂且把日均发行量在 50 万份以上的报纸定义为所谓的“日本大报”吧。

表 0–4　　发行量 100 万份以上的日本大报

（单位：万份）

报纸名称	早报发行量	晚报发行量	合计	备考
朝日新闻	824.6208	377.1971	1201.8179	
产经新闻	216.9152	63.5745	280.4897	早报为《东京朝刊》，晚报为《大阪夕刊》
日本经济新闻	302.4530	160.9948	463.4478	
每日新闻	398.2133	161.6670	559.8803	
读卖新闻	1006.7683	396.5999	1403.3682	
北海道新闻	121.6438	66.8976	188.5414	
静冈新闻	74.7540	74.7320	1481.4860	
中日新闻	276.6834	67.5804	335.2638	
西日本新闻	85.5490	17.7445	102.7994	
报知新闻	118.4277		118.4277	娱乐报

资料来源：《日本新闻年鉴 2005—2006》。

表 0-5　　　　发行量 50 万份以上的日本大报

（单位：万份）

名称	早报发行量	晚报发行量	合计	备考
秋田魁新报	26.5086	26.5086	53.1720	
河北新报	50.4265	11.6305	62.5700	
东奥日报	25.8745	25.5038	51.3783	
信浓每日新闻	48.1051	5.3522	53.4573	
东京新闻	60.8000	29.4011	89.4811	
新瀉新闻	49.2814	5.8252	55.1066	
京都新闻	50.7341	31.8698	82.6039	
神户新闻	56.1212	25.7362	81.8574	
山阳新闻	46.3156	7.1873	53.5029	
中国新闻	71.4511	7.3605	78.8116	
体育日本	81.0497		81.0497	娱乐报

资料来源：《日本新闻年鉴 2005—2006》。

从以上这 21 家日本报纸发行量排列表中，我们可以感受到日本报业的实力。另外，我们从表 6 的数字可以看到，从 1993 年到 2005 年的 12 年间，日报报纸的发行量几乎没有太大的变化，只是略有些上下浮动。这说明在 20 世纪 90 年代就已经达到了发行量的饱和状态（参见表 6）。

表 0-6　　　　1993—2005 年日本报纸的发行量变化表

（单位：万份）

年份	合计	类别		发行方式		
		一般报纸	体育类报纸	配套发行	早报单独份数	晚报单独份数
1993	5243.3451	4607.2744	636.0707	1960.9860	3078.0669	204.2922
1994	5260.0502	4622.4993	637.5509	1932.3903	3126.9026	200.7573
1995	5285.4538	4651.1872	634.2666	1919.2139	3164.5109	201.7290
1996	5355.5803	4697.5839	657.9964	1914.9499	3242.1288	198.5016
1997	5376.5074	4726.2982	650.2092	1893.3926	3284.1903	198.9245
1998	5366.9866	4728.9617	638.0249	1873.9890	3295.2880	197.7096
1999	5375.7281	4746.4599	629.2682	1846.0759	3338.1465	191.5057
2000	5370.8831	4740.1669	630.7162	1818.7498	3370.2727	181.8606

(续上表)

年份	合计	类别		发行方式		
		一般报纸	体育类报纸	配套发行	早报单独份数	晚报单独份数
2001	5368.0753	4755.9052	612.1701	1801.3395	3386.2600	180.4758
2002	5319.8444	4739.0027	580.8417	1761.6627	3390.0896	168.0921
2003	5287.4959	4728.2645	559.2314	1746.4928	3378.1260	162.8771
2004	5302.1564	4746.9987	555.1577	1734.1993	3406.6442	161.3129
2005	5256.8032	4718.9832	537.8200	1711.1533	3392.7821	152.8678

资料来源： 日本新闻协会网站 www.pressnet.org.jp。

注： 配套份数指早报和晚报一起订的份数。单独份数指用户只订了早报或晚报。通常配套订阅的价格会有优惠。报纸的发行份数将早报、晚报配套发行算为一份。

二、日本报纸的收入结构

日本的报纸不仅在发行量和普及率上位居世界前列，其报业的收入也是非常可观的。2004 年度，报社的总收入为 2.3800 万亿日元，比 2003 年增长 1.0%。其中发行收入为 1.2575 万亿日元，比 2003 年下降 0.5%；广告收入为 7549 亿日元，比 2003 年增长 0.1%；其他收入(包括出版、委托印刷、事业性收入等营业收入、营业外收益、特别收益)为 3676 亿日元，比 2003 年增长 8.4%，其他收入的增长弥补了报纸发行收入的减少。①

日本报业的收入来源主要由三个部分组成：发行收入、广告收入和其他收入。从报业的收入结构来看，把发行收入和广告收入的总和算作 100%的话，2004 年发行收入为占 59.2%，广告收入为 40.8%，也就是四六开。在近十年内这种比例有小幅的增减，发行收入的比率有所增加，广告收入的比例有所减少。

从收入项目的构成比例来看，按照报纸发行量规模来区分的报纸，其广告收入的比例也在减少。特别是单份报纸，发行量未满 15 万份的，广告收入的比例减少了 7.3%。发行收入和其他营业收入的比例则有所增加。在支出项目的构成方面，各个规模级别的报社的人员费用都无一例外地在减少。在经费方面，除了发行量超过 15 万份的单份报纸以外，其他级别的报纸经费都在增加。

① 2006 日本传媒白皮书。

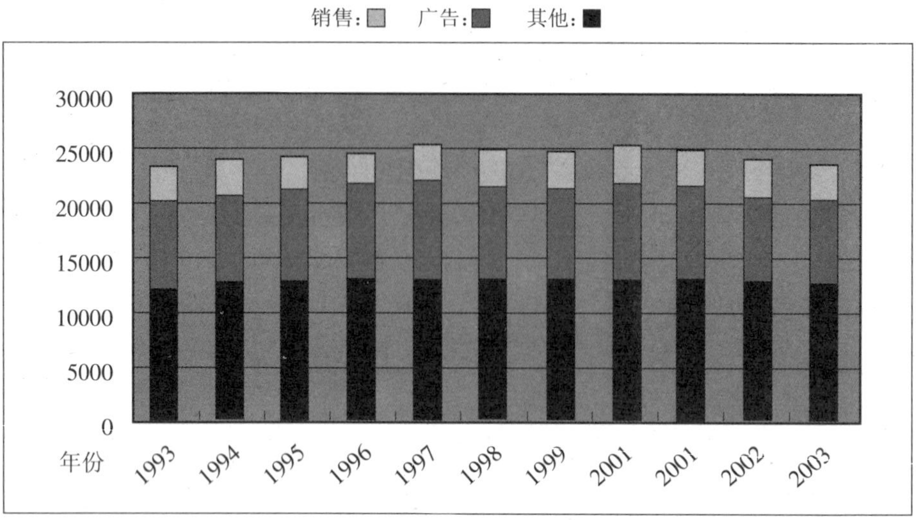

图0-1 日本报社收入及其结构

注：日本新闻协会加盟公司统计。

日本报业的收入构成中，发行收入占很大的比例。2004 年日本整个报业的总收入为 2.38 万亿日元，其中发行收入为 1.2575 万亿日元，占总收入的 52.9%，广告收入为 7549 亿日元，占 31.7%，其他收入3676 亿日元，占 15.4%。从历年情况来看，发行收入占到报纸总收入的 50%以上，其次才是广告收入，占总收入的 30%左右，其他收入占 15%左右。

表 0-7　　日本报业收入结构的变化

（单位：亿日元）

年份	报纸总收入(100%)	发行收入	发行所占比例%	广告收入	广告所占比例%	其他收入	其他收入比例%
1994	23977	12555	52.4	8112	33.8	3310	13.8
1995	24256	12732	52.5	8409	34.7	3116	12.9
1996	25029	12864	51.4	8965	35.8	3200	12.8
1997	25293	12903	51.0	9127	36.1	3264	12.9
1998	24848	12927	52.0	8584	34.6	3337	13.4
1999	24688	12876	52.2	8448	34.2	3365	13.6
2000	25223	12839	50.9	9012	35.7	3372	13.4
2001	24890	12858	51.7	8687	34.9	3345	13.4
2002	23873	12796	53.6	7823	32.8	3254	13.6

(续上表)

年份	报纸总收入(100%)	发行收入	发行所占比例%	广告收入	广告所占比例%	其他收入	其他收入比例%
2002	23721	12747	53.7	7709	32.5	3265	13.8
2003	23576	12640	53.6	7544	32.0	3392	14.4
2004	23800	12575	52.9	7549	31.7	3676	15.4

资料来源：日本新闻协会《日本新闻年鉴2005—2006》第429页。*2002年度以后，调查时间由自然年度改为会计年度。

2005年3月统计的全国报纸的销售收入额（《日本经济新闻》为2004年12月统计的资料）中，《朝日新闻》和《日本经济新闻》的收入增加，利润也增加，《读卖新闻》和《每日新闻》收入有所增加，但利润减少，《产经新闻》收入减少利润有所增加。跨区域性报纸和地方报纸中，《信浓每日新闻》、《北日本新闻》、《北国新闻》和前期相比都保持增收的良好发展趋势。《中日新闻》、《高知新闻》、《琉球新报》收入增加利润减少，其他的报社收入都有所减少。

关于有没有最佳发行量的问题，一直是报业经营者争论不休的一个问题。从日本报业来看，报纸并非发行量越高，发行收入所占比例越大就越好。发行量在40万份左右的报纸，其发行收入占总收入的比例最高，为54%。这样的报纸多为日本的地方报，比如《东京新闻》、《京都新闻》、《神户新闻》、《河北新报》、《信浓每日新闻》等。由此可见，当报纸的发行量达到40万份后，发行的规模效应开始显现，发行收入的增长明显，但是随着发行量的不断上升，由于报社需要投入更多的成本拓展市场，发行量的增长为报纸带来了除发行外的更多赢利点，比如由于知名度、公信力的提升，广告、其他活动的收入随之而来，发行收入所占比例会稍稍下降。一般来说发行50万份左右的报纸收入结构是比较平衡的状态。也就是说，从日本经验来看，50万份报纸是一个比较稳定和理想的发行量，但是否能叫最佳发行量还有待推敲。

三、日本报业的从业人员

2005年日本新闻协会的会员报社和通讯社的从业人员总数为52683名，是2004年的96.8%，已经连续13年递减，从1993年从业人员开始减少以后，2005年达到了减幅最高点。此项调查中的从业人员以报社职员、印刷出版人员为对象，一般的杂役、顾问、打工者、兼职者等不包含在内。其中，“编辑部门”的从业人数为23439名，其中20315名是记者。按工作部门来分的话，“制作、印刷、发送”部门的从业人员大幅减少为6881名，少于“营销部门”的7386名。

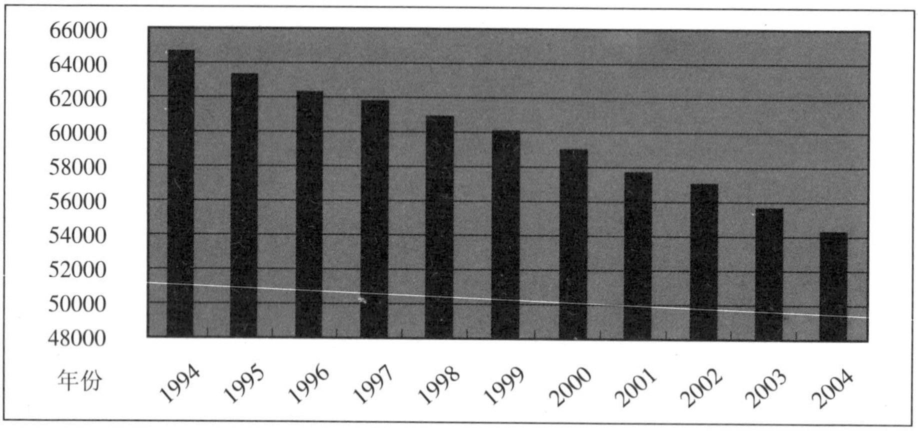

图0-2　日本报社员工数量变化

注：104家加盟新闻协会报社员工总数。

日本报业的规模和产值虽然很大，但从业人员的人数并不算多，而且在逐年下降，这是因为日本报社都特别重视节约人力成本资源。报社只养核心业务的人员。其他工作都外包出去。如果算上几十万送报人员还有印刷厂工人的话，日本报业也为社会创造了不少就业机会。

四、通讯社与日本报纸的信息源

日本报纸的信息来源主要来自本社采访和通讯社供稿。五大报系的五家大报都有自己遍布国内和全世界的采访机构。地方报纸主要依靠通讯社供稿。日本的著名通讯社主要是两家：共同通讯社和时事通讯社。通讯社也被称作“新闻批发商”，以报社、政府、企业为主要对象提供速报性的重要信息。由于是B2B的形态，所以难以向终端用户提供信息，因而地方报纸多通过通讯社获取本地区以外的信息，电视新闻也常常直接播发通讯社提供的原稿。

日本国内两大通讯社的共同通讯社和时事通讯社2004年的销售额都超过了上年。从两社的海外分支机构来看，几乎遍布世界各地。共同通讯社除了拥有57家加盟社（全国的报社和NHK）外，还与186家广播电视局签有协约。

共同通讯社是专门为各地方报纸供稿的共同通讯社。共同社在海外有合约关系通讯社有 35 家，通讯社之间交换信息。在国内和海外的通讯机构有 92 家，国内机构 52 家，海外机构40 家。海外机构所在地包括中国的北京、上海、香港、台北以及世界许多大城市。

时事通讯社在海外有合约关系通讯社有 8 家，在国内和海外的通讯机构数有 110 家，国内机构 81 家，海外机构 29 家。

根据以上对日本报业的多方位考察和研究，我们能够把握日本报业的基本特征，大体上可以概括为几点：(1)全国性报纸是五大报系，地方性报纸基本是一城一报，这两股力量在报业市场上基本上是平分天下；(2)日本报纸市场结构特别稳定，收入结构和总量都没有太大变化，这是报业走向成熟的一个标志；(3)日本报纸的历史都很悠久，一般都在 100 年以上，但近十年来，日本报业的各项指标都没有多大的成长，甚至有衰落的趋势。本书主要参照发行量统计数据的办法，选择了《读卖新闻》、《朝日新闻》、《每日新闻》、《日本经济新闻》和《产经新闻》等五大全国性超级大报，又选择了《北海道新闻》、《东京新闻》、《信浓每日新闻》、《河北新报》等区域性和地方性的大报。这十几家日均发行量在 50 万份以上的报纸，可以作为“日本大报”的研究调查对象，笔者对以上各家报纸先后进行了采访和调研，调研工作得到了众多家日本报社的大力支持和配合。但由于时间和精力有限，一些报社由于种种原因也没能走访到，甚是遗憾。比如有些想去采访而没能成行的日本地方大报有《静冈新闻》、《报知新闻》、《新潟新闻》、《中国新闻》等等。所以，这里所举的案例研究只能算是对日本报业的管窥，就由读者去举一反三吧。

…がねつ造

MAINICHI

毎日新聞

発行所：東京都千代田区一ツ橋1-1-1 〒100-8051 電話(03)3212-0321

毎日新聞東京本社

© 毎日新聞社 2007

「あるある大事典Ⅱ」納豆ダイエット

関西テレビ（大阪市北区）は20日、今月7日にフジテレビ系で全国放送したテレビ番組「発掘！あるある大事典Ⅱ」で、事実とは異なる内容が含まれていたと発表した。「納豆を食べるとダイエットができる」との内容だったが、研究者のコメントや被験者の検査データをねつ造していた。関西テレビは社内に調査委員会を設け、原因究明を行うとともに過去の放送も検証し、番組を継続するかを含め検討する。また21日午後9時から放送予定だった同番組は休止、後番組の「スタメン」を1時間前倒しし、冒頭で一連の経緯を説明する。（2、3面にクローズアップ、社会面に関連記事）

同テレビによると、①被験者がやせたことを示すのに別人の写真を使用②米の大学教授の発言の日本語訳の一部をねつ造③被験者の一部の中性脂肪値が正常値になったと…を朝2パックまとめて食べた場合と、朝晩1パックずつ食べた場合の比較で、被験者の血中イソフラボン濃度の結果をねつ造⑤被験者の血中のDHEA（ホルモンの一種）…造、また、許可を得ずグラフを引用――していたことが分かった。

千草宗一郎社長は「報道機関でもある放送局として、視聴者の信頼を裏切ることになった。誠に申し訳ない」と謝罪した。

同番組は関西テレビの社員2人と番組制作会社「日本テレワーク」の4人がプロデューサーを務め、テレワーク社の取締役1人がコンプライアンス（法令順守）担当者になっていた。

実際の取材は孫請けを含む9チームの番組制作スタッフが行っていたが、どのチームが担当していたかについては「調査中」として明らかにしなかった。

今回の問題は、「週刊朝日」の取材をきっかけに同テレビが調査を行い、明らかになった。【北林靖彦】

制作会社 過去にもねつ造歴

関西テレビから番組制作を受注したテレビ番組制作プロダクション「日本テレワーク」（東京都品川区）は、2年前にも別のテレビ局から制作を請け負った番組で実験結果をねつ造し、放送が打ち切りになっていたことが分かった。

問題になったのは、テレビ東京で放送されていた「教えて！ウルトラ実験隊」。05年1月25日に放送された花粉症対策の回で、臨床実験中の花粉症治療法の実験結果を紹介したが、実際には効果が表れるまで2週間程度かかるのに5日程度で済ませ、2週間後に効果が表れたかのように放送していた。テレビ東京は関係者4人を処分した。

テレワークによると、「発掘！あるある大事典Ⅱ」は人手がかかる番組のため、同社からさらに複数のプロダクションに委託していた。問題を起こしたのはそのうちの1社という。同社の横山男雄経営本部長は毎日新聞の取材に「再発防止策として二重、三重に番組内容をチェックする態勢を整えた。『あるある』は視聴率の高い番組で、慎重にチェックしてきたつもりだった」と説明している。

NEWSLINE

時代の風 瀬戸内寂聴氏 2

センター試験初日 18・25・30

斜陽に立つ 作・古川薫 日曜くらぶ 別刷り

「mai」お届けします

タブロイド特集「mai」は、毎日新聞を購読されている皆さまにお届けしています（一部地域と駅やコンビニ販売では折り込んでいません）。お問い合わせは0120・468・012。

お天気

本州付近は高気圧に覆われる。南岸上は気圧の谷。関東は南部ほど雲が多いが晴れ間も。甲信越と東北は大体晴れる。

《每日新闻》

第 1 章

《每日新闻》

日本最悠久的大报
论争与共鸣的平台

创办时间： 1872 年 2 月 21 日，原名《东京日日新闻》，1943 年开始使用现名。

现任社长： 北村正任

发行量： 日报 398 万份，晚报 162 万份

网址： http://www.mainichi.co.jp/

地址： 东京都千代田区一ツ桥 1-1-1

电话： 03-3212-0321

● 《每日新闻》是日本历史最悠久的报纸。它是由 1872 年创刊于东京的《东京日日新闻》和 1888 年 11 月 20 日创刊于大阪的《大阪每日新闻》合并而成，1943 年 1 月 1 日开始使用现在的报名出版。《每日新闻》日报的发行量为 398 万份，晚报为 162 万份。《每日新闻 》设有东京本社、大阪本社、西部本社（北九州市）和中部本社（名古屋市）以及北海道支社（札幌市）；在海外设有北美总局（华盛顿）、欧洲总局（伦敦）以及北京、香港、纽约、莫斯科等近 20 个支局。

《每日新闻》的东京本社大楼也就是《每日新闻》的总部大楼，坐落在日本皇宫对面，与日本皇宫隔河相望。大楼的主体并不算高，但占地面积不小。主体大楼呈长方形，和一幢白色圆柱形的大楼衔接在一起，围着皇宫的护城河一字排开。从《每日新闻》大楼望去，西面是皇宫和国会山之间的大路，东面是许多银行和世界著名公司的总部大楼，北面紧连着大公司林立的大手町，南面是护城河和皇宫前一片很开阔的日本园林式皇宫公园。可以说这里是日本东京中的一块黄金宝地，宁静而又优雅。

位于日本皇宫前的每日新闻社大楼

第一节　134 年的悠久历史

《每日新闻》创建于明治维新时代的日本政治中心——东京，它的前身是 1872 年创办的《东京日日新闻》和在大阪发行的《大阪每日新闻》。1872 年（明治五年）2 月 21 日，在东京发行的《东京日日新闻》成为日本发行最早的日报。具有超前意识的杰出记者岸田吟香、福地樱痴等发起自由论的运动，创立了社论栏目，采用口语文体的文章，并使用了号外版面的形式，形成了《东京日日新闻》的鲜明特色。

一、《东京日日新闻》和《大阪每日新闻》的合并

《大阪每日新闻》是在 1882 年（明治十五年）创办的《日本立宪政党报》和《大阪日报》关闭之后，于 1888 年（明治二十一年）以《大阪每日新闻》的名义再度出版发行的报纸。此后的日本首相原敬曾担任该报的社长职务，接任他的本山彦一社长秉乘其独到的报业经营理念，使报纸发行量大增。本山彦一曾公开说："我们大阪每日新闻，在根本上是盈利机构，所以发行报纸也就是盈利事业。"对大阪的报纸来说，理念不同于以往的政论报纸，他们认为办报纸是一个盈利事业，这是一个重要的前提。因此，理所当然要在发行和广告方面倾尽全力。报纸既然是商品，商业性的要求就决定了报纸的性质。本山指出："发行报纸，就必须多销。要想多销，就必须通俗易懂，让一般人都能接受，并投其所好。""首先，应以中产阶层读者为目标，扩大发行。如果获得多数读者，报纸的信誉也就提高，势力也就扩大了。"[①]报纸的"信誉"、"势力"取决于发行量。不管是作为扩大发行的对象，还是作为评价广告媒介的尺度，都需要"中产阶层"读者。"中产阶层"读者成为衡量报纸全部活动的标准阶层。

随着时间的推移，《大阪每日新闻》在经营上不断进步，其发行量渐

---

① 〔日〕内川芳美、新井直之著，张国良译：《日本新闻事业史》，第 31 页，新华出版社，1986 年版。

渐追上并超过了东京各报，从而引发了一场激烈的夺冠竞赛。随着日本内外通讯网的建设，《东京日日新闻》成了全国性的报纸，并开始报道国际新闻。本山彦一的最主要成就在于让《大阪每日新闻》成为全日本家喻户晓的报纸。1906 年（明治三十九年），《大阪每日新闻》兼并了《电报新闻》，并最终在 1911 年（明治四十四年）3 月 1 日与《东京日日新闻》合并。

1923 年 9 月 1 日的关东大地震，使得除《东京日日新闻》、《报知新闻》、《都新闻》外的其他报纸无一幸免，损失惨重。以东京为中心的关东报业陷入一片混乱。震后，各报展开了发行的价格战。在价格战的竞争中，《东京朝日新闻》和《东京日日新闻》率先达成协定，发出“停战”呼声，于 1924 年 10 月率先组成 1 道 1 府 17 县报纸销售业联合体。随后，在 1925 年 12 月召开了报纸定价销售实施会议，以督促东京其他报社。这是《朝日新闻》、《每日新闻》两报为应对激烈的市场竞争所采用的对策，即凭借各自在大阪本社强大的资本力量，对东京各报强制实行定价销售，试图在东京和关东的报纸市场确立像关西一样的霸权地位。

面对这种强大的进攻态势，《报知新闻》和《时事新闻》开始逐渐败退。《朝日新闻》、《每日新闻》乘胜追击，从 1928 年 4 月起，利用新的字号，将版面上的 12 段制改为 13 段制。当时的广告收费是以行数为单位进行计算，13 段制即意味着广告收入的增加，此举直接扩大了两报在报纸广告市场的份额，压缩了其他报纸的利润空间。而其他报纸想要改换 13 段制，在资金投入方面显得力不从心。《东京朝日新闻》、《东京日日新闻》就这样逐渐与其他报纸拉开了差距，达到了其在关东报业市场确立核心优势地位的战略目标。

1922 年（大正十一年）11 月 1 日，作为《大阪每日新闻》附录的《西部每日新闻》在北九州开始发行。1924 年（大正十三年）4 月 16 日，《中京每日新闻》作为《大阪每日新闻》的附录开始发行。

在第二次世界大战中，《东京日日新闻》于 1943 年 1 月 1 日更名为《每日新闻》沿用至今。自 1959 年 5 月 1 日起，《每日新闻》开始在札幌发行。“二战”期间，《每日新闻》战时的报道和言论都被置于军国主义政府严厉的控制和指导之下，报纸作为国家宣传机关进行战争宣传，尽管有不少对国家宣扬的战争言论和战争本身抱有怀疑甚至是惧怕念头的新闻工作者，但战时的报纸支持战争、为“国民一致夺取全胜”而曾积极宣传的事实，是不容否定的。关于日本报纸作为国家宣传机关是如何进行战争宣传的，日本的报纸是如何美化其侵略战争的，我们可以通过日本学者内川芳美和新井直之著的《日本新闻事业史》中对《朝日新闻》、《每日新闻》在战时报纸社论的研究来看出其本质。他们这样评论战争期间的报纸表现：

在这个期间社论的论据里，有这样几个明显的特征：第一，着眼于“大东亚战争”的成功，给战争加上正当化的理由：①这场战争是新秩序与旧秩序的对立；②“征战”目的，在于解放殖民地、确立“大东亚共荣圈”。第二，现代报纸的言论，本来多是以国民的声音和后援，针对政府、政党和各部门领导者而发的，与此相反，战时的社论却多是“对国民发出”的呼吁（批判政府的很少，批判军部的根本没有。作为对官方的批判，顶多以基层行政机构的形式主义之类为目标，即使这类批判，到东条内阁时期也几乎消失了）。仅此即可知道，报纸已同政府、军方浑然一体，站到了指导国民的地位上。

还有一点值得注意的是，针对“东亚诸民族”的宣传。同战争目的（解放殖民地）相连，反复强调了以下公式：各民族的独立斗争→对日本军的协助→“大东亚战争”的胜利→“东亚诸民族”的繁荣。

“大东亚战争”对于亚洲的关键意义，在于解放和独立。其内容为：确立使“东亚诸民族”“各得其所”的“大东亚共荣圈”，建设同（英美的）“旧秩序”相对的“新秩序”。可是，这里根本找不到“言论自由”、“平等”等字眼，没有一点对等意识。也就是说，这个共荣圈思想的基调，是“没有日本，就没有大东亚共荣圈”（《东京日日新闻》1942 年 7 月 4 日）的皇国中心理论，所谓“解放”的实质，也只是“努力建成自主的自给自足体”。就凭这个，能在多大程度上打动希望摆脱殖民地状态的诸民族之心呢？[①]

当时，日本新闻界虽然有相当一部分人对军国主义风潮有看法和危机感，但是，鉴于国家对宣传机构的严格控制以及社会上越来越强烈的战争狂热情绪，敢于直抒己见，对战争进行深入思考并进行批判和抵抗的新闻工作者人数还是相当少的。

“二战”结束以后，日本新闻界对战争开始进行深刻反省。制定于 1946 年的《新闻伦理纲领》的开头就写明要接受第二次世界大战的教训，“日本作为民主国家重新出现，新闻事业所肩负的使命极其重大”，贯穿本纲领的精神是“自由，责任，公正，品格”等规范记者言行的基准，

① 〔日〕内川芳美、新井直之著，张国良译：《日本新闻事业史》，第 66 页，新华出版社，1986 年版。

对于从事新闻工作的全体工作者都是适用的。《纲领》分为“新闻的自由”、“报道与评论的限度”、“评论的态度”、“公正”、“宽容”、“指导•责任•荣誉”、“品格”等七个方面展开论证。

《新闻伦理纲领》是日本报纸从事新闻报道的基本原则。其中最重要的是第一条“新闻的自由”。它是指除损害公共利益或者法律禁止的情况外，新闻拥有报道和评论的完全自由，其中也包括对禁止令批判的自由。第三条“评论的态度”中将“新闻的公共喉舌的本质”解释为“与想要控诉却不去控诉的人相反，拥有发动舆论的气魄”。接着在第四条的“公正”中谈了“基本的人权”，在第五条“宽容”中表述了“自由”的“民主主义原理”。第六条中“指导•责任•荣誉”指出，“新闻中的报道、评论给公众带来极大的影响，现在新闻事业的公共性受到重视，同时形成了新闻事业者独特的社会立场。而且，责任和荣誉是保全这个立场的两个基本要素”。

日本战后制定的《新闻伦理纲领》是基于对“二战”反省的日本宪法精神而制定的。此后，随着电视、网络等新媒体的出现，为适应环境变化，日本新闻界对战后制定的《新闻伦理纲领》进行了修改。我采访过的朝日新闻前总编中马清福先生就曾担任过负责《新闻伦理纲领》修改工作的日本“新闻伦理纲领探讨小委员会”的委员长，并组织和起草了新的《新闻伦理纲领》。这个新的《新闻伦理纲领》是 1999 年开始重新制订的，当年 10 月 6 日，日本新闻协会设立了“伦理特别委员会”和“新闻伦理纲领探讨小委员会”，由日本新闻协会理事、产经新闻社社长清原武彦和朝日新闻社专务中马清福分别担任两个委员会的委员长。伦理特别委员会由 12 名委员组成，作为日本新闻协会会长的咨询机构，小委员会由特别委员会成员单位的总编辑、社论委员长组成。两个委员会在调查研究日本国内大众传播伦理问题的基础之上，起草新的《新闻伦理纲领》，提交到 2000 年 10 月召开的日本新闻协会大会通过。

新的《新闻伦理纲领》对日本的新闻伦理做了新的诠释，在日本新闻界引起了巨大的反响。山本贤二教授曾评价说：在旧新闻伦理纲领里也有在媒体领域的“谢罪”与“承认历史”的体现，为了再现一个“民主的国家”，“新闻自由”在纲领里被着重强调。新报纸伦理纲领把“知情权”作为“支持民主主义社会的普遍原理”明确地提了出来。①

修改于 2000 年的《新闻伦理纲领》指出，“国民的‘知情权’是维

---

① 山本贤二：《日本和中国的言论空间》，中国传媒大学编：《东北亚的文化交流论文集》，2005 年。

护民主主义社会的普遍原理。知情权在言论和表现自由的基础上，具备较高伦理意识，自独立于一切权力的媒体产生以来，就受到保障”。阐明“知情权”的同时，谈到“表现的自由是人的基本权利，新闻拥有报道和评论的完全自由。正因为如此，应认识到与行使权力相对应的重大责任，十分注意不可损害公共利益”。“新闻是历史的记录者，记者的任务是搞清事实。报道必须准确公正，而不能被记者个人的立场和信条左右。评论不可世俗谄媚，而必须贯彻信念。”“为了言论公正而确保新闻的独立。排除一切势力干涉的同时，必须自我警惕以免被利用。”并且指出即使有“不同意见”“也应该酌情为正确和公正、负责任的言论提供版面”。紧接着强调了“对人权的尊重”。新的《新闻伦理纲领》是旧新闻伦理纲领的延续。日本记者就是在这样的伦理环境中从事报道和评论活动的。

二、集团化运作的《每日新闻》

每日新闻社是一个传媒集团公司，除了每天发行《每日新闻》早报和晚报以外，还发行《每日新闻》英文版、《经济学家》、《日本统计年鉴》以及《每日中学生新闻》、《每日小学生新闻》等 10 多种报刊。拥有每日画报社、每日新闻东京社会事业团、大阪高速印刷和富民协会等单位。现任社长是北村正任先生。

每日新闻社的报业集团设有东京本社、大阪本社、西部本社（北九州市）和中部本社（名古屋市）以及北海道支社（札幌市）；在海外设有北美总局（华盛顿）、欧洲总局（伦敦）以及北京、香港、纽约、莫斯科等近 20 个支局。东京本社创刊于明治五年（1872 年）2 月 21 日，大阪本社创刊于明治十五年（1882 年）2 月 1 日，2004 年《每日新闻》东京本社的总销售额约为 1542.69 亿日元。其中，广告总收入约占三成；每日新闻集团公司的总销售额达到 2903.46 亿日元，其中利润约为 66.08 亿日元。《每日新闻》秉承独立于一切权势，坚持不偏不倚的报道，为建立自由和民主的社会作贡献的编辑方针，以所有阶层的读者为对象，通过健全的不违背个人良知的社论和报道，为建立道义社会作贡献。保证在一切领域进行均衡的采访，通过对世界充分关注的社论和报道，为建立一个和平的社会作贡献。

每日新闻集团公司是遵循每日新闻社的企业理念发展起来的集团公司。以《每日新闻》为中心，各公司紧密团结，通过各种活动，追求共同的发展与繁荣。另外，集团内部各公司，推行稳健的经营策略，使职员的能力得以施展，提高《每日新闻》的品牌价值，建立与集团以外人员、企业、团体之间的广阔而深厚的信赖关系、交易关系。在达成这些共识的基础上制定集团经营的基本方针。

表 1-1　　《每日新闻》百年大事记

2003 年	"自卫官募集住基情报"的独家新闻，连续 4 年在新闻协会获奖。每日新闻报社的获奖次数最多，达 20 次。（新闻部门中）广告企划《每日水新闻》《每日绿新闻》获新闻广告最高奖。
2000 年	成立"创新型报纸"委员会。
1995 年	开设"Jam Jam"网络主页。
1991 年	制定每日新闻社企业理念，开始使用新版面。
1976 年	早报开始刊登《记者之眼》
1965 年	早报开始刊登《教育的森林》（直到 1968 年）这一系列在 1968 年获菊池宽奖。
1957 年	开设新闻协会奖。每日新闻社获奖。
1949 年	每日奥利安职业棒球队成立。
1943 年	《大阪每日新闻》、《东京每日新闻》的名称都改为《每日新闻》。
1931 年	商业美术振兴运动（现在的每日广告设计奖）启动。
1924 年	每日新闻社主办的第一届全国中学棒球选拔大赛（现在的甲子园春季赛）开赛。
1923 年	《经济学人》杂志创刊。
1922 年	《Sunday 每日》、《英文每日》、《盲人点字每日》创刊。
1918 年	主办第一届全国中学足球大赛（现在的全国高中橄榄球大赛）。
1911 年	《大阪每日新闻》与《东京日日新闻》合并，向全国性报纸迈出第一步。
1876 年	《大阪每日新闻》改换标题。
1888 年	《大阪日报》创刊。
1875 年	户别送报制度实施。
1872 年	《东京日日新闻》创刊。

资料来源：根据《每日新闻》2005 年公司介绍整理。

三、历史上曾经遭遇的重大危机

《每日新闻》100 多年的发展并非一帆风顺，报社的经营状况曾在 20 世纪 70 年代的石油危机之后开始逐渐恶化，70 年代中期曾一度陷入经营危机，几乎濒临破产而不得不进行公司重建。

20 世纪 60 年代的日本报业曾是一个报纸印出多少就能卖出多少的时代。当时，电视刚刚出现不久。1960 年，电视机产量才达到 500 万台，根本不是报纸的对手。报纸在传递信息方面处于垄断地位。据日本报业协会的资料记载，1960 年，日本的日报日均总发行量为 2443.8 万份。从东京奥林匹克运动会开始，日本的报业和电视业同时迅猛发展。首先，电视机的数量飞速增长，1962 年超过 1000 万台（普及率为 49%），1967 年突破 2000 万大关（普及率为 83%）。同期报纸的发行量也在不断增长，1965 年日均总发行量为 2977.6 万份，前一年的总销售额为 2219 亿元。五年间销售额将近增加了两倍。其中广告收入增长迅猛，增长了 2.5 倍，达到 1189 亿元，超过了销售收入的 945 亿元。此后，各家报纸都增加了版数，原因之一就是为了满足广告客户增加的需求。而这种持续的发展势头使得报业在 1977 年成为产值 1 万亿日元的重要产业。

但是，1973 年秋天发生的石油危机不仅给日本经济也给日本报业带来了沉重的打击。受到石油危机的影响，日本企业大量缩减其在广告方面的投入，此举直接导致了平面媒体的广告收入大幅滑落，同时，新闻纸张大幅涨价，在东京地区的平面媒体为了维持自身经营，平衡收支，大多数都选择了在 1974 年 7 月前涨价 55%。报纸涨价影响了发行量，《每日新闻》的发行量由 1974 年 1 月的 507 万份锐减至 1977 年 5 月的 447 万份，减少了 60 万份。发行量减少的直接后果是广告版面售价下降，在原本经营紧张的状况下，导致广告收入进一步减少，从而使报纸的经营陷入了恶性循环。随后，鉴于“哪家报纸先涨价发行量就会直线下降”的教训，在其后很长的一段时间里，各家报纸都普遍采取维持原价经营策略，展开了长期的价格战，使本来经营状况欠佳的《每日新闻》收支状况进一步恶化，至 1977 年 5 月报社的累计亏损额高达 199 亿，超过注册资本金额 18 亿日元的 10 倍以上，实际上已到了破产状态。

《每日新闻》陷入经营危机的直接原因来自石油危机带来的收入广告锐减、新闻纸张涨价带来的成本支出升高以及后来的报业发行价格战。这些不仅给《每日新闻》带来严重的影响，也同样影响着其他报纸。而《朝日新闻》和《读卖新闻》能够安然度过业界震荡，甚至持续发展壮大自身的市场份额，在于他们提前建立了合理的风险防御体系，而《每日新闻》则缺乏这方面的储备。

关于《每日新闻》陷入危机的原因，日本报界有很多议论，表面上看是 1973 年秋天所发生的石油危机导致《每日新闻》经营状况举步维艰。但究其深刻原因还有一层是来自报社内部的派阀斗争和经营体制的问题。由于几个方面的综合原因造成了《每日新闻》的危机，这些经验和教训值得报业经营者永远警醒。其引发危机的原因也值得认真总结和分析。

其一，是报社内部的派阀斗争闹得报社上下无法专心办报。《每日新闻》的派阀争斗由来已久。100多年前，当时《大阪每日新闻》虽然是通过并购合并了《东京日日新闻》，但因为《东京日日新闻》的读者数量多和影响力大，就保留了《东京日日新闻》原来的报名和原班人马继续经营。但是，这种做法形成了日后的报社内部的“每日派”与“东日派”；每一派围绕着争夺社长这把交椅而展开斗争，派系斗争还直接导致经营者把赚到的钱都投到自己一派的相关子公司中去，把亏损的包袱留给下一届。

其二，资本运作无规划无章法，盲目借贷带来巨大风险，导致报社债台高筑。没有钱就向银行借，甚至在不需要资金时，也毫无节制地盲目借贷，投资于无用的设备建设及关系企业之中。从1959年到1976年，《每日新闻》长借贷资金高达657亿，每年支付利息高达60亿元，10年间支付的利息多达300亿元。在日本经济增长的高速期，《每日新闻》的经营也得到了长足发展。《朝日新闻》、《读卖新闻》两报利用各种手段，从利润中提取了内部准备金以应对报社大型设备投资和市场风险之需，而《每日新闻》则没有采取这种风险规避制度。因此当经营困境来临之际，只能靠借贷，从而陷入资不抵债的经营危机。各大报之间的恶性竞争则使得《每日新闻》的经营危机加速。

其三，多元化经营的失误。多元化经营本来是一件好事，但管理不善的话也会带来巨大的灾难。20世纪70年代的《每日新闻》曾以多元化经营为名义开设了140家子公司，这些子公司大部分是各个派系的关系公司，大都经营不善，连年亏损，这些关系企业的债务拖垮了《每日新闻》。不仅如此，这样做还直接影响到了员工的归属意识，挫伤了编采人员的工作热情，使报纸办得越来越差，报纸经营陷入恶性循环状态。

《每日新闻》的棒球队经营也连年亏损。《读卖新闻》搞职业棒球队，《朝日新闻》主办全国高中棒球锦标赛，都获得不错的社会效益与经济效益。受此影响，《每日新闻》销售部门将起死回生策略赌在搞职业棒球上，也搞起了职业棒球俱乐部。靠大量资金打造出来的每日棒球俱乐部一开始也曾势力强大，设立之初就曾赢得日本全国冠军。但是，俱乐部却没有吸引到多少球迷，而且由于采取挖墙脚的办法强行挖走阪神俱乐部主力球员的行为，不仅得罪了支持阪神队的关西地区广大球迷，也失掉了《每日新闻》创业起家地区的一部分忠实球迷。其后由于缺乏棒球队运营经验，连年亏损，最后以失败告终。

《每日新闻》的经营危机是报业经营史上值得思考的教训，同时，《每日新闻》走出危机的努力也是报业经营史上的经典案例。

四、从危机中重振的“巨人”

1977 年，面对资不抵债的经营状况，《每日新闻》为了走出经营危机，与债权各方制定了公司重建的相关方案，组建了新公司，实行新旧公司分离的管理办法。

《每日新闻》的公司重组是一次出色的债权债务处理案例。《每日新闻》采用资产剥离的方式组建了新旧两个公司。剥离不良资产，注册新公司。新公司初始注册资金为 40 多亿日元，用 30 亿日元向旧公司收买营业权，继承旧公司报名、报纸发行、出版等各种事业，并承诺两年半盈利 32 亿日元的经营目标；将 200 余亿日元的累计亏损及 650 多亿日元的银行借款留给旧公司，旧公司把建筑物、机械等固定资产出租给新公司，利用租金和变卖其他资产方式偿还债务。

1977 年 12 月 1 日，新成立的每日新闻株式会社继承了前《每日新闻》的 40 亿日元资金。新旧公司分离之后，开始独立经营。新公司改变了资本结构，建立新的股权持有模式。在新公司中每日新闻社持股 50.3%，社外股 49.7%。其中，每日新闻社员工以 4.83 亿日元位列第一大股东，报纸专卖店联合持股 4.5 亿日元成为第二大股东。

新公司还采取裁减人员的办法压缩开支，《每日新闻》当时裁员 1000 余人。为了弥补因裁员带来的经营危机，报社将退职记者变成法人单位“通讯社”经营者，与这些“通讯社”签订供稿合同，以解决稿源、职工就业等问题。这是一种比较人性化的做法。同时，报纸压缩版面，压缩了经营状况不佳的北海道支社和名古屋本社的业务，采用除社会版、地方版在当地制作外，其余版面在东京制作，再传真送到当地印刷的方式。

重组后的每日新闻社卧薪尝胆，经营状况得到了很大的改善，报社很快实现了盈利，并且经营业绩稳步增长，多年挣回来的钱主要用来还债，基本上还掉了大部分债务，到 1985 年 10 月再次进行公司重组，实行新旧公司合并，资本金为 41.5 亿日元。这是一个摔倒后能够重新站立起来的巨人，这是一家令人不能不充满敬意的报社。

笔者是怀着一种敬意走进这家有着 130 多年历史、历尽沧桑的老报社的。

第二节　论争与共鸣的平台

每日新闻社新上任的北村正任社长非常热情地走进接待室，亲切地与笔者握手表示欢迎。社长身材高大、和蔼可亲、庄重稳健，从谈话中能感受到他对中国的友好情谊。北村正任社长出生于日本东北青森县，现年65岁。东京大学法学院毕业后，进入每日新闻社工作。他曾担任每日新闻驻德国波恩支局局长、国际部长、论说委员长、东京本社编辑局长、常务董事、主笔等职务。2004年6月就任每日新闻社代表取缔役社长，即每日新闻集团董事长总裁。北村正任社长后来还担任了日本报业协会的会长。日本报业协会于2005年5月14日，经选举决定由每日新闻社社长北村正任接替刚辞去会长的朝日新闻社前社长箱岛信一，当选为日本报业协会的会长。

北村社长拿着我事先寄给他的采访提纲，很认真地回答着我的问题。报社的其他几位高层管理者也陪坐一旁，随时提供一些补充材料。

崔保国：我曾经到过贵社的北京总局进行采访和搜集资料。《每日新闻》给我的印象是很人性化和很尊重读者的报纸。首先，我想请教一下贵社的办报理念。

北村正任：每日新闻社的企业文化比较鲜明和尊重人性。《每日新闻》信奉这样的办报理念：“尊重个人，关爱生命，爱护地球，贡献社会”。在《每日新闻》的网站上，我们还对报社的办报理念进行了更加详细的论述：“确保言论的自由与独立，秉承真实、迅速、公正的新闻理念，贯彻报纸作为社会公器的使命；立足于社会的正义，尊重自由、人权、劳动；以民主为准绳，推进国家文化的建设；以国际信义为基础，为确保世界和平作出贡献。”

这就是每日新闻社一直以来所坚持的原则。为了使这一点更加清晰，1991 年，我们制定了新的《每日新闻》理念：“尊重和珍爱每一个人，创建一个生机勃勃的时代。”我们提出了“新闻革命”就是要尊重每一个人的尊严。

每日新闻社社长北村正任接受作者采访

崔保国： 这种办报理念怎么体现在每一天的报纸制作上呢？

北村正任： 我们有一个主张，就是绝不要把意见强加于读者。每日新闻社不作新闻煽动、不强加意见，事实的真正判断者是读者。给予更多的人以发言权，提出各种意见，利用《每日新闻》的言论版面与读者建立起联系。

《每日新闻》的最大特色是“论争与共鸣的平台”。那种自命不凡，蔑视读者，一味地强加给读者意见的报纸时代已经一去不复返了。在高度复杂的现代社会，独立思考是非常重要的。我们提倡“读每日新闻，即可知晓全部”的观点，含义就是我们的报纸上刊登的应该是经过深思熟虑的社论和多种多样的观点。

“论争与共鸣的平台”的含义包括两方面，一方面是以“独立的个人作为社会主体”，另一方面是将一盘散沙般的人们的心灵维系在一起，时刻不忘培养大众“关心他人”的精神，这是新闻记者的基本信念。

我们通过这样的平台，用浅显的语言报道复杂的新闻，内容紧密贴近生活。我衷心希望认同这种理念的年轻人都能聚集到《每日新闻》。

崔保国： 贵社已有 130 多年的历史。面临激烈的竞争，《每日新闻》是怎样生存发展的呢？

北村正任： 报社的竞争越来越激烈了。不仅是版面上的竞争，更是发行上的竞争。《每日新闻》拥有 130 多年的悠久历史，一直为读者所信赖。日本报纸有文章不署名的传统，《每日新闻》却打破常规，坚持对所有文章署名，使其成为一张“可以看到记者的报纸”，这一行动受到了读者的普遍好评。

崔保国： 文章署名制是每日新闻社首创的吗？

北村正任： 不是首创，最早是从地方报纸《十胜每日新闻》开始实行的。《每日新闻》从 2000 年开始坚持对文章署名。每日新闻社在报纸以外也有其他的事业，比如主办棒球比赛、马拉松比赛等各种体育赛事。这样做不仅扩大了报纸的影响力，同时也为社会文化发展作出贡献。

另外，不知您是否注意到我的名片上附有盲文点字。我们一直坚持出版报纸盲文点字版，虽然这样做会带来经济上的损失，但它所提倡的对残疾人的关爱是很有意义的。

我们还实施了几项保护地球环境的举措。首先，这个时代的人们已经开始认识到破坏自然环境带来的严重后果，因此我们建立了 21 世纪警告委员会，探讨全球气候变暖可能带来的各种问题；其次，我们发表了《东京宣言》；再次，由于富士山遭受污染，我们组织开展了保护富士山的商业募捐活动。

崔保国：关于《每日新闻》最近的发展，能否介绍一下贵社重点关注的是什么？

北村正任：现在日本的报社都对年轻人不读报纸的现象非常苦恼，对报纸的发展来说，读者是最重要的。我们把争取年轻读者列入中期计划。

崔保国：日本报社的“中期计划”是一般是以几年为一期建立的？

北村正任：我们报社是以 3 年为一期。

崔保国：请问《每日新闻》现在的利润是多少？

北村正任：现在报纸的销售额刚好 1500 亿日元，我们只有“亿字前头一位数”的利润。

(社办主任朝比奈丰室长补充说：每日新闻社拥有集团公司，集团的销售额将近 3000 亿日元。)

崔保国：日本的报纸经营的利润率不是太高，那么，其他的媒体呢？

北村正任：电视业现在很赚钱。地方报纸也有不少赚钱的。

崔保国：主要是赚广告费吗？

北村正任：1500 亿中大约有 300 亿是广告收入。我们报社的广告经营不太好，广告收入比例越来越低，发行订购收入比例越来越高。

崔保国：贵社对于个人隐私保护怎么看法？

北村正任：2000 年的新闻委员会最早提出了“报纸的个人隐私保护”问题，主旨是“以局外人的身份来看”报纸。之后，其他的报社也开始这样做。总的说来，也有建议成立第三者组织的，但《每日新闻》做了各种各样保护独立的个人隐私的事情。

崔保国：在中国人看来，日本的报纸有左派右派，《每日新闻》是中立派。

北村正任：我认为从时代性和社会思想体系上说，变得越来越没有左右之分了。用一个词叫做“有荣誉感的人”来形容我们是比较合适的。

崔保国：现在是全球化时代，每日新闻社的全球化战略是什么呢？

北村正任：我们出版了《每日新闻英文版》，读者九成是外国人，是引用 BBC 等外国主要媒体的文章做的报纸。现在英文报纸的发行量相当大，我想这也为推动全球化起了一定的作用。

崔保国：据说日本有很多人对韩国印象发生根本改变的原因是看了《秋天童话》和《冬季恋歌》，这样的韩国电视剧所带来的结果，听说您对此很有研究，并有独到的见解。

北村正任：是的，过去有关韩国的新闻报道总是看到示威游行的场面及因大型灾难性事件导致的痛苦场面，而现在我们看到的韩国人，是面带欢快笑容的人，这本身就是一个惊人的变化。

崔保国：《每日新闻》北京总局在中国发行你们的报纸吗？

北村正任：还没有，都是从日本通过航空邮寄的方式寄过去的，空运费很高。日语版是可以从网上读到的。

崔保国：听说你们准备将报纸的新闻内容引入中国，现在进行得怎么样了？

北村正任：我们在办中文的网站，好像不太顺利。其他计划暂时还没有，不知道以后有没有机会。现在正忙于中日书法会等交流活动，我们正在考虑以后要多办类似有意义的活动。

崔保国：中国最近在实施开展 ABC 计划。现在是市场经济时代，各报社的竞争变得越发激烈。报纸发行量存在很多问题。中国做 ABC 怎样做好呢？想听听您的意见。

北村正任：日本的情况是广告主在推动做 ABC 之类的事情。在中国，如果报社想这样做，我觉得也不错。

链接：ABC（Audit Bureau of Circulations）

ABC 是 1914 年在美国诞生的，1963 年成立了国际 ABC 联盟。ABC 由发行社、广告商、广告公司三者组成，在全世界 34 个国家有 38 个机构。1952 年 10 月，日本 28 家报社、43 位广告商和 20 家广告公司，共计 91 个企业共同成立了 ABC 恳谈会，1955 年改名为日本 ABC 协会，1958 年成立社团法人，1960 年制定了《报纸发行量核查规定》。1961 年在东京实施了第一次核查，1973 年开始正式进行报纸发行量的认证。

1998 年 12 月，日本 ABC 协会公开了东京 28 个区的报纸销售店的发行量。2000 年扩大到一都三县，2001 年扩大到一都七县，2002 年又增加了大阪市。到 2003 年 4 月为止，日本 ABC 协会共有 691 家企业（报社 63 家、杂志 57 家、专业杂志 14 家、Free Paper54 家、广告商 238 家、广告公司 231 及一些赞助会员单位）。

ABC 协会每年进行两次报纸发行量的认证，搜集大约两万个销售店的发行量报告，从中抽取一部分销售店进行核查，其核查的内容包括销售额账、记者账目、向总社交纳的金额账目等等。

崔保国： 中国报纸的收入主要依靠广告，在向市场经济转变过程中，由于经验不足，在很多地方产生了混乱。因此，报业的市场秩序就显得很重要。日本报纸的平均价格做得很规范吗？

北村正任： 日本也并不是那么规范，有《禁止垄断法》，从法律上禁止各地报纸恶性降价。虽然仍存在违规行为，但如果没有这类规定的话，降价竞争就会变得更激烈。我们主张保留这种制度，为了保障报纸的品质，报业不能进行贱卖竞争。

第三节 《每日新闻》的报道和版面特色

《每日新闻》的版面是对开大报，每天发行早报和晚报，早报一般四十几个版，晚报一般二十几个版。除此以外，每日新闻社还发行《每日新闻》（英文版）、《经济学家》杂志、《日本统计年鉴》以及《每日中学生新闻》、《每日小学生新闻》等 10 多种刊物及各种书籍；还拥有每日画报社、每日新闻东京社会事业团、大阪高速印刷和富民协会等企业和社团法人。

在日本报纸中，《每日新闻》一向以文字清新、版面新颖著称。没有阅读过《每日新闻》的人也许不知道，《每日新闻》有着非常人性化的版面设计。平时我们阅读报纸的时候，总会因为文章印在报纸的折缝处，所以要把报纸摊开才能阅读到整篇文章。《每日新闻》版面排版与其他报纸的不同之处在于，《每日新闻》在排版的时候会刻意避开报纸的折叠线，不让报纸的中线折叠处影响阅读。这个贴心的细节可以称得上是真正为读者着想，减少了读者翻阅报纸的麻烦。

日本报纸的出报特点是，相同的报社、相同的报头出早报和晚报，而中国或美国的早报和晚报是由不同报社或不同报纸来负责出版的。晚报的截稿时间是每天下午 1：30，晚报通常利用亚洲与世界各地的时差，报道一些最新国际动态，而进一步详细的信息则放在第二天的早报上刊登。相反，早报的截稿时间是凌晨 1：30，发生在当天凌晨的新闻，可以刊登在早报上，而当天的晚报则可以对这一事件出更详细的报道。这样就保证了日本的早报和晚报具有一定的连贯性。对于晚报读者来说，不只是希望看到社会、经济内容，还希望看到一些娱乐性的内容，所以通常晚报除了对当天新闻的追述，还会有一些如电影、书籍、文艺圈等娱乐方面的消息。

一、贴近读者——记者与读者零距离

文章署名制是《每日新闻》的一大特点。2000 年，《每日新闻》不仅开始实行文章署名制，还从新的办报理念报业经营理念出发，秉承“新闻革命”的精神，多次进行版面改革，成为日本报业的出色报纸。

《记者之眼》是《每日新闻》最受读者欢迎的栏目之一。创始于 1976 年，开始时一篇文章只有 400 行（当时 15 个字 / 行），一名记者定一个题目，该记者不特定是哪一个分社的，国外支社的记者也可参与发文，然后有正反不同意见的记者针对此话题进行辩论，读者也可以就自己的看法参与讨论，读者的观点被刊登在《读者对话》栏目里。这个栏目的文章都附上了记者的名字及照片，不但让记者的名气增大，同时也缩小了读者和记者之间的距离。《记者之眼》每周发四次文章，周二到周五每天都有不同的话题。正像北村社长所说的那样，搭建一个“论争与共鸣的平台”，其目的就是致力于将复杂的社会新闻变得简明扼要、贴近生活。

在日本“新闻协会大奖”评比中，《每日新闻》共获过 20 次奖，成为日本报界获奖最多的报社。在“日本记者团体奖”评比中，《每日新闻》共有 9 人获过此奖。在“菊池宽奖”评比中，《每日新闻》也有 13 次获奖的好成绩。另外值得一提的是，在代表海外新闻报道最高水平的

“波恩上田国际记者奖”评比中，《每日新闻》得过此奖者共有8人。在“JCJ奖”（JCJ奖创立于1958年，是针对报道言论所设的奖项，有“广大市民之眼”之称）评比中，《每日新闻》自1998年开始已经连续五年得奖。这些获奖作品大多都是记者挖掘的独家新闻，他们认为只有通过这样的独家新闻，才能把日本社会的变动鲜活地呈现出来。

文章署名制和新闻大奖获奖造就了一批名记者。日本也和其他国家一样，有一些设立新闻与传播院系的大学和研究机构，但总体上日本的新闻传播院系数量是比较少的，虽然有为数不少的记者是出身于这些院校的，但从这些新闻专业院校毕业的学生在应聘报社记者时并不会受到特殊优待。日本报社招聘人才时是敞开大门，什么专业的人都要。

《每日新闻》强调在干中学、在学中干，在实践现场培养记者。新记者在刚入报社时，就会被分配至全国各地总局、分局，在几乎完全没有工作前培训的情况下就被派到事件现场工作。一开始，必须跟着同行的前辈进行观摩和学习，打下手，等累积了一定的经验，才能逐渐地开始尝试并胜任实际的工作。事实上，在现在的日本新闻界，实际的采访能力、文字功夫以及摄影技巧等工作能力和经验才是真正受到重视的。从下面三位获奖者的经历可以看出《每日新闻》名记者的成长历程。

江刺正嘉先生是位跑司法口和交通口的记者，他的新闻获奖作品是《片山隼君事故》。江刺记者一直都在认真地思考“为谁报道”的问题，一直坚持为社会弱势群体伸张正义。在从事记者工作期间，他看到了很多判决不公的官司，因而有了“从弱者的立场报道事件”的信念。片山隼小朋友是一位死于车祸的日本儿童，他的不幸和日本目前每年1万人死于交通事故的事实，使江刺先生更加坚定了对该事件进行深入报道的决心。江刺的作品对中山隼小朋友交通事故背后的社会问题进行了深入的调查和剖析。江刺记者在获奖之后所取材的大多是交通事故、犯罪受害人、麻风病国家赔偿诉讼、医疗事故、精神医疗等，不断寻找新的社会问题，并力争从根本上解决问题，使当事者得到圆满的解决结果。

山本建先生每天的工作时间很长。他认为做记者是一件很苦的差事，但是当自己所采访的东西在电视画面中出现时，那种苦尽甘来的快乐是言语无法形容的。他的新闻获奖作品是《捏造的旧石器》。这是一个改写历史的轰动性报道。报道的是2000年日本东北旧石器研究所前副理事长在考古挖掘现场伪造旧石器文物的事件。关于在石器时代日本就有原住民这种说法，已经被写入了日本教科书，在日本早以深入人心。《每日新闻》独家报道揭露出日本的考古学家在旧石器发掘现场伪造文物现场的事件，引起了社会的巨大反响。这件事关系到日本国民对古代文化遗产的理解和历史教科书的改写。山本记者为了澄清事实，在日本宫城县筑馆町高森遗迹附近安置了摄影机，于 2000 年 10 月 22 日拍下了前副理事长一个一个埋下七处石器的经过，而画面也清楚地拍摄到前副理事长右手拿着挖土的器具挖土，然后从塑料袋中取出石器并开始掩埋的情景。这条报道可谓是石破天惊，引起了日本社会对于考古及相关问题的大讨论。这一原则新闻报道也成为报纸与电视的经典报道。

大治朋子小姐是《每日新闻》引以为荣的著名女记者，她虽然身体瘦弱但能力超群。她分别以两篇独家报道在 2002 年和 2003 年获得日本新闻协会的大奖。她的题材基本都取自日本自卫队。日本自卫队的一些队员认为政府将他们的个人资料进行了不适当的公开，另外一些队员则声称政府对他们的个人资料进行了不适当的隐瞒。另一件引起民众不满的事情是，自卫队要求乡、县政府向他们提供一些资料，以便于将适龄青少年招入自卫队，但是在此过程中，相关人员的居住地址被不正当地泄露，损害了民众的个人隐私。在日本，民众个人隐私受《个人隐私保护法》的保护。但要调查出政府和自卫队内部档案文件操作过程的失误是一件非常困难的事，但大治小姐做到了。并且长期跟踪，连续报道。对于这次政府由于操作不当而泄露了个人资料，大治小姐以"政府对自己要求宽松、对民众要求严格"为出发点进行报道，获得了两次大奖。

二、言论自由——客观的报道立场

《每日新闻》的言论开放和民主氛围在日本报纸中是很著名的。《每日新闻》非常重视对中国的报道。该报目前在中国北京设有总局，并有三个办事处。其中，香港办事处是《每日新闻》在中国最早设立的办事处。这些派驻的记者在各地收集新闻，随时给日本《每日新闻》总社提供最新信息。

日本报纸对于一些有争议的敏感问题各个报社有各自不同的报道立场，新闻评论各报社也是各持己见，在对待历史问题和中国报道问题上表现得尤其突出。

日本学者山本贤二教授把日本对中国的言论分为稳健派和强硬派两种。《朝日新闻》和《每日新闻》趋向于稳健，而《读卖新闻》和《产经新闻》则趋向于强硬。[①]

---

① 山本贤二：《日本和中国的言论空间》，见：中国传媒大学编：《东北亚的文化交流论文集》，2005 年。

关于教科书的审定问题，《朝日新闻》对扶桑社版的历史教科书进行了如下的批判：“对比来看，最主要的问题是对日本近现代史的认识不够客观。”（2005 年 4 月 6 日）《每日新闻》发表社论说：“问题所在并不是教科书本身，而是政治”（2005 年 4 月 6 日）而《读卖新闻》则指出：“教科书制度是国家主权范围之内的事情，我们绝对不允许外国企图动摇这个现实。”（2005 年 4 月 6 日）《产经新闻》则批判《朝日新闻》的社论是“偏激和狭隘”的，“必须维护一个不被外国压力和国内特殊政治势力所左右的稳定环境”，中国、韩国“应该停止对日本内政的干涉”（2005 年 4 月 7 日）。由此可以看出，《朝日新闻》、《每日新闻》侧重于指出日本自身的问题，而《读卖新闻》和《产经新闻》却将来自中、韩的压力批判为“干涉内政”。

关于东海的天然煤气田问题，《朝日新闻》认为“共同开发”是“为进一步构筑良好的关系而进行的努力”（2005 年 4 月 14 日）。《每日新闻》也表示“继续恶化纷繁复杂的关系对中日双方都不利”（2005 年 4 月 14 日），希望政府用“对话解决”有关问题。而另一方面，《读卖新闻》则明确批判中国的行为是“对中国权益与国际关系之间潜规则的严重挑衅”，“这完全是不懂得变通，对于日本方面多次提出停止开采的意见，中国完全不予理睬，而是继续进行开采，中国政府的这种行为显然已经违反了国际法的相关规定”（2005 年 4 月 15 日）。《产经新闻》也就“中国单方面继续进行油田开发”问题，和“日本政府已经把抢夺开采权利提上日程”问题明确表示：“愿意高度评价日本把本国主张向国际社会明确展示”（2005 年 4 月 14 日），以此表示对日本政府的拥护。

关于小泉参拜靖国神社问题，各个报纸的观点也不一致。《朝日新闻》指出小泉政府之所以没有成功进行“有效外交”的原因就在于“参拜靖国神社”，“现在日本在亚洲的外交活动可谓是‘举步维艰’，所以日本要想在亚洲各国得到普遍的认可，保持一种谦虚的姿态是进行有效外交的最现实的做法”（2005 年 4 月 12 日）。《每日新闻》批判说：“‘小泉外交’不是巩固本土的支柱，而是漫无计划的蒙混过关”（2005 年 4 月 20 日）。对于小泉问题，《读卖新闻》也批评说：“民众中关于质疑小泉首相缺乏言论的说服力和政策决定的指导能力的呼声甚高。所以，很有必要澄清这种疑问并进行专门的研究”（2005 年 4 月 27 日）。《产经新闻》在评价了三位一体改革等一系列成果之后，表态说“目前日中、日韩关系急速恶化，绑架问题和加入联合国安理会常任理事国问题让他感到十分棘手”，“强烈希望小泉首相冷静地展开可以维护国家利益的外交”（2005 年 4 月 27 日）。

通过对以上敏感国际问题这四份报纸的相关评论的对比阅读，我们可以看到日本社会舆论和各报立场的差异和多样化。日本宪法第 21 条规定“保障集会、结社以及言论、出版等自由”。日本公民的言论自由是受宪法保护的，现在日本政权的合法性通常是通过选举加以验证的。在日本参政的议员都是通过国民选举产生的，如果失去了国民的信任就很难保证下次选举能否当选，因为选举结果还可能会产生新的政权。

日本在 1972 年与中国建立外交关系时签订的《中日共同声明》中明确表示：“对于过去由于战争给中国人民带来的巨大伤害，日本深切感到有着不可推卸的责任，一定深刻反省。”此外，村山富士首相在 1995 年的谈话中指出：“我们不能再次重复过去的历史，必须让年轻一代知道战争给世界带来的悲惨后果。”“我们的国家，在刚过去不久的一段时期内，由于国家政策的失误，走向了战争的道路并陷于威胁国民存亡的危机之中。通过控制殖民地和对外侵略，给很多国家，尤其是亚洲国家的国民带来了巨大的伤害与痛苦。为了不重蹈覆辙，我毫不怀疑地接受历史事实，再一次表示痛切反省之意。同时，我要在这里表示发自内心的由衷歉意。另外，对在战争中的所有死难者表示深切的哀悼。”

到 20 世纪 80 年代末，国际形势风云变幻，日本国内也经历着巨大的动荡，特别是成为日本经济持续衰退直接动因的“经济泡沫”崩溃后，右翼政治势力也感到了某种危机。日本国内的社会矛盾和社会冲突也变得尖锐和激烈。以《朝日新闻》、《每日新闻》为代表的主流媒体，以维护和平宪法和民主社会的自由民主价值为己任，质询首相和阁僚以国家公职身份参拜靖国神社的“违宪行为”，反对有关《国家秘密法》(反间谍法) 案的动议，批判篡改和粉饰历史的“问题教科书”……这些报纸从“新闻工作者”的立场出发，对整个社会进行呼吁，他们被民众看作是日本“社会的良心”。但同时，也成了极端右翼分子的“眼中钉”，甚至与右翼民族主义组织严重对立，以至到了被右翼恐怖分子扔炸弹或被告上法庭的地步。

三、“绿色新闻”——关怀人类生存环境

对于日本人来说，4 月 29 日是一个重要的日子，被称作“绿色之日”。1989 年，昭和天皇去世，为了追悼这位热爱自然、有着生物学者身份的天皇，政府将他的生日定为“绿色之日”。《每日新闻》每年在这一天都将报头印成绿色以示纪念。这也表现出《每日新闻》对皇族报道和天皇制方面的报道是比较保守的。

毎日新聞
北朝鮮「査察受け入れを」
よみがえった「緑の肺」

毎日新聞
自衛官募集に住基情報
健康状態など「18歳リスト」
多くの自治体協力
一宮町方面に逃走か

《每日新闻》非常重视环境问题报道，是绿色新闻的倡导者。以全球气候变暖为首的各种环境问题，关系到地球是否能够维持一个良好的人类生存环境，人们越来越认识到破坏自然环境的危险性。报社、政府机关和社会方方面面都成立了各种环境保护委员会。《每日新闻》配合世界环境大会发表《京都宣言》，制定发表了《东京宣言》。针对富士山遭受污染的问题，《每日新闻》2000 年组织开展了“富士山再生”宣传活动，发起了保护富士山商业募捐活动，使富士山的自然环境得到了保护。

《每日新闻》在 1996 年开展了“生存”宣传活动，并设立了“儿童癌症基金”。到 2004 年 3 月，捐助的总金额超过了 1.45 亿日元。

四、关爱残疾人的盲文点字版

1922 年 5 月 11 日，《每日新闻》为盲人读者创立了第一份残疾人报纸——《点字每日》。这份报纸已发行了 82 年，《每日新闻》是全日本第一家为盲人设立点字版的报纸。《点字每日》在 1963 年获得“菊池宽奖”，1968 年获得了“朝日奖（现在朝日社会福祉奖）”。

《点字每日》即使在战争时期也没有停刊。《每日新闻》盲文点字版的发行量约为 1.2 万份。20 世纪 80 年代，开发出了盲文点字编辑软件，用电脑进行盲文点字制版的技术得到普及。现在，《点字每日》的制作过程已经电脑化。

《点字每日》每周日发行。A4 格式 60 页。价格为 1 年两万日元、半年 1 万日元（免费送报）。有的地方自治团体对盲人订报有资助金制度。另外还有《点字每日》活字版。以《点字每日》的文章为基础编辑。每周四发行。16 开 12 页。1 年 1.25 万日元、半年 6250 日元（包括送报费）。还有月刊《消息灵通》的点字版。在每日新闻发行的《消息灵通》的基础上，发行 A4 版 60 页的点字版。半年 3000 日元、一年 6000 日元。

这些刊物给日本的盲人带来了信息，深受盲人的欢迎，也为日本社会福利事业作出了贡献。

五、NIE 活动——将报纸寓于教育

NIE 是“Newspaper in Education”的略称，译为“将报纸寓于教育”，是在学校教室等地方以报纸为教材的学习活动，从 20 世纪 30 年代就开始在美国推行这一活动。世界新闻协会（WAN）调查表明，现今世界上 35 个国家都在推行这种活动。

图为东京新宿区立戸塚第一小学校的学生利用报纸开展自由创造活动

日本从 1989 年起，通过日本报业协会和教育界的合作，开始开展这一活动。之后日本报业协会成立了日本新闻教育文化财团，现在正以这一财团为中心开展活动。2000 年秋，在横滨市信息文化中心内开设了日本报纸博物馆、报纸图书馆和 NIE 活动国家中心。《每日新闻》积极参与并向学校派遣记者。

2002 年 4 月起在中小学校正式施行“综合学习时间”报纸的 NIE 专版成为学生们综合学习时间的教材和参考资料。NIE 活动备受关注。在报纸上，多种多样的信息被简明化整理刊载，孩子们可以自由地选择，灵活掌握自己感兴趣的信息。所介绍的针对最新时事的观点可以作为讨论的素材，培养学生独立思考、自主判断的能力。

《每日新闻》还从 1955 年开始举办全国青少年读后感比赛，到 2004 年已经举办了第 50 届，50 年前刚开始比赛时，征集到 5 万篇作品，现在已经超过 400 万份作品，是日本全国最大规模的读后感比赛。

第四节 《每日新闻》的发行和读者构成

一、“宅配制”与报纸“贩卖店”

日本报纸的发行是令人惊羡的，这种发行体系中的最关键的做法就是送报上门。所谓的“宅配制”就是把报纸送到家，好比我们国内的自办发行体系。日本报纸大部分是用这种宅配制来发行的。日本人习惯于订阅报纸，一旦订阅了某种报纸，就会一直阅读这种报纸。在报纸的经营上，宅配制是一种很有效的方法。对读者来讲，早上不用去街上买报纸，直接在自家报箱就可以拿到报纸，这为读者提供了很大的方便。

负责把报纸送到家的配送公司在日本一般被叫做报纸“贩卖店”，也就是我们所说的发行站点。各家报纸都拥有自己的“贩卖店”发行体系。“贩卖店”又分成两种类型：“专卖店”与“合卖店”。“专卖店”是指专门销售一种指定报纸的商店，像《朝日新闻》、《每日新闻》这样的报纸，都拥有大量的专卖店，专门发行本社的报纸。“合卖店”则销售多种报纸，跟各家报社签约。专卖店网络是日本报纸发行体系的重点。日本报纸“贩卖店”的所有权一般不属报社所有（除了报社自己直接经营的“贩卖店”），大部分都是私人经营的店，拥有独立法人资格。“贩卖店”和报社签约，承诺每天发行多少份报纸，每个月跟报社结一次账。报社一般都会对签约的专卖店给予培训和关照。《朝日新闻》、《每日新闻》和《读卖新闻》都拥有几千个这种签约的“贩卖店”。这些贩卖店网络遍布全国各地。

《每日新闻》采用由中心点向外扩散的方式进行发行，如图 1-1 所示，大的黑点是代表四大《每日新闻》本社的发行站点。以东京本社为例，发行方式是以东京为中心点用画圆的方式往外扩散，东京→厚木→立川→琦玉西→宫崎→小山→水户→千叶……这样一来保证了在东京本社附近的读者能够最先买到报纸。早报或晚报不止一个版本，有各地的地方版，而《每日新闻》在日本全国分布的印刷点很多，所以较好地保证各地的读者能够及时读到报纸。

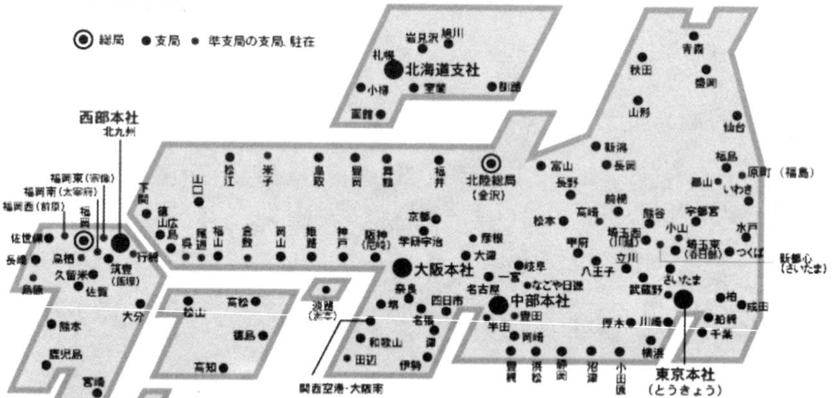

图 1-1 《每日新闻》全国发行站点网络图

二、《每日新闻》的发行

根据《日本新闻年鉴 2005—2006》的数据显示，《每日新闻》日报的日发行量为 396 万份，晚报为 163 万份，以下表格是从每日新闻社广告局的数据中摘录下来的，这些数据显示了《每日新闻》报纸在日本主要几个地区的发行量和阅读率。

表 1-2　每日新闻的总发行量和按本支社划分的发行量　(单位：万份)

地　区	早报	早报晚报套餐	晚报
全　国	395.6348	317.8433	163.0994
东　京	162.0081	141.7572	58.7873
大　阪	142.3334	111.2533	85.6342
西　部	66.4489	41.3002	11.2547
中　部	17.4439	17.4439	5.4528
北海道	7.4005	6.0887	1.9704

(2004 年 1—6 月半期平均 ABC 报告)

“报纸的销售量”并不等于“读者人数”，报纸是以家庭为单位的供阅读的媒体，所以销售数量乘以传阅人数就可以推定为该报纸的读者总数。

表 1-3　每日新闻的到达率和读者总人数　(单位：人)

地　区	早报销售量		传阅人数	(指定) 读者总人数	
全　国	3955882	×	2.35	=	9296323
东　京	1624657	×	2.24	=	3639232
大　阪	1418078	×	2.36	=	3346664
西　部	663908	×	2.24	=	1487154
中　部	175448	×	2.97	=	521081
北海道	73791	×	2.47	=	182264

三、《每日新闻》的社会影响力

报纸是渗透社会生活必不可少的媒体。日本新闻协会的调查结果显示，80%的人认为报纸对每天的生活产生很大的影响，这种力量可以理解为报纸对社会生活的“渗透力”。78%的日本人把读报作为每天的习惯，报纸深深植根于人们的生活当中。81.1%的人认为“应该让孩子们读报”，这种评价也体现了报纸的教育功能。

日本新闻协会进行的第三次报纸读者综合调查的结果显示，在《每日新闻》的读者中，认为《每日新闻》必不可少的读者占 26%，认为《每日新闻》对日常生活有帮助的占 26%，认为通过《每日新闻》可以知晓世间动态的占 25.7%，认为《每日新闻》有教育功能的占 29.9%。

在多媒体时代，人们可以从多家媒体获得信息，而报纸则是“多种信息资源的中间体”，具有媒介交叉点的特性。生活中，人们常把从某一媒介获得的消息去跟别的媒介进行对比确认。《每日新闻》的调查结果显示出受众在多种媒体间对信息进行确认时，报纸占据首要地位，与排名第二

的电视相比，“从电视获知的信息通过报纸来确认”的占 93.0%，“从报纸获知的信息通过电视来确认”的占 77.5%，

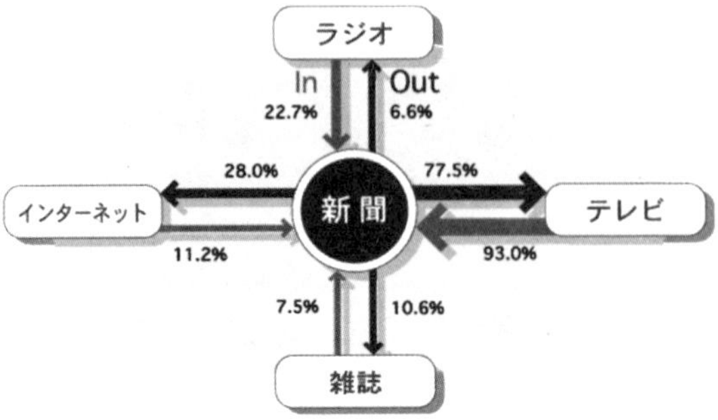

图 1-2

IN：表示读报者中，把从非报纸媒体获得的信息通过报纸进行确认经历的人数（“经常有这种经历”＋“偶尔有”，复数回答，n=2063）。

OUT：表示读报者中，有把从报纸获得的信息通过非报纸媒体进行确认经历的人数（“经常有这种经历”＋“偶尔有”，复数回答，n=2016）。

报纸广告的重要作用之一是提升企业或产品的品牌竞争力。对于企业来说，品牌是重要的资产，品牌价值与企业价值紧密相关。如何选择适合的媒体进行品牌推广，对企业来说至关重要。

日本新闻协会的调查结果显示，在传达“企业经营内容和业绩”、“企业经营者的想法和经营态势”、“企业对社会贡献”、“商品服务的品牌观念”、“对环境问题的贡献”、“与地方社会的密切关系”等这六个方面的信息时，报纸广告的宣传效果比其他媒体的作用更好。

四、《每日新闻》的读者构成与版面接触率

表 1-4　按年龄划分的读者构成比

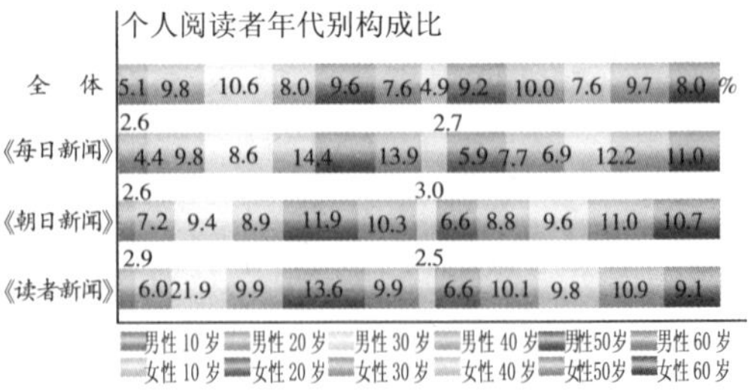

报纸的发行量只能说明报纸的影响范围，而报纸的阅读率和各个版面的接触率则反映了报纸的影响深度，即读者都阅读了报纸的哪些内容、报纸的每个版面有多少读者、这些读者有什么特征等。目前的报纸和广告客户已经越来越关注报纸的阅读率问题了，但对于“版面内容接触率”和“版面广告接触率”进行定期调查的还很少。日本的报纸则一直是很重视这两项调查。

“版面接触率”是读者对报纸各个版面阅读情况的调查指标。阅读版

面上非广告部分内容的情况被称为“版面内容接触率”，阅读版面上广告的情况被称为“版面广告接触率”。由于一次性的“版面接触率”调查不够准确，因此日本的报纸多采用两次以上的调查数据，取其平均数，称为“平均接触率”。这些读者数据对于报纸和广告客户来说都是非常重要的，同时也是报社向广告客户推介的依据。

表 1-5　　按年收入划分

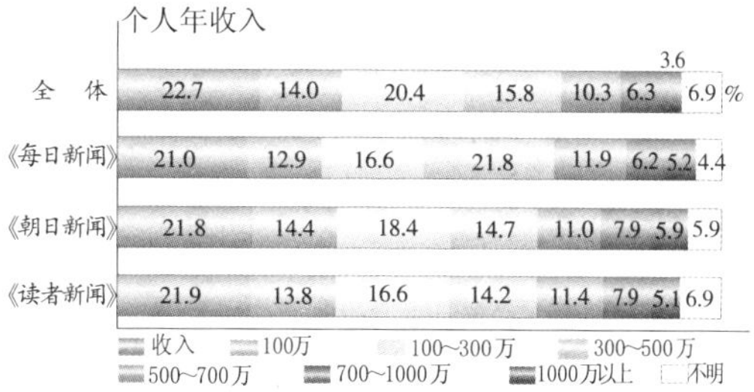

资料来源： 第三次日本全国新闻综合调查（J-READ）。

调查读者对版面的接触情况，就是调查读者阅读某一特定版面上相关内容的情况，用公式表示如下：

$$\text{版面接触率}=\frac{\text{确实读过的人数}+\text{有读过印象的人数}}{\text{调查对象数}}\times 100\%$$

日本报纸一般会自己策划和设计调查问卷，然后委托权威的专业调查机构实施调查和统计数据。通过这些数据，报纸可以在一定程度上把握读者的“口味”，适时调整版面内容。同时，报社可以根据这些数据协助客户对投放广告的版面进行选择，而广告的定价也以此为依据。

五、《每日新闻》的数字化业务

《每日新闻》的数字化服务是开展得比较早的，最大的行动莫过于“MSN 每日互动”的开创。“MSN 每日互动”是《每日新闻》于 2004 年 5 月开始与微软 MSN 合作的一个项目。“每日互动”不仅是读文章、看照片，还包括网上购物等。《每日新闻》还在中国开展向中国手机用户发送“每日看点”的新闻短信。发送时间为每天晚上 7 时左右，内容包括金融、经济、体育、娱乐等，每月收费 30 元人民币。

每日图片数据库是日本最大的数字照片资料基地，总计 200 多万张，不仅保存有幕府末期的珍贵历史照片，还有各种重要图表等约 45 万张。需要查阅的人士可以在网上进行检索、浏览和订购，检索和浏览是免费的。

《每日新闻》数字媒体局从 2004 年开始设立购物网站，商品包括大相扑优胜迷你模型版、世界汽车拉力赛选手 DVD 等，不少是每日新闻社举办的各种赛事、展览会的相关商品。《每日新闻》在报业数字化服务方面现在仍保持着日本报界的前沿地位。

朝日新聞　2007年（平成19年）1月19日　金曜日　43381号　（日刊）

©朝日新聞社 2007年
発行所 〒104-8011 東京都中央区築地5丁目3番2号
朝日新聞東京本社
電話 03-3545-0131

利上げ見送り、賛成6反対3
審議委員真っ二つ
日銀 異例の伯仲

日本銀行の福井俊彦総裁は、追加利上げ見送りを決めた18日の金融政策決定会合後の記者会見で、見送りに反対した3政策委員が逆に利上げを提案して否決される異例の展開で、意見が伯仲していたことを明らかにした。2月以降の利上げに向けては「強弱様々な経済指標が出ており、さらに見極めが必要」と述べ、利上げの時期を探る考えだ。ただ、利上げに向けては引き続き政府・与党からの強い反対が予想される。

追加利上げの見送りに反対したのは須田美矢子、水野温氏、野田忠男の3審議委員とされる。政策委員は、執行部の正副総裁3人と民間選出の審議委員6人の計9人。多数決だが普段は全員一致で決まることの多い金融政策決定会合で、3人の反対票が投じられるのは極めて珍しい。

反対票で鮮明になった委員間の意見の相違について、福井総裁は「景気の先行き見通しは委員全員が完全に一致している」と強調。「経済・物価情勢をさらに丹念に確認する必要と時間的余裕があるかどうかで、委員の意見が多少分かれている」とした。

だが、3委員の利上げ提案で、政策委員の間で早期利上げ機運が高まっていることが明白となった。執行部として一体の投票行動をとる暗黙の了解がある正副総裁の動向次第では一気に利上げが賛成多数で可決される可能性も出てきたからだ。

日銀は、2月20、21日の次回会合まで、短期金利（無担保コール翌日物）の誘導目標を0.25%に据え置く。日銀は今後発表される消費者物価指数、昨年10～12月期の実質GDP（国内総生産）成長率などを手がかりに、2月以降の利上げを探る構えだ。

福井総裁は18日の会見で、景気拡大基調の見通しは変わらないとしつつ、足元の個人消費と消費者物価は当初見通しに比べ「いくぶん下振れている」との認識を示した。

一方、政府・与党の反対は根強く、「日銀は政府に配慮せざるを得ない」との市場の見方もある。福井総裁は会見で「政府との意思疎通は万全を期したい」とする一方、「経済・物価の判断以外の要素が入り込む余地はまったくない」と明言したが、今後難しい判断を迫られる局面もありそうだ。

日本銀行政策委員会のメンバー（カッコ内は代表的な経歴）

執行部	福井俊彦総裁（日銀副総裁）	利上げ見送りで一致 6人
	武藤敏郎副総裁（財務事務次官）	
	岩田一政副総裁（内閣府政策統括官）	
審議委員	春英彦委員（東京電力副社長）	
	福間年勝委員（三井物産副社長）	
	西村清彦委員（東大教授）	
	須田美矢子委員（学習院大教授）	…を主張 3人
	水野温氏委員（外資系証券エコノミスト）	

ダスキン株主訴訟
53億円賠償命令
大阪高裁、一審の半減に

ダスキン（大阪府吹田市）が運営する「ミスタードーナツ」で無認可添加物入りの肉まんを販売し、106億2400万円の損害を会社に与えたとして、元社員が旧経営陣を相手に同額を会社側に支払うよう求めた株主代表訴訟の控訴審判決が18日、大阪高裁であった。渡辺安一裁判長は販売に直接関与した芝原修一・元専務ら元役員2人について「販売中止などの適切な措置をとったとしても、ダスキンの信用は失墜して売り上げは低下した」と判断。2人に全額の支払いを命じた一審・大…帯して53億4350万円を支払うよう命じた。

判決によると、芝原元専務と菅野誠介・元取締役事業本部長は00年12月、中国製肉まんに国内で使用が認められていない酸化防止剤が混入していると知りながら販売継続。02年5月に発覚し、ダスキンは売り上げが落ちたチェーン店の営業補償…

いじめられている君へ　いじめている君へ

昨年、30回にわたって1面と社会面に掲載した連載「いじめられている君へ・いじめている君へ」が小冊子になりました。

作家やスポーツ選手、タレントなど多彩な皆さんが、自らの体験に基づいて子どもたちに語りかけるメッセージ集です。B5判、32㌻。掲載された30人のうち、冊子化の許諾をいただいた28人の方々の言葉が収録されています。

冊子お分けします

ご希望の方に無料でお届けします。1人1部限りで計3万部を準備しています。はがきに郵便番号、住所、氏名、年齢を書いて、〒119・0115京橋郵便局留め、朝日新…

紙面から

33 35 修学旅行 特定団体の大増…

日本から修学旅行に来てもらおうと、アジア各国は、教員相手に格安旅行をしかける。誘致合戦に一枚かんで存在感を増しているのが「日本修学旅行協会」だ。その力の源泉はどこにあるのか。

社会

なぜ人は恋をするのか。なぜ他のだれでもなく「その人」を好きになるのか――。読者から寄せられたそんな疑問にモンジローが挑戦。心理学や生物学などの専門家を訪ね、恋愛の不思議を探った。

生活

《朝日新闻》

第 2 章

《朝日新闻》

大众化专业化
高品味高营收

创办时间： 1879 年 1 月 25 日
创办者： 木村平八
现任社长： 箱岛信一
发行量： 早报发行 825 万份，晚报 386 万份
网址： http://www.asahi.com/
地址： 东京都中央区筑地 5 丁目 3 番 2 号
电话： 03-3545-0131

- 《朝日新闻》是日本五大全国性报纸之一，也是世界上发行量第二大的报纸。《朝日新闻》每天出版日报和晚报，广告收入居日本第一，平均发行量居日本第二，发行早报 825 万份、晚报 386 万份。报社注册资本金为 6.5 亿日元，有职工 6275 人，2004 年度报社营业收入为 4069 亿日元（约合人民币 290 亿元）。现在的朝日新闻社是一个以报业为核心的综合型传媒集团，由若干个法人单位构成。报社在日本国内设有东京本社、大阪本社、西部本社、名古屋本社，这 4 家本社都有各自的法人资格及相对独立的经营权限。《朝日新闻》由木村平八 1879 年 1 月 25 日创刊于大阪，不久就将经营权转让给村山龙平和上野理一。

第一节 今天的《朝日新闻》

《朝日新闻》的总部也就是《朝日新闻》的东京本社大楼，坐落在东京的银座附近（东京都中央区筑地5-3-2）。大楼的主体并不算高，但占地面积很大，主体的16层大楼是1992年9月竣工的，地上16层、地下4层，总面积为6.8万平方米，印刷厂设在地下。从朝日新闻大楼望去，西面都是新建起来的高楼大厦，世界著名的电通公司、松下公司、利库路特公司的总部都设在这里，北面紧连着世界著名的繁华大街——银座，东面是东京湾，南面是一片很开阔的日本园林式的皇家海滨公园。可以说这里是繁华的东京都里闹中取静的一块宝地。

一、重访《朝日新闻》

《朝日新闻》有我的很多老朋友，在我去拜访朝日新闻社长箱岛信一先生之前已经去过多次。留学日本八年期间，我曾经创办过一份中文报纸《中国留学生新闻》，在20世纪90年代的日本华文媒体中算比较活跃，当时的报纸编辑部在离《朝日新闻》东京本社大楼不到500米的新桥车站附近，报纸的制版和印刷也曾在《朝日新闻》的印刷厂进行。十多年后重访故地，在感到亲切的同时还有点感慨万千。

我带着两名助手如约来到《朝日新闻》东京本社的大楼的二楼大厅，准备采访《朝日新闻》社长箱岛信一先生。现任《朝日新闻》社长的箱岛信一先生也是这一届日本报协的主席。见《朝日新闻》社长一面可不是一件容易的事，《朝日新闻》中国总局在帮忙联系中给予了很大帮助，《朝日新闻》原总编辑中马清福先生也给予了大力支持。中马先生是一位在日本报界颇受尊敬的老报人。我的两位助手一位是日本庆应大学的博士留学生华金玲小姐，她负责录音和打字，另一位是庆应大学的硕士留学生，他负责拍照，这几天一直跟着我采访。我们检查调试了一遍设备，在大厅等着接待人员的到来。

很快，朝日新闻社国际部部长亘理信雄先生西装笔挺地来到大厅迎候我们。我前几次见他在报社里总是穿个坎肩儿，一副干活的装束，他曾经访问过清华大学，我们可以算是老朋友了。作为国际部部长，亘理信雄先生对《朝日新闻》的版面与新闻编辑业务方面很有发言权。后面我们也安排了对他的采访。在亘理部长的引导下，我们来到社长办公层的会客厅，已经有好几位工作人员在那里等候，按照日本的习惯，这样的大社长接待客人一般不在自己办公室，都是在接待室进行。会客厅装饰十分考究，贴着金箔的日本式房间中间摆了一圈很讲究的布艺沙发，我坐的座位正好面对东京湾和皇家海滨公园，大玻璃窗口就像一幅风景优美的油画，把东京湾的蔚蓝和海滨公园的弧线呈现在面前。

朝日新闻社总部的主要机构有社长室、论说委员室、经营战略室、综合企划室、外事部、综合研究本部、读者广报室、百年史编修委员会、研修中心、电子媒体本部、关联企业室、国际本部等、管理本部等二三十个部门。

朝日新闻集团虽然在大阪、西部、名古屋设有发行报纸的本社，但是集团经营管理中心仍然以东京本社为主，东京本社各部门起着主导作用。《朝日新闻》东京本社最大，有3000多人，由编辑局、发行局、广告局和包括驻30个国家和地区的记者的支局组成。在内容方面，除了时刻发生的新闻事件以外，《朝日新闻》还关注一系列人类在新世纪要面临的问题，包括各国之间的较量、全球环境问题、发展中国家的人口问题、核武器扩散以及地下资源争夺等等。

《朝日新闻》还与国内外20多家报社、通讯社建立了特约通讯和合同关系，其中包括美联社、路透社、新华社、塔斯社、共同社、时事社、朝鲜通讯社、《纽约时报》、《泰晤士报》等。为了应对重大突发事件，《朝日新闻》拥有2架双引擎飞机、5架直升机，记者随时可以从东京总社大楼顶层的停机坪乘飞机出发及时赶到新闻现场。

《朝日新闻》每日出版早报和晚报。在东京总社出版的早报为36—40版，晚报为16—20版。除此之外，还有英文版日刊报纸、杂志、图书、年鉴等。据统计，《朝日新闻》2005年的平均发行量为早报825万份、晚报386万份，每天合计发行量高达1211万份，是全世界发行量第二大的报刊。广告部负责人告诉我，广告收费标准是有关专家根据报纸发行量及影响范围调查后制定的，同时得到商家、企业、广告代理商的认可。按照日本的广告换算方法，也就是说，作为发行量1000多万份的报纸，

1000万日元整版广告费平均到每份报纸上仅有1日元（约合人民币7分钱）。

朝日新闻社是一个立体经营的传媒集团。除办报外，朝日新闻社出版的周刊、月刊、季刊杂志有10多种，在日本国内的影响力与发行量都很大。出版的定期刊物有周刊《周刊朝日》、《朝日评论》、《周刊朝日百科世界的历史》，月刊《科学朝日》、《朝日摄影》、《朝日》、《朝日画报》，季刊《日本季刊》、《朝日亚洲论坛季刊》和年刊《朝日年鉴》、《〈朝日新闻〉报道画片集》、《民力》、《朝日现代用语（知惠藏）》等。

《朝日新闻》还兼办其他文化产业。与该报社有关联的企业和团体还有英文朝日、朝日学生报社、日刊体育报社、神奈川报社、森林文化协会、朝日兴发公司、名古屋朝日开发公司、朝日广告公司等约60家。全国朝日广播公司是《朝日新闻》系统的商业电视台。朝日广播公司拥有一家与40多个广播电视台有关系的广播电视集团公司，它包括12个联播电视台、9个交叉网电视台、1个普通电视台和12个调频广播电台。

朝日新闻社的多种经营也搞得非常出色，目前设在国内外的公司、企业已超过200家，其经营范围涉及新闻业、出版业、海外代理销售、房地产业、办公住宅大楼的物业管理、旅行社、保险业、保安公司、财团法人基金会等等。另外朝日报社还有对社会公益事业开展援助的法人团体20多个，在文化、艺术、社会福利、教育、医疗、环境等方面发挥着重要作用，同时使朝日新闻报业集团的整体经营形成了一种长期稳定的良性循环。

《朝日新闻》的发行系统叫做ASA（朝日服务网），全国的报刊发行代理店3164所，大约有8.2万多名送报员，每天清晨6点以前要将800多万份《朝日新闻》早刊送到每个订户的家中，因为很多日本人有边吃早餐边看报的习惯。

朝日新闻社平均每天日报的发稿量约179万字；每天采编的文稿量是1826万字；朝日新闻社在全日本共有21家印刷厂，370台轮转印刷机；每天使用新闻纸大约1900吨；使用油墨约29吨；向各地运送报纸的卡车约1600辆。

《朝日新闻》历来注重引进先进技术和设备，起初利用电报传递信息，后又最先利用飞机传递新闻稿等。“二战”后在改善设备以提高新闻报道的时效性方面，《朝日新闻》不遗余力。1959年6月，打入北海道后，最先采用电子传真版面方式，实现了在札幌当地印刷发行当日报纸的技术。1980年，朝日新闻社在东京新建的20层的新报社大楼竣工，新大楼全部采用美国商用机器公司（IBM）的“纳尔森”（NELSON）技术体系

(报刊编辑、排版系统)，实现了由电子计算机控制的编印报纸全过程的完全自动化作业。朝日新闻东京本社的印务中心就设在大楼的地下。轮转式印刷机高13米，占地下两层。这种机器每分钟印报1200份。朝日新闻以不断完善报纸制作质量和发行的速度，成为日本报界技术革新的领先者。

二、报道方针：尊重事实、客观公正、真实准确

箱岛信一社长非常准时地走进接待室，亲切地与我和我的助手握手表示欢迎。社长身材魁梧，气度非凡，人又很和蔼可亲。他曾多次访问中国，对中国充满友好。他曾采访过江泽民和朱镕基。朱镕基曾在中南海紫光阁会见过以箱岛信一社长为团长的朝日新闻社代表团，并接受了采访。

箱岛信一社长是日本福冈县人，现年66岁。毕业于九州大学经济学部，1962年大学一毕业就进了朝日新闻社。进入报社后首先是被派到日本东北地区的福岛县记者站当记者，从基层一步一步干起，1985年升任《朝日新闻》名古屋本社的经济部部长，1987年升任东京本社的经济部部长。在《朝日新闻》内部，记者和干部是要在各个部门和各地本社锻炼之后才能升任高级领导层的管理人员。而报社的社长人选主要来自两个部门，一个是经济部，一个是政治部，从历任社长的背景来看，几乎是由这两个部门出身的领导来轮流执掌《朝日新闻》的社长大印。

《朝日新闻》在我们看来似乎很像是一份国家级别的报纸，其实它是一份私营企业性质的报纸，它最主要的老东家是两位被称为“社主”的家族，社主并不直接参与日常的经营管理。日常业务与经营管理工作，实际上是由社主聘任的社长及17位取缔役（董事）组成的最高领导层负责，这些董事会成员分别担任新闻社各方面的具体领导工作。

本书作者在朝日新闻本社采访箱岛信一社长

箱岛信一先生在20世纪90年代先后担任过《朝日新闻》西日本本社的总编、《朝日新闻》东京本社的总编，后来升任朝日新闻社的取缔役（董事），1996年任常务董事，1999年升任社长和法人代

表。

落座以后，社长拿出我事先发给他的采访提纲，看来他事前已经作了认真的准备。

崔保国：非常感谢您能接受我的采访，朝日新闻社已有100多年的历史，请问您就任社长后，报社的办报方针有什么变化吗？

箱岛信一：《朝日新闻》最初在大阪创刊的时候，我们的办报宗旨是分辨世间的善恶（《朝日新闻》创刊时宗旨描述为"劝善惩恶，引导、教化俗人、妇人。版面辅以插图、注音，虽儿童亦可一见而解其意"）。当东京的《朝日新闻》创刊之后，我们的办报宗旨则是为了使更多的人能够接触到报纸。我们报社的工作只不过是每天爬格子而已。我的想法是要尽可能地将信息送到这个国家的每一个角落，并且要尽量早地出报纸。当年《朝日新闻》在大阪出版时，为了尽快地传递新闻，我们是从东京向大阪拍发电报。现在日本报业的激烈竞争中如果不好好地经营的话，那就没有立足之地。

在会客厅的墙上就挂着日文书写的朝日新闻社的纲领："坚持不偏不党之立场，贯彻言论自由，为建设民主国家和确立世界和平而努力；基于人道与正义，献身于国民幸福，排除一切违法与暴力，对腐败现象坚决斗争；公正、迅捷地真实报道，以进步精神保持评论之公正；常怀宽容之心，注意品格及责任，崇尚清新厚重之风。"这一纲领是在对日本军国主义发动侵略战争的沉痛反思，在日本战败之后国内自由、民主、进步思潮的发展，在对朝日新闻社内意见综合吸纳的基础之上制定的。那之后，它一直是指导朝日新闻社每个编辑、记者与员工们的座右铭。

《朝日新闻》要把"尊重事实、客观公正、真实准确"的报道方针作为今天努力的准则和明天追求的目标，让《朝日新闻》成为广大民众判断是非的准绳，成为日本新闻媒体的代表。这就是《朝日新闻》的传统，在我当社长的这个时代也是一样的。只是与以前相比，现在的教育水平提高了，专业化程度也越来越高。以前只有报纸和收音机，而现在却呈现出多种媒介并存甚至可以说媒体泛滥的状态，我们到了一个报纸媒体生死存亡的时代，但实际上最根本的东西并没有改变。

崔保国：在全球化时代的今天，朝日新闻社作为世界一流的新闻社，有怎样的全球化战略呢？

箱岛信一：当今全球化的势头非常迅猛。朝日新闻社对于这样的趋势不敏感是不行的。特别是作为我们的近邻中国，经济发展如火如荼，现在是一个不将中国市场纳入整体发展战略就无法继续发展的时代。《朝日新闻》当然非常想报道那些发生在中国的事情。我们将扩大在中国的报道队伍，在广州开设广州支局。朝日新闻社一直重视报道变化中的中国社会。此次在广州设立支局，正是着眼于以广东为中心的中国华南地区日新月异的变化。

《朝日新闻》在日本各地有1000人左右的记者。为了进行国际采访，我们派出了大量的记者。在华盛顿、伦敦、北京、开罗、曼谷设立有朝日新闻总局5个，另外有支局和驻在点25个，卫星版印刷点6个。朝日新闻社约有50多名记者被派遣到世界上的重要国家及地区，源源不断地将消息和评论送到东京本社。我们还与世界上几十个国家的重要新闻机构签订了交换重要新闻的协议。我们建立了朝日亚洲新闻网，主要是联络亚洲国家的媒体，这个机构也接收中国记者，几天前还有中国记者来过。我们和中国的《人民日报》以及一些地方报社都保持着密切的合作与联系。

2008年奥运会在北京召开，2010年上海有万国博览会，我们从现在起就在组织这些活动的报道队伍。为了能在今后建立起与中国更加紧密的联系，我们进行了很多基础的投资，这些投资都不是以赢利为目的而进行的。

崔保国：您在担任朝日新闻社社长的同时还担任本届日本报业协会的会长，那么，日本报业协会对日本报业界起着怎样的作用呢？

箱岛信一：日本报业协会处于一个网罗联系报社、通讯社的位置上，主要是发现和组织解决很多报业面临的共同课题。这不仅仅是下达指令，还包括制定和确保报业的一些基础行规。比如说，这几年，规范采访的法律、人权信息保护法案都还没有确定，而个人信息保护法案作为法律确定下来了。作为报界的代表，我们向政府呼吁，要求政府解决这些问题，并援助NIE计划。同时，我还兼任着新闻教育财团的理事长，通过这个财团我们对NIE活动进行援助。报业的事情今后将越来越多，并且日益重要。

崔保国：听说您在担任社长和日本报业协会主席期间，在对培养年轻一代养成读报习惯方面下了很大的工夫，并且从娃娃抓起。各国的报业也都很重视这件事。国际报业推行一项活动叫NIE计划（让报纸走进教育的活动），您是怎样推动NIE活动的？

箱岛信一：自2003年起，我开始担任新闻协会的会长，很多的精力就是致力于推动名为“让报纸走进教育”活动（Newspaper in Education，简称NIE）的计划。日本年轻人不读报的人口增多，不关心国家和国际大事，在渐渐远离报纸，中国是怎样的一种情形呢？

崔保国：中国也是如此。读报人群中年轻人越来越少。

箱岛信一： 以前人们的习惯是早上一起床就读报纸，学校里也常常把报纸当作教材来使用。现在却大不相同了，学校里报纸越来越少。所以我们支持全国的400所学校（占1%）把报纸当作教材来用。这是不继续下去就不行的事情。在不久前召开的日本报协大会上，得知很多小学生也开始认真读报的消息，我似乎又看到了希望。

既然年轻人不读报纸是报业发展的隐忧，《朝日新闻》也就寻找治本的方法，将报纸带进课堂，从孩子开始培养年轻一代对国际和国家大事的兴趣，并且定期邀请学生到报社参观。办报难啊！为了尽可能多地增加一些解释术语的图表，编采人员要下很大的工夫。我们也鼓励编辑记者到各大学巡回演讲，与年轻人分享经营与办报的经验。

崔保国： 据说新闻学大师小野秀雄先生（东京大学新闻研究所的创始人，也是日本新闻学研究的开山鼻祖）很早就提倡，应当把新闻教育纳入到大众教育中去。现在NIE活动在中国还没有引起足够重视，如果中国的报社也都设立一个NIE部门或推进这种活动的话，中国读报的人群就会增加很多。

箱岛信一： 那我们两国的报业同仁可以在这方面好好合作！

崔保国： 与英美等国的报纸相比，您认为日本报纸的最大特点是什么？

箱岛信一： 我想日本报纸的特点主要表现在这么几个方面：

（一）日本报业全国性报纸多，普及率高，影响大。日本报纸的普及率很高，仅次于挪威，居世界第二位。美国的报纸普及率都没有这么高，全国性发行的报纸少，地方性报纸占主流。

（二）日本报纸不仅发行量大而且内容质量比较高，严肃报纸占主流。在英国人眼中，发行量大的报纸往往是一些通俗报纸。例如在英国如果报道了体育、文艺的大明星的隐私，发行数量就会上去，达到几百万份。而日本的报纸虽然发行数量很大，但相当一部分报纸是比较严肃正统的，还报道国际新闻，这一点也是日本报纸的特点。

（三）日本的报纸主办很多大型体育比赛和各种展览会等活动。在美国报社一般不做这样的事情。所以说，日本报纸对整个社会的贡献很大。

（四）日本报纸与电视的关系很紧密。几大报业集团都持有自己的电视台和电视网。与电视相比，报纸的及时性差一些，这种情况下，《朝日新闻》就将报道重点交给朝日电视台，问题就解决了。

崔保国： 在传播制度方面，日本关于报纸和新闻的法规对新闻自由有什么影响？

箱岛信一： 由于日本没有与报纸直接相关的法律，所以谁都可以自由地报道。虽然有业界法，但是唯独报纸没有法律。但一个行业没有规范是不行的，没有监督机构也是不行的。

崔保国：中国是由新闻出版总署对报业实行管理的。中国现在正打算组建一个报纸发行量稽核机构（ABC），组建方案正在讨论中。日本报业协会和ABC是怎样的关系呢？

箱岛信一：日本报业协会和ABC之间几乎没有什么关系。在日本，不加盟ABC的报社还有很多。

崔保国：现在中国的一些地方报纸打起了价格战，发行收入处于倒挂状态。在报业经营方面，您认为日本报业经营中最重要的经验有哪些？

箱岛信一：对报社来说，报社收入不外乎是卖报纸的收入和广告的收入，美国报纸对广告的依存度较高，广告收入占报纸总收入的比例达到70%—80%。而日本报纸的广告收入一般只占总收入的40%左右。如果报纸完全依赖广告收入，其经营状况是不够稳定的。而日本报纸的经营比较稳定，这主要归功于发行经营，因为日本报纸的发行收入占比例很高，特别是订阅收入相对稳定。

崔保国：数字化时代，《朝日新闻》在网络新媒体方面有哪些拓展？

箱岛信一：《朝日新闻》一直在日本报纸广告市场上占有一定的优势，但近年来也受到严峻考验。日本报纸的整体广告收入最近也面临挑战，现代报业要拓展新的媒体增长点。在新媒体方面，《朝日新闻》针对年轻人开拓了手机新闻服务业务，《朝日新闻》还开创了读者社交平台——Aspara俱乐部，目的是建立与读者的紧密的关系。《朝日新闻》和全球其他报刊一样，正努力使“传统”互联网业务也获得成功。

崔保国：2004年秋天，贵社的前总编辑中马清福先生接受了清华大学的邀请担任我校的客座教授，我们想邀请您方便的时候来清华大学访问。在清华大学，能够读日本报纸、讲一口流利日语的学生有很多。

箱岛信一：那很好呀，希望今后能加强合作，希望崔教授的这次访问能够密切《朝日新闻》和中国报界的关系。我们与日本的东京大学政治系在舆论调查和社会调查方面有合作。早稻田大学、庆应大学也在做，你们清华大学也一起加入吧。

三、百年大报的历史足迹

1879年1月25日，《朝日新闻》由大阪商人木村平八创立于当时日本经济发达的大阪。《朝日新闻》的报名蕴含“旭日升天、万象惟明”之意，字体取自欧阳询《宗圣观记》。1881年，木村将亏损严重的《朝日新闻》转让，由村山家族与上野家族共同经营。村山、上野两个家族一直是该报的两个主要大股东，被称为“社主”。1888 年 7 月，《朝日新闻》打入东京，设立东京本社，买下东京的《觉醒新闻》，发行《东京朝日新闻》；1889 年，大阪《朝日新闻》改名《大阪朝日新闻》；1935 年 2 月和 10 月，《朝日新闻》又先后打入九州和名古屋，分设了西日本本社和名古屋本社；1940 年 9 月 1 日，该报在各地出版的报纸统一刊名为《朝日新闻》，分别在东京、大阪、小仓、名古屋、札幌等地出版发行。为了推动《朝日新闻》走向全国，以满足各地基层读者的需要，需要具有针对性细致的地方版面，为此，《朝日新闻》从创刊初期就注重发行地方版，加强地方通讯网络的建设。到1930 年逐渐实现一县一版的地方版格局。除重要消息通过综合版统一编排，内容基本相同外，其他消息则是各地自己采写，各自编排，版面各具特色。

从通俗的市井小报起家

朝日新闻社送给我一本《从朝日新闻版面看 120 年的历史》，这是一本《朝日新闻》历史上重要版面的纪念册，第一页就是该报创刊号的影印件。创刊时只有四版，刊名《朝日新闻》四个字自左至右，日期为明治十二年（1879 年）1 月 25 日。第一版为官报与大阪府令及消息,第四版为广告。创刊时的《朝日新闻》是份地地道道的“小报”，该报向大阪府知事提交的发行许可申请书中，将其宗旨描述为“劝善惩恶，引导、教化俗人、妇人。版面辅以插图、注音，虽儿童亦可一见而解其意”，完全像一份启蒙读物。

当时在日本关于“大报”“小报”的区别很明晰。所谓“大报”，指的是以刊登政论等内容为中心，以知识阶层为主要读者对象的报纸，因版面一般是四开版面故被称为“大报”。而与其相对应的则是以刊载市井事件、演艺界、花柳艳闻为主要内容，以满足大众趣味需求的通俗报纸，由于版面一般是八开版面，比较小，因此被称为“小报”。当时，大阪的《朝日新闻》、东京的《读卖新闻》在创刊时都是小报，但这两张“小报”在日后的发展中逐渐改版为大报，并成长为发行量世界上都数一数二的大型报业集团。

在大阪创刊时的《朝日新闻》是以区别于政论报纸的“大报”的“小报”面目出现的。创刊后的《朝日新闻》在相当一段时间内，采取花柳艳闻丑闻优先的编辑方针，为此曾遭到一些知识阶层的批判。甚至由于刊登太多带有黄色插画的艳闻内容，该报受到大阪府知事“停止发行”三周的处分。当时，该报在一篇社论中这样指出，报纸是映射社会风潮的相机，记者是摄影师，很多人抗议报纸上刊登很多丑闻，这就跟娼妇谴责拍摄自己的摄影师一样不自量力。如果想要报纸多刊登美事善行，那么大家都应该端正自己的品行①。这篇社论可以反映出当时的编辑方针。

创刊四年之后，《朝日新闻》发行量达到2万份，可谓初具规模。1889年,《朝日新闻》打入首都，建立了东京本部并开始发行东京《朝日新闻》。为了彻底打开东京及其周边市场，从而进军全国的读者市场，《朝日新闻》于1888年7月收买了一家经营不善的东京报纸《觉醒新闻》，改名为《东京朝日新闻》。但是，这时的《朝日新闻》尚不算大报。在经营上，《东京朝日新闻》的创立经费是由《大阪朝日新闻》通过增资方式获得的，《东京朝日新闻》设立后较长一段时间一直处于亏损状态，一直接受《大阪朝日新闻》补贴。《东京朝日新闻》坚持“不偏不党”的报道风格，从创刊到1906年的数十年内，经营状况一直处于亏损的不安定状态②。作为走向全国性大报的先行投资，《大阪朝日新闻》不计眼前利益大力支持持续亏本发行的报纸，使其有充分的时间在东日本地区培植自己的读者，扩大市场份额。

随着日本国家的近代化，社会阶层走向分化，政治经济的复杂化，信息需求推动报纸由言论报纸的时代走向报道报纸的时代。这一时期正是日本新闻界经历巨大变动的时期，因为“大报”正在走向衰落。随着自由民权运动的涨落，大报作为各政党的机关报或系统报纸陷入不安定的经营状态，读者数量锐减，而坚持相对中立立场，以报道为重点的“小报”却逐渐扩大其读者群。“大报”逐渐衰退，小报慢慢崛起。

走向全国性大报的每一个脚印

《大日本帝国宪法》的颁布对《朝日新闻》是一个巨大的机会。1890年2月11日上午10：00，日本政府举行宪法颁布庆典，朝日新闻社长村山龙平拿到宪法全文后，立即跑步交给早已候在门外的一名报社职员，这名职员乘事先雇的两人拉人力车赶回报社。该社一边发行东京号外，一边命数名记者将宪法全文1.13万余字分抄至电报纸上发至大阪，大阪本社当日赶出号外，发行量爆发式增长，压倒了竞争对手。

这一时期，《朝日新闻》开始摆脱小报的色彩，转换为以报道为中心的报纸。这对日本的新闻界来说，是一个重大的转机，使报纸走向了大报与小报界限难分的时代。在主营的报纸业务上，加大政治报道的力度。

---

① 《朝日新闻社史》（明治编），朝日新闻社，1990年，第23页。

② 山本武利：《近代日本的报纸读者层》，法政大学出版局，1981年，第282页。

在报道介绍国内外的政治活动同时，还刊登一些高雅读物，随时刊登著名人物的来稿、学者的讲座笔记等内容。为了达到经营上自立的目的，政论“大报”必须增加自己的发行份额，扩大其读者阶层与范围，而政论本位、论调高迈的版面已经无法扩大读者面，必须办出让更多读者感到亲近的好读的报纸，并且还必须降低报纸的定价。大报也逐渐摆脱原来政论报纸的气息，开始尝试新的大众化办报探索之路。敏锐地感知到这两种变化的《朝日新闻》经营者深知民众需要什么样的报纸，该为他们提供什么样内容，并确立办报方向：迅速正确地传递信息，以报道为中心。摸索出一条吸收大报和小报长处的“中报”的成长之路。

宪法颁布后，《朝日新闻》的言论活动开始活跃起来，开始正面提出自己的主张。1893 年，东京《朝日新闻》将曾经任东京大学预备学校校长、文部省参事官兼学务部长的明治时代著名教育家杉浦重刚请进报社，开始了东京《朝日新闻》作为大报的社论时代。

杉浦注重将身边的社会生活问题作为材料，用简明的行文进行国民大众的教化工作。“社会问题”成为东京《朝日新闻》社论的一大主题。而此后进入大阪《朝日新闻》担任主笔的高桥健三则以关注政治、时事，论调高迈、文字峻严的风格见长。高桥曾任内阁官报局长，以高远的见识和雄健豁达的论调为政界和言论界所重视。高桥不仅自身为《朝日新闻》提高身价积极努力，而且还为《朝日新闻》引进了大量对报社发展作出贡献的人才。其中包括编辑局长池边三山等人，又有为报社经营的现代化作出贡献的经理人员①。

有着旅居欧洲生活经验的著名编辑人池边三山加盟大阪《朝日新闻》，他在欧洲比较、研究了欧洲各国报纸，确立了“报纸必须时刻站在对国民生活有用的立场发表消息”这一办报观。池边在大阪《朝日新闻》及东京《朝日新闻》主持笔政长达 15 年之久，为《朝日新闻》在组织结构和人才培养、版面改革上，奠定了基础。池边执笔的社论主题横跨各个领域，论旨明快，文字平易简洁，而且都是与消息直接有关的主题，开始了《朝日新闻》社论的新风②。池边还进行版面改革，设立文艺版，奠定了《朝日新闻》今天的文化、娱乐、家庭版的基础；同时，改革社会版，以各种社会问题为报道中心，除特殊消息外，艳闻等内容不允许出现在版面。东京《朝日新闻》刊登了池边执笔的社论后，逐渐取得了具有政论报纸才有的身价，特别是表现在外交问题上尤为突出。有人称

---

① 《朝日新闻社史》（明治编），朝日新闻社，1990 年，第 282—286 页。

② 《朝日新闻社史》（明治编），朝日新闻社，1990 年，第 347 页。

《朝日新闻》是靠池边的社论卖出去的①。

池边在进行人事制度改革的同时，着手进行版面改革，创设社会版和小说栏，奠定了今天《朝日新闻》社会、文化、娱乐、家庭生活等各版的基础。《朝日新闻》聘请当时的围棋高手，设立棋类栏，刊登名家对局棋谱，并通过棋类栏吸引围棋、象棋爱好者成为自己的固定读者。

1904年1月5日，大阪《朝日新闻》开始了其著名时评栏目《天声人语》，这个栏目一直流传至今。当时由主笔内藤湖南和编委西村天囚、鸟居素川三人负责执笔。在日本发动对外侵略期间，栏目几经改名，直到日本投降后的1945年9月6日才重新出现。

1907年前后是日本的社会主义运动高涨时期。在日本近代文学史上具有划时代意义的作品，如国木田独步的《命运》、岛崎藤村的《破戒》和夏目漱石的《吾辈是猫》、《草枕》等自然主义新文学小说发表在此时。当时该报东京办事处在给村山社长的信中，强烈要求连载小说要学习西洋小说的精髓，要对在黑暗中的读者产生“开智启明”之作用，报纸要站在社会引导者的立场上②。

夏目漱石是日本近代文学的奠基人之一，1907年，《朝日新闻》以高薪聘请当时任东京大学英国文学教授的夏目濑石为记者，专门从事小说写作。夏目进入《朝日新闻》后陆续发表了《虞美人草》、《坑夫》、《此后》、《三四郎》等七部小说，还约请众多新锐作家执笔，刊登了大量代表明治时代纯文学最高水准的文学作品，使一直以通俗小说勉强支撑门面的小说栏焕然一新。同时，夏目还提议《朝日新闻》开设了文艺栏，自任编辑。1909年，夏目就把后来成为著名年轻诗人的石川啄木作为校对员介绍给东京《朝日新闻》，石川不久就开始发表“短歌”，负责《朝日歌坛》的选稿工作。

1908年，东京《朝日新闻》进行了具有划时代意义的版面改革，将社会栏变成一个以刊登社会事件、社会问题为中心的专版。为了增加报纸社会新闻的鲜度，从1909年开始了“夜间警署蹲点采访制度”的规定：凡是被采用为社会部记者的新人都必须有半年时间晚8：00—12：00“蹲点”警察署，跟随警察进行采访活动。同时，该报社会部还从社会的角度，将原属于政治部、经济部负责的内容纳入到自己的采访范围之内，开拓出新的报道领域，迅速为社会版带来了生气。

文艺栏和社会栏的创设进一步提升了《朝日新闻》的品质，使报纸赢

---

① 《朝日新闻社史》（明治编），朝日新闻社，1990年，第378页。

② 《朝日新闻社史》（明治编），朝日新闻社，1990年，第117页。

得了知识阶层读者的青睐，从而提高了《朝日新闻》的品位。

四、独特的报纸定位

《朝日新闻》能够蒸蒸日上，百年不衰最重要的原因，笔者认为是读者定位的独特和巧妙——面向知识阶层为主的大众报纸路线。在 20 世纪 20 年代，《朝日新闻》就基本上已经形成了比较稳定的读者定位和办报风格，成为日本的代表性报纸之一。报纸风格充满自由主义色彩和新闻专业主义色彩，文章的平易化且报道内容层次较高，深受知识阶层欢迎，使该报成为在日本知识阶层中普及率最高的报纸，为自己带来了稳定的知识阶层读者群。充满自由主义气息的版面不仅赢得了读者的信任，而且在报业也获得同行的高度评价和效仿。

既是精英的又是大众的

《朝日新闻》的办报方针始终坚持面向知识阶层，走大众报纸路线。其读者定位始终采取吸引知识阶层为主的大众报纸路线。至今，《朝日新闻》仍在日本报纸中保持一种“精英报纸”的色彩。即从读者学历、收入来看，《朝日新闻》都领先于其他报纸。据调查，《朝日新闻》的读者学历最高，大学以上的读者占 33.2%，第二位的《读卖新闻》是 24.5%，《朝日新闻》读者的家庭年收入最高，超过 1000 万日元的家庭占 31.8%，第二位的《读卖新闻》是 27.4%。

从 20 世纪 20 年代中期起，《朝日新闻》发表的很多报道或文章常常被编入中学教材，频繁地出现在众多大专院校入学考试试题中，阅读《朝日新闻》已成为日本的高中生应对大学入学作文、语文考试的重要学习材料。由于日本的大学考试多采用全国考试中心试卷与本校命题相结合的方式，本校命题的试卷由各自大学的教授出题，而这些教授多阅读《朝日新闻》，所以常常把《朝日新闻》上的文章作为考查学生的考试素材。

1921 年，《东京朝日新闻》发行晚报。重视报纸的可读性。1919 年，日本民俗学奠基人柳田国男进入《东京朝日新闻》担任论说委员，他在报纸上发表了众多民俗调查作品。1921 年，《朝日新闻》设立了学艺部，《东京朝日》于 1932 年在周日设立“漫画版”，漫画大家与新锐漫画家竞相发表作品，冈本一平的崭新幽默作品博得了读者好评。介绍日本国内外电影作品的家庭版也博得了电影迷的绝对信任。

百年老报的经营特色

《朝日新闻》从创刊不久一直到20世纪70年代，在发行量上一直保持全国第一的地位，70年代中期以后，由于发行竞争中的决策性失误，出现失利。《读卖新闻》的发行量超过了《朝日新闻》。虽然在发行量上《朝日新闻》次于《读卖新闻》位居全国第二位，但在广告额收益上仍居于第一位，纳税额一直领先。根据日本新闻协会有关专家对《朝日新闻》、《读卖新闻》、《日本经济新闻》三家日本大报社的民众舆论调查结果，在新闻的真实准确性、公众信赖性、对社会的影响力、对解决社会问题的积极态度、观点立场的公正性等九个方面，《朝日新闻》在社会各界中获得的支持率均排在第一位。

从《朝日新闻》创刊后的几次转变，我们似乎能感悟到一份能够历经百年经久不衰的报纸在报纸经营方面的经验和特色。

第一，最受社会广泛欢迎的报纸一定是面向大众的报纸。《朝日新闻》初创刊时就是一份真正贴近大众、贴近生活的报纸。当时的大报往往每天刊登社论与言论，对于上等社会的人来说，这些道理不看也知道，对于无知的市民来说，毫无半点用处。《朝日新闻》主张在刊登社论时，采用很务实的态度，只在需要之时，彻底地论述想要论述的问题①。后来，《朝日新闻》为了适应社会变化和读者需求多样化的需要，曾推进把经济报道通俗化。《东京朝日新闻》在1924—1925年间率先进行，一改过去经济版以生硬论文和批评为主的弊端，增加经济报道的新闻性和大众化，以接近读者②。

第二，一份好的报纸一定有敢于面对真实的勇气。《大阪朝日新闻》初创时不怕别人笑话自己通俗，不怕人家笑话层次低，像一份启蒙读物，就很坦荡地采取"插画与旁注假名注音"的方式出报纸。后来的《朝日新闻》曾开日本报道自律之先河，最早设立报道审查部，将审查结果公诸报端，不仅站在读者立场上审查报道内容。而且还检查日常新闻报道是否到位、速度快慢等问题，十分重视报道的准确性和纯洁性。

第三，大众报纸一定是雅俗共赏、大小报纸报风相互融合的报纸。无论大报小报，读者最关心的是报纸信息传递功能，而不是报纸的文艺性和政治性。《朝日新闻》以对报社经营有利的连载读物与快速报道事实的要素为中心，又吸收了大报注重言论的一些要素；既有小报内容的平易性与趣味性要素，又有大报风范。而且，也没有像东京的政论报纸那样过分依

① 《朝日新闻社史》（明治编），朝日新闻社，1990年，第23页。

② 《朝日新闻社史》（大正昭和战前编），朝日新闻社，1991年，第146页。

赖于主持笔政的主笔的个性，而是很早就在办报的两大要件——通讯网与销售网上下工夫。

第四，能够持久发展的报纸一定是重视经营的报纸。《朝日新闻》的创办者有着浓重的大阪商人的色彩，对于把报纸作为一种买卖来做的创办者来说，追求事业的安定性与实际利益是最基本的办报原则，经营与办报之间的平衡把握是《朝日新闻》报纸成功的重要经验。

这些富有特色的报纸经营方式打造出了《朝日新闻》的综合竞争力，为《朝日新闻》发展成为全国性的报业集团奠定了基础。

第二节　《朝日新闻》的编辑局

一、报社的核心——编辑局

《朝日新闻》老总编中马清福先生是我的老朋友，他带着我对编辑局进行了采访。编辑局的组织结构主要由以下各部门组成：

《朝日新闻》的采访部门，以地域来看，除了设在本部所在地外，还设有驻在国内国外各个地方的总局和支局，以扩大采访范围并提高效率；从业务性质来划分，有政治部、社会部等采访部门专门对各种类型的新闻进行搜集采访。东京本社的编辑局由 20 多个部门组成，包括政治部、经济部、社会新闻部、国际部、文艺部、地方新闻部、体育部、科学部、摄影部、整理部、校阅部、舆论调查部、资料部、报道文章审查部及航空部等。另外，编辑局还有速报中心，负责策划性报道的策划报道部，对应选举活动的选举报道办公室以及审查报道中是否出现侵犯人权及法律问题的报道审查委员会。摄影部则是由 4 个部门组成的图像本部。编辑局除了编采报纸所需要的内容外，还向电子、电波媒体提供图文新闻。

此外,《朝日新闻》在日本有 130 个分社和支局，在大阪、名古屋、西日本等地方本社也都有相应的局、部和分社。《朝日新闻》的地方新闻报道网覆盖到全日本的 300 多个城市。因此，日本国内外每个地方发生的新闻事件，都能及时传送到东京本社编辑局。

在华盛顿、伦敦、开罗、曼谷、北京都设有《朝日新闻》总局，共 5 个国外总局，另外有支局和驻在点 25 个，卫星版印刷点 6 个。国际部(外报部) 负责全部的海外消息，范围包括重大的国际新闻事件、各类焦点国际问题及海外日本人的动向。《朝日新闻》大约有 50 名记者被派遣到世界上的重要国家及地区，源源不断地将消息和评论送到东京本社。此外该社还与世界上几十个国家的重要新闻机构签订了交换新闻的协议。

二、德高望重的老总编

在中马先生的陪同下，我来到报社的核心部门——编辑局。整个一层楼都是编辑局的开放式办公室，连编辑局长也在这个大办公室办公。编辑局有点相似于国内报社的编辑部或总编室，日本的编辑局长就相当于总编。但总编的地位没有我们国内的总编那么高。而社长的权威和权力要比国内的社长高。编辑局作为报社的主要核心部门，不论是规模还是权力，对于日本任何一家报社来说都是举足轻重的。朝日新闻的编辑局通常拥有人才派遣部门，报社董事会的成员也大多出身于编辑局。所有的信息送往编辑部后，通过一系列的加工后最终形成新闻并发送至各媒体。编辑局发送的媒体不只是报纸新闻，还有出版局、出版社以及电视和广播新闻等。

在朝日亚洲新闻联合会的办公室，我和在那里等候的中马清福先生边喝咖啡边聊天。中马清福先生曾是朝日新闻社仅次于社长的二号人物，他担任过大阪本社的社长、东京本社的副社长兼编辑局长等要职，全面负责过《朝日新闻》的编辑工作和经营方面的工作。现在他已经退居二线，担任朝日亚洲新闻联合会的会长、日本核不扩散与裁军问题委员会的会长、早稻田大学客座教授等一些社会职务，从事一些自己感兴趣的新闻报道、报业管理以及国际问题的学术研究。

朝日亚洲新闻联合会（朝日アジアネットワーク协会，简称 ANN）是在《朝日新闻》创刊 120 周年之际，为了更好地研究和发展亚洲地区的新闻事业而建立的一个研究组织。ANN 作为一个亚洲人共同交流信息的平台，会及时发布一些和朝日新闻社外的许多新闻界同仁一同研究亚洲新闻事业的信息情况，以及从亚洲各地区招募记者进行培训进修等等，在日本和亚洲地区的新闻界颇有影响。

本书作者与朝日新闻原总编中马清福先生在一起座谈

我第一次见到中马清福先生，是在清华大学新闻与传播学院和中国报业协会发行工作委员会联合主办的“报业经营国际峰会”上，我担任大会的秘书长，接待过中马清福先生。我还清楚地记得在那次大会上中马清福先生作了题为“作为软性力量的报纸”的演讲。这位来自日本报业第一线的资深报业领导人讲述了在日本、欧洲各国都出现的困境，那就是面对读者对信息多样化的需求以及对“人权”意识的增强等新问题。他认为由于报纸并没有作出灵敏的反应，导致出现了年轻人不读报、人们开始远离报纸的状况。与此同时，通货紧缩使得报纸销售价格的提升变得困难，市场的低迷让各企业在广告投放上也更为谨慎。而且，媒体的多样化使得单个媒体所得广告份额减少，报纸的广告部门受到威胁。如今，这些原因使得报社的主要收入来源受到了冲击，也成为日本报业经营滑坡的主要原因。当然，日本的报纸普及率在世界范围仍处于较高水平，这与各个报社在报纸销售上所作出的超乎寻常的努力是分不开的。比如，确立了直接向订户投送报纸和设立专属报纸贩卖店的制度；报社构筑了销售网络和扶持体制；为保护报纸销售业务而实行零售价格限制制度；从经营的角度出发，给报社发行公司附加了额外的法律规定，以保护“言论自由”不受侵害等等。

中马先生还强调，报纸之所以仍然是日本媒体中的领头羊，其理由还在于报纸所报道信息的质量很高，报纸“准确、公正、责任”这三点博得了人们极高的信赖。而这也是为何日本报业协会在2000年制定了新的《新闻伦理性纲领》的原因，对报纸提出了五个方面的要求：自由与责任、准确与公正、独立与宽容、对人权的尊重、品格与标准。只有做到这五点，报纸才能真正发挥其作为“软性力量”之一的文化力量在未来世界中起到积极推动作用。

中马先生以他几十年记者生涯所积淀下来的丰富阅历，帮助我很好理解和分析日本报业的现状。后来我仔细阅读了中马先生送给我的他写的书《报纸的活路》，便决定和我的研究生一起把这本书翻译成中文出版。

中马先生虽然年近七十，但仍精神矍铄，勤奋写作，每天忙个不停。他引我到他经常读书写作的资料室给我推荐介绍了几本书。我一边喝着咖啡，一边听他对自己记者的生涯和他经历的报海沉浮娓娓道来。从他的经历中可以看出一个新闻工作者是怎么从记者到总编、“从奴隶到将军”的全过程。

新进报社的记者被派去当警察

1960年，中马先生大学一毕业就考进了朝日新闻社。他在新闻界工作过的时间比我的年龄还大，这是真正的老前辈。一入报社他就被派到了远离东京的东北地区的秋田市工作。秋田相当于中国的丹东或牡丹江这样很冷的北方城市。对于出生于日本最南边城市鹿儿岛市的中马清福来说无疑是个严峻的挑战。当时他带着一本岩波书店出版发行的图片系列丛书中的一本《秋田县——新风土记》来到秋田市。他回忆说："在那里，路况不好，汽车也很少。晚上 8 点半左右，我乘坐分社的吉普车在有薄薄积雪的路上行驶着。一不留神，汽车打滑冲进对面的车道，还反转了方向。应该感到庆幸的是，尽管那条路是市内唯一的一条主干道，当时却没有一辆汽车驶过。"

在这样的环境下，报纸的版面上没有多少重大新闻。"连续两周无交通事故"可以登上地方报头版，关于水稻收成的报道可以登上全国版。中马先生接着说："当时，大米还是重要物资，秋田市近郊进行着存在提高大米产量的大型围湖造田工程。报纸中地方版面的头条大多是县或市的行政报道，内容是以上传下达式的通知形式居多。尽管如此，读者还是默默地忍受着报纸的这种状态。或许他们心中有很多抱怨，但至少我们没有听到。"

经过两三年的锻炼，中马先生从秋田分社调到横滨分社，成为一名横滨市鹤见、神奈川一带的警察。这是日本报社的特殊之处，新任记者往往先被派到地方的警察局当警察跑社会新闻。

《朝日新闻》对于新记者的录取，原则上是面向社会公开招聘的。对大学本科毕业生及研究生毕业生招聘采取定期考试制度，一年当中有两次定期考试，分别在 4 月和 9 月，通过笔试后再经过面试方可录取，录取和大学本科及研究所就读的专业几乎没有关系。除了面向毕业生的定期考试之外，还设有面向社会大众的不定期考试，这个考试同样是不计较所学专业的。如果被录取，全国性报纸一般会将这些新进入的社员派到全国都道府县各地的总局或分局去任职，开始新任记者的工作之路。总局一般有 10—20 名的员工，而分局则一般有 1—3 名员工驻扎在该地，搜集各地的最新信息。搜集到的信息若是全国性大事，便刊载到该报的全国版，同样，地方的新闻就刊载到相应的地方版面。新进入的社员基本上都必须分别在总局和分局各工作一段时间，获得一定的经验，这段时间为 4—5 年，之后方可调回本部工作。

通常，新记者最初的工作地点是被派到警察局，也就是通过警察和检察官等渠道去搜集信息。对于一则事件的报道，要能成为一则完整的新闻，必须拥有一个最低限度的新闻要素要求，也就是"5W1H"原则(WHO，WHEN，WHERE，WHAT，WHY，HOW)。新闻业界人士均认为，这是最初就必须灌输到新记者脑中的最基本的新闻知识。

在日本报界，对于派遣新记者到警察局进行新闻采访这件事目前有很多争议。因为警察发表的信息通常都有水分，不是添油加醋，就是无中生有，最终可能变成一篇不正确的事件报道。另外，由于各阶层权利的关系，警察局常常刻意隐藏对其立场不利的信息，难以发掘事件真正的内幕。最后则是新记者们过度依赖警察的信息，忽略了研究整个事件的来龙去脉及事件的真相等。

大报记者曾经很傲慢

1963 年，中马清福先生经过一年多警察的锻炼后，调回本社的政治部。那个时代日本的报纸很强势，报社也很傲慢。他记得在众议院议员选举时有过一次难忘的经历。那年，后来担任过日本首相的小渕惠三首次被群马县三区选为候选人。小渕事务所给报社打来电话说："希望报纸在登载候选人姓名时不用'小渕'，而用'小渊'。"但当时负责报道选举的记者回答说："这由我们报社自己决定。你再提出这样的要求，我们就不登你们的姓名。"对方目瞪口呆，无言以对。

在政治部的三年间，中马先生做过首相池田勇人和建设部河野一郎的跟班记者，之后又转到整理部。后来又再次回到政治部。此后，当过《朝日新闻》驻在华盛顿的特派员，《朝日新闻》大阪本社的社长、东京本社的副社长兼编辑局长等要职，全面负责过《朝日新闻》的编辑工作和经营方面的工作。和前任朝日新闻社长箱島信一曾经是老搭档。20 世纪 80 年代后期，受各种因素的影响，《朝日新闻》发行量和广告额就有下降的趋势，但在中马先生在任期间，《朝日新闻》取得了很大的进步，报纸日均发行量超过 1200 万份，这其中，中马清福先生功不可没。

三、编采权限神圣不可侵犯

作为每日版面的总责任者，编辑局长不论在选择刊登内容的题材上还是记者们的人事任用上都掌握着相当大的权力。编辑局长身边一般有 5—7 名编辑局长辅佐负责辅助他的工作。这些编辑局长辅佐接受了局长的委任后，将当天版面上所要求的内容分别交代给底下的各版面的编辑组长，除此之外，还要组织包括部主任及其手下全员的编辑会议。

与中国报社编辑部的机构设置有点不一样的地方是整理部，整理部相当于我们国内报社的总编室或者有的报社叫"平台"。政治部、经济部、社会新闻部、国际部及其他各部门每天及时将新闻稿件送到整理部，整理部根据消息的重要性来判断和决定刊登在第几版上，然后由各版面的编辑人员再决定每篇文章应如何排列，同时做好文章标题，统筹安排版面。

整理部是编辑部门中报纸版面制作的关键部门，其工作包括快速判断稿件的新闻价值，是否采用此稿件，若采用该放在哪个版面，给它多大的版面，决定标题等等。整理部是编辑部门的中心，部长指挥着 10—12 名副部长，而副部长则负责监督属下担任整理各部门的编辑来完成工作。整理部虽然不能在原来的稿件上随便添加，但有权删除稿件。整理部是很重要的部门，但又不能写报道，所以很多记者对这个部门总是敬而远之。

中马先生曾在这个部门工作过很长时间，他回忆了 1970 年的情况。当年，《朝日新闻》将日报的 16 版扩版为 24 版。这样一来，排版印刷等部门急需人手，而且需要熟练的技术工人。为此，报社招募了大量的人员，从一般的报纸、体育报、专业报等招来很多有经验的工作人员。整理部的人每天便和他们一起工作。最初，他们说："这里的工资是以前的两倍呢！太棒了！"但两个月后就开始抱怨说："工作太辛苦。拿以前两倍的工资是理所当然的！"朝日新闻社的排版印刷部门里的人大多被大家公认为精益求精的人，其认真仔细的程度到了字里行间 1 毫米的地步①。

采编与经营绝对分离

报纸的发行和广告都离不开版面。这一点使得报社内外都不敢与编辑部门有正面抵触。编辑部自认为是圣地，不允许别人来插手工作。经营者或经营部门是绝对不可以干预新闻版面或新闻标题等编辑工作的。不管是做发行的还是做广告的，对于采编工作全都是不许说一句话的。采编有自己的采编权限，而采编权限是绝对与发行和广告没有关系的。所以《朝日新闻》是非常重视采编权的，如果是因为想发行，为了部分读者的利益而更改采编的内容，或者是为了广告或广告商投资的广告要更改一些采编内容，都是绝对不可以的。有的时候《朝日新闻》编辑局甚至对于社长干预编辑部门的权限都会有一定程度的拒绝。《朝日新闻》为了保证报纸新闻报道的公正与客观，采编部门与经营部门是绝对分离的。新闻伦理和办报理念成为一种神圣不可侵犯的东西。

编辑会议一天要开五次

编辑局的一项很重要的工作就是每天要开编辑会议。编辑局负责人每天都要定时召集各部门负责人开会，各部门之间的负责人每天要碰两次

① 中马清福著，崔保国、艾勤经译：《报业的活路》，清华大学出版社 2005 年版。

面，安排各项工作并决定早报、晚报各个版面的编排。一个报社早报、晚报一起出，统筹管理，一体化运作，这是一种非常科学而又有效率的管理体制。这比我们国内报业的日报、晚报两张皮，采编、经营扯不清的体制要先进科学得多。另外，《朝日新闻》的报道文章审查部每天都要向编辑局及新闻社主要领导提交如何提高报纸质量的批评建议报告。编辑会议是制作新闻的整个环节中最重要的会议。编辑会议大致可分为两类：第一类，每天下午4：00开始的面向全体各部长的会议，会议内容主要是对于版面内容好坏的反省以及今后要如何发展的讨论；第二类则是面向负责实际版面制作工作的全体副部长的会议，议论内容主要集中在与实务相关的议题上。

《朝日新闻》的编辑会议每日要召开五次，大致内容和时间安排如下：

8：30，晚报初版的会议；

12：00，晚报最终版会议；

16：30，日报初版会议；

21：30，日报二版会议；

23：30，日报最终版会议。

编辑局还有一个快速报道中心，相当于我们的机动记者组。人们的生活节奏越来越快，报纸不得不想方设法在瞬间抓住人们的眼球，帮助读者在短时间内获取尽可能多的信息。同时，个人电脑和移动电话的高度普及突破了信息传播的极限。紧跟时代发展的《朝日新闻》正策划一场“21世纪的编辑革命”。2001年，东京本社的编辑局在局本部建立了快速报道中心。从重大事件到政治、经济、体育、文艺等有关各领域，记者将“快速报道”传送给在编辑局的报道中心，之后流向《朝日新闻》的电子媒体、移动电话的短信息载体以及BS（卫星传播系统）的每日播报，甚至是街边的电子展示牌。这种改变使得那些固守于“新闻截稿报道”方式的记者也不得不在观念上进行改革。

四、外报部的部长——亘理信雄

在编辑局的大厅里有相当一大块地盘是外报部的地方。外报部也就是我们所说的国际部。一直负责接待和联系我的亘理信雄部长就是该部的部长。再次造访《朝日新闻》时，我看到亘理正坐在堆满稿件的大桌子前处理稿件。他抬头看到我来了马上放下手里的活儿，随手拿出一大沓材料递给我，这都是我那天采访箱岛社长时提到的一些资料和数据，他都已查阅了复印给我，拿到这些资料和数据时，我为日本同行的敬业精神和真诚所感动。

“部长”作为各个新闻部门的负责人，相当于国内报社的部主任，拥有从采访至出稿一系列工作的责任和权力。对于全国性报纸来说，社会部一般拥有员工 100—130 名，而政治和经济部则各有 100 名左右。在各部门中，又有辅助部长工作的副部长，也称他们为“desk”，他们大多由 6—8 人所构成，在轮流辅助部长完成版面上的工作外，还负责采访工作的指挥和管理工作。作为外报部部长的亘理先生对《朝日新闻》的版面与编辑业务自然了如指掌，他向我介绍了很多版面情况和他们最近的一些新动向。

亘理信雄先生 1950 年 10 月 24 日出生于日本名古屋；1973 年毕业于东京外国语大学德语系；1973 年进入《朝日新闻》工作；1985 年完成《朝日新闻》九州（日本西南部）分部的指派任务，又在东京都警察署驻站报道后进入《朝日新闻》外报部工作；1985 年作为特派记者到中东地区，1990 年被派往柏林，之后于 1997 年被指派为《朝日新闻》驻纽约记者；1999 年进入总社规划办公室；2000 年 5 月担任英文新闻编辑室主编；2002 年 4 月 1 日起担任外报部长；现已升任编辑局副局长。

亘理部长告诉我，《朝日新闻》经常对自身进行反省。通过读者调查发现，《朝日新闻》的“信赖感”、“影响力”方面比起其他报纸占有很大优势，缺乏的是“亲切感”。与员工的意见调查结合起来看，从内容制作方面的“亲切感”《朝日新闻》确实不被认同，因此编辑部门每天都在自省：在保证一些特殊报道的高质量的同时，又要把握住读者所期待得到的信息，更要努力使二者的融合。《朝日新闻》目前出现的新动向得益于报社中优秀的记者所孕育出的有价值的题材及编辑经验的不断积累。也正因为《朝日新闻》看到了“人才”的重要性，所以在裁员中，报社的员工虽然从 1993 年的 8200 人下降到 2003 年的 6500 人，但其中编辑部门的人员所占的比重却由 35%增加到了41%，这就足以说明报社对内容制作非常重视。

亘理先生还向我介绍了《朝日新闻》的电子媒介总部。在这个通过互联网相连的世界中，《朝日新闻》也致力于通过网络与其他国家实现国际性协作，中国的《人民日报》便是其合作者之一。1999 年签订了信息交换协议，通过互联网，在一天中将最多五张报纸的信息从对方的版面刊载下来，让一方在第一时间了解到另一方的报道。而另一个成功的例子便是与美国 CNN 的合作。《朝日新闻》以接受 CNN 业务委托的方式向移动电话的付费会员传送CNN的短信息。在此之前CNN的这项业务一直呈赤字状态，而通过与《朝日新闻》的合作，已走出低谷，出现盈利。《朝日新闻》一方也因此获利。“双赢”是未来《朝日新闻》电子媒体将不断努力的方向之一。

五、《朝日新闻》的“中国通”

我知道前朝日新闻中国总局长五十川伦义先生也是属于外报部的。现在他已调任评论部了。五十川伦义先生话不多，跟他说话时他总是很认真地倾听，他为我到《朝日新闻》的采访做了大量的联系和准备工作，也给予我很多指点和背景资料。与他的聊天中得知，他于1992—1996年和2000年到2004年8月两次长期驻在北京工作。那段时间正好出现齐齐哈尔的侵华日军在中国遗留化学武器问题，五十川伦义是第一个详细报道侵华日军在中国遗留化学武器问题的日本记者。1993年，他还曾经到河北藁城一中毒气弹挖掘现场进行过采访，五十川伦义在《朝日新闻》上发表过第一篇关于河北毒气弹的报道。日本国内的很多民众正是因为看了他的报道才知道毒气弹事件的真相。五十川伦义在任中国总局局长期间是位为中日友好作努力的热心人。他是中国外交部开放解密档案的第一位外籍查阅者。对于原为绝密的档案，他感到如获至宝，一口气预约了十份文件。

五十川伦义与驻日大使王毅是多年的好朋友了，他曾对我说，王毅是“知日派”，了解日本的文化以及日本人的心理，王毅副部长出任驻日大使，一定能够起到中日之间沟通的桥梁作用。五十川伦义说：“王毅是一个令我敬佩的人，特别是他对待工作的认真程度，相当的了不起。驻日大使王毅一到任，立即马不停蹄开始了对日本各界的访问活动。不仅与政治家、新闻工作者接触，还深入到民间了解他们的想法。”

《朝日新闻》曾经在邓小平去世时，根据他们的经验观察和分析在全世界第一个发表了邓小平去世的消息。日本记者的情报分析能力在新闻界是有名的。《朝日新闻》的两任前中国总局局长加藤千洋和五十川伦义以及《朝日新闻》撰写社论的负责人都称得上是中国通。他们也很乐意与我在一些互相关心的中日问题上真诚地交换意见。

在中日关系是否需要一次外交思维革命这一论争中，五十川伦义说：我发现中国对日报道中，还是负面报道比较多。我接触过的一些中国记者告诉我，对日本的正面报道比较难发表，而负面报道比较容易。这可以看成是编辑的偏好，也可以看作是中国老百姓不喜欢对日本的正面报道。他认为新思维的核心应该是客观，是中日双方都要把真实的情况全面介绍给对方。在 2004 年的题为“如何跨越日中交流沟堑”的座谈会上，五十川伦义先生也表示，媒体是日中相互理解和交流的焦点。

名记者又是名主持人——加藤洋一

《朝日新闻》的编辑委员加藤洋一先生也曾任《朝日新闻》驻中国总局长，他不仅是个著名记者，还是朝日电视台的专栏节目主持人和评论员，他在朝日电视台担任一档晚间新闻节目的评论员。更重要的他是个中国通。

加藤洋一先生生于 1947 年，快 60 岁了，风度气质非常好，看上去要比实际年龄年轻很多。他是东京外国语大学的毕业生，1972 年进入朝日新闻社，历任北京特派员、编辑记者、论说委员、亚洲总局长、中国总局长、国际部部长，2002 年任朝日新闻社编委，他策划的系列报道《探巡恐怖主义者拉丹的踪迹》获得日本报业协会奖。他还出版过很多本书，写过很多作品，比如《北京与东京的报道生活》（朝日新闻社）、《胡同的记忆——北京梦华录》（平凡社，2003 年 10 月）等，介绍中国食文化的《北京的素颜》（小学馆，2005 年 3 月），《邓小平政治传记》、《独生子女政策》（小学馆），主编过《原典中国现代史》、《中国大陆现代化的进程》（天児慧、加藤千洋合著）。他还是朝日电视台的专栏节目主持人和评论员，有点像凤凰卫视的曹景行先生式的人物，是学者型的节目主持人。他担任的是朝日电视台的一档晚间新闻节目，这档节目的形式类似于中国中央电视台的《焦点访谈》。前不久，他还采访了中央电视台节目主持人白岩松，讨论了最近出现在日中两国间的“政冷经热”的现象，以及中日媒体对两国关系起到的影响。

加藤洋一曾任朝日新闻驻中国总局局长，获过国际新闻报道界著名的

“波恩•上田国际记者奖”。我在《朝日新闻》外报部时，正好他也在外报部，对于这位经常出现在电视上的著名记者，我当然很熟悉。我约他谈了一会儿，这位长期从事中国报道的资深新闻人很谦和，也很热心。《朝日新闻》非常重视对中国的报道。他对我说《朝日新闻》的中国总部在北京，除此以外还在上海、广州、香港、台湾设有分部。其中，广州分部是 2004 年 11 月 1 日刚刚成立的。《朝日新闻》在中国的特派记者已经达到八人，是除美国以外的派驻记者人数最多的国家。可见，非常重视对中国的报道。从 2004 年 4 月开始《朝日新闻》采取了新的措施，加大对亚洲地区的报道力度，尤其以中国地区为主。可以说，广州记者站的设立就很好地体现了我们今后的办报方针。

在谈到中日关系报道时，加藤洋一作为《朝日新闻》负责国际新闻的编辑委员，认为媒体在写新闻报道的时候最重要的是忠实于新闻事实本身。国际报道的初衷是为了加强两国人民间的互相了解，但事实并非如此，最近两国媒体在加深彼此间的误解。这点确实令人感到遗憾和痛心。从他目前看到的情况来说，日本的媒体，特别是日本的电视报道存在非常多的缺点。

加藤洋一还说：“中国是我们最重要的邻居，对日本来说最重要的国家之一。中日经贸往来对日本和中国都有非常大的意义。所以，加强对华报道是很自然的事情。小泉首相主张日本外交政策首先应该考虑与美国的关系，此外就是国际协调的外交。但我认为在这两条以外，应该再加上与中国的外交。除了要关注和反映中日关系的发展外，还要关注中国老百姓的生活和变化，因为百姓是国家面貌的象征，百姓生活的变化是社会变化的代表。所以，如何让日本人民加深对中国的正确认识，是日本新闻人必须认真考虑的事情。”加藤先生真不愧是中国通，真不愧是名主持，说起话来像外交部发言人似的，一套一套的。我要是不说走，他似乎像要拉着我再播一个国际评论节目。

六、报道的自由与报纸的立场

若宫启文先生是朝日新闻社主持笔政的论说主干，即主持社论和言论的委员长。现在，他作为论说主干主持《朝日新闻》的社论和评论的笔政，同时，每个月他都会专门发表一篇自己署名的评论文章。报社的主笔这个职务对我们国内的报纸来说似乎都是 20 世纪的事了，是梁启超时代的行活了。其实不然，主笔和言论是一张报纸的灵魂，因为没有主笔，所以我们报纸缺少灵魂。而日本的报纸 100 多年来一直都有主笔制或论说委员制。当今日本最著名的主笔莫过于《读卖新闻》的主笔渡边恒雄先生了。2005 年，若宫启文先生发表了他与《读卖新闻》的老社长兼主笔渡边恒雄的关于靖国神社问题的对话。他多次给我寄来资料，并热情地邀请我到他的办公室访问。我就《朝日新闻》的报道立场和报道的自由以及新闻伦理等问题对他进行了访谈。

若宫启文先生 1948 年出生于东京。1970 年东京大学法学院毕业后进入《朝日新闻》当记者。1975 年在政治部负责内阁、自民党、社会党、外务省的报道，长期从事激变中的政治与外交的采访，先后任论说委员、政治部部长，2002 年 9 月开始担任《朝日新闻》论说主干。曾在韩国延世大学留学一年，并在美国布鲁斯肯斯研究所担任客座研究院期间，亲历了“9•11”事件。若宫先生也曾多次访问中国。他在研究方面长于日本的亚洲政策研究，著有《战后保守的亚洲观》（朝日选书）、《难忘的国会论战》（中公新书）、《韩国与日本》（朝日新闻社）。若宫启文先生长期研究日本的亚洲政策。1983 年曾随社会党石桥委员长第一次访华，1997 年作为《朝日新闻》政治部长应邀出席中日邦交正常化 25 周年庆典。

《朝日新闻》作为日本数一数二的大报，战后始终秉持“客观中立，报道自由”的立场，与《读卖新闻》、《每日新闻》一起，成为日本社会舆论的一杆旗帜，在日本主流社会被认为是“中间偏左”。

《朝日新闻》是日本的大报，在参拜靖国神社问题上表现出日本社会的良知，《朝日新闻》的立场一直旗帜鲜明，坚持和平和正义，多次发表社论批评历届去参拜靖国神社的总理或政府官员。2003 年，小泉在日本众议院预算委员会上声称，每个国家都有追悼阵亡者的心情，采取哪种追悼方式别国不应干涉。《朝日新闻》立即发表社论，要求日本首相小泉纯一郎停止参拜靖国神社，《朝日新闻》社论指出，靖国神社已成为日本军国主义的象征，因此那里不适合作为日本首相追悼阵亡者的设施。中国和韩国多次要求（小泉首相）不要参拜供奉甲级战犯牌位的靖国神社，这是因为甲级战犯对发动侵略战争负有责任。从受害者的立场看，中国和韩国要求小泉停止参拜靖国神社是理所当然的。

七、正义的代价——《朝日新闻》遭右翼袭击

《朝日新闻》的正义立场和批评报道，遭到日本极端右翼分子的仇视。右翼分子多次袭击和暗杀《朝日新闻》的记者，制造了多起恐怖事件。2003 年 3 月 12 日，警察厅发言人宣布：“116 号案件”全部八起与媒体相关恐怖案均已“超过时效”（15 年），“按照法律，不予追究”。设立

于兵库县西宫市警署的“警察厅指定搜查本部”的牌匾被摘了下来。一石激起千层浪，在大众传媒甚为发达的日本社会引起强烈震荡。

现任朝日新闻社社长的秋山耿太郎先生当时是《朝日新闻》东京本社总编辑。秋山耿太郎代表全体《朝日新闻》人发表谈话，在对长年以来支持和鼓励调查搜索工作的各界人士以及付出巨大努力的警方表达敬意的同时，指出：“这一系列的事件，不仅是针对新闻报道机构的恐怖行径，而且是对构成民主社会基础的言论自由价值的挑战。”“尽管作为刑事案件，已经超过了时效，但对于朝日新闻社同仁来说，不存在‘时效’。我们决心在捍卫言论自由，在使民主主义的价值进一步发扬光大的同时，继续追究事件的真相，直到它水落石出的那一天。”《朝日新闻》大阪本社总编辑铃木规雄评论说，“正是站在对过去的痛苦的体验和反省之上，新生的日本才在《宪法》第21条中保障了言论和表达的自由……自由的采访和报道活动，是酿造自由的公民社会的原动力之一。通过枪杀记者事件，我感到真正成为‘赤报队’枪口的瞄准目标的，是我们每一个公民的自由本身。所以说，这和全体市民被袭击是一样的。”

日本中央和地方政府迄今已投入124名警员，展开了艰苦卓绝、旷日持久的调查搜索，虽然掌握了大量的人证、物证，但终因线索庞杂、背景繁复，调查工作“无果而终”，罪犯依然逍遥法外。如此兴师动众的搜查，为战后日本历史所罕见。

《朝日新闻》在日本右翼眼中之“十恶不赦”由此可见一斑。由“赤报队”发布的《行动声明》中，被认为是“反日”的《朝日新闻》，不止一次被要求“给我回到50年前去！”值得注意的是，当时说的“50年前”恰好是日本侵华战争全面爆发的1937年。而就在一年前的“二二六事件”中，《朝日新闻》遭到一群极端右翼激进军人的武装袭击。这些青年军官发动兵变，刺杀了首相和大臣，胁迫国家政府走上军国主义道路。

1987年1月24日，《朝日新闻》东京总部大楼的玻璃窗就曾遭右翼两发榴霰弹击中。当时的《声明》写道：“对到目前为止，一手酿成了反日舆论的新闻媒体必须予以严惩。”

1987年5月3日，是日本的“宪法纪念日”，也是联合国确定的“报道自由日”。晚8时15分，一蒙面男性闯进位于兵库县西宫市的《朝日新闻》阪神支局大楼，径直走向刚刚写完当天报道、正坐在编辑部的沙发上谈笑的三名记者，一言未发，举枪就射，旋即逃遁。两记者中弹，一位当场死亡。事后，共同、时事两大通讯社分别收到一纸署名为“赤报队一同”的《行动声明》，声称：“绝不饶恕胆敢否定日本的家伙；判处《朝日新闻》全体职员死刑；今天发生于关西的行动只是一个开始；我们将把行刑行动进行到底，直到《朝日》被斩尽杀绝！”

1988年3月11日，在《朝日新闻》驻静冈县支局大楼的停车场，发现一枚定时炸弹。同一天，时任日本首相的竹下登和前任首相中曾根康弘分别收到署名“赤报队一同”的恐吓信。除了对其在成为首相后不去参拜靖国神社的“罪行”作谴责外，绝大部分内容外人不得而知。对于中曾根于1985年以首相的公职身份参拜靖国神社之后，因中、韩等国及国内舆论的反对，1986、1987年不再参拜的事实，恐吓信对中曾根这样写道：“背叛日本民族！”“今天惩罚了《朝日》，下次将轮到阁下！”

1988年8月10日，与“洛克希德事件”一起并称为自民党的“金权政治”、直接导致竹下政权倒台的“利库路特案”的利库路特公司原董事长江副浩正位于东京南麻布的豪宅遭袭击，榴霰弹击中室内的玄关。被指控的“罪状”是：“屡次在赤色《朝日》上刊登广告，向其奉送了巨额钱款。”

在日本，正义是要付出代价的，但正义必将取得最后的胜利。由《朝日新闻》主持的以全国各大报纸、通讯社和电视台为对象的问卷调查结果显示，多数媒体工作者对以暴力封杀舆论的做法感到震惊和愤怒，表示“言论自由，值得捍卫”①。

由此可见，我们国内一小部分人的反日情绪和过激行为是非常盲目的。军国主义右翼分子在日本只是一小撮，大部分日本人民和主流媒体都是有良知的。右翼分子在向亚洲人民发起挑衅的同时，也向正义的日本人民发起挑衅和疯狂进攻。有良知和有正义感的中国人不应该盲目地“反日”，而是应该反“右翼”，右翼和军国主义才是日本人民和全世界人民的共同敌人。

---

① 资料来源参照：http://www.woxie.com/article/ruquerg.asp/世纪中国

第三节 《朝日新闻》的版面和读者结构

日本几家大报的报纸版面结构没有太大的差别，主要的差别在内容和报道风格上。这一版登什么，那一版什么，在版面的内容安排上也长期保持稳定，很多版面和栏目历史悠久，大多是几十年如一日恪守自己初创时期的风格，内容或版式可能因岁月变化而有所变动。日本报纸的版面特征的变化相当缓慢，当然也会作一些版面的调整，但决不像我们中国报纸那样年年改版。

一、《朝日新闻》的版面结构

《朝日新闻》有早报、晚报和地方版之分，大部分城市是以早报和晚报套报的形式来发行的，因为这样一来对发行的人力是很有好处的。晚报的截稿时间是13：30，那么这样的晚报，必须把前一天1：30到这天13：30所有的信息，刊登在晚报上。那么相反呢，早报就是将每天13：30至第二天11：30的信息刊登。这样将每天24小时的信息，分成两部分，再分别在早报和晚报上刊登。越远的地方，它的截稿时间就越早。比如仙台的地方版，它的截止时间就是晚上12时到中午12时。也就是说，有早报和晚报的地方，它都是12小时截止的。

《朝日新闻》的地方版和周末版

《朝日新闻》是有地方版的，那地方版大约占两到三个版面，例如佐贺就有佐贺的地方版，长野也有自己的地方版。总社不参与地方版的广告经营，每个地方版的广告问题都由地方报社自己经营。

日本的报纸周一至周五和周六、周日的内容不像中国国内的报纸区别那么明显，特别是像《朝日新闻》这样的大报周一至周日都出报纸，周末的广告也照样排满，没有明显的周末版或是平日版，周六、周日的新闻毕竟是很少，所以就在周末版上，刊登一些特辑，像杂谈、体育、文艺等方面的内容，因此周末版体育的信息特别多。

对高考有用的报纸

在日本，《朝日新闻》颇受重视和欢迎的原因还有一个，就是《朝日新闻》是一份对高考很有用的报纸。为什么呢？据统计，2002 年日本有 287 所大学试卷中的 437 个问题是以《朝日新闻》上的内容为素材的，日本的高考是由各个大学自己出题考试的，不是统考，而且这 287 个大学中有 60%的大学两年连续采用《朝日新闻》上的内容出题。从命题出现的数量上看，“文化”版、《天声人语》专栏（头版）、综合版、社论、《我的观点、论坛》言论专栏（读者来信来稿版）、社会版、生活版、家庭版的内容比较多，这些版面都是体现《朝日新闻》办报特色和办报水准的版面或专栏。

这种大学入学考试命题采用《朝日新闻》内容的倾向，推动了很多家庭为了孩子将来的应考而订阅《朝日新闻》，时间一久，就会使这些孩子也养成阅读《朝日新闻》的习惯，一旦形成的阅读习惯就很难改掉，而当这些孩子考上大学，毕业工作，为人父母后，又会让其子女也阅读《朝日新闻》，形成一个一代传一代的良性循环的阅读结构。这种阅读结构的特殊性，客观上推动了《朝日新闻》读者的知识阶层化和稳定性。对于报纸来说，这些人是固定读者群，忠诚度很高，有利于报纸经营的稳定。

二、《朝日新闻》的版面内容接触率

为了保住报纸的品牌，日本报纸多会自己策划设计调查问卷，然后委托社外权威的专业调查机构具体实施调查和统计数据。通过这些数据，报纸可以在一定程度上把握读者的“口味”，适时调整版面内容。同时，通过这些数据，报纸可以向广告客户推介使其达到广告效果最大化，也使版面广告的价格合理化。下表就是《朝日新闻》东京版读者周间平均版面接触率的情况。

表 2-1　　《朝日新闻》东京版读者一周平均版面接触率　　(%)

版面	全体	男性读者	女性读者
第 1 综合	88.5	89.7	87.3
第 2 综合	74.9	79.6	87.5
第 3 综合	74.8	79.3	70.7
政治	66.9	71	70.9
国际	67.3	69.6	63.4

（续上表）

版面	全体	男性读者	女性读者
经济	67.4	71.8	65.2
言论	64.5	61.5	63.5
体育	69.2	75.5	67.2
生活	71.1	64.9	76.7
家庭	72.6	64.1	80.2
商况	38.4	43.7	33.8
广播节目	43.5	44.1	42.9
TV 解说	60	55	64.2
第 3 社会	70.1	68.8	71.3
第 2 社会	83.1	83.8	82.4
第 1 社会	87.6	88.2	87
电视节目	86.1	84.9	87.1
歌坛俳坛	42.2	38.7	45.4
健康	75.1	70.3	79.2
科学	61.1	62	60.4
文化	66.5	61.9	70.6
医疗	70	63.7	76
教育	72.3	68.3	75.6
读书	60.6	56	64.6
特辑	70.9	69.6	72.1
整版广告	71.1	69.1	72.8
对开广告	78.3	77	79.5

资料来源：根据《朝日读者资料 2004》整理。

这些数据是该报在 2000 年 10 月至 2003 年 9 月间进行两次以上读者版面接触率调查结果得到的平均值。

从以上读者数据资料中，我们可以了解把握《朝日新闻》读者的阅读倾向，也就是《朝日新闻》的读者对报上的哪些内容感兴趣。那么，我们再看一下整个日本报纸读者平均阅读倾向，因为这样可以为我们了解《朝日新闻》读者的阅读倾向提供一个参照系。根据 2001 年 2 月日本社团法人中央调查社采用二段随机抽样方式，从日本居民基本登记册中选出

7000 人作为标本，进行读者问卷调查。被调查者在可以多项选择情况下，对报纸版面上内容的阅读倾向如下。

《朝日新闻》报纸读者日常平均阅读倾向排在前面的版面内容是："头版综合新闻"最受关注，占 88.5%；"社会、事件、事故"等社会新闻很受关注，占 87%，排第二位；第三位是"体育"69.2%，"电视节目表"占 86.1%；第四位是"健康"75%，对开广告的关注达到 78.3%。

与整个日本报纸读者平均阅读倾向的对比中，我们可以了解到《朝日新闻》读者的阅读倾向比较突出知识阶层读者的一些特征。日本的政治、经济的持续低迷，因企业重组而失业的人们对于"生活的不安感"与日俱增。如果以前日本国民对国内外的时事还很感兴趣的话，迫于现实的状况他们会更多地关注发生在身边的事。在少子化、高龄化、医疗负担加重等进一步加深的过程中人们也不禁会有这样的疑问："年金体制会发生何种变化？""我退休后怎么办？""失业后生活有着落吗？"针对读者所关心的一系列问题，《朝日新闻》从政治、经济、社会、学术以及外报等各部调集了一批优秀的记者开始重点着手建立"生活编辑部"的工作。另外，2002 年《朝日新闻》将其科学部变更为科学医疗部，大幅增加工作人员。宇宙开发以及具有划时代意义的创造发明是以前科学部关注的主题，而生物工程、遗传基因医学的进展状况等这些与人类生活及健康密切相关的话题则成为科学医疗部的主要对象。加强"医疗、健康"方面的报道，在更深远的意义上来讲是以"生活新闻"的扩充为目标的。

三、《朝日新闻》的读者结构

最优化的读者结构

优化读者结构是每一家报社的共同追求，也是每一张报纸的永久课题。《朝日新闻》的发行量虽然在日本位居第二，但它的广告额却一直在日本保持第一，这在中国是众多报社的愿望。因为我国报纸的定价低，发行是亏损的，发行量低而广告额高将直接改善报社的经营状况。《朝日新闻》不仅发行量大而且在优化读者结构方面做得很好。

《朝日新闻》的读者约 95%是家庭的订阅读者，零售的比例很小。也就是说一份报纸有一个家庭的成员在看，日本的平均家庭人口数是 2.5 人/户。那么，读者的特征和结构一般是通过对家庭户主的基本属性调查来推论的。根据《朝日新闻》读者调查资料，我们从《朝日新闻》订阅读者的基本属性可以看出所谓的"三高人群"（高学历、高地位、高收入）在读者中所占的比例明显比其他报纸要高。订阅《朝日新闻》的家庭户主以从事脑力劳动的白领人员居多，接受教育程度大学以上毕业者居多，家庭收入以中上等（年收入700万日元以上）水平居多。也就是说，《朝日新闻》是一张中产阶级和知识阶层读者比例比较高的报纸。

这种读者结构和读者定位在广告市场上是非常有竞争力的。在当今的媒体发展潮流中出现了一个非常重要的趋势，那就是在拥有“到达更多人的力量”的基础上，向拥有“到达目标受众的力量”转变。《朝日新闻》在实践中不断寻求着更高精准度的传播活动，成为与企业、商品以及读者休戚相关的媒体，朝日新闻社通过深刻的理解与共鸣督促报纸充分发挥其广告的力量，并将此作为报社的终极目标。

下面的表格是关于日本五大全国性报纸读者结构基本特征的调查数据。从中我们可以得到分布在日本全国的《朝日新闻》读者特征。这个调查数据是日本社团法人中央调查社于2002年3月在日本全国1690个地点内，采用随机抽样方式从居民登记簿上随机抽取了25000个2人以上的普通家庭（有效样本20243个），对这些家庭订阅报纸状况进行调查后得到了日本五大全国性报纸读者结构的基本特征。见表2-2。

表2-2　　日本五大全国性报纸的读者特征（全国范围）

	报纸	朝日	其他报纸	每日	读卖	产经	日经
	样本数	3987	14833	1346	4787	705	1064
户主职业	农林渔业	2	4.8	3.2	2.7	3.1	1.7
	工商服务	12.1	14.1	16.2	15	18.9	14.6
	自由职业	3.4	2	2.1	2.2	3.3	4.5
	管理人员	11.5	7.4	9.6	8.1	7.5	20.4
	专业技术	8.6	5.2	5.1	5.9	6.5	5.7
	事务员	24	19.1	16.3	20.8	16.5	34.4
	劳务人员	16.7	25.8	20.6	25.2	21.4	4.6
	其他	20.7	20.6	26.1	19.2	21.3	13.7
	不明	0.9	1	0.8	0.9	1.4	0.4
户主年龄	29岁以下	3	2.4	2.1	2.4	1.1	1.5
	30—39岁	14.3	14	9.6	15.5	13.7	14.8
	40—49岁	21.2	21.5	19.1	21.9	21.3	20.7
	50—59岁	28.6	27.9	29.5	28.6	26.2	33
	60岁以上	32.9	34	39.5	31.6	37.6	29.9
	不明	0	0.1	0.2	0.1	0	0

(续上表)

	报纸	朝日	其他报纸	每日	读卖	产经	日经
户主教育背景	中小学	9.3	20.1	17.1	15.9	14.1	4.3
	高中	35.7	45.8	43.8	46.2	44.7	25.5
	大中专	8.7	8.6	8.5	9.4	8.7	5.6
	大学以上	43.9	22.7	27.3	25.7	30.1	63.1
	不明	2.5	2.8	3.4	2.8	2.4	1.5
家庭收入（日元）	299 万以下	7.5	12.3	10.9	10	10.5	2.2
	300 万—399 万	10.1	11.8	12.4	10.6	10.4	4.8
	400 万—499 万	10.8	11.3	9.6	11	11.6	5.9
	500 万—599 万	9.8	10.5	10.2	10.2	10.2	8.5
	600 万—699 万	8.4	8.6	8.8	9.5	7.8	7.6
	700 万—799 万	8.7	7.3	6.5	7.6	7.6	8.3
	800 万—899 万	7.3	6.3	5.7	6.7	5.9	9.3
	900 万—999 万	6	4.1	5	4.7	4.5	5.9
	1000 万—1199 万	7.8	5.7	6.2	6.5	8.4	13.3
	1200 万—1499 万	4.7	3.1	3.8	3.7	3.1	10.1
	1500 万以上	4.7	2.9	4.1	3.5	4.4	11
	不明	14.2	16	16.8	16.1	15.7	13.1
	平均年收	716.5	625.5	657.8	663.5	672.9	925.6

注：根据日本社团法人中央调查社 2002 年 3 月进行的“2002 家庭指标调查”资料整理。

1. 读者的年龄结构

从户主年龄结构看，《朝日新闻》读者在 29 岁以下的户主比率为 3%，与其他报纸相比其比率是最高的，39—49 岁的读者比例也比其他报纸都高，97%以上的户主年龄在 30 岁以上。也就是说相对比较年轻化的。

2. 读者的职业结构

从户主职业结构看，《朝日新闻》读者中，从事脑力劳动的人员比例比其他报社高，其次是从事体力劳动的人员占的比例相对比较低，与其他报纸进行横向比较中可以看出，《朝日新闻》读者中从事管理工作的白领阶层的人员比重仅次于《日本经济新闻》的读者，明显高于其他三家报纸。

3. 读者的文化程度

从户主接受教育的文化程度看，《朝日新闻》读者中，大学毕业及以上者占 43.9%，也仅次于《日本经济新闻》，明显高于其他报纸。

4. 读者的家庭收入

日本的家庭年收入有很多层次，各层次之间的差距不是很大。农民家庭的收入、城市家庭的收入、高层的收入是不一样的，大约平均每人年收入是 400 万—600 万日元，一般主妇是不工作的，大部分的家庭就是靠户主一个人的收入来生活的。

从家庭年收入结构看，600 万日元以下的低收入读者比重占 38.2%，低于其他报纸；600 万以上 1000 万以下以及 1000 万日元以上的中、高收入读者比重虽然低于《日本经济新闻》，但明显高于其他报纸。

四、完善的朝日读者数据

我从报社的广告部得到了一本《朝日新闻读者数据 DATA BOOK (2004)》，后来《朝日新闻》的综合研究本部寄给我一本《朝日新闻读者数据 DATA BOOK (2005)》。这是一本很全面又很科学的《朝日新闻》的综合媒体资料。从发行份数统计开始到实施各项调查结果为止，《朝日新闻》以广告媒体的角色对报纸进行开发和活用，开展数据的收录整理工作。

“报纸到底是什么？”“《朝日新闻》要到达的受众是谁？”“产生怎样的效果？”这些有关《朝日新闻》媒体价值趋向的各种问题来自企业等各种组织，为了使其获得理解，朝日新闻社每年都制作一本手册：《朝日的读者数据 DATA BOOK》。同时，报社网站“@ADV”以及移动通信服务“i@ADV”，也将《朝日新闻》的媒体影响力量和媒体特性以数据的形式体系化地介绍给广告客户和读者。

朝日新闻社广告部的网站将《朝日新闻读者数据 DATA BOOK》全部内容制作成为网络版。不仅如此，在网站上还提供更加详细的数据。同时，在“朝日新闻读者数据 DATA BOOK”那个网页上，通过 URL 连载，还可以看到所有应答者的情况，并可以下载。

日本的网络调查和手机调查业已经很普及和很成熟，报社可以通过网络或手机收集数据，为报纸发行数、各种报纸读者的特征提供参考意见。比如，对东京、大阪本社版面接触率调查，其结果原则上会在调查日开始两天后，下班时间之前进行公布。之后，报社便可以构建出如“广告费用模型”、“广告接触率预测工具”等这样便利的功能开发。

这些调查的设计和实施一般由《朝日新闻》的综合研究本部负责牵头，有一部分是自己做，大部分通过委托社外的专业公司来做。《朝日新闻》的综合研究本部的部长松村先生为我详细解释了《朝日的读者数据DATA BOOK》的调查内容的构成和实施方法等。《朝日新闻》的读者数据主要由以下这些调查内容构成：

表 2-3　朝日新闻读者数据 DATA BOOK (2005)

报纸的基本数据	报纸广告到达水准与应对数据	4
	《朝日新闻》的发行数与发行地区	6
	各报纸的家庭到达率与合读率	10
	订阅《朝日新闻》的家庭特征	12
	家庭阅读报纸的阅读率与阅读时间	14
	一个家庭中的阅读人数	16
	报纸阅读时间带	17
	报纸订阅场所	18
	报纸订阅开始面	19
	订阅报道	20
报纸的媒体力量	媒介的评价	22
	商品、服务情报的入手路径	24
	媒体其他的广告评价	26
《朝日新闻》的评价	各种报纸的评价	28
	通过阅读报纸广告而采取的行动	30
	商品、服务在其他广告的出稿段数	32
	广告内容的其他出稿件数	34
	高知识层次人士订阅情况	36
《朝日新闻》版面调查	各个版面接触率	42
	广告接触率	44
	各种调查的调查方法	47
案例调查	读者之声	50
	广告主之声	58
	报纸广告的反响	66

信息	广告月报	108
	朝日广告奖	108
	@ADV、i@ADV	109
	媒体资料	110

详细数据	各个报纸的家庭到达率与合读率	112
	家庭特性与性别、年龄构成	114
	版面接触率	120
	广告接触率	128
	DATA MEMO	132

第四节　集团化运营

《朝日新闻》现在已经是一个综合的大型传媒集团，但是集团经营管理中心仍然以东京本社为主，东京本社各部门在其中起着主导作用。

一、集团化管理的治理结构

《朝日新闻》的集团化管理的探索从创刊不久就开始了。1919 年，《朝日新闻》将资本金 60 万日元的《朝日新闻》合资公司改为资本金 150 万日元的股份公司。村山家族、上野家族、小西家族（负责销售）占有 7780 股，2500 股按服务年限为划分原则配发给报社员工。在公司的章程中明确规定股东大会不得干涉报纸的编辑方针[①]。1929 年，《朝日新闻》增资扩股至 600 万日元（6 万股），将增资的 2 万股中的 1 万股无偿分配给原股东，5000 股分给有资格的员工，5000 股以现金的方式分配给没有资格获取股份的员工。这种员工配股方式对稳定经营很有好处。

另外，20 世纪 20 年代初，东京《朝日新闻》将退休高官下村南海聘为全面负责报纸经营的副社长。下村打破了“编辑部门为上，营业（销售、广告）部门为下”的组织格局，使编辑部门和营业部门具有同等地

① 《朝日新闻社史》（明治编），朝日新闻社，1990 年，第 117 页。

位，消除营业部门人员的劣等感，并采取预算制，建立健全了东京《朝日新闻》经营管理系统[1]。

朝日新闻集团总部的主要机构有：社长室、论说委员室、经营战略室、综合企划室、外事部、综合研究本部、读者广报室、百年史编修委员会、研修中心、电子媒体本部、关联企业室、国际本部等、管理本部等二三十个部门。

管理本部

事业本部在管理本部中，既有负责从事入社后的人员变动、升职到住房对策等的人事福利部门，又有负责管理出勤、休假、发奖金等的劳资部门，既有负责业务法律诉讼和各种合同起草、股东大会运营的法律部门；又有负责制订盈利计划、设备投资计划、资金计划、融资及其预算、结算、成本核算、财务计算机系统运营等的财务管理部门，还有负责办公用品和纸张等物品采购和维护管理社有物业的资财部门。资财部门的工作分两类：一类负责本社、印刷厂、总局、支局、专卖店等物业管理和社会住房的租赁业务；另一类是大到纸张、油墨、印刷设备、计算机，小到铅笔橡皮的物品采购。采购人员每天必须深入市场第一线进行缜密的市场调查，采购到质优价廉的物资。

事业本部

事业本部就是大型活动部，利用《朝日新闻》在国内外的良好口碑开展文化体育活动是事业本部的主要工作。在文化领域，它每年要主办 60 多个展览会、博览会、管弦音乐会、歌剧、电影等活动。2002 年曾成功主办了介绍有关恐龙的生态、进化等最新研究成果的“世界最大的恐龙展”，2003 年举办了“大英博物馆至宝展”，另外，还有将日本著名寺庙的约 250 件秘藏宝物集中于一堂的“东大寺的一切”展，都是近年来吸引人们注意力、引起轰动的展览活动。

在体育领域，朝日新闻不但主办过不少历史悠久的体育活动，而且主办过不少吸引众多眼球的顶级体育赛事。除每年举办世界一流运动员参加的福冈国际马拉松、东京国际马拉松等国际性赛事外，还举办棒球比赛、日本全国成人橄榄球、美式橄榄球等具有日本国内最高水准的比赛。

与此同时，事业本部还充分利用品牌效应，积极开展营利性商务活动。事业开发部在全国重要都市近郊开设 15 个住宅展示场，将众多开发

① 《朝日新闻社史》(大正昭和战前编)，朝日新闻社，1991 年，第 152 页、第 153 页。

商集中在一起展示其样板房，向购房者提供购房相关信息，影视事业部门出版录像、DVD，出资参与电影拍摄，向公共图书馆、大学研究机构等提供报纸缩微胶卷，展开版权贸易。

在医疗健康领域，为了提高医疗技术和提供准确的药品信息，该报出版《朝日医疗》杂志，每年在全国主办上百次以上的医学医疗讲座；并在东京、大阪等地开设朝日健身俱乐部，教授健身知识，提供健身信息。

朝日新闻社还设了很多奖项，除"朝日奖"、"手冢治虫文化奖"外，还以纪念创刊120周年为契机，从1999年设立"走向明天环境奖"、"朝日轻松教育奖"等；主办各种演讲比赛、合唱、吹奏演唱会；《朝日新闻》福利文化事业团针对老龄化、少子化问题，开展了一系列先驱性启蒙运动，推动提高弱者的福利活动。

公关宣传本部

为在采访和版面编辑上活用读者的声音，该报公关宣传本部除接受读者对登在报上的人物、团体、活动等咨询，还通过向读者查剪报、书籍、数据库等方式，为读者提供其所需要的过往的新闻报道。公关部诞生于1989年，负责接受读者提问、意见、投诉，向编辑、销售、广告等相关部门传递读者的声音，并将这些声音反映到报纸采编和销售活动中去。2000年改为公关宣传中心，现在升格为公关宣传本部，从2001年4月开始在东京、大阪、西部、名古屋本社和北海道支社设立CS推进部，引入顾客满足度评价体系；公关宣传本部还负责对应该集团发行的报刊报道中出现侵害个人隐私事件投诉，2001年为了对应公关宣传本部无法处理的侵犯人权事件，该报设立由外部学者、知名人士组成的第三方机关"报道与人权委员会"；另外，早在1989年就设立了一年一届的由退休最高法院院长、新闻人、企业家、原驻华（驻外）大使、作家、传播学者等著名人士组成监察《朝日新闻》报道活动的独立机构"版面审议会"。

综合研究本部

下设舆论调查部和营销调查部。主要调查研究与言论、报道相联系的课题，并利用版面对外发表；对经营课题进行调查、研究，发表提案；通过上述活动，实现培育报社人才的目的。调查、研究成果多通过《综研报告》形式，公开发行。

通过主办研讨会、演说等形式探讨当今世界上存在的问题。另外，还负责协调由诺贝尔文学奖获得者大江健三郎等世界著名的学者、政治家、记者组成常设机构"面向21世纪建言委员会"的活动，并通过版面宣传

《朝日新闻》的主张。

完整的企业培训研修制度

朝日新闻社有全社性的研修和部门性的研修、自我充电式研修等各种研修制度。另外，还有根据工作内容需要提供的学习机会。每一名记者从决定被录用开始就接受培训，以后每上一个台阶、提升一次职位都要先接受培训研修。主要的研修培训项目有：

(1) 录用培训　所有获得内定通知的大学毕业生在入社之前，都必须接受和掌握作为学生走上社会时必备的“商务礼节”与“刑事诉讼法基础知识”以及电脑使用的 e 课程的教育。

(2) 新员工培训　新员工进社后，马上接受全员集体培训和外出住宿集训研修。全员集体研修由负责编辑业务的董事会成员讲解《朝日新闻》的编辑纲领，讲述《朝日新闻》历史；外出住宿集训研修，就是与连续工作 10 年左右的中坚阶层员工共同生活，先通过召开研究会方式，加深对《朝日新闻》各项工作的理解，然后讲授校阅技巧和使用电脑及数字照相机操作方法等这些做记者必需的入门知识，而后进入配属部门。营业、管理部门的新人还要接受一个月左右的研修；技术部门的新人更要继续接受数个月的研修。

(3) 新记者培训　新记者入社后还要接受半年左右的新记者研修学习。为了积累第一线采访经验，每个月要来往于报社设在地方的总局、支局和本社之间，采访法官等司法相关人员，接受整理和校阅的实习。在采访和写作中遇到问题时，听从老记者的指导；另外，还要在《朝日新闻》专卖店接受从凌晨三四点钟开始上门送报和晚上上门征订收款等业务的体验教育。

(4) 专题培训　入社两三年后，这些年轻记者在报社中的作用逐步提高，需要相应的专业知识，必须参加接受调查、法院、地方自治、地区经济、文化遗产、高中棒球、选举等相关专题讲座的研修学习。

中坚记者研修随着采访和实际经验的进一步积累，各部门就会召请专家，办些文章表现技巧和专业采编领域的学习会。它是为向国内研究机关派遣专业记者和培育优秀专业记者而设立的制度。除此之外，销售局会对经验不深的“管片销售员”进行基础教育，广告局对新人进行“老带新”的指导教育活动，每个部门都在年轻员工研修上下工夫。另外，为了进一步提高工作的知识和技术水平，很多员工会利用业余时间到商学院和研究生院在职深造。

(5) 留学进修制度　原则上以入社 4—10 年的青年记者为对象实施一

年海外留学进修制度。近年来，每年从各个部、支局招募派出 4—10 名记者出国，学习的语种有英语、俄语、汉语、法语、希伯来语、朝鲜语等。另外还设立了专业留学制度，这是 2001 年开始的培育专业记者的新制度。每年派出 10 名左右活跃在采访第一线的记者和负责组稿的部长到国内外的机构、大学、研究机关，深造半年，以深化专业知识。广告局每年派出 1 名员工到海外学习语言和管理学等专业知识，提高专业知识；电子电波媒介本部和事业本部为了研究相关专业知识，每年派出若干名人员到国外留学。

优厚的薪酬福利制度

早就听说《朝日新闻》是个很有钱、工资很高的报社，据说像《朝日新闻》老总级人物的工资要比日本总理大臣的工资高上一两倍还多。当然，日本总理大臣的公开收入并不很高，一年大概也就几百万人民币吧。当然，在国外问别人工资是个忌讳的事，人家企业的薪酬体系，也是高度机密的事。不过，了解一下薪酬体系的结构和增长的规律还是可以的。大概《朝日新闻》的一个骨干记者的收入一年在 1300 万日元左右吧，相当于 100 万人民币。

刚进入报社的新记者大概是每月 25 万日元（两万元人民币）的工资，然后再加年度奖金。朝日新闻社员工工资分标准工资、加班工资和奖金三块。标准工资的基础部分是根据 2001 年开始实施的基于职能资格制度引入的职能工资。为了更公正地反映包括采编人员在内的员工的能力和成果，首先由员工对自己以往的成果和今后目标进行申报，然后实施面谈。面谈后，每年一次对过去一年的能力增长情况和目标达成状况划分出 11 个档次，初进报社的人员不分学历、年龄，工资待遇相同。大约编采人员的月工资增长是以平均每年涨两万日元的速度往上增长的，这叫年功序列制度。

员工福利方面也很好。在工作休假上，负责编辑版面的一线人员采取交替轮休制。各个本社、支社都建有新进社员工的宿舍，通过报社租借住宅的人可以获得房租补贴；贷款买房时，可以获得报社提供的利息补贴；东京、大阪两个本社配备包括内科、牙科在内的诊疗所，为预防疾病和早期发现早期治疗，每年春、秋两季有两次的定期健康诊断；另在旅游胜地设有 7 处休养所和 140 所可以低价使用的合同休养所。

表 2–4　　《朝日新闻》薪资标准（报社新员工基本工资）①

标准工资	总收入	职能工资、年龄工资以及以下补助	新入社人员 250730 日元（含住房补贴）
	各种住房补贴	信房基本补贴	13000 日元
		根据工作地、住房形态，分“家庭住房补贴”和“地区住房补贴”	4000—20500 日元
	家庭补贴	抚养配偶者	13200—29700 日元
		每抚养 1 个孩子	20000—22900 日元
	其他	根据每个人的业务内容，分别支付采访活动费、营业活动费、地方福利费等各种补贴	
加班加点工资		支付加班加点和夜工资；编辑和营业外勤人员采用定量制，每个月支付定额支付；金额根据部门的劳动状况有所不同，有的部门入社不久的人员也可以超过 10 万日元	
奖金		每年 6 月、9 月、12 月、3 月 4 次发放；6 月和 12 月根据公司和个人业绩，9 月和 3 月采取定额制度发放	约 2050000 日元
通勤交通费		70 公里以内，公司全额负担	
加薪		每年 4 月 1 次。2003 年度加薪幅度平均为 2.56%	
退职金和退休年金		退职补贴以工作年数为基础进行计算，其中六成可以作为退休年金领取	
		1991 年设立朝日新闻利年金基金（企业为自己的员工设立的企业年金基金），员工（在职时储蓄，退休后领取）补充养老金。	

二、报纸的财源——广告经营

《朝日新闻》从发行量上来说是日本第二大报，但广告收入却一直稳居日本全国性大报的第一位。该报 2004 年度的总收入为 4069 亿日元，其中约有 43%来自广告收入。能够获得如此高的广告媒体评价，在于它是世人公认的代表日本的高级报纸，它拥有高学历、高收入的高质量读者群。

对传统报纸来说，盈利不外乎是卖报纸的收入和广告的利润，但受到

① 参见尹良富著：《日本报业集团研究》，南方日报出版社，2005 年版。

经济环境日趋恶劣的影响，日本报纸这两大主要收入来源均受到前所未有的冲击。为此，我访问了朝日新闻社广告局。

朝日新闻广告局有三个职能部门：承担广告销售的是营业外勤部门——主要负责直接与广告客户、广告公司进行接触等营业活动；营业支持部门——主要负责各种营销活动策划运营以及制作策划广告；管理部门——主要负责广告的审查、版面安排以及回收广告费等与刊登广告相关的各种业务。

日本的广告公司一般采取客户负责制，而《朝日新闻》的广告业务员则采取行业负责制，同一个行业内有复数的广告客户，广告业务员必须了解整个行业的动向。

外来广告一般在两个月前进行预约，负责该行业广告客户的广告业务员必须在数月之前就掌握客户的广告稿件，确保客户所需的版面位置。除了接受外来广告稿件外，广告业务员手上一般都有四五个策划广告。策划广告可以体现出广告业务员的价值和水平。

策划广告是广告业务员自己做好策划，卖给广告客户的提案广告。强调的是要在充分考虑自己报纸读者群基础上而采取的更为有效的诉求方式。策划的切入点和版面内容的整合性体现出广告业务员的手腕。“客户愿望”和“读者愿望”对接才是策划广告成功的关键。

他们策划了行业共同的题目，用联合广告方式，吸引各家企业，调动整个集团力量推出策划广告，已经成为《朝日新闻》获取广告的重要手段。

广告局负责人表示，《朝日新闻》虽然一直在日本报纸广告市场上占有一定的优势，但近年来也受到严峻考验。资料显示，2004 年日本广告费为 5.8571 万亿日元（约 4100 亿人民币），其中报纸广告所占份额为 18%，达 1.559 万亿日元，《朝日新闻》的广告收入大概占其 1/7，虽然《朝日新闻》的广告收入仍然在报界占居首位，但是，与 2001 年相比广告收入已经明显下滑。2001 年日本广告费为 6.58 万亿日元，其中报纸广告所占份额为 19.9%，达 1.2027 万亿日元，《朝日新闻》的广告收入占其 1/6，居全日本报纸之冠。广告部负责人表示，报纸广告收益每况愈下，2003 年的情况尤其严峻，广告收益比起前年同期有明显的下降。

《朝日新闻》一向坚持有选择地刊登广告，刊登有品味的广告。随着广告量的增加，广告业务也趋于复杂化。大量刊登广告，不可避免地出现有损《朝日新闻》品味的内容，所以，《朝日新闻》早在创刊初期就制定了刊登广告业务概略，谢绝“与新闻条例有抵触”、“有毁损他人名誉”、“猥亵”之类的内容上报。当时规定，如果负责广告业务的主要负责人无法判断这些内容是否适当时，要由整个编辑部门共同协议决定，对“有伤报纸体面的东西”，无论谁都要谢绝[①]。

广告局负责人还介绍，《朝日新闻》的主要读者是知识分子、企业经营和管理者以及其他受过良好教育的人员。因此，在《朝日新闻》上刊登广告最多的行业是出版、教育和文化行业。该报广告部的职员是去相关的企业“跑广告”。要跑的企业都是事先定好的，不会去别人分管的企业。广告部职员自己从不接一个广告。他们主要向企业介绍媒体的特色、推荐报社的广告策划，让企业更多地了解媒体，加深和建立报社和企业之间的信赖关系。

《朝日新闻》刊载的广告全部由签订代理合同的广告公司提供。即使是广告局职员争取到的广告，也一样要由广告代理公司处理。经常做广告的日本企业都了解主要媒体的特点、读者群以及可能产生的广告效果，自己决定在哪家媒体上做广告。广告局员工的工资同拉了多少广告没有一点关系。这些人员的收入均根据报社有关规定确定，不搞任何提成。

《朝日新闻》广告版面的定价

1997 年 10 月，《朝日新闻》开始采用基于版面接触率的定价体系。具体地说，在广告版面定价上，考虑广告需求与版面接触率，对所有版面进行分类。表 2-5 是根据《朝日新闻》广告编成中心提供的 2004 年 4 月至9 月广告费用资料整理出通常日期的版面广告价目表。

表 2-5　　朝日新闻东京版版面广告费用　　(万日元 / 段)

版类	价位	费用(单位:日元)	段数	适用版面
日版	A	229.8	10 段以下	第 2 社会版、第 2 社会版
	B	205.6	10 段以上	体育版、足球版的整版夹页
			10 段以下	经济版、生活版、体育版、足球版
	C	200	10 段以上	第 1 页整版广告
	D	198.1	10 段以上	第 1 国际版、经济版、生活版、第 3 社会版对面产整版广告
			10 段以下	教育版、第 3 社会版
	E	175.8	10 段以上	特辑版
			10 段以下	商况版、广播节目版、特辑版
	F	194.4	无区别	第 1、2、3 综合版和政治版、言论版、电视解说及电视节目版、歌坛俳坛版、健康版、文化版、医疗版、读书版

① 《朝日新闻社史》（明治编），朝日新闻社，1990 年，第 142、143 页。

（续上表）

版类	价位	费用（单位：日元）	段数	适用版面
晚版	Q	210.4		电视节目版
	R	186.1		第 1 综合版和第 1、2 社会版
	S	145.7		商况版
	T	161.8		第 2、3 综合版和演艺版、文化版、广播节目版、体育版、Let's 版、惜别版、畅快版、周间电视版、电视指南版、LULLION 版、娱乐版、时尚版、科学版

资料来源：根据朝日新闻广告编成中心的 2004 年 4 月至 9 月广告费用资料整理。表中的费用为通常时期的费用，旺季或淡季时，价格略有上下浮动。

三、《朝日新闻》的广告效果

要回答广告效果这个问题，首先要考察“效果”的定义。因为它的变化会引起前者定义的变化。著名的 AIDMA 模型（Attention= 注目，Interest= 趣味，Desire= 欲求，Memory= 记忆，Action= 行动）是广告效果发生过程的很好说明，但是，报纸广告效果的产生还有其特殊的规律，也有其特殊的测试手段，《朝日新闻》在这方面一向很重视也做得很科学。日本各报社一般使用作为第三方调查机构进行全国调查的数据，主要有中央调查社拥有的“家庭指标报告”和音像调查股份有限公司拥有的“全国报纸综合调查（J-READ）”。《朝日新闻读者数据 DATA BOOK（2004）》使用了“家庭指标报告”的数据，而《朝日新闻读者数据 DATA BOOK（2005）》则使用了“全国报纸综合调查（J-READ）”的数据。

关于媒体的影响力和广告效果的关系，《朝日新闻》主要从以下几个方面的指标来进行考察。

（1）媒体到达率：对报纸来说，媒体到达率水平是一项物理特性质的配达指标，发行量与其休戚相关。当报社对读者的性别、年龄构成等方面，甚至对发行数不了解时，就很有必要以单个理论为基础进行样本调查。

（2）一份报纸的平均阅读人次的数据显示了配送到达的报纸究竟达到被家庭中几个人次阅读的情况。

（3）读者对读过的报纸或版面的保存情况，显示了读者对读过的报纸是保存一段时间，还是根本没有保存的情况。

（4）报纸阅读率和阅读时间：报纸阅读率的数据显示了配送到达的报纸究竟达到怎样的被阅读程度。即显示了报纸被读过的阅读率和阅读时间有多长的数据。

(5) 报纸版面接触水平：每个版面的阅读比例的高低反映了版面接触情况。“版面接触率”就是将报纸特定版面阅读者接触状况进行调查的结果。

(6) 广告接触率：版面接触率与报道、广告内容无关，仅仅寻求读者对特定版面的接触程度。而“广告接触率”是将读者对每一个广告的接触情况进行调查的反映。在《朝日新闻的读者数据》中，针对广告面积的大小、广告内容、广告位置等影响因素提供了广告接触率平均值，并根据这些因素的变化运用统计手法提供广告接触率的预测值。

(7) 广告反响、消费者行动水平：电话、网络反馈数、商品销售额上涨、刊登广告之后直接引发的反响等方面对媒体来说，入手考察是非常困难的。然而，媒体可以致力于商品的认知、广告印象、好感度等直接向读者寻求反馈的项目，这样便可以开展调查。

报纸阅读率和阅读时间的调查数据一般是来自第三方调查机构的数据。而版面接触率、广告接触率等数据都是报社综合研究本部自行的调查结果。朝日新闻社利用“读者自动模型”进行定量数据收集工作，比如通过策划“广告操作调查”，对相关数据进行定量收集，进而向有需要者进行提供。

报纸广告效果的调查指标

报纸办出特色是吸引广告的最重要手段。朝日新闻社为了担负起媒体的责任，为了应对各种各样的需求，也为了实现媒体的到达水平，整理提供了各种层面与传播效果的相互关系。如下表所示：

表 2–6　　《朝日新闻》的广告效果调查方法与相应数据

到达水平	(1) 媒体到达	(2)报纸订阅	(3)版面接触	(4)广告接触	(5)广告反响、消费行动
读者行为	订阅报纸	阅读报纸	阅读特定版面	阅读特定广告	记忆商品名 希望购买商品
指标	发行数量	报纸阅读率	版面接触率	广告接触率	认知、购买意向、购买经验
对应的调查数据	ABC 发行数量	家庭指标报告	版面接触率调查、广告接触率调查		
				(RSS)、广告操作人调查	
相关数据	报纸基本数据	报纸的基本数据	《朝日新闻》版面调查	《朝日新闻》版面调查	案例调查

表 2-6（1）—（4）反映的是从读者订阅到广告接触的整个过程。这个模式是从著名的 AIDMA 模型着手，提供了各种各样的研究方法。其中对商品认知、购买意向、购买经验等方面形成指标。因此，针对广告效果在这些不同的层面进行预测，其“效果”必然是不同的。

上表显示的是读者对刊登在东京本社发行的日报上的广告接触状况。我把它归纳为以下几个方面的因素：

第一，广告篇幅的大小

第二，广告内容类别

第三，刊登的版面位置

第四，早报还是晚报

第五，彩色还是黑白

第六，表现方式怎样

第七，日期是星期几

读者对同样内容的商品或服务的广告的接触率，基本上与其所占版面面积大小成正相关关系，版面面积越大，读者的接触率也就越高，反之亦然。

读者对刊登在《朝日新闻》东京版早晚报的相关版面上广告的接触率，分广告内容及其面积大小（用段数表示，1 版有 15 段）和广告在版面上所处的位置及面积大小两个方面加以描述。从表 2-7 可见一斑。

表 2-7　　广告内容平均接触率（东京版日报）　　（%）

广告内容	对开整版	整版	10 段	7 段	5 段	3 段	2.5 段	2 段	1 段
图书	—	70.2	—	59.1	56.9	56.6	46.4	—	—
月刊杂志	—	70.6	—	57.3	60.4	57.1	48.1	—	—
周刊杂志	—	76.9	—	59.3	70.2	49.7	58.8	—	—
药品及医疗器械	—	73.8	—	60.7	55.7	45.3	46.2	44	31.6
化妆品、清洁用品	—	67.8	56.9	60.7	51.7	38.2	40.2	41	—
食品、饮料	—	75.3	65.2	65.2	55.3	39.6	43.3	41	27.4
时装、珠宝首饰	85.6	75.1	—	56.3	55.6	—	47	40	—
家庭用品及服务	—	68.5	—	56.7	51.8	—	43.1	28	—
金融	78.9	68.4	—	55.6	50.7	34.3	40.6	39	42.5
汽车	81.5	71.6	—	62.6	50.5	32	—	41	—
机械、素材	—	65	—	57.7	54	—	—	—	20.7

（续上表）

广告内容	对开整版	整版	10 段	7 段	5 段	3 段	2.5 段	2 段	1 段
能源	—	74.9	—	—	50.6	—	—	—	—
航空、运输	—	76.7	—	63.3	57	—	46.6	47	—
IT 通信	81.7	74.8	—	63.1	53.6	—	35.6	37	—
音乐碟片	81.3	72	—	59.4	59.8	—	42.9	—	—
电视片	—	73.3	—	64.1	60.1	42.7	33.7	42	—
邮购	—	60.3	—	67.2	47	—	40.4	—	—
政府、公共团体	—	68.2	61.4	60.4	54.7	38.5	45	36	—
百贷店	—	74.3	—	—	—	42.7	—	—	—
量贩店、专卖店	—	73.3	—	60.2	49.9	—	43.1	49	—
电影、演出	—	75.6	—	65	53.9	—	48.2	38	—
学校	66	65.4	—	51.5	47.1	34.8	40.3	38	28.2
旅店、会场	—	68.2	—	—	52.6	—	46.5	42	—
旅游	—	68.1	—	62.8	54.7	—	49.4	45	—
不动产	78	68.7	46.7	48.7	41.8	26.8	36.5	—	—
楼宇及住宅用品	—	68.5	—	63.6	54.5	31.1	—	36	20.7
策划广告	78.1	66.3	—	49.9	—	—	—	—	—
其他	—	70.4	56.1	—	47.9	—	39.2	28	24.2

资料来源：根据《朝日新闻读者数据 DATEBOOK （2004)》整理。

读者关注什么位置上的广告

除了读者关注刊登在《朝日新闻》上的哪一类的广告，要了解读者关注刊登在该报什么位置上的广告这一问题，需要分析看一看读者把目光集中在哪些版面上的什么位置上的广告。

以广告刊登在版面的位置看，我们可以看出整版广告的接触率要明显高于刊登在版面下方的广告。读者对刊登在政治版、国际版、体育版、第3社会版、歌坛俳坛版、健康版、科学版、特辑版间的插页或背页版面上的整版广告接触率比较高，在70%以上。也就是说，七成以上的读者会去看这些广告。对与经济版、生活版、家庭版（现在为相同版面）、商况版、广播节目版、TV 解说版、文化版、医疗版、教育版、读书版相对开或背页以及独立整版广告的接触率也在60%以上，有的接近70%。也就是说，六成以上接近七成的读者会关注这些版面上的广告。

而刊登在相同版面下方的广告，除2.5段比较特殊外，其他广告段数与读者的接触率呈正相关趋势，即随着广告段数（行数或面积）的减小，读者对其接触率（关注度）也随之减小。

表 2-8 版面广告平均接触率（东京版日报） （%）

版面	位置		段数						
	版面间插页	正下	10 段	7 段	5 段	3 段	2.5 段	2 段	1 段
第 1 综合	—	正下	—	—	—	57	—	—	—
第 2 综合	—	正下	—	—	59.7	—	—	—	—
第 3 综合	—	正下	—	—	60.7	—	—	—	—
政治	76.1	正下	—	—	53.4	—	46.1	—	—
国际	73	正下	—	63.7	57.8	—	47.8	46	—
经济	69.8	正下	—	58.3	55.6	—	45	41	31.4
对页	60.2	—	—	—	—	—	—		
言论	—	正下	—	—	54.5	35	46.5	—	—
体育	71	正下	—	61.1	57.7	43	45.2	40	31.3
对页	—	—	54.4	—	—	—	—		
生活	68.2	正下	—	65.4	53.6	—	52.3	46	—
对页	60.9	—	—	—	—	—	—		
家庭	69.9	正下	—	63.7	55.2	34	45.9	42	—
商况	63.5	正下	—	—	39.3	31	38	28	22.1
对页	50.9	—	39.5	—	—	—	—		
广播节目	66.1	正下	—	53.5	45.2	37	39.5	40	21.5
对页	—	—	51.7	—	—	—	—		
TV 解说	67.6	正下	—	—	50.2	43	44.1	—	—
第 3 社会	74.5	正下	—	56.5	50.4	—	46.4	39	—
第 2 社会	—	正下	—	—	56.8	—	43.7	—	45.2
第 1 社会	—	正下	—	—	—	—	—	45	—
歌坛俳坛	70.9	正下	—	49.9	38.8	—	37.7	35	—
活力(健康)	72.6	正下	—	67.7	54.6	—	—	—	—
科学	74.3	正下	—	57.9	44.3	—	40.2	45	—
文化	69.5	正下	—	61	53.4	—	44.6	42	—
医疗	68.3	正下	—	61.9	—	—	46.5	51	20.8
教育	69.2	正下	—	57.5	50.9	—	49.4	—	—
读书	64.1	正下	—	58.3	40.7	—	42.1	—	—
特辑	70.2	正下	—	64.2	55.2	43	41.7	42	—
整版广告	63.9	—	—	—	—	—	—	—	—

资料来源：根据《朝日新闻读者数据 DATE BOOK （2004）》整理。

四、关于立体化经营

出版本部

朝日新闻社作为一个传媒集团，不仅出版报纸，也经营出版和电视等。出版本部下设杂志编辑中心、图书编辑中心、出版销售部和出版广告部。这些部门主要从事杂志等定期出版物出版发行业务。作为报社的出版部门，其规模不仅大大超过它的同行，而且在日本整个出版界也是位居前列的。

《朝日周刊》和《朝日摄影》都是具有80多年历史的老牌杂志。在定期出版物中，有周刊时事类的《朝日周刊》和《AERA》周刊以及《世界100都市》和《日本历史》两个系列；隔周刊的有《朝日计算机》，月刊有《朝日摄影》、《朝日商业》、《朝日画报》、《论座》（评论类）、《朝日俳句》、《朝日新闻》缩印版，隔月刊的有《朝日短歌》。另外，还有《朝日学习年鉴》、百科知识类《智能藏》、《朝日主题词》、《JAPANAI.MANAC》、《朝日新闻报道图片集》等百科系列、年鉴、事典、CD-ROM、DVD等出版物。除此之外，每年还出版700多种图书。

电子媒介本部

《朝日新闻》网站创建于1995年，是日本最大的新闻网站之一，在硅谷设有“媒介研发中心”，专门收集硅谷最新发展动向。除了进行新闻速报外，这家网站还建立了囊括新闻、图片、人物、团体等综合信息的大型新闻数据库，读者可以付费注册网上查阅，获得所需资料。

《朝日新闻》充分利用互联网技术和移动通信技术以及双向沟通的优势，创建多元化媒体产业，成功地吸引了100万名付费读者通过移动电话服务获取新闻信息。《朝日新闻》开创了免费的读者社交平台——Aspara俱乐部，目的是建立起紧密的读者关系。即使不是《朝日新闻》的订户也可参加这一俱乐部。《朝日新闻》成立了会员俱乐部和社团，向俱乐部成员提供的新闻和信息主要来源于《朝日新闻》网站（www.asahi.com）。俱乐部为成员免费提供独特的信息和故事；成员家人如在深夜突然生病，可通过俱乐部的网站向医生请教；成员还可获得银行的各种优惠服务；在《朝日新闻》举办各类活动时，俱乐部成员都有机会参加；俱乐部成员还可在俱乐部主页上发表自己的观点。《朝日新闻》还针对年轻人开拓了手机新闻服务，现在有10个站点24小时向100多万手机网站用户提供新闻资讯。

日本年轻一代爱追赶潮流，喜欢方便快捷的沟通方式，最愿意花钱在移动电话上。他们不停地用移动电话发短信互通消息，联系感情。随着通过手机使用因特网的普及，作为音乐内容的发送信媒体占据着重要的位置。《朝日新闻》看准了手机这个市场，用移动电话发短信新闻，尽量吸纳年轻读者。《朝日新闻》目前推出月费只需 100 日元的短信新闻下载服务，反应非常理想。登记使用该项服务的订户很快就超过了100 万，每月为《朝日新闻》带来新的收入增长点。虽然短信新闻只在起步阶段，但订户数目极有潜力大幅增长。

在手机业务模式获得成功的同时，《朝日新闻》和全球其他报刊一样，正努力使“传统”互联网业务也获得成功。正如《朝日新闻》前社长箱岛信一在第 58 届世界报业大会发言结尾时所说的：“不管未来我们的社会怎样变，我坚信人们还是会需要报纸的。”

朝日新闻集团的子报子刊

朝日新闻集团的相关企业大致可以分成两类：一类是媒体企业，另一类为与报纸相关的印刷、运送、销售等文化企业。朝日新闻社主办的其他媒体有：

1. 《日刊体育新闻》

创刊于 1946 年，是日本创刊最早的体育报，主要报道领域为棒球、足球、田径、赛马、娱乐、社会、钓鱼等。负责报纸采编制作业务的是编辑局，编辑局下设棒球部、体育部、记录室、竞赛（赛马、赛车）部、文化社会部、摄影部、整理部、制作部；另外还有经营企划室、总务局、信息系统本部、电子电波信息本部、广告局、销售局、企划事业部等部门。

2. ELNET 数据库资料剪报服务

需要者每天早晨通过因特网获取该报提供的自 1988 年以来 61 种报纸、约 150 种杂志、年间 75 万篇以上的文章剪报服务，截至 2004 年 5 月 15 日，该数据库资料已达 1144 万 5393 件。

3. 《朝日小学生新闻》

《朝日小学生新闻》设有以下栏目：《新闻这个那个》栏目为专供小学生剪报使用的简要新闻专栏；《新闻、石头、剪子、布》栏目由《朝日新闻》记者解说新闻话题；《漫画新闻告知君》则通过漫画的形式解释社会上发生的复杂事件；《龙课程》，由著名的中学应试辅导学校提供语文、算术、理科、社会的学习问题；《语文游戏》、《算术游戏》为低学年小学生提供辅导内容；《与妈妈一起做算术》则详细教授算术的解题方法；还有发表小学生的作文、诗歌、书法等作品的投稿栏目——《来信广场》；《游戏艺术家》则发表以名画为题材，加入孩子们想象的绘画作品；用英语表现日常生活的英语漫画《聊天英语》栏目；还有大人和小孩一起阅读的《FUN WITH ENGLISH》版；《周刊妈妈时报》栏目刊登的是专家回答母亲们在育儿及家庭学习指导上的烦恼与问题，有时还刊登著名人士的育儿专访；《鲜活演艺情报局》栏目介绍青少年偶像近况、电影、卡通、唱片排行榜等最新消息。

4.《朝日中学生周报》

主要刊登中学生感兴趣的新闻和必要的知识及信息。《新闻呈上》栏目由《朝日新闻》记者按照准中学生水平，进行国内国外的新闻解说；还有新闻故事漫画版的《饭厅新闻》栏目，解说“气象预报”、“召回”等名词的《新闻用语》，归纳一周内发生的新闻的《周间摘要》栏目，回答读者提问的《新闻提问箱》；每周刊登精选的英语、数学、语文问题，对回答《纸上学力冠军》栏目问题好的学生发给奖品；《走向英检3级合格之路》栏目，每周刊登利于高中入学考试的“英检3级”试卷中出现的问题；每月刊登一次过去汉语、数学能力测试试题；隔周刊登融合最新新闻的与理科、社会科考试相关的短文。

《欺负传言版》是围绕“受人欺负”、“欺负他人”等学生暴力问题展开读者讨论的栏目；《电影城》刊登荧屏编辑顾问推荐的电影信息；《少男少女潇洒图鉴》栏目由专家教授穿戴技巧；《潇洒中学生》栏目介绍流行时尚的最新信息。

五、朝日电视台与全国朝日放送网

在广播电视领域，《朝日新闻》作为最大股东参与创建日本第四大商业电视网——全国朝日放送网，另外，还参与设立三家数字卫星电视台的创建与经营，正在逐渐形成新型综合性媒体经营体制。

1. 电视朝日（东京）与朝日广播（大阪）

朝日电视台，全称“日本朝日放送”，1957年11月由旺文出版社联合东映电影公司、朝日新闻社、小学馆出版社、日本短波广播公司及《东洋时报》合股开办。1959年2月1日正式开播节目，最初称“日本教育电视台”，1977年4月1日改为现名。朝日电视公司包括了名古屋、关西在内的2家本国分社和中国北京在内的10家海外分社。它的总部设在东京都中心的艺术大厦，下设10多个公司，主要有朝日电视节目公司、朝日电视服务公司、朝日电视音乐公司、朝日电视生活公司等。1996年初，该台被“世界报业大王”默多克收买部分股份，成为日本主要媒体机构中首家有外国公司参股的电视台，2000年在东京证券市场一部上市并于同

朝日电视公司新建总部外貌

年起开始使用 BS（数字高清晰广播卫星）进行节目输送。2002 年开始的结构整改工作使朝日电视充满了发展活力，并达到了 2005 年上半年的全日收视率第 3 位的好成绩。2003 年建成了全新的公司总社。

朝日电视吸引人们的不只是它的硬件优势，还有它所倡导的多元性人性化的办台方针。它的宗旨是以随时迎接挑战的政策和精神为指导，向国内外广大观众提供多种多样的节目，以促进日本与其他国家的相互了解，并有助于人民克服不同种族、宗教、民族和文化的障碍。[①]其《新闻站》栏目多年来一直雄踞日本电视新闻节目收视率榜首。电视台现有职工 1262 多人，资金 10 亿多美元，社长是广濑道贞。

朝日电视台目前注册资本为 366 亿日元，截至 2003 年 5 月，该台总资产为 2940 亿日元，销售收入为 2090 亿日元，毛利率为 4%，业务比重中主业占 94%、音乐出版占 2%、其他为 1%，朝日新闻社是其最大股东，控股 33.8%。另外，朝日新闻社以第一、第二大股东身份掌控着全国朝日放送网的南起冲绳、北至北海道的 23 家地方电视台的股份。这些电视台都是播送模拟信号的地面电视台。

2. 卫星与数字频道

朝日新闻社还与日本著名大企业合资创办使用通信卫星传输的卫星数字电视频道，卫星频道、分新闻频道卫星数字节目制作和播放以及提供观众参与型的双向服务等（参见表 2-9）。

① 张学智：《日本电视》，中国电影出版社，2001 年，第 5 页。

表 2-9　　朝日新闻社参与的卫星数字电视传播事业

频道名称	设立年	注册资本	业务内容	主要股东
ASAHINEWSTAR	1986	56 亿日元	通过全国 200 家有线电视台播放朝日新闻集团的新闻、解说、讨论播放广告，收费	朝日新闻社、朝日电视台、索尼、日刊体育报、NTT、电通、东映电影等 38 家
BS 朝日频道	2000	300 亿日元	卫星数字电视节目的委托播放业务	不明
Digicas 频道	2000	23 亿日元	利用通读卫星进行独立数字节目播放和节目制作，提供观众参与的双向服务	核心出资者为日立、佳能、富士通等 14 家
CS oneten 频道	2001	20 亿日元	利用东经 110 轨道通读卫星进行数字节目播放，目前主要播放朝日电视台、高尔夫频道、MTV、COMIN、SOONTV、MUSIC、SIR、BBC、WORLD、CNN 日语 7 个频道的节目	日立、朝日新闻社、朝日电视台、丰田汽车、松下电器、东芝等 17 家

六、报纸的品牌延伸

主办全国高中棒球锦标赛

全国高中棒球锦标赛在日本是个家喻户晓的黄金品牌。从 1915 年开始，《朝日新闻》就开始主办中学棒球锦标赛。《朝日新闻》把主办全国中学棒球锦标赛看成是展示报社实力、进行社会宣传的手段，以提高报纸的社会形象和信用。所谓报纸的“信用”、“声誉”是一种无形资产，对报纸经营来说，意义深远。多数大众读者在选择订阅报纸时，都依赖于别人对于报纸的评价，读者对于报纸的普遍评价就形成报纸的声誉。

朝日新闻社动员日本 1/3 以上的中学参与了这项棒球赛事活动。全国中学棒球锦标赛把它的支持基础迅速扩大到全国各地，推动了学校棒球队的成立。一流报纸《朝日新闻》登载了家乡（故乡）母校子弟们活跃的新闻，吸引着乡土意识强烈的日本民众争相订阅或购买《朝日新闻》。在第二次世界大战以前，《朝日新闻》利用举办全国中学棒球锦标赛的夏季期间，可以使发行量增加两成五到三成。具体的销售战略是：要求专卖店在其分管的区域内，利用赛事展开猛烈的促销扩张活动。报社策划主办的文体事业，很多场合下具有直接或间接的营利目的。这些事业本身可能没有办法直接赚到钱，但通过这些活动，却会为报纸带来发行份额和广告发稿量增加等间接获利机遇。《朝日新闻》通过主办全国中学棒球锦标赛，将推动棒球发展与报纸宣传、促销扩大发行量巧妙结合起来，是日本报业发行促销的一个经典案例。

《朝日新闻》的相关文化企业

1. 朝日文化中心

朝日文化中心是日本终身教育的创始者和朝日文化活动的重要组成部分，全日本从南至北有 19 家，教授的内容为文化素养、艺术、外语、工艺、健康等多领域的知识。

2. 朝日读者旅行社

从事为读者提供旅游、伤害保险代理以及销售朝日新闻社主办的活动门票等服务，另外，还向专卖店销售什物备品等。是《朝日新闻》集团旅行相关企业的核心企业。

3. 朝日旅行会

由朝日新闻社、朝日读者旅行、日本航空等共同出资设立的旅行社。只有 31 名员工，但是年营业额却高达 31 亿日元。主要从事国内外旅游的策划、销售、机票车票销售等，运营“保护日本温泉之会”、“保护日本旅店之会”和“日本名宴旅馆之会”等组织，出版发行《朝日旅游》月刊、《朝日旅游速报版》季刊以及《日本旅馆纪行》和《日本温泉》等图书。

扩大品牌影响力的公益事业活动

《朝日新闻》为提高报纸品牌影响力而展开的公益事业活动每年都有很多，并且组织了一些社会团体，主要有以下一些团体组织：

1. 全日本摄影联盟

全日本摄影联盟受朝日新闻支持，成立于 1924 年。主要从事会员间摄影交流、开设摄影教室以及主办国内国际摄影比赛。只要缴纳少量的人会费和年会费，任何人都可以参加摄影爱好者团体，可以获得《朝日摄影》杂志，免费参加联盟主办、赞助的摄影会、比赛、研究会。

2. 全日本合唱联盟

以合唱音乐的普及和提高、合唱团的培育和指导、贡献音乐文化发展为目的的组织，各地设有支部，2003 年全国有 5030 个加盟团体。

3. 日本学生航空联盟

支持大中学生进行滑翔机体育活动。

4. 财团法人森林文化协会

财团法人森林文化协会是朝日新闻社 1979 年设立的从事环保活动的公益法人。主要活动为举办森林环保研讨会、林间野外讲座、培养护林志愿者、造林及有关森林研究以及发行综合性信息杂志《绿之力》。

5. 朝日新闻福利文化事业团

朝日新闻福利文化事业团通过向读者、企业、团体募捐而进行的支持残障人士的非营利事业。2004 年共主办、援助、协助 380 项有关助残、助老、儿童福利、医疗及发放相关指南宣传品、义展义演等活动。

6. 朝日奖学会

这是为在朝日新闻专卖店从事送报劳动的大中学生设立的奖学金制度。这些学生每天早晚两次上门送报（每次约为 400 份），劳动时间在5—6 小时，除每个月可获得固定工资和每年两次的奖金收入、享受免费的宿舍外，还可以获得与他们所需学费金额相当的奖学金。

第五节　千万大报的发行体系

2004 年《朝日新闻》的平均日发行量早报是 820 万份，晚报是 400 万份，加起来是 1220 万份。大体上早报是每天凌晨 6 点钟、晚报是下午 4 点钟送到各家，虽然可能会因为天气的情况，比如下雪、台风之类的耽误些时间，但是基本上会在规定时间内在全国各地配送报纸。这么大的发行量，每天是经过怎样的系统发到千家万户？又怎样才能把报纸发行到上千万份呢？

一、《朝日新闻》的发行体系

100 多年以前的明治时期，《朝日新闻》用四种方法来卖报纸：第一个是报社雇员工，在指定区域配送报纸；第二是利用邮局送报纸；第三是在几家指定的店铺里放一些报纸委托贩卖；第四是让员工街头叫卖。这四个方法中，只剩下第三个销售店的方法至今尚存。日本把这种销售报纸的商家叫做“新闻贩卖店”，也就是我们所说的报纸发行站。

1933 年，大阪《朝日新闻》销售网络已基本确立了发行体制，发行份额也随之大增。《朝日新闻》的发行量在 1940 年就达到了 300 万份。但是，直到 1961 年基本没有超过 300 万份（只有 1950 和 1951 年两年超过了400万份)。1962年，发行量终于达到411.3万份。之后连续4年为400万份，1966年为510万份，1971年为604万份，1976年为716万份。1988年超过800万份，从700多万到800万份用了12年的时间，而且一直保持到现在。

发行竞争

从发行量的增长而言，20世纪六七十年代是报纸的黄金期。究其原因，一方面是报纸专卖店制度的确立及其所带来的战后第一次出现的销售大战。的确，当发行量达到几百万份以后，只靠报社的力量很难再使其有所增长。这时，发行部门、专卖店成为报纸扩大发行的推动力。另一方面，在发行上采用赠送礼品等促销手段使得竞争白热化。为了防止不正当竞争，相应的规则被制定出来，但不久又被打破；之后又签订竞争正常化契约，然后又被打破；再提出正常化宣言，最后又打破。执著地坚守规则的报社会被嘲笑。总之，即使签订了发行协定，总会有空子可钻。

中马清福先生曾有个非常有趣的比喻："在研究国际裁军协定时，我发现，裁军协定和报纸的发行协定其实很相似。"他还认为，这种空前的发行量增加也不能单纯地归结为发行竞争的结果。因为，从那以后到今天，也有过好几次大规模的发行大战，但再也没有出现过那样的黄金期。

报纸的内容固然重要，但是不管多重要的报纸，如果它没有销路，也是没有用的，怎样激起读者的购买欲，怎样发行报纸呢？《朝日新闻》在这方面花了很多时间和精力。日本报纸能够销售得很好，其中的一个理由是，对销售店的重视，所以才能增加报纸的发行量。报社的社长经常去销售店，请这些员工去吃饭或看戏等社交方法，使销售店促进报纸增长。

1888年创刊的东京《朝日新闻》，很快就受到东京地区各家报纸的抵制。此时，东京《朝日新闻》已经在东京各报触角还没有到达的东京周边、东北、中部地区建立起100多家专卖店，开拓出地方销售网络，这些都离不开当时的发行销售负责人小西的努力。他一家一家地与报纸销售店交涉，建立起销售网络。小西发明了"责任份额销售方式"，根据报纸数量的增减情况，用累进折扣制方法奖励送报员。所谓"责任份额销售"即报纸的销售份数达到与报社销售合同规定标准时，就可以得到多少手续费，超过合同规定标准时，报社根据销售店销售份额多少，形成一个阶梯型的销售奖励体系。《朝日新闻》率先采用这种销售方式，受到销售店的欢迎。[①]从报纸销售店地位看，在大阪，最初负责销售这些报纸的大都是

---

① 《朝日新闻社史》(明治编)，朝日新闻社，1990年，第247页。

一流的书店，报纸通过这些销售网络被送到读者手中。而东京报纸在销售上则依靠以送报为业的送报人。这些送报人手头掌握着一定数量的读者，如果自己送不完，还会雇人帮忙。因此，东京报界把这些人看成进出报社的小商贩。《朝日新闻》进入东京，在开业宴会上，将销售店店主尊为上宾着实让东京新闻界吃惊不已。《朝日新闻》在发行销售上，除主管销售的负责人小西亲自到各地开拓销售店外，还建立起管片销售员制度。巡视员代表报社负责调查掌握地方销售店的销售情况，施以奖惩措施，推动地方专卖店的读者开拓工作。这种报纸销售的管片销售员制度后来为日本的其他报纸所采用，成为现在的“管片销售员”制度。

建一个庞大的发行店网络需要很多年的积累，投入资金也是很大的，所以有一些报社不投入这种资金做它的专门销售店，而是采取委托销售的方式，把报纸通过“合卖店”销售。《日本经济新闻》就没有自己的专门销售店，而是让《朝日新闻》、《每日新闻》等销售网络来销售它的报纸。《朝日新闻》的销售店也会销售其他报纸，比如体育类的报纸。在日本还有这样的“合卖店”，在一些边远小城市有地方报也有全国性报纸，但是全国性的报纸不会在人口很少、购买量很少的地方建立一个专卖店，所以全国性报纸会和地方报纸合作开一个销售店。

发行量的增加不仅带来发行收入的增加，还为广告收入的增加作出了巨大贡献。

《朝日新闻》的管理流程

关于《朝日新闻》的印刷时间，举例来说，40 个版面要印刷几百万份大约需要几十分钟，因为印刷点很多和印刷技术的不断提高，时间越来越短，以东京为例，要发行 100 万份，不需要花费太多时间。当然印刷的机器越多，印刷的时间就越快。《朝日新闻》有多少家印刷所呢？《朝日新闻》在东京有 2 家，在嘉贺有 1 家，清分有 1 家，仙台有 1 家，总共有 30 家左右。现在《朝日新闻》印刷，不仅依靠自己的印刷厂，它还委托一些外部的公司。

日本的报纸从印刷厂到发行站流程管理很严格，很高效。一般而言，报社的截稿时间，晚报下午 1：30，早报凌晨 1：30 截稿，报纸凌晨 3：00 印刷，4：00 送到发行站，发行站 7：00 前全部送到各户。

东京等大城市的印刷厂离销售店都大约是一个小时左右路程。离印刷厂较远的发行站可能就比较吃力，日本的运输不是用火车而是用货车。比如从东京坐新干线一小时车程的地方，如果用货车运送要四个小时左右。这样的话，截稿时间在 1：30 的话，印刷再送就赶不上早报的时间，只有提早截稿时间，在12：00左右完成印刷，然后再配送。发行方面东京到名古屋同时发出很多车辆，然后再发到各方向。怎样缩短报纸的运输时间，是现在最大的问题。

《朝日新闻》的营业收入大概是一年4000—5000亿日元，其中的发行占50%，广告占45%，其他的5%是房地产业的。《朝日新闻》每卖一份报纸的赢利是大概1日元，日本的报纸售价都是110—130日元。日本一般的工薪阶层，月收入大约是每月30万日元左右。

发行站大型化是日本报业的一个特征，与东京不同的是，大阪的发行站大型化发生的时间很早。在100年前的明治时期，《朝日新闻》和《读卖新闻》的发行竞争就很激烈了。《读卖新闻》以"廉价报纸"的定位，进入大阪市场。在大阪，因为竞争强烈的关系，很多读者对于赠品这种形势已经感到厌烦，即使有赠品也不愿意订阅报纸。在这种情况下，日本报纸就采取无偿报纸的方式，各个报社不管采取何种方式，都勒紧自己的脖子做下去。在东京和大阪两个城市居住的人是不同的，在大阪就会比较自律，会自我管理钱财方面的问题，在大阪的人们很喜欢这种免费的东西。而在东京，因为是首都，人们会顾及自己的面子。因此，在关西地区免费报纸非常乱，而且现在不但没有停止，而且做得越来越大。

二、《朝日新闻》发行网络的建构

发行局

《朝日新闻》发行局负责管理分布在全国各地约3500家报纸专卖店的销售、投递业务。发行局长的主要工作就是销售报纸。局长下面有一个执行副局长。《朝日新闻》的四个本社各有一个发行局长，局下面又有很多部门。《朝日新闻》的报纸发行业务都由发行局负责。随着新媒体的不断出现，维持和强化销售网络，保持发行量稳定成长已经成为日本各报社的重要经营课题。特别是取消和改革日本报业享受多年的《反垄断法》中把报纸作为一种特殊制定商品实行全国统一定价销售这一规定的呼声逐年加大，报社经营环境发生很大变化。快速收集发行第一线的信息，制定准确果断的发行政策是发行局业务的重点。

日本报业收入中，发行收入和广告收入一样重要，是支撑报社经营的两个轮子。发行局长下面又分设各个部长，依分区而定。以东京本社来讲，是从东京到北海道共分为6个部，各部都有部长，接下来是次长，各部都有一个区片长，接下来是负责发行局外勤业务的员工叫"管片巡视员"，就像金字塔一样一层层下来。

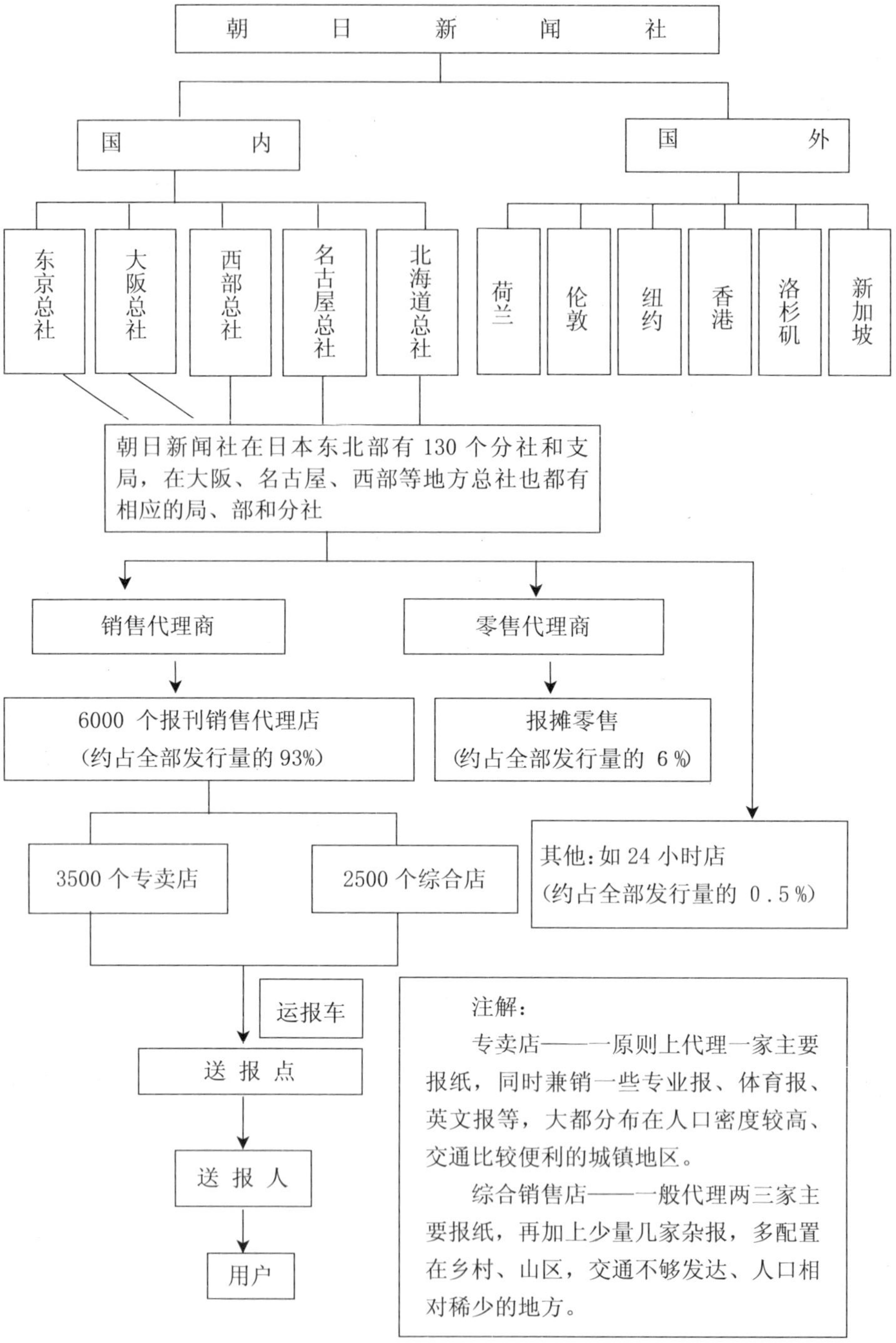

图 2-1 《朝日新闻》发行流程图 (全国发行)

部落酋长——管片巡视员

日本的发行代理商或销售店跟报社是不同的组织、不同的体系，发行站是由各个公司或商店的经营者自己经营的，销售店和报社之间是签订合约的关系，比如签订购买 2000 份或 3000 份报纸的合同。

报社发行部工作最重的还是最基层的“管片巡视员”，或者叫做“区片长”。他们每天都必须巡视各自管理的每个销售店的情况，这些管片巡视员一般都是进入报社 5—10 年的人。他们每天都在走访各个报纸专卖店，对分管地区读者市场情况进行分析，策划销售政策，全面支持分管地区各个专卖店经营活动，强化销售网络。管片巡视员的工作不仅仅是要增加报纸的发行量，而且他们还要充当《朝日新闻》发行局和宣传部主办的发行促销活动的具体执行者和操作者。

管片巡视员的工作是每人负责一个区片，大概管着几十个专卖店。每个月必须出席和主持由这些专卖店组成的“朝日会”召开的会议和干事会，收集发行销售信息，整理相关问题。除此之外，每个月有一半时间要进行店铺访问，以了解各家店销售现状与存在的问题，与店长共同探讨扩大读者的策略。

报纸是一个商品，这些管片巡视员每天的工作主要是告诉每个销售店怎样才能把报纸卖出去，怎样才能增加发行量。由《朝日新闻》专卖店组织的每个片区的“朝日会”每年都要举办由“朝日会”和《朝日新闻》联合主办的“朝日少年少女足球教室”以及夏季甲子园高中棒球锦标赛地区预选赛。管片巡视员从预选赛开始，就要到现场为拉拉队发放扇子和小喇叭，在举行地区决赛时要准备庆祝会等。《朝日新闻》通过主办这些当地居民共同参与的活动，以获得稳定的读者。

这种发行体制的实行最重要的就是怎样去建好销售店，怎样去找到素质好的管片巡视员，怎样对他们进行培训，这一点是非常重要的。管片巡视员被形容为游牧民族式的部落酋长。管片巡视员要会说一些笑话，又要会说些很严肃的问题，他们是特别灵敏的人，必须对这个销售店所有的事情都特别清楚、特别了解，这样的人员才是称职的管片巡视员。

现在《朝日新闻》全日本的报纸销售店大约有 6000 个店。很多销售店卖 3000 份报纸左右，所获得的利润，只够店主自己的生活费用和基本运营费，因此都会想着办法多卖一些报纸。报纸当然希望越卖越多，越卖越好，可是怎样才能卖更多报纸，现在是很难的事情。怎么办呢？朝日新闻社会出一部分资金，一般称为发行补助金。这些销售店得到这部分补助金后，就扩大店面，扩大发行。

《朝日新闻》的发行店发行量一般是 3000 份，在大阪总社，平均每个店的发行量是3625份。我们看一下专业发行报纸的人员，在东京他们每人卖300份，而在大阪每人卖600份。因此大阪的营业额是非常好的，它的销售店数并不多，但是很多销售店都是大型销售店，店面比较大。像这种大型销售店在日本是呈增长趋势的，一开始都是夫妻店，后来发展到公司或者股份公司，平均每个大型店发行量都在5万份。像这种大型店是可以做到很好的发行量的。

报社当然希望培训优秀的人、优秀的销售店，这也是增长发行量的一个方法。所以，报社在建立了发行一部之上还建立了很多发行部。其中一个是发行劳务部，这个部门的职责是协助各个销售店多雇用一些发送人员，发行更多的报纸。

报纸发行员

朝日新闻集团的正式职员约7000人，而在全国有报纸发行代理店3500所，大约有86000名送报员，每天清晨6：00以前要将800多万份《朝日新闻》早刊送到每个订户的家中，因为很多日本人有边吃早餐边看报的习惯。

配送人员工资是由销售店长发放，报社配合销售店雇用配送人员，同时对配送人员的工资作一些指导的工作。虽然从原则上报社不负责配送人员的工资，但根据各地差异，也会有所变通，比如在《朝日新闻》、《每日新闻》、《日本经济新闻》、《读卖新闻》这四家报社竞争比较激烈的地区，也会考虑给报社的这些配送人员补助金的这种方式。

现在报纸配送人员的主流是家庭主妇和学生。《朝日新闻》的学生送报员，男生为1645人，女生是250人，还有被称为报纸少年的中学生和高中学生，这类人有191人。配送报纸的学生在减少，日本青年都沉迷于游戏，每月零花都是从父母那里得来的，自己赚取零花钱的越来越少。

现在《朝日新闻》正在实行“朝日奖学金”制度，这个制度是针对从高中毕业进入大学的学生，大学四年坚持送报纸，那他们会得到些学费方面的补助。连续四年一直做送报员，对《朝日新闻》是一件很有意义的事。这种配送人员不仅仅送报，他们还必须到各家各户收取报纸的费用。这是销售店中一个非常重要的工作，《朝日新闻》是套报形式的，有早报和晚报，有的学生只送早报，有的只送晚报，日本的大学有上午的，有下午的，也有全天的，这样不会对他们的学业产生太多影响的。

报纸无论内容多好，如果发行人态度不好或者和客户之间发生矛盾就很难卖出去，《朝日新闻》很注重对发行人员培训，有发行人员及站长的培训及送报人员的培训，站长以前都是高中毕业，现在都是本科毕业，现在朝日甚至对卖报人也进行一些培训。社内还开设了读者开发部门，与当地合建新住宅小区，这部分人员就上门去征订一些读者。培训师有分析市场的专家、心理学家，甚至是演员，每个人办不同的讲座和培训，培训员工待人接物及待客常识等一些基本的东西。

发行在报社中的地位

我们国内报界有句俗话——“报纸三分编七分发”，在日本以前的报业情况正好与之相反，可能说是六分编四分发更恰当。《朝日新闻》还是比较重视报纸内容的。《朝日新闻》的理由是报纸应当通过提高报纸质量来吸引读者。所以《朝日新闻》一直是比较重视内容、比较重视编辑的。

《朝日新闻》在神户的一位发行站老板中岛先生曾对我说。报社在20世纪60年代还规定记者不可以与发行站的人员见面，不可以参手广告的事情，因为当时广告和发行部门被看作比较下层的一个机构。

在朝日新闻社内，发行的地位远远不如编辑的地位，每年编辑部门录用100人，而发行部门录用的只有30人。编辑部门人员进公司考试的难度是百里挑一，而发行人员的考试相对来说就相差很多，像《朝日新闻》、《每日新闻》、《日经》、《产经》这些公司的总经理、社长都是采编人员出身。当然这种情况现在发生了一些变化，日本的报纸也重视集采编、广告、发行、经营于一身的复合型人才。

在没有电视以前，报纸是作为唯一的信息来源，所以当时只要报纸内容质量好就可以增加发行量，增加读者。电视普及之后，人们主要通过电视获取信息，不愿再购买报纸。在这个时候，日本的报纸也将它的力量慢慢地集中在发行上面。现在发行的比重在日本报业占的地位越来越高。单就资金投入来讲，在发行方面的资金投入要比在编辑方面要多。

发行促销活动和礼品

在竞争越来越激烈的报业市场，送一些小礼物或者是一种服务来刺激报纸的发行成为一个常用手段。刚开始这些小礼物只是一些像纸巾一类的小东西，发展到现在已经送像吸尘器、洗衣机这样的大型电器了。这样赠送礼物，对报社及销售店是一笔巨大的花费，但即使这样，报社及销售店还是赠送一些小礼物以换取报纸的销售。读者可以和发行站自己签约，读者现在很明白，跟每个报纸签的时间越短，得到礼品越多，这一群人在日本被称为小鸟读者，其看重的不是报纸而是礼物。像这种赠送礼物的报纸之间的竞争，走到了一个极端，如果一个家庭订购五年的订报纸签约，那会给他一年的免费，这种极端的事情也是很常见的。

日本的报纸和中国的报纸不同，日本的报纸有许多夹页广告，这些广告费是和发行量相关联的，如果发行量大，它的广告费自然会跟着上涨。关于报纸夹页广告报社是绝不插手的。插页广告的收入属于发行店，一是销售店自己去找一些周围的超市等小商户的广告，还有是日本有专门的插页广告公司，插页广告的赢利全都归销售店。插页广告的利益是相当可观的。对于报纸插页广告的内容这一点报社是没有任何规定的，完全是靠销售店自己去运作的，到目前为止，没有很恶劣的插页广告影响《朝日新闻》，其广告一般比较集中在生活用品和电器方面。

三、《朝日新闻》的发行战略

历史上的一次重大战略失误

日本报纸的价格几十年来一直每年都在增长。1960 年，《朝日新闻》的一份日报和晚报套刊的订阅费用为每月 390 元，到 1974 年达到1700 元。现在是 3000 多日元。1978 年，《朝日新闻》在发行战略上发生一次重大失误，独自涨价，每月订阅费 300 元，这使得报纸发行量首位的宝座被《读卖新闻》夺去。

后来，发行部门一直在为发行量再提升而不懈努力。十年前的阪神大地震。当时读者大幅度减少，因为地震，许多神户居民搬家，这样一搬家，对读者的减少是有影响的，很长时间都没有读者增加的趋势，这样《每日新闻》、《朝日新闻》、《产经》、《日经》及《神户新闻》都想做一些重新找回读者的竞争。当时《朝日新闻》就产生了一个战略，叫珠穆朗玛峰战略。

珠穆朗玛峰战略

珠穆朗玛峰是世界上第一高峰，《朝日新闻》取这个名字的目的是企图再成为报业第一高峰。这个战略长达六年，从 2000 年 1 月至2005 年 12 月。战略开始时，神户地区的发行量是 235 万份，预订增长 250 万份。对日本报业来讲，发行量要再提高 15 万份，几乎是不可能的事。

在居住地发生天灾人祸时，朝日新闻社会帮助当地进行一些恢复方面的工作。还会成立一个基金会，帮助灾民建设新的家园。朝日新闻社不只注重这方面服务，还会注重一些心灵上的帮助，如到中小学校与学生谈话，举办足球比赛等。这种活动被称为“外卖朝日”，主要是让报社走近读者接近群众。但是进行这些活动同时，发行人员也会带上一些礼物上门进行一些征订。

《朝日新闻》对地方报纸是一个冲击，《神户新闻》等采取了反击的战略，《朝日新闻》对这种反击也采取了行动，结果是出现了免费报纸现象。这事情发生在 2002 年底，免费报纸像鸦片一样，获得一次，就会希望持续不断地得到。报纸的赠品从以前的肥皂到现在的电器，要订阅报纸送赠品上必有一定的限定，现在最多是 5 万代金券。现在日本避免出现这种免费报纸。因为这会导致日本报业的崩溃。

新大河战略

现在《朝日新闻》又推出新大河战略，这是在以前战略的基础上提出的。以前的战略时间过长，大河战略的期限为三年。不管是多么好的战略，要是长达六年，也已经没有意思了。

发行专家中岛先生介绍说，大河战略不只着重在发行站上，而是在发行、编辑等环节全都注入全部力量，然后在这些环节上集中管理。《朝日新闻》发行站的设置会分为每个区，然后，每个区里面设置若干发行站。发行站如果以一个单位一个数字来说，它的每个发行站的区域的划分，应该是在 3000 户左右，也有个别发行站的发行量特别多，已经超出了这个数字的话，它就会在这个区域以外划分一个新的发行站。

吸取珠穆朗玛峰战略的教训，调整发行站和组织结构。发行站的本身经营是要和报社紧密联系的，加强它在城市的发行网络，只要大城市订阅到 60%，就是非常可观。

四、一千万报纸是怎么发送的？

日本报纸一般都是上门收订，争取订户，当然会带赠品去。访问订户不是一次的，是要一次、两次，重复很多次。日本的报纸读者大概可以分为三层：主动订报，如果不终止契约就会一直持续下去的是忠实的固定读者群，属于核心层；次一层，是通过上门征订所获得的订户；再外面一层呢，是赠送礼物获得的客户。这三层读者关系，因为外面那两层读者群不稳定，日本报纸的发行重点主要还是保存、保住核心读者。为保护核心读者群，报纸在重视内容、重视品牌的同时，还会举行一些活动，给核心读者群一些优惠。

百年老店的掌门人

通过中马先生的介绍引见，我认识了发行《朝日新闻》的百年老店的掌门人中岛和典先生，在销售店的领域里面，他是一个经验非常丰富的发行专家。现在主要工作就是报纸的发行和配送，还有一些是报纸销售店的经营。他的销售店在日本兵库县谷川市一带。中岛先生家世代都是经营销售店的，到他这一代发行户数已经大幅度地增加。中岛先生专门负责一个地区的发行，是发行公司的负责人。同时，自己家也开了个销售店，自己家就经营的几个发行站，他既是个体户，又是这个公司的老板，就像《朝日新闻》发行公司的经理一样，他非常注重具体的管理，他经常提及的一句话就是，“细节决定一切”。中岛和典先生是个很开朗活泼的人，他说：“其实我们家是已经四代经营报纸发行了，从曾祖父开始就从事这项工作。1888 年，我的曾祖父就开始从事这个行业，到现在已经从事这个行业都 106 年了。《朝日新闻》是 1879 年开始创刊，也就是说在他创刊的十年后，我的曾祖父就已经开始从事这个行业了。”

中岛先生介绍说，“我祖父经营这个销售店的时候，开始的时候每天只能卖出一份、两份或者三份这样的报纸。开始，他每天都要去大阪拿报纸，然后亲自去配送报纸，而且，在他去朝日新闻社购买报纸的时候，经常会受到冷遇，遭到白眼，说你是从什么地方来的，就好像从来不认识这个人一样。他就回答说，我是从兵库县步行来到你们大阪市，想从你们社买报纸。就是通过这样不懈的努力，后来的发行数量越来越多，就开始经营销售店。祖父是怀着这种一直要加油的精神，那个时候，祖父还经常在从大阪到沿途的各个车站卖那些报纸。那时候日本还有人力车，就是用人力车去拉报纸，然后拿去地铁站卖，那个时候没有汽车，也没有摩托车，只能靠一些特别原始的工具来运输这些报纸。”

现在中岛先生发行《朝日新闻》报纸已达 44333 份，这么长时间了，确实是一件非常伟大的事情，非常值得人尊敬。《朝日新闻》创刊的时候是 1879 年 1 月 25 日，那时候一份报纸才卖一钱，这是日本的计量单位，大概是 1/100 日元，相当于我们的 1 分钱吧。今天一份报已经是 130 日元了，也就是每个月订价是 3925 日元。

现在，中岛的发行公司主要是发行销售《朝日新闻》。他经营的店主要是向读者配送报纸。公司的职员一共是 370 多人。他还有一家自己开的发行店，职员有 130 多名，加起来是 500 人左右，他每天从早到晚就和这 500 人一起工作，2004 年的销售额大约是 24 亿日元。他一般是从 0：30 开始工作，然后是 21：00 多结束，基本上是整天连轴转地工作，一天中睡觉也就三四个小时。真是太没人性，太辛苦了。

发行店的工作流程

如何制作报纸，读者才会喜欢买呢？怎么样才能有很好的发行量呢？

怎么样才能够受到顾客的欢迎呢？怎么样才能迎合顾客的品味？我请教了中岛先生这几方面的问题。

他一般是0：30去公司，开始工作，凌晨2：00左右就能拿到刚刚印出来的报纸。日本的早报，大约一个小时就可以从报社运送过来，发行站负责把这些报纸连同那些插页广告一同发到读者的手中。通常在早上6：00之前报纸就会送到读者家里。一般的送报员是在6：00之前完成这些工作回家休息，11：00的时候再返回公司。从14：00开始，继续从报社获取晚报，在14：00—17：00之间负责把晚报配送出去。17：00，配送晚报的人就可以回家休息了。接下来替班的是上晚班的销售人员，一直工作到21：00。这样的循环是日本销售店基本的一种工作方式，基本上没有什么休息时间。

销售店主要依靠的是送报员。现在日本的报纸发行并不非常景气，《朝日新闻》要想成为一个非常优秀的商品，现在也变得值得研究。中岛教育员工说："我们每天都必须保持这样的一种自信，我们的东西是最好的，我们一定要把它卖给顾客。为了达到这样的目的，我们的销售人员经常要和顾客进行面谈。"在日本，《朝日新闻》也面对很多的竞争对手，像《读卖新闻》、《每日新闻》、《产经新闻》等等都是非常强大的竞争对手。如果和其他的报社做一样的工作，发行量就无法提升。为了达到增加发行量的目的，首先要努力增加同读者的面谈率。争取是其他报纸的两倍、三倍、四倍，甚至是五倍。如果只是靠在店里的营业和销售是做不到的，没有优秀的销售人员是不行的。如果能够说服读者对《朝日新闻》产生固有印象的话，这就是销售人员非常成功的事情。

…度目V	15
…リストラ	2
…統領選出馬へ	2
…ならず	16
…1人死亡2人重体	39

讀賣新聞

発行所 読売新聞東京本社
第47008号
〒100-8055 東京都千代田区大手町1-…
電話 (03) 3242-1111 (…
http://www.yomiuri.c…

2007年(平成19年)1月21日 日曜日

リスニング381人再テスト
センター試験 2年連続 再生機不調

大学入試センター試験は20日、「公民」「地理歴史」「国語」「外国語」の試験が行われ、初日の日程を終了した。2年目となった英語のリスニング（聞き取り）テストでは、昨年に引き続き、全国の会場でトラブルが続出。大学入試センターの集計によると、受験した49万7508人中227大学で394人がトラブルに見舞われ、うち381人が同日中に再テストを受けた。残り13人は再テストを辞退した。

音が途切れた③ICプレーヤーの再生ボタンを押しても動かなかった――など、各大学で1人～12人が再テストの対象になった。

リスニングテストでは、初回だった昨年、トラブルで457人が再テストを受けた。このため、同センターはすべての原因を分析したうえで、イヤホンとプレーヤーの接触部分を改良するなどの対策をとり、試験前には、「現時点で出来ることはすべて行った。トラブルは大幅に減少できる」としていた。

〈関連記事38面〉

大学入試センター試験で、リスニングのため配られるICプレーヤー（20日午後、東京・本郷の東大で）＝代表撮影

フジ系「…

…陳謝した。制作の手口も悪質で、テレビの信頼を損なったことから、番組打ち切りも含めた厳しい対応の検討を始めた。

〈関連記事38面〉

同局によると、実験の捏造が発覚したのは、7日放送の「食べてヤセる!!!食材Xの新事実」。アメ…

…介した。

しかし実際は①アメリカのダイエット研究で、やせたとする3枚の比較写真は被験者と無関係②アメリカの研究者がダイエット効果…

この番組については、12日に、週刊誌から放送内容は事実と異なると指摘があり、制作を委託した会社の日本テレワークなどに聞き取り調査をしたことから…

ガス漏れ3地点に
北海道・北見

JR石北線
幸町（2か所）
市役所
北見駅
3人が死亡した春光町（2か所）
常盤町（1か所）

北海道北見市春光町の住宅で3人が相次いで死亡、11人が負傷したガス漏れ事故で、北海道ガス（本社・札幌市）は20日、ガス…

…うち同市幸町など2か所のガス管は完全に破断していた、と発表した。同社は「完全な破断が数日で2か所も見つかるのは異常。特異な…

…を詳しく進めるとともに、破断した管と同じ材質の鋳鉄製管の交換を含む、保安対策の検討に入った。

同社などによると、新た…

…所、約3キロ離れた同市幸町1の歩道上付近の1か所、約4キロ離れた同市常盤町のアパート付近でガス漏れが見つかった。5か所のうち、…

…管（いずれも直径150ミリ）は完全に破断していた。

同社の大槻博・副社長は20日、本社で記者会見し、原因について「寒さで地面が急速に凍結し、土壌の状態のバランスが崩れた可能性がある」と説明。原因の…

《读卖新闻》

第 3 章

《读卖新闻》

发行量全球第一
巨人军促进经营

创办时间：1874 年 11 月 2 日
现任社长：内山齐
发行量：早报 1016 万份，晚报 393 万份，合计 1397 万份
网址：http://info.yomiuri.co.jp/index.htm
地址：东京都千代田区大手町 1-7-1
电话：03-3242-1111

- 《读卖新闻》是日本五大全国性综合报纸中发行量最大、也是目前世界上发行量最大的报纸。该报以广泛的市民和大众为主要读者对象，文字通俗易懂，社会新闻报道方面颇具特色，被认为是“群众性”、“庶民性”突出的“大众报纸”。根据日本报纸发行核查机构日本 ABC 协会发表的数据，2004 年《读卖新闻》的日平均发行量早报为 1016 万份，晚报为 393 万份，合计 1397 万份。
- 《读卖新闻》于 1874 年 11 月 2 日由合名公司“日就社”创刊于东京，首任社长子安峻。1917 年，合名公司“日就社”改名为“读卖新闻社”。1942 年 8 月，与《报知新闻》合并后，改报名为《读卖报知》。1946 年 5 月又恢复为《读卖新闻》。1950 年 6 月改组为股份有限公司。2002 年 7 月 1 日重组为集团公司（资本金 6.132 亿日元）。现在，读卖集团公司由东京本社、大阪本社、九州本社、中央公论社出版公司、读卖巨人军棒球公司五大公司组成。现任集团公司的法人代表社长是内山齐。水上健也任董事会主席，渡边恒雄任董事会会长兼报纸主笔。

第一节　平均三个家庭有一份《读卖新闻》

第58届世界报业大会公布了“2005年世界日报发行量前100名排行榜”。在该排行榜中，发行量最大的前五位均为日本的报纸，《读卖新闻》以1400多万的日发行量位居世界第一。根据日本报纸发行核查机构——日本ABC协会发表的数据，2004年《读卖新闻》的日平均发行量为早报1016万份，晚报为393万份，合计为1409万份，是世界上发行量最大的报纸。日本人口1.2亿，平均每个家庭2.5人，有4000多万个家庭，大概平均每三个家庭拥有一份读卖新闻。

在一个只有1.2亿人口的国家里，一份报纸如何能达到这么大的发行量？带着这些问题，笔者专门走访了读卖新闻集团的社长内山齐先生，并和该报编辑部负责人、经营企划室负责人三浦光男、国际部部长山口勉、国际部课长佐佐木良寿等进行了访谈。

作为日本五大全国性综合报纸之一，《读卖新闻》以一般市民和中小企业主为主要读者对象，文字通俗易懂，在报道社会新闻方面有明显特色，被认为是“群众性”、“庶民性”比较突出的“大众性报纸”。1994年该报早报的日发行量突破1000万份后，曾被《世界吉尼斯大全》列为全世界发行量最大的日报，近年来一直雄踞世界报业协会公布的“世界日报发行量百强”榜首。报社还曾拥有一艘用于采访与调查水文的潜水艇，还拥有世界著名的高水平交响乐团，更有世界一流超人气的巨人棒球队等。该社还有6架配有现代通信设备的双引擎飞机和直升机，一旦发生突发事件便能迅速飞赴现场进行采访。从这些“海、陆、空三军”的装备我们就能多少知道读卖新闻社所拥有的实力。

目前该集团有6500多名员工，国内记者站352个，国外记者站33个，共计385个记者站，形成了覆盖全球范围的庞大信息收集网络。《读卖新闻》分别在东京、札幌、高冈、福岛、横滨、鸟栖、名古屋、青森等地印刷发行。28个印刷厂分布在日本各地，从1986年11月起，纽约《读卖新闻》开始发行《读卖新闻》卫星版，同年12月，开始在洛杉矶印刷发行。在日本有8600家售卖店，约10万名报纸发行人员组成了庞大的报纸发行销售网络。

读卖新闻社在日本国内设有3个本社：东京本社、大阪本社、西部本社，3个支社：中部（名古屋）、北海道（札幌）、北陆（高冈），2个总局：东北、金泽，57个支局和176个通信部。在海外设有美国(华盛顿)、欧洲（伦敦）、亚洲（曼谷）、中国（北京）4个总局和31个支局。

读卖新闻集团下属的主要企业有：

(1)读卖新闻东京本社　该社的前身“日就社”从1874年起就开始发行《东京读卖新闻》，2002年读卖集团重组时兼并了中部本社，发行范围包括从东京到名古屋周边地区的23个都道县，从业人员约4000名。

《读卖新闻》东京本社大楼

(2)读卖新闻大阪本社　创刊于1952年11月，资本金1亿日元，以大阪、神户及其周边为发行范围，日发行量258万余份，员工1654人。

(3)读卖新闻西部本社　创刊于1964年9月，资本金1亿日元，九州地区是其发行范围，日发行量91万余份，员工697人。

《读卖新闻》大阪本社大楼

(4)中央公论新社　是拥有110多年历史的日本国内著名的出版社，资本金1.2亿日元，出版有著名的杂志《中央公论》、《妇女公论》等、还有中公文库、中公丛书等大型系列图书，员工141人。

(5)读卖巨人军：该公司的前身是成立于1934年的日本第一个职业棒球队“大日本东京棒球俱乐部”，多年来一直保持日本第一的业绩，员工105人。

另外，与读卖新闻社有关系的企业和团体很多，其下属公司及相关企业的情况如表3-1所示：

《读卖新闻》西部本社大楼

表 3–1　　读卖新闻集团公司及关联企业状况

事业类别	机构名称	主要业务内容	资本关系
报纸	读卖东京本社	东京周边及以北的报纸出版发行	全资
	读卖大阪本社	关西及周边报纸出版发行	全资
	读卖西部本社	九州及冲绳地区的报纸出版发行	全资
	报知新闻社	体育报纸出版发行	全资
	福岛民友新闻	地方报纸出版发行	控股
出版印刷	中央公论新社	杂志、图书出版发行	控股
	旅行读卖出版社	旅游杂志出版	全资
	东京媒介制作	报纸印刷	全资
电视	日本电网	日本最大民营电视网	最大股东
	读卖电视台	大阪地区的民营电视台	控股
	CS 日本	卫星电视台	主要股东
	读卖映像	电视节目制作	全资
销售	读卖信息开发	负责东京本社专卖店促销活动使用的宣传 PR 物品、资料的开发	全资
	读卖资讯中心	报纸插页广告的制作销售、区域营销数据服务	大股东
	读卖计算机	与日立合作，负责专卖店销售信息管理	大股东
体育休闲	读卖巨人军	职业棒球俱乐部的经营	全资
	日本电视台足球俱乐部	职业足球经营	大股东
	读卖游乐场	游乐场经营	大股东
	东读卖旅行	旅游业务	全资
	读卖高尔夫	高尔夫球场	全资
文化教育	读卖日本交响乐团	交响乐演出	控股
	读卖日本电视文化中心	文化教育培训	大股东
	读卖理工学院	为了确保学生送报员的数量，该报设立了培养计算机网络、电脑映像制作、建筑、电子技术、汽车维修、临床器械等技工专科学校	全资

(续上表)

事业类别	机构名称	主要业务内容	资本关系
服务行业	银座婚礼会馆	结婚仪式场出租	全资
	东京读卖服务	职业中介、专卖店保险代理、安保业务	全资
	大阪读卖服务	职业中介、专卖店保险代理、安保业务	全资
	读卖不动产	专卖店房屋、宿舍的管理	全资
	Yomix	北海道地区的报纸插页广告的制作销售、区域营销数据服务	全资
海外法人	读卖香港	发行读卖新闻国际卫星香港版	全资
广告	读卖广告	广告代理	全资
其他	读卖搬家中心	搬家	全资
	YC求人网络	专卖店店员募集	全资
	读卖会馆	会场出租	全资
	读卖家庭会员卡	对入会者提供体育、演艺门标及百货店打折服务	全资
	读卖育英奖学金	对在专卖店打工送报的大中专学生提供奖学金	全资
	读卖光与爱事业团	支援视觉障碍、重症残疾儿童的慈善机构	全资

资料来源：根据《读卖新闻》公司介绍和尹良富著：《日本报业集团研究》整理。

一、读卖新闻社长内山齐访谈录

读卖新闻集团公司总裁内山齐先生

在读卖新闻东京本社，笔者见到了精神矍铄的现任社长内山齐先生。内山齐先生1935年出生于北海道，1957年进入读卖新闻社工作，2002年担任读卖新闻东京本社社长，2004年担任读卖新闻集团公司董事长总裁兼社长。

内山齐社长是一位搞经营出身的社长，一直负责抓发行、经营等。他首先向我介绍了代表他们公司办报理念的“读卖信条”：“倡导有责任感的自由；在尊重个人尊严和基本人权的基础上，追求人性主义的目标。立足国际主义，为日本和世界的和平与繁荣作出贡献。通过真实公正的报道和有勇气肯担当的言论来回报读者的信赖。”

在此信条基础之上，《读卖新闻》的社论坚持以下三项基本原则：(1)议会制民主主义；(2)自由主义市场经济；(3)尊重基本的人权。

内山先生接着说：“为了贯彻经营理念和社论的基本原则，每天早晨，以论说委员长为中心的论说委员会都会就政治、经济、国际、社会问题等动向展开讨论。另外，通过调查研究本部及论说委员会等合作对报道提出建议，以及通过会员组织的读卖国际经济恳谈会举办每月一次的讲演会等形式来分析国内外热点问题，并反映到社论上来。

“我们一直排除‘迎合大众’的论调。但是，为了维持并发展早报1000万份以上、晚报400万份的发行量，报道的可读性非常必要，即使是较难懂的政治、经济、国际问题，也要编得使中学生都能够理解才行。”

《读卖新闻》以为读者服务和办对读者有益的报纸为目标。因此，编辑局设立医疗情报部和社会保障部，配置约30名专业记者，每天刊载有关健康和医疗方面的文章。目前设立这样部门的报纸只有《读卖新闻》，因此也受到很高的评价。以下是笔者与内山齐先生的访谈内容：

崔保国：与其他报纸相比，贵报的最显著特征是什么？

内山齐：我认为我们和其他报纸有明显的不同，主要体现在：

首先，发挥综合力量是最大的特色。《读卖新闻》的目标是成为由编辑、发行、广告、制作（计算机系统和印刷工厂部门）、社会事业等各部门合作连为一体的畅销报纸。

读卖新闻集团拥有180个子公司，主要的企业是《报知新闻》（体育报纸，发行量达90万份）、《福岛民友新闻》（福岛县早报，发行量20万份）、中央公论新社等报纸。在出版集团之外，还有读卖旅行（年营业额约超过100亿日元的日本国内的中坚旅行公司，职员1000人）、读卖理工学院（有1T、汽车整备等专科学校，报考者为高中毕业以上学历者）、读卖日本电视文化中心（在首都圈为中心的24个地区经营包括外语、绘画、书法、舞蹈等各种讲座业务）、读卖日本交响乐团（与NHK交响乐团并称为两大交响乐团）等等，这些产业都支持着《读卖新闻》的发展。

其次，《读卖新闻》强烈主张要为国民和世界和平而呼吁宣传。比如就《宪法》问题来说，最初《新宪法》被制定出来时，其他的媒体都在强烈反对。那是1994年的事情了。但是，现在有五六成的媒体还在呼吁修改《宪法》。全体国民抱着应采取自卫手段的意见颇多。这样一来，

《宪法》应成何物？《读卖新闻》主张国家应在国际上多作贡献。但其他报纸关于这一点认为没有必要。

再次，得到国民的支持，把国民关心的问题作为《读卖新闻》的建议积极向政府提出，这就是《读卖新闻》的一大特征。《读卖新闻》在10年前就提出了16条建议。如行政改革、政府精简等，主张民间的事务应委托民间机构解决等；还主张政府和执政党要迅速反应，迅速采纳；也主张对税金的问题要求下调税率。现在，法人税就已由原来的50%下降到了40%。

还有，着眼于宪法、福祉、医疗也是一大特色。《读卖新闻》以做真正易读的报纸为基本原则，以对老百姓的日常生活有利为目标。比如，患病时该到怎样的医院治疗之类的问题，我们坚持10年以上一直报道这样的医疗信息，做过的这种栏目超过3600个；也报道关于社会保障的问题。时刻留意对大众有益的报道，主旨就是关心一切对国民有益的事物。现在癌症的死亡率很高，2004年正是政府实施的抗癌十年计划的第三年。

崔保国：《读卖新闻》最大的竞争优势在哪里？

内山齐：我认为最重要的竞争优势主要体现在集团化经营的优势。首先，有以职业棒球读卖巨人军为代表的各种业余体育运动。读卖日本交响乐团举行高雅音乐演奏会等发展文化事业。以调查研究本部为中心，由公司外部的一流的学者专家、文化人士建构的脑力网，开展多彩的文化活动。在日本，同时经营职业棒球、交响乐团、出版社的报社唯有《读卖新闻》。这些事业为提高《读卖新闻》的公众形象作出了巨大的贡献。

其次，读卖集团有日本电视台和日本电视网（NW），电视网有地方系列电视台30家，拥有着民营放送的最大网络。日本电视台是日本最早设立的民营电视台。日本电视台迎来了建台50周年，放送收入位于业界第一。自2002年与NTV共同合作后，开始了CX数字化放送。优先放映有读卖职棒冠军的比赛，一直支持着报纸发行量的增加。

崔保国：《读卖新闻》的核心竞争力在哪里？

内山齐：至于核心竞争力，我想可以有以下几个方面：第一，《读卖新闻》的可读性是有口皆碑的，内容充实、论调明快且方便阅读。第二，全国的28个印刷厂能够制作印刷质量高且稳定的报纸，通过强力的销售促进策略，使竞争对手与本报的发行销量差距达到190万份。

崔保国：在《读卖新闻》130多年的历史中，对《读卖新闻》最具影响力的事件和人物有哪些？

内山齐：与其说"事件"，不如说"人物"吧。作为最有影响的人物，我认为有三人：

第一位要数正力松太郎。1923年9月关东发生大地震中，《读卖新闻》总社烧了一场大火，正力松太郎先生于1924年（大正十三年）2月将当时发行量5万份、濒临经营危机的《读卖新闻》收购，着手进行大改革。在版面上，他设立了围棋栏、广播版等，并想方设法在1934年建立了职业棒球队——巨人军，巩固了读卖的经营基础。职业棒球队读卖巨人军的成立，对《读卖新闻》发行量的增长起到了很大作用。在日本全国的12支职业棒球队中，最有人气的就是读卖巨人军。

另一位是务台光雄。1929年，务台光雄先生接受正力先生的邀请，从《报知新闻》转入《读卖新闻》。他花费全部心血，建立了庞大的读卖发行网络，建立了8600个《读卖新闻》销售店，使《读卖新闻》拥有10万人的发行大军。1931年就在全国各地开始构建了地方的销售店网络，将报道本地新闻的地方版充实起来，使《读卖新闻》既是全国性报纸又成为地区居民的地方报纸。

还有一位是渡边恒雄。1991年渡边恒雄就任社长一职，现在仍然是本报的主笔，由他确立《读卖新闻》社论的基调。在他的任期内，1994年5月早报的发行量突破了1000万份。此后，发行量一直良性攀升，目前我们的目标正直指1030万份。同时渡边恒雄先生也是一位在政界、商界都交际很广的著名新闻记者。

他们三个人对《读卖新闻》的发展有巨大的历史性贡献。打个不恰当的比喻，对于读卖新闻集团来说，正力先生是位像中国的毛泽东式的人物，务台先生则是如周恩来般的人物（《读卖新闻》有的干部则把渡边恒雄比喻为中国的邓小平）。

崔保国：这个比喻很有意思。《读卖新闻》自20世纪70年代后期发行量超过《朝日新闻》，这是不是可以算《读卖》历史上的一个重要大事件。

内山齐：当然是的，在1977年我们的发行量超过了《朝日新闻》。《读卖》的发行销售网变强，就在于与《朝日新闻》的竞争。当其他报纸提高价格时，《读卖新闻》宣布不加价。由此时起与《朝日新闻》的差距就拉开了，这是直接的原因。但无论怎么推销，如果没有好的“内容”的话，绝对是卖不出去的。《读卖新闻》的易读性很重要，《读卖新闻》谨记做易懂、有内容的报纸。当有外国的报道时，报纸就会附加该国家的地图说明使其更容易理解。

崔保国：贵报一直保持着1000万份以上的发行量不是件简单的事啊！有没有成本的压力？怎么解决？

内山齐：《读卖新闻》在发行上是不亏损的，在成本方面，发行量大有大的好处。仅在以东京为中心的1都6县，就发行540万份。《读卖新闻》不做浪费的事情，利用一切可开发的利润空间。比如用插页广告来补充发行部门的收入，《读卖新闻》设有“读卖信息服务”的公司，形成了从那里向各个贩卖店输送插页广告的组织结构。比如，一个销售店假如发行4000份报纸的话，仅广告插页的收入每天就可达到20多万日元。每月就会增加有800万—1000万日元的利润。也就是说，在本业以外的地方就可以盈利。这种利润平均达到60%。发行越多原价变得越低，从而重复盈利。

崔保国： 报社的主要收入来源是什么呢?

内山齐： 广告收入占40%，发行收入占40%，其他收入占20%，即使有点不景气也没什么可怕的。

崔保国： 日本的报纸怎么看待报社上市的问题?

内山齐： 日本的报社几乎都没有上市。因为上市有可能会被资本控制内容，有可能失去言论自由。电视台有上市的，报纸还没有。

崔保国： 关于报纸办电视台，日本有什么限制吗?

内山齐： 办电视台要向总务省的电波局提出申请，必须获得许可才能办。电视媒体的外资不得超过20%。

崔保国： 关于个人信息保护和记者伦理方面的自主报道，《读卖新闻》有什么举措?

内山齐： 宪法上，以保护人权为基本。侵犯个人隐私的文章不能写。为了个人情报的保护，防止隐私的侵害。2001年（平成十三年）5月，我们制定了《读卖新闻》记者行动规范等，我们对此更加谨慎。

作者在读卖新闻东京本社采访的情景

崔保国： 贵社的对华报道策略是什么?

内山齐： 根据美国的证券巨头预测，到2050年，就国内生产总值(GDP值)来说，将由现在的美国第1、日本第2、中国第7变成中国第1、美国第2，日本将降到第4位。从21世纪中叶起，形成以中国为中心的亚洲圈的时代将会到来。所以，我们非常重视与中国的关系和对中国的报道。目前，《读卖新闻》在中国香港发行了香港版，但不指望发行量会有大幅提升。目前还没有在中国大陆开展业务。

我们很愿意与中国开展体育方面的合作，比如帮助中国培养棒球报道的记者等。职业棒球业是对中国和日本都十分有前途的投资合作领域。现在，巨人军和炼虎军正在合作，中国的职业棒球发展起来，中国、韩国、中国台湾以及日本可以组织联盟赛，然后再与美国、欧洲的优胜队伍争夺世界冠军，我想会使棒球迷大饱眼福。这样做也可加强中国和日本的体育事业的交流。所谓报纸，是与提高国民生活的文化水平相关联的，报纸能从中起到帮助的作用，通过阅读报纸，提高知识，发挥各种各样的益处。文化与体育的交流是报社的一大功能。

《读卖新闻》还有旅行公司。有很多的游客被带到中国。中国这么近，我夫人为中日交流方面的工作经常到中国。中国的变化令人惊讶！

崔保国：《读卖新闻》下一个发展目标是什么？

内山齐：我们着眼于未来发展，制订具体的计划措施。最重视的事情是：经营的稳定、效率化及集团公司全体的发展。

2002 年 7 月 1 日，在控股公司——读卖新闻集团总社旗下，以读卖新闻东京本社、读卖新闻大阪本社、读卖新闻西部本社的三家报社和中央公论新社、读卖巨人军这五家子公司所构成的新体制建立起来了。由于担负着集团整体经营战略的“集团总社”与个别的事业相分离，更高的经营效率成为《读卖新闻》追求的目标。

目前我们的早报发行量突破了 1030 万份，而我们的奋斗目标是使发行量继续稳步上升。要想实现这一目标，必须坚持送报到户的“宅配制”制度，并不断推进报纸销售店的现代化。

《读卖新闻》在历史上曾为社会作过一些贡献，今后我们还要做更多的社会公益事业。作为《读卖新闻》创刊 130 周年纪念活动的一部分，集团经营的读卖游乐园、高尔夫球场等。总社在东京附近建立了福祉街，建设了读卖新闻高龄者看护关怀中心。这是一座拥有 150 间病房（入住定员 150 床位）的钢筋混凝土 4 层建筑，提供先进的看护与护理服务，房间全部为单人间。我们在创造一个能够使游乐场和福祉街相融合的未来老人和儿孙共享的理想家园的大型计划，特别看护养老院和老龄护养专门医院的建设也在进行中。

崔保国：中国现在很关心报纸 ABC 制度的问题，您怎样看报纸 ABC 制度？

内山齐：关于 ABC 制度，我认为有强化的必要。中国应该搞。

崔保国：有人说报纸再过 30 年会消失，您怎样看报纸的未来？

内山齐：关于报纸的未来。我想无论媒体的表现形式怎么发展，报社

读卖新闻东京本社社长内山齐在回答本书作者的问题

作为言论、报道机关的地位是不会动摇的。我认为报纸由于它的价值判断和解释功能，仍能保持其媒体的骨干及中心地位。

笔者离开报社时，摄影记者送来了已经冲洗出来的笔者采访内山先生的照片，报社还送给我一份特别的纪念品：一份当天刚刚印出来的晚报缩影版。所有的文章都和市面上买到的一样，唯一的区别是，版面下方原登广告的地方，换上了笔者参观报社时被拍下的一张照片，旁边还用英文写了一段欢迎词。

二、《读卖新闻》的传奇人物——渡边恒雄

渡边恒雄先生是《读卖新闻》的传奇式人物。他于 1926 年 5 月 20 日出生于东京都。东京大学文学部哲学系毕业。大学时代加入日本共产党（后被日本共产党除名）。1950 年进入读卖新闻社，1952 年任政法部记者（大野伴睦的跟班记者）崭露头角。1968 年任华盛顿支局长，1975 年任编辑局次长兼政治部长，1977 年任编辑局长，1979 年任取缔役（董事），担任报社论说委员长直到现在。1985 年任专务取缔役（董事）、主笔兼论说委员长，1987 年任副社长、主笔，1991 年任代表取缔役（董事）、社长、主笔。

渡边恒雄是在政界、商界都交际甚广的著名新闻记者，在日本可谓是一言九鼎、威慑各界的重量级人物。他卓越的才干一方面来自实践，另一方面来自天赋。每年《读卖新闻》的元旦社论都由他亲自撰写。他是中曾根康弘的密友，因此《读卖新闻》的社论多少带有保守派的色彩。渡边恒雄是位天生的领导者。大学毕业后，他进入《读卖新闻》，就在政

治部大显身手。渡边恒雄还以“霸道”著称。他在1981年担任董事兼社论主笔之后，将与他有不同观点的几名社论委员全排挤出去。《读卖新闻》很多规则与制度也都由渡边恒雄一手创立。因此，新闻界给了他“读卖独裁者”的封号。

笔者访问读卖新闻社时，正好赶上一场关于渡边恒雄的风波。渡边恒雄对于职业棒球队队员转队问题说了几句轻蔑的酒后直言，激怒了很多棒球迷，几乎闹出球迷骚动，很多球迷退掉了《读卖新闻》的订单以示抗议。此时，老先生谁都不见，未能与这位传奇报人谋面。后来，《朝日新闻》社论主笔若宫启文先生给我寄来了登着他与渡边恒雄先生对话内容的杂志《论座》2月号，记录了日本读卖新闻集团会长兼主笔渡边恒雄与《朝日新闻》的社论主笔若宫启文在东京进行的一次谈话。两家经常针锋相对进行论战的报纸主笔坐在一起实属罕见。谈话的主题是靖国神社，双方一致反对首相参拜靖国神社。

这场谈话的源起是2003年6月《读卖新闻》发表的一篇名为《加紧建设国立追悼设施》的社论。文章认为，首相不应该参拜供奉着甲级战犯的靖国神社。此后，读卖新闻集团会长兼主笔渡边恒雄开始不断在演讲中强调“反对首相参拜靖国神社”，强调“靖国神社的存在本身就是问题”。作为多年认同自民党保守政治的报纸，过去在靖国神社问题上一直主张“顶住外国压力”，这是该报第一次明确表示反对首相参拜靖国神社。

渡边是“二战”时的二等兵，在为天皇而战的名义下，他在部队服役，目睹了日军强制“特攻队”进行自杀性攻击等残忍的做法，心中对下达这些命令的军队首脑和躲在一边的政治家充满憎恶，直到现在仍无法释怀。2001年，渡边就曾打电话要求小泉不要在“八一五”参拜靖国神社。小泉第一次参拜靖国神社之后，渡边把家搬到了靖国神社旁边，通过不断观察，发现靖国神社里的游就馆完全是一个赞扬军国主义的地方，孩子们看过那些歌颂战争的展品之后会以为“日本在那场战争中获得了胜利”，因此他认为首相不该参拜这种供奉甲级战犯的地方。

若宫和渡边都认为，小泉虽然在国会承认甲级战犯是战争罪人，但是首相参拜的结果会令与游就馆思想相同的人欣喜若狂，导致“甲级战犯冤枉论”在国民中流传。中韩等国因此会感觉“日本是一个危险的国家”，日本则会对中韩等国产生抵触，导致恶性循环。渡边提议，切断恶性循环的最好办法是认真检讨过去的侵略历史，努力让大多数国民认识到：“事实上，那是一场侵略战争。”①

---

①《论座》杂志，朝日新闻社出版，2006年2月号。

2003年8月13日，《朝日新闻》刊登了作家半藤一利的战争回忆。同一天，《读卖新闻》开始了名为《明确战争责任》的系列报道，这个系列持续到2004年的“八一五”前后，在一年多的时间里，刊登分析了在战争期间日本军政首脑应负战争责任的文章。渡边认为，靖国神社中也祭祀着几百万被军国主义推上前线的士兵，不同战争责任者的轻重责任要分清，不能混为一谈。单方面强调日本自己的想法是不行的，要认真检证历史，给世界一个能够接受的反省态度。媒体改变的是舆论，作为国家更应该在国会成立类似“历史检证委员会”的组织，努力表达国家的意志。

若宫赞同分清战争责任的轻重，注意到最近某些媒体的危险论调，每当《朝日新闻》介绍外国的批评时，总会有媒体质问“这到底是哪国的报纸”。若宫认为思考国家利益要放宽视野，倾听外国的声音必不可少，这是从历史学来的教训。

讨论到日本的外交时，两位主笔都认为“只要日美关系好，亚洲外交就会顺利”是一个愚蠢的短见，下任首相如果仍然选择参拜靖国神社，日本的亚洲外交就彻底失策。渡边还强调，不同媒体的主张必定有差别，但是如果出现威胁言论自由和独立的权力，《读卖新闻》和《朝日新闻》必须冒死团结起来共同斗争。战争年代，日本的所有报纸就曾竞相追随军国主义，如果不这样，战争也许不会打到最后。这需要彻底反省。

渡边恒雄先生是个真诚的老人，到了他这个年龄能对历史有这样的认识高度，并有这样的勇气来直抒胸臆实属难得。在日本五大全国性报纸中，过去《朝日新闻》、《每日新闻》和《日本经济新闻》反对首相参拜靖国神社，而《产经新闻》和《读卖新闻》则支持首相参拜。现在发行量超过1000万份的《读卖新闻》不但明确表示反对首相参拜靖国神社，而且开始讨论侵略战争责任，这对小泉和几个支持参拜靖国神社的“内阁成员”来说，无异于沉重打击。两大报纸的“共斗”宣言具有历史意义。①

渡边恒雄的传奇人生

作为保守政坛的一大旗手，渡边恒雄在2004年初的“转向”对困守外交愁城的日本小泉首相明显是个晴天霹雳。渡边恒雄的转变与他早年政治经历不可分割。

渡边恒雄就读东京大学哲学系期间，受反军国主义思想的影响，于

---

①《人民日报》，2006年1月14日，第三版。

1946年加入了日本共产党，成为学生运动的领导者。当时共同组织活动的桃山学院大学冲浦和光名誉教授这样评价他：“他的演说堪称一流。”他演讲时非常投入、充满激情，别人的话全部都是耳旁风。后来他因为批评日共遭开除党籍，从而产生与日共不共戴天的情绪。正是在渡边恒雄第一次思想转向的引导下，《读卖新闻》也向右倾发展。

在报社政治部工作期间，渡边得到当时的读卖新闻社长正力松太郎的赏识，成为当时自民党实力派政治家大野伴睦的跟班记者，从而打开了通向政界的人脉之门。渡边和前首相中曾根关系非常密切。据说，中曾根第一次出任官房长官时，曾亲自造访渡边，并对他说了“托您的福，我当上了官房长官”这样的话，由此可见渡边在日本政界的能量之大[①]。渡边虽然保守，但他的战时经历，使他对战后日本的发展趋势特别是军国主义的复苏感到忐忑不安，也产生了非力挽狂澜不可的冲动。

渡边恒雄曾这样说：“其实我从学生时代起就是反战的。在那场战争中，数百万人被杀害了。作为一名二等兵，我虽然活到了今天，但在战争中也曾像奴隶一样被驱使。这种战争体验使我对当时下令开战的军界首脑和那些逃脱了惩罚的政治家的憎恨至今难消。”[②]“神风敢死队”自杀式轰炸的惨烈的军国主义效忠行动令渡边恒雄感到悲伤与愤慨。他说：“现在那帮根本没经历过战争的右翼分子将‘神风敢死队’标榜成为天皇献身的烈士，其实全是谎言。说什么他们是带着勇气和快乐离开的，还高喊‘天皇万岁’！其实，他们只是待宰羔羊。他们每个人上飞机前都低着头，步履蹒跚。有些人连站都站不住，是被其他士兵架起来推到机舱里去的。”他亲眼目睹了日军强制“特攻队”进行自杀性攻击等残忍的做法，当时心中对下达这些命令的军队首脑和躲在一边的政治家恨之入骨，直到现在仍无法释怀。

在靖国神社参拜问题上，年逾八十的渡边恒雄渡边忍无可忍，极力希望扭转三方面局势：(1) 日本再也不能自说自话地否认侵略战争，美化军国主义了。这不但会使日本的国际形象近乎疯狂，更恶劣的是，还会令今天不经世故的年轻人简单化、美化地理解过去的战争。(2) 日本再也不能不断激怒中、韩等亚洲邻国，认为抱住美国的大腿就可高枕无忧了。(3) 日本再也不能放任少数政客通过鼓噪狭隘的民族主义，污染政治空气，谋

---

① 《日右翼大报主笔狠批小泉》，世界新闻报，http://gb.chinabroadcast.cn/2201/2006/03/02/1745@925178.htm。

② 《中日关系:日本舆论出现引人瞩目的积极变化》，人民网，2006年3月2日，http://japan.people.com.cn/GB/35464/35488/4157891.html。

求一己之私了。“一言堂”、由少数人独揽大权的政治模式，最终会毁掉朝野及政党内部合理的势力平衡，使日本走上危险之路①。

渡边恒雄的人生转折点

渡边恒雄传奇的生活经历有太多令人敬佩而又倍感疑惑之处。他的人生转折充满了戏剧性变化。渡边恒雄1944年12月在东京帝国大学加入日本共产党，1947年12月5日，他宣读了退党宣言。是什么促使渡边恒雄在精神领域发生了如此之大的变化？

在《渡边恒雄回顾录》中，他说：“在退党之前的一年中，我一直郁郁寡欢。我开始逐步否定马克思列宁主义，感到所谓‘为理想而不惜一切代价奉献’是荒谬的，并思考用什么思想来代替它们在我心中的位置。”“后来，我终于找到了能够代替它们的思想——德国经验主意哲学家Immanuel Kant(康德)的轮回思想。这种思想强调个人的价值、人格的价值才是真正的价值所在。‘昼夜星辰随我心所转动’的价值观逐渐被我接受。”“因此，我提出对马克思列宁主义进行修改。希望能通过Kant思想对马克思列宁主义进行修正性改良。但后来发现这样做无疑将马克思列宁主义变成了修正主义，于是最终失败。因此，我不得不选择退党。”

渡边恒雄从中学时代就梦想成为哲学研究者。大学毕业时他最渴望的工作是进入哲学杂志编辑部。而当时与哲学有关的杂志凤毛麟角。渡边恒雄前往思索社求职，并被录取。但遗憾的是，随着日本出版社不景气之风肆虐，思索社没等到渡边正式就业就倒闭了。后来，渡边恒雄参加了中央公论社的入社考试。在报名的600人中，他与其他两人被筛选出来。面试过程中，渡边恒雄最后却被戴上“危险人物”的头衔，没被录取。于是他选择在东京大学继续研究生学业。

1950年国际学生运动联合总会召开，作为东大新生会的领导，渡边恒雄前往参加。这次活动对其日后选择进入《读卖新闻》影响巨大。在会上，渡边恒雄见到了《读卖新闻》当时的社长、主编安田庄司先生。他介绍自己：“我是东大新生会组织者。我们在财政方面有困难。今后的学生活动，希望能得到贵社的资助。”结果后来真的得到了《读卖新闻》10万日元的资助。

毕业之后，渡边恒雄虽然可以选择就职《朝日新闻》、《读卖新闻》、《每日新闻》，但他没有参加其他两所报社的考试。因为受过《读卖新闻》

---

①《谁能改变日本》，2006年3月1日，http://www.shm.com.cn/wangping/2006-03/01/content_1372812.htm。

的恩惠，再加上《读卖新闻》对人才格外需求。在安田庄司的推荐下，渡边恒雄最终选择了《读卖新闻》。

渡边恒雄是《读卖新闻》历史上贡献最大的政治新闻记者之一。他在政界的人脉与其扎实的报道功底使他很快就成为著名记者。渡边恒雄作为自民党实力派政治家大野伴睦的跟班记者，在外界看来，渡边恒雄与大野伴睦亲如父子，而最初两人是因为误会才熟识的。某日，渡边恒雄与其他各报社记者一同采访大野伴睦。大野阐述完观点，渡边就立刻用电话将听到的内容发回报社，并强调“这只是采访记录”。第二天《读卖新闻》日刊的头版头条就把他的笔记改成文章登出去了。而当时的渡边恒雄还不知道。再遇到大野伴睦时，大野说：“昨天《读卖新闻》的报道是你写的？”渡边回答：“不是。”大野有些生气，他说：“昨天《读卖新闻》的记者只有你，怎么会不是你写的？你出去吧！”渡边急忙给报社打电话，报社告诉他：“那么你就做大野伴睦的跟班记者吧。”渡边恒雄认为这样不妥，便于第二天一早来到大野伴睦的家中道歉，他说：“大野先生，昨天我的表现非常失礼。那个记录确实是我做的，但报社没有进行修改就刊登了。我为此感到非常抱歉，特前来道歉。”正当渡边恒雄准备离开，大野伴睦说：“一起喝杯茶吧。”此后，两人逐渐成了朋友，渡边恒雄也出色地完成了大野伴睦跟班记者的工作。

渡边恒雄是日本政治报道领域的头号记者，特大政治事件与重要政治人物的采访工作往往是他的任务。在正力松太郎的派遣下，渡边恒雄又接受了“每日访谈中曾根”的任务。

最初，渡边认为像中曾根这样的政要人物，怎么会有时间接受“每日访谈”？但初次见面，中曾根谦虚的谈吐缓和了紧张的采访氛围。中曾根住在国会议员宿舍，有时候，渡边恒雄带着孩子去中曾根的家采访。采访期间，两人的女儿就在中曾根家中的蒲团上睡觉。渡边还发现，中曾根的体育活动就是骑一辆破旧的自行车在国会周边转来转去。在这样的环境中，渡边恒雄与中曾根建立了深厚的友谊。

阅历与勇气塑造的人格

在主持《读卖新闻》政治报道期间，渡边恒雄确立了《读卖新闻》的报道风格与倾向。而作为一名眼光长远的报人，他把注意力放在全球范围。1963年，渡边恒雄加入了外务省记者团，开始欧美采访工作。首先，他来到美国白宫，带着一名翻译进行采访。在美国的旅行帮助渡边恒雄认识到肯尼迪总统当选以来，美国社会发生的众多变化。他还前往印第安纳州大学，旁听政治学者研究会。60天之后，他前往欧洲，选择居住在民间家庭。欧美采访历时 100 天，是渡边恒雄开阔视野的一次重要旅行。

渡边恒雄不仅是优秀的报人，还是杰出的经营者、企业家。1996 年，渡边恒雄接任读卖巨人军领导一职。此时的他已经 60 多岁，并不熟悉棒球规则的他曾这样说：“作为领导，虽然我不清楚棒球的规则，但不能不了解棒球协约制度。”

在日本，棒球迷达 6000 万之众，占全国人口总数一半以上。而巨人军棒球队又是职业棒球的顶尖队伍。有关这支队伍的最新报道都出自《读卖新闻》体育版。于是，棒球爱好者以及喜爱巨人军的棒球迷便不能不购买《读卖新闻》。渡边恒雄在任期间，对棒球“自由代理者制度”与“新人采用选择会制度”等棒球界改革议程影响颇大。但同时这些改革也给由渡边恒雄一手创立的“巨人一人中心领导制”带来压力。渡边恒雄犀利的言论矛头不仅常指向棒球界，还针对体育届各个领域提出批评，经常遭到业内人士与球迷的抗议。

2004 年 8 月，因为新选手选拔赛收受贿赂一事被审判，渡边恒雄的言论又遭到职业棒球界及棒球迷的严厉声讨，只好被迫放弃巨人军总裁的身份。然而，这样一位巨人军的重要领袖又怎能与其划清界限？2005 年 6 月，渡边又重新就任读卖巨人军董事长一职。从辞任到复出有 10 个月时间。他是一个勇敢的人，为了信念，他可以毫不犹豫地否定一切，包括自我，从而找到新的道路。他是一个有谋略的人，驰骋政坛几十年，记录并影响着日本政界半个世纪的变化。

第二节 《读卖新闻》的风雨历程

一、“内容为王”

《读卖新闻》创刊之初是东京具有代表性的市井“小报”。它的基本编辑方针是“通俗浅谈”。当时的所谓的“大报”都被卷入自由民权运动，热衷于谈论天下大事，对物价、商情等信息几乎视而不见，而“小报”却采取了与自由民权运动保持距离的态度。

《读卖新闻》所有的汉字都附有假名注音，力求文章通俗易懂。报名也是取自江户时代的《读卖瓦版》。所谓“读卖”，即是让报童边读边卖。

版面的内容有布告、新闻、漫画、通知等。报纸中没有大报那种通贯整版的社论或政论文章，而代之以包括孝子贞妇的美谈及市井流传的新闻、漫谈。这些劝善惩恶之说虽然采用了新闻体裁，但往往多是记者的虚构。后来又设立了小说栏，并获得好评。《读卖新闻》创刊时的发行量约为200份，翌年约为1万份，1878年前后即达3.3万份，在发行量方面超过了大报。

巨大的发行量离不开丰富内容的支撑。《读卖新闻》从1886年就开始连载小说，在主笔高田早苗的领导下，拥有坪内逍遥、尾崎红叶、幸田露伴三大文豪，深得文学青年的喜爱，在学生中间有着很大的影响。日本每一个历史时期最著名作家的小说都曾经被《读卖新闻》连载过，像川端康成、芥川龙之介、三岛由纪夫等。为了吸引年轻读者，还连载了一些新潮作家的作品。现在的《读卖新闻》也是如此。比如近年红极一时的女作家吉本芭娜娜的作品。另外从周一到周五，夕刊还有适合父母和孩子一起阅读的儿童版，主要是儿童会话、看图识字等，为了方便小学生阅读，大多数内容都用日文的假名刊登。

《读卖新闻》最初吸收了很多江户文化培养出来的剧作家、文人为记者，他们的写作内容是社会新闻、刑事案件和风流艳闻等发生在读者身边的趣事，文风浅显，文章旁注假名，一个月约20钱的便宜报纸定价，报纸的目标受众以社会下层为主，多是不关心政治的知识分子、文学爱好者和妇女等。这样的人群在社会上占大多数，主办者可以获得最多利润。

二、立体化的经营思路

值得注意的是，《读卖新闻》有自己的电视广播公司。在日本很多像《读卖新闻》这样的大报都拥有自己的电视台广播电台。这与我国有很大区别，那么在日本报纸和媒介的关系究竟是怎样的呢？报纸的地位又如何呢？

谈到日本报纸在媒介中的地位就不得不说说报纸和电视广播的关系。

电子传播的迅速、形象是优势所在，《读卖新闻》、《朝日新闻》、《静冈新闻》等报社都拥有自己的电视台，利用电视台多渠道迅速传播信息。电视台是建立在报纸下的分支机构。据日本电视网一项调查表明，人们把电视更多的看作是娱乐机构，报纸是主要的新闻来源。

日本的电视事业是公共（半官方）和私营（商业）并存体制。公共广播电视机构只有日本广播协会（NHK）一家，其余均为私营商业电视台。

据1996年统计，日本有电视台147家，其中兼营广播的有30余家。最大的民间电视台是总部设在东京的日本电视网（NTV）、富士电视台（FUJI TV）、东京广播公司（TBS）、朝日电视台（TV ASAHI）、东京电视台（TV TOKYO）。

1953年，日本正式开播电视节目，因头几年仍处在战后的恢复阶段，电视业的发展非常缓慢。1958年东京塔的建成启用标志着电视环境的形成和电视时代的到来。1960—1970年是日本经济的高速发展时期，也是电视业的快速发展时期。1959年成立了以TBS为核心的日本新闻网(JNN)，到1970年相继成立了全日本新闻网（ANN）——朝日电视台系统、日本新闻网（NNN）——日本电视网系统、富士新闻网(FNN)——富士电视台系统，至此，连同NHK共同形成全国五大新闻网络。20世纪70年代开始使用CATV（有线电视），随着ENG（电子新闻采访设备）的应用，日本电视业进入一个新时代——编排时代。70年代末，新电波UHF的应用，使日本电视业又跨入一个新阶段。几经沿革，到1979年形成五大民间电视台分别挂属几大报社系统的组织形式，由报社融资，其社长及主要领导干部也由报社委派，形成报社领导电视台的局面：日本电视网属读卖新闻系统，东京广播公司属每日新闻系统，富士电视台属产经新闻系统，朝日电视台属朝日新闻系统，东京电视台属日本经济新闻系统。

《读卖新闻》的电视广播公司

日本无线电广播事业的诞生与日本报社也有着不可分割的关系。在日本是各大报社首先开始进行无线电广播试验播出的。当时的朝日新闻社、每日新闻社等许多报社都对开办无线电广播倾注了极大的热情。日本经济实力强大的报社首先向日本政府提出开办无线电广播的申请。日本无线电广播开播时，广播新闻完全依靠日本的报社来提供。广播开播不久，1925年11月，《读卖新闻》在报纸上开辟了日本第一个“广播版”，开始介绍广播节目，内容有广播节目的播出时间、广播节目的解说词、广播歌曲的歌词等等。日本广播电台的新闻稿由报社、通讯社来提供。由于新闻稿是报社、通讯社无偿提供的，因此日本广播电台无权对新闻进行任何编辑和筛选，电台的播音员只能原封不动地照稿宣读。随着时间的推移，广播渐渐摆脱了报纸对它的束缚，不再完全依赖于报纸，发展到当代，报纸仍然积极参与广播，形成媒体联合。

日本报纸作为历史最悠久的传统媒介，在其发展过程中不断受到新媒体的冲击，广播、电视的发明都对报纸造成一定的影响。但经过一段时间的考验之后，报纸仍具有不可替代的地位，并且在与广播、电视的竞争中发挥了自己的优势，扬长避短，明确定位后进一步发展壮大。从广播、电视和报纸的关系来看，电视台和广播台都是由报社衍生出来的，报纸在日本媒介中占有重要地位，是日本媒介发展的基础。

《读卖新闻》的出版事业

该报1972年成立了读卖国际经济恳谈会（YIES），每一两个月邀请政府部长、经济团体首脑、各国大使发表演讲，至今已达300次。读卖国际会议则是YIES与东京国际会议共同主办的论坛，在一定主题下针对一些重大问题每年举办4次会议，由著名人士进行深入细致的讨论，并在版面上加以详细介绍。

另外，还有一个邀请诺贝尔奖获得者的论坛“21世纪的创造”，由诺贝尔奖获得者与青少年自由交流。

该报的出版事业由调查研究本部出版部、媒介战略局的出版部和1999年2月并入读卖新闻集团的中央公论社三部分组成。东京本社发行的《Yomiuri Weekly》，每号除了刊登调查时事背后真相的报道外，还密切聚焦正处于事业顶峰时代的人们工作和现实生活的问题。

先进的技术手段

日本报业与高科技的合作开发能力，在《读卖新闻》显露无遗，值得同行借鉴。《读卖新闻》开发出能够打通两个全版的技术，使报纸的单面能作最大篇幅的处理，视觉效果极为壮观。这种超全版等于两个全版，广告费用非常高，单次广告的费用高达数千万日元。《读卖新闻》很得意于他们开发出来的素材管理系统，不仅提高了新闻与照片的效率，还获得了日本新闻协会的大奖。该报找310家电脑厂商，包括富士通、东芝、日立、IBM、日本电气等，挑出他们最专长的部分，进行技术开发与整合，开发出这套编采素材管理系统，[①]实现新闻素材的二次利用。这套系统在硬件上的特殊之处，在于他们在日本各地的采访与业务据点，全部以ATM（异步传输模式）交换机联结成一张巨大的内部网络，画像、文字、声音等资料都得以通过这套网络快速传递到府中市的处理中心，再回传给各地相关单位。每天这些新闻素材经过多媒体部门的编辑后，传送给23家电视台、55家广播电台，以及文字播送给有线电视台的文字播送、行动电话的短信播送、重要车站的电子看板等总共八种媒体。当然，其中包括了报纸的网站，该网站每年有2000万人次的访问量。

---

①陈裕鑫:《高科技让〈读卖新闻〉如虎添翼》，《国际新闻界》，2003年9月。

《读卖新闻》对科技的运用，已不是一般报业所熟悉的仅仅是电脑组版或印务自动化而已，而是从编采到出版，从地方到中央的全面网络联结，以及新闻素材的进一步高速处理与实用化。

同时《读卖新闻》十分重视内部信息的流通与讨论。而利用内部网络内部信息的流通与讨论也变得轻而易举。除了把社刊类的内部刊物电子化，放在员工专属网页上之外，还帮各部门开了许多讨论区，让各部门不受区域限制在网上讨论。编辑部的社会组对于特殊事件设有专案小组，而这些不分日夜盯紧特定人物的小组成员，在时机还没成熟前，必须每日把各种信息放在专案小组的讨论区上，平时是交换各种各样的情报，一旦在出手刊载时，这些网上资料几乎就成了现成的采访内容，可以做到“又快又准”。

《读卖新闻》为了配合自身制版与印刷的特殊要求，与厂商开发出快速制版的新闻种机；而在电脑组版上，也与富士通公司合作，开发出独有的组版系统；即使连影像处理，也开发出特殊的搜寻系统，可同时搜寻自己的照片档案与美联社、法新社等国外档案照片，既有效率又合乎量身打造的特殊要求。

科技让《读卖新闻》如虎添翼，它做到的是系统的良好整合，以及步伐上的领先。《读卖新闻》所做的这一切使得一份报纸不再只是一份报纸，而是立体的媒体。

三、编辑部门的运营管理

一份报纸历经百年而长盛不衰的内在动力，在于它拥有一套良好的组织管理体系。而在组织管理中，组织结构的设计也是一门科学。以读卖新闻东京本社为例，其组织构成及其各个部门的功能如下：

读卖新闻东京本社由编辑局、调查研究与出版局、广告局、销售局、事业局、制作局、媒介战略局等七个局组成。

表3-2　　《读卖新闻》东京本社的组织结构

名　称	功　能
编辑局	负责新闻的采编
调查研究与出版局	主管集团主办的各种国际会议及所有出版事业
广告局	负责报纸刊登广告的广告客户的开拓及广告文稿的整理制作等

（续上表）

名　称	功　能
销售局	负责报社 8500 多家专卖店销售网的管理及专卖店的开拓，与优秀店员的培养以及销售费的确认、中长期销售战略的制定及报纸在海外的普及
事业局	负责报社策划主办的各项文化体育活动
制作局	负责报纸的制版印刷，管理全国各地的印刷厂
媒介战略局	负责报社网站、卫星频道及数字频道的运营，向 CATV、FM 台、地方报纸提供新闻，过期新闻及图片资料的 CD-ROM 制作销售

在这些局中最大的部门是编辑局，编辑局的功能如下：

读卖新闻社有 3000 多名采编人员。采编部门一律都是大开间，各部门的记者都集中在一起工作，各部门的负责人直至总编辑都与采编人员在大开间里办公，各人的工作状态一览无余。编辑部各部负责人每天要在大开间的办公室内开三次会议，与总编辑商讨新闻稿件的处理等问题。在这样的工作环境里，大家都埋头忙碌着。因此，工作效率都非常高。虽然读卖新闻社没有考核采编人员工作量之说，但是大家都很自觉，会尽力把自己的分内事做得更出色。

读卖新闻除了在东京、大阪、中部、西部四个总社以外，东京总社还管辖着北海道分社和北陆分社。各分社以下，在县厅所在地和主要城市都设有总局、支局和通讯部，挖掘地方新闻，利用现代发达的通信传输技术，及时制作成地方版在当地发行。这样，即使是远离首都的北海道读者，他们也能既看到海内外的重要新闻，又看到发生在身边的新鲜事。让不同的读者充分满足对不同新闻的需求。

作为该报核心部门的编辑局，下辖编成部、政治部、经济部、社会部、国际部、文化部、科学部、生活信息部、医疗信息部、社会保障部、体育部、摄影部、地方部、解说部、校对部、航空部、舆论调查部、英语新闻部、信息供应中心、新闻教育局、文化事业局、设计科、管理部等 23 个部门（参见表 3—2）。

报社编辑局将每日采访来的新闻等进行初步编辑排版后，由值班的四五名采访编辑部副主任共同决定最后版面和稿件，进入“大版印刷”阶段。并在那里进行最后校对，再用电脑照相的办法制成底片，通过内部网络，及时传送到日本国内的 28 个印刷厂，同时印刷。其中，编成部负责判断新闻价值，制作新闻标题及版面编排。地方部统管各地记者站，既负责驻站记者发自地方的事件、事故、选举等各种新闻的常规编辑工作，同时还承担报社新人记者的培养任务，因为日本新进报社的大学毕业生都要被派往地方记者站接受数年的锻炼。日本报纸，包括《读卖新闻》在内，一般分为早报、晚报发行，另外还发行有四五万份的英文报及网上《读卖新闻》。早报和晚报都分别按3个时间截稿和印刷，早报的截稿时间分别为每天的20：45、22：50和0：50，晚报的截稿时间分别为每天的10：30、11：25和12：30。通常的做法是，根据订户离印刷厂的远近决定印送顺序，远的先截稿，先印送。因此，同一份早报或晚报，虽然页数大体相同，但内容并不完全一样。

生活信息部是采编食品安全、育儿及退休生活等相关领域新闻的。医疗信息部、社会保障部是最近几年设立的新部门，专门对应医疗健康、生命科学和社会福利等相关领域新闻报道，得到读者较高的评价。其中，医疗信息部是日本综合性报纸中首家设立的部门，传递有关身心健康内容的医疗复兴策划报道从1992年开始，到2002年，长期连载了3000期。社会保障部由采访政治、经济、地方政府、国际等各个领域出身的12名记者组成，每周出版4个版面。

舆论调查部负责报纸定期和不定期的舆论调查活动。设立航空部则体现出日本报业竞争激烈、抢新闻的特征，早在20世纪30年代后期就开始购进飞机，用以采访，目前该集团拥有7架轻型飞机，一年间进行约1300次左右的飞行采访活动。英语新闻部则雇用部分英美国家出身的员工，出版发行英文报纸 *THE DAILY YOMIURI*。信息供应中心则是负责向地方报社提供各种新闻消息，目前有19家日本地方报纸和巴西《圣保罗日报》、印度《经济日报》接受该报提供的新闻。

表3-3　　编辑局部门组成及业务内容

部　署	负责业务内容
编成部	判断新闻价值，制作新闻标题及版面编排
政治部	密切注视首相及执政党、在野党以及中央官厅干部的活动，传递日本政策的决策过程
经济部	采编市场动向及企业合并兼并等相关内容
社会部	报道正在发生的事件、事故，发现埋没在市井之中的话题
国际部	处理世界各地驻外记者发来的信息
文化部	密切关注著名作家、明星活动。涵盖文化、演艺、电视、读书各个方面

(续上表)

部 署	负责业务内容
科学部	采编传递上到宇宙下至微观世界的科学领域的新闻
生活信息部	采编食品安全、育儿、退休生活等相关领域新闻
医疗信息部	采编医疗领域新闻
社会保障部	对应少子老龄化时代的年金、医疗、护理、育儿等变化的采编业务
体育部	体育新闻的采编
摄影部	摄影部门
地方部	统管各地记者站，编辑驻站记者发自地方的事件、事故、行政、选举等各种消息；新进记者都要派往地方记者站接受数年的锻炼
解说部	各种新闻的解说
校对部	负责版面品质管理
航空部	拥有 7 架轻型飞机，一年间进行 1300 次左右的飞行采访
舆论调查部	定期和不定期调查一般民众和读者在思考什么
英语新闻部	与英美国家出身的员工共同编辑发行 *THE DAILY YOMIURI*
信息供应中心	负责向地方性报社提供各种新闻消息
新闻教育局	与教育界合作，在中小学生中开展读报、评报及参观报纸制作现场等活动
文化事业局	具体从事与该报主办策划的文化相关事业的操作工作
设计科	负责报纸版面使用的各种插图的设计工作
管理部	负责整个编辑局的管理业务

资料来源：读卖新闻网站 http://www.yomiuri.co.jp

新闻教育局是与教育界合作，旨在中小学生中推广读报、评报及参观报纸制作现场等活动的部署。文化事业局具体从事与该报主办策划的文化相关事业的操作工作。设计科负责报纸版面使用的各种插图的设计工作。管理部负责整个编辑局的管理业务。

近年来，日本的报纸读者、订户都出现了减少的趋势，《读卖新闻》也不例外。减少的份数不超过 10 万份，仅相当于总订数的 1%，减少的原因主要有两条：一是因特网的出现，抢走了很多报纸读者；二是日本青年中出现不爱看纸面文字的趋势，无法一下子转变。为此，他们采取了一些对策和措施。例如，他们主动向中小学校提供报纸，让学校把报纸作为学生的学习资料，从小培养孩子们亲近报纸的爱好，现在许多报纸都在这样做。为了吸引中小学生，《读卖新闻》还每星期提供一个专门版面，由学生们自己采访报道他们自己的事情。当然编辑、排版等等工作还是由报社负责。《读卖新闻》准备开辟一个版面，专门面向小朋友报道，号召国民多读书，不要离开文字文化。此外，报社每天都要接待来自全国各地学校组织的参观学生，向他们介绍报道的整个过程。报社每月还有关于提供文字文化的专题报道。

除了编辑局以外，笔者还访问了广告局、制作局。广告局分管报纸刊登的广告，有负责开拓企业广告客户的营业部门，负责接收广告来稿和刊登作业的编辑制作部门，还有协助营业活动的事务部门。除此之外，该局还承担读卖网站、卫星频道、数字频道、*Yomiuri Weekly*、*The Daily Yomiuri* 等媒体的广告开拓工作，展开多元化的营业活动，进行广告策划，以满足企业广告客户对整合营销的需要。

制作局负责集团报纸的制版、印刷业务。2003 年 11 月建成的东京北工厂是日本报界首家采用全自动制版机的印刷工厂，纸张由邻近的日本制纸通过隧道直接送到印刷台上，印好的报纸根据专卖店预订的数量由缆车自动直接送到送报卡车上。

媒介战略局负责集团网站、卫星频道及数字频道的运营，面向 CATV、FM 台、地方报纸提供最新消息和以巨人俱乐部为中心的体育、演艺、天气、股价等信息，将过去的报纸文字及图片资料数字化，制作销售 CD-ROM。

第三节　千万大报发行探秘

世界报业大会公布了“2005 年世界日报发行量前 100 名排行榜”。在该排行榜中，排名前五位的报纸中有四份日本的报纸，可见就发行量来说，日本不愧是世界报业强国。

在该排行榜中，《读卖新闻》以 1400 多万的发行量位居世界第一。根据日本报纸发行核查机构日本 ABC 协会发表的数据，2004 年《读卖新闻》的日平均发行量为早报 1016 万份，晚报为 393 万份，合计 1409 万份，是目前世界上发行量最大的报纸。《读卖新闻》的发行区域遍布日本 47 个都道府县，在日本的普及率是 20.28%，也就是说每五个日本家庭就有一家在订阅《读卖新闻》。支持着《读卖新闻》的千万发行量的是遍布全国的 8500 个读卖新闻中心，这些中心共有 10 万工作人员支持着户配制度的实施。每天有2450辆卡车把报纸从全国28个印刷工厂运送到新闻中心来。

一、千万大报的发行是如何完成的

《读卖新闻》为何能有这么高的发行量？笔者针对这个问题专门采访了该报经营政策部部长三浦光男。

崔保国：《读卖新闻》1994年3月就被吉尼斯纪录确认为销量世界第一。当年5月，《读卖新闻》又创造了世界报业史的新纪录，日销量突破1000万份。《读卖新闻》是如何创造这么高的发行量的？您能透露一下发行秘诀吗？

三浦光男：如果敷衍一点的话，我可能会说是因为《读卖新闻》的新闻内容好，质量好什么的。不过我想我这样回答你们是不会满意的。其实，《读卖新闻》日发行量之所以能创下世界第一的记录，最主要的一点是《读卖新闻》在日本全国拥有庞大的销售网络，我们拥有8500多个销售店，这些销售店负责每天按时把报纸派送到每一位订户的家里。而关键的一点是这些销售店都是独立经营、核算的，他们会想尽办法把报纸卖出去，还会在报纸中夹很多附近地区的广告以方便订户的生活，这样他们不仅能从贩卖报纸的销售额中获得利润，而且还能获得一定的派送广告插页的收入，说句夸张一点的话，即使是白纸，他们也能有办法帮你卖出去。

《读卖新闻》经营政策部部长三浦光男

当然，还有一点重要的是，我们《读卖新闻》对报纸发行方面的投入是十分巨大的，虽然我们每年有4500亿日元左右的经营收入，但是纯利润可能只占到5%。

崔保国：读卖新闻集团是一个庞大的报业集团，下面创建了很多子公司，你们在创建子公司的时候，主要考虑的是哪些方面的因素？

三浦光男：这个问题比较复杂，我们主要还是从以下四个方面来考虑：一是我们会发展那些和报纸发行量相关，能扩大报纸发行量的行业方面的公司；二是我们比较注重发展那些能更好地塑造我们报业集团形象，提高我们知名度的行业，比如我们就投资创建了日本最有名的棒球队之一的日本巨人棒球队来提高我们的知名度；三是我们会发展一些与业务相关的行业，比如印刷、造纸等等；四是我们会发展一些对社会有贡献的产业，比如创建交响乐团，交响乐团是不赚钱的，但是一个国家总该有个好一点的交响乐团。

崔保国：《读卖新闻》的经营收入的结构是怎样的？

三浦光男：《读卖新闻》报纸的收入，三家报纸发行的总收入为4500亿日元，其中报纸主要发行收入占了五成，报纸广告的收入占35%左右，其他一些收入的比例是 15%，其中包括不动产的租赁收入，但是没有投机的收入。

崔保国：“没有投机的收入”此话怎样理解？

三浦光男：实业收入这个概念可能有一些模糊，比如邀请美国的橄榄球队到日本演出，或者邀请世界有名的博物馆到日本展出，这都是一些实业的收入。这种不动产的租赁收入，没有投机的收入，报社力求确保不受外界的干涉，确保安全的收入来源，同日本大多数的报纸一样。

崔保国：您怎样看报纸上市的问题？《读卖新闻》的股份构成是怎样的？

三浦光男：日本大多数报纸，像读卖新闻社是没有上市的股份有限公司。一旦上市，报社的股票的转让和定款受到外部因素的支配，新闻编辑会受到影响，而失去其自由性和独立性。目前《读卖新闻》的主要股东是创建者的家族成员，还有公司的工作人员、社会福利管理等。因此，日本的报社很少有合并或者收购的情况出现。

崔保国：《朝日新闻》的发行量曾长期雄霸日本报坛，直到 1977 年终于被《读卖新闻》超过，当年《读卖新闻》以日销量 720 万份首次领先《朝日新闻》。如今，《读卖新闻》已领先《朝日新闻》190 万份。您对《读卖新闻》最强劲的竞争对手《朝日新闻》怎么看？

三浦光男：日本报业内的竞争是十分激烈的。而同样都作为日本报纸龙头的《读卖新闻》与《朝日新闻》，其竞争也就更加激烈，但我对《朝日新闻》和《每日新闻》等其他报纸的存在感到高兴，大家都是平等的竞争对手，有这样强劲的竞争对手存在，才是有意义的竞争。

《读卖新闻》与《朝日新闻》的激烈竞争

可以说《朝日新闻》与《读卖新闻》的竞争贯穿于整个的日本报业的发展史。《读卖新闻》是如何超越《朝日新闻》成为日本报业龙头，又是如何成为世界上最大发行量的报纸呢？

《读卖新闻》和《朝日新闻》在若干方面有着惊人的相似，首先它们都是综合性、全国性报纸。它们都出版了地方版，增加了地方的内容，从而使它们增强了同地方报纸竞争的筹码。两大报都是严肃性报纸，是日本社会主流报纸的代表。它们都办有朝刊、夕刊，分别出了《读卖周刊》、《朝日周刊》，《读卖年鉴》、《朝日年鉴》等多种相似的刊物，并都附设商业电视台。尽管两大报在这么多方面都有着惊人的相似，但是它们在历史轨迹、办报方针、报纸倾向、读者对象等方面却有所不同。

从读者对象定位来看，《朝日新闻》以中上层读者为主要对象，在知识分子中影响较大；《读卖新闻》则定位为最广泛的一般民众。

如今，《读卖新闻》在发行量上领先《朝日新闻》190 万份，市场占有率为 37.4%。《读卖新闻》之所以能后来居上，其中有很多原因，包括关系企业如日本电视台与巨人棒球队的配合造势，每年高达 500 项社会活动的强力服务，以及通过全国 4 个本社、60 个分社、上百种地方分版的本地化编采方针，以及对科技的灵活运用都是《读卖新闻》成功的关键。

《读卖新闻》能翻身超过《朝日新闻》，与其自身的改革密不可分。读卖新闻社自正力上任后，大刀阔斧地进行整顿。他首先抓报纸的发行工作：增刊广告二面；增加宗教版；举办“世纪围棋赛”；赠送订户市区夏令展览会免费券；与东京电动铁道会社合作，规定凡是《读卖新闻》的订户可以免费搭车；并参观在东京郊区举办的每年一度的菊花时装展览会；举办日本文物展览会；开设别具一格的麻将专栏，专门介绍麻将经；还有赛马专栏、钓鱼专栏、黑白漫画专栏、彩色连载卡通增刊等等。

为了进一步扩大影响，正力又探测了大岛的三原山口火山口，爬下了 1250 米深，打破了西西里岛上史庄波里火山的勘察纪录，并拍摄了照片，刊登在《读卖新闻》上。他还不惜最大的牺牲，取消封面广告，这使得许多大报纷纷仿效。

这一系列活动为《读卖新闻》赢得了读者，发行量直线上升，到 1937 年已达 88 万份，加上各版的发行量，总销售在 300 万份以上，一跃而成为东京最大的日报。

二、巨人军——《读卖新闻》发行的秘密武器

《读卖新闻》之所以能够使发行量迅速成长，并创下上千万的发行量，最重要的一个经营秘诀和秘密武器，其实是该报的组建的职业棒球俱乐部——读卖巨人军。这也就是将报纸的发行促销与职业棒球比赛的经营捆绑在一起的经营战略。《读卖新闻》利用报纸版面宣传推广由日本最优秀职业棒球选手组成的巨人俱乐部这一品牌，同时，巨人俱乐部的比

赛相关消息为报纸提供了丰富的体育报道内容，成为每年报纸和读者的“盛宴”。这是《读卖新闻》创下千万大报的重要支撑点。用我们现代的经营分析来看，这叫做“整合营销传播”。

1923年9月，日本关东发生大震灾，此后东京的报纸一蹶不振。东京报界的《报知新闻》、《时事新报》和《国民新闻》等著名报纸，在蒙受震灾的沉重打击之后，再也无法同《朝日新闻》、《每日新闻》竞争，经营权一再易手，逐渐衰落下去。

大地震使《读卖新闻》新建不久的办公大楼倒塌，经营陷入危机，发行量也由1919年的13万份跌至5.5万份左右。这时，警察官僚出身的正力松太郎在退出政坛后，在财阀的支持下，收购了《读卖新闻》，试图通过报界来影响社会和政界。正力松太郎的登场对《读卖新闻》乃至日本现代报业的发展都产生了不小的影响。

正力松太郎一登场便露骨地声称：“我根本没有把报纸看成是应该启发民众觉醒来实现美好理想的想法，只是认为今后对于一个人来说，想要飞黄腾达，就必须借助资金呀，舆论呀，笔呀这些力量。”①在当时那个年代里，有这种动机的正力也算是说出了一个政客的实话。

正力松太郎的办报方针是非常鲜明的实用主义经营路线。长年的警察生活培养了正力的敏锐嗅觉，他谙熟普通大众的心理，了解大众喜好什么，厌恶什么。此时的日本社会正处于大正末期、昭和初期，一个以及时行乐为特征的“既黄又黑”的颓废时代。正力抓住了民众心理，将办报方针转向“煽情主义”，使《读卖新闻》变成了一份比较低俗的大众报纸。

值得一提的是，“煽情主义”的办报方针并非正力松太郎首创。在日本报业发展史上，最早采用煽情主义编辑手法的是明治中期黑岩周六主编的《万朝报》。1898年夏，《万朝报》首次独家揭露了包括伊藤博文在内的日本500名政界、财界、教育界、文学界等所谓高层领导人的纳妾问题，引发了很大的社会反响，受到了东京社会下层读者的喜爱。正力并没有完全照搬黑岩的模式，而是更加注重实用，他敏锐地抓住了当时日本民众对棒球的狂热，举办了一系列活动，首开报业与职业棒球混合经营之先河，并取得了巨大的成功。

1931年秋，正力以“宣传《读卖新闻》”作为交换条件，邀请由美国棒球大联盟部分队员参加的美国棒球联队与日本东京的大学生联队进行了17场对抗赛。这就是《读卖新闻》主办的第一届日美棒球大赛。由于当时日本社会高涨的国家主义情绪，这次比赛演变成了连当时的日本首相都

①正力松太郎：《现代新闻论》，《经济往来》，1933年7月号。

要作为投手参加开球仪式的一个具有国家仪式性质的超级大型活动。正力牢牢地抓住了这个机会，连篇累牍地在《读卖新闻》上宣传报道这次大赛，大大提高了《读卖新闻》的知名度。

创办读卖巨人军棒球俱乐部

主办了第一届日美棒球大赛后，《读卖新闻》于1934年组织了第二届日本美棒球大赛。但是，由于大学生棒球选手从事商业性比赛荒废学业的问题，文部省颁布了“棒球统制令”，禁止大学生从事商业性比赛，《读卖新闻》的正力社长决定创办由当时全日本最优秀大学毕业棒球选手组成的日本选拔队，这个队就是该报创办的职业棒球队巨人俱乐部的前身。

在正力的大力推动下，日本开始了有以报社和铁路公司为经营母体的职业棒球俱乐部联赛。巨人俱乐部虽说是《读卖新闻》创立起来的，但创立之初，正力为了规避经营风险，把相当一部分股份卖给了《读卖新闻》以外的人，同时它是以“大日本东京棒球俱乐部”这一股份公司，简称“东京巨人军”的名义进行营业的。1946年后，《读卖新闻》全面负责俱乐部的经营，将俱乐部改名为“读卖兴业”公司，将“东京巨人军”改名为“读卖巨人军”，使《读卖新闻》与巨人统合为一体，最大限度利用巨人的品牌价值。

当时，几乎每个俱乐部都处于亏损经营状态。日本职业棒球联盟自设立以来，一贯采用的是共存共荣的收益分配机制：不分胜败，将门票收入的四成平均分配给各俱乐部，剩下的六成按照取胜比率分给获胜俱乐部。但是，当1941年巨人俱乐部取得了盈利时，《读卖新闻》马上强迫联盟破弃“共存共荣”原则，将三成的门票收入平分，将余下七成分给取胜俱乐部，使实力位于联盟之首的巨人俱乐部可以有更多的收入①。在经营上，虽然当时的朝日新闻和其他报社都热衷于举办棒球比赛，但读卖新闻克服朝日新闻主办的棒球赛事上的弱点，大力推动了棒球运动的发展。1935年的《日本新闻年鉴》在描述《读卖新闻》的成长状况和创办巨人俱乐部的战略意图时，曾这样评论：“《读卖新闻》的跃进对于有志于报业经营的人来说，大有认真研究的价值”，“五六年前还刚迈进东京七大报的门槛”的《读卖新闻》在1933年就实现了“72万的发行量”，1934年“对着《朝日新闻》、《每日新闻》两大报，上演着突破百万发行量的大战争”，作为“进攻的武器就是创设了大日本职业棒球株式会社（巨人俱乐部的原名），邀请美国棒球大联盟明星来访，购买新型飞机和其他抓

①铃木龙二：《铃木龙二回忆录》，棒球杂志出版社，第122页、第123页。

住读者大众心理的编辑方式”[1]。

巨人收益成为《读卖新闻》地方扩张战略的资金

棒球可以说是日本的“国球”，日本共有十几个著名的棒球俱乐部。日本到底有多少棒球迷，没有准确的统计，据说有6000万左右，但在日本棒球迷中，有一半左右的人是巨人球迷，则是不争的事实。从球迷地区分布看，巨人球迷主要集中在以东京为中心的首都圈及东北等没有职业棒球俱乐部的广大地区，呈现出只有国家队才会有的球迷分布特征。

《读卖新闻》组建巨人俱乐部后，就用大量篇幅刊登有关巨人俱乐部的体育报道。通过关于巨人及其职业棒球的长期报道培养了大批青少年棒球迷成为巨人球迷。为了获得更多的有关巨人俱乐部及职业棒球的消息，这些青少年不知不觉之中成为《读卖新闻》的忠实的固定读者，使《读卖新闻》的发行量成为日本第三大报纸，而其间巨人俱乐部的直接收益则是微乎其微的。但是，到了战后，随着日本经济复兴与腾飞，职业棒球对于几家有实力的俱乐部来说，也不再是烧钱机器，而是赚钱机器了。

庞大的巨人球迷是随着《读卖新闻》的地方扩张而逐渐发展起来的。1952年日本职业棒球开始采用主客场比赛制度，一年中各俱乐部要打130场比赛，其中65场为主场，另65场为客场。巨人以东京后乐园球场为主场，后乐园当时是日本容纳观众最多的球场，在主场比赛中《读卖新闻》获得了巨大的门票收入。

巨人的比赛办到哪里，《读卖新闻》的发行促销活动就搞到哪里。巨人成为母公司扩大发行量的一支尖兵，票源紧张的巨人比赛门票则常被各地读卖新闻会（读卖新闻专卖店组织）拿去搞“读者服务”，成为报纸开拓读者的礼品。据调查，从1959年至1984年，巨人以地方系列赛的名义在日本各地主办了57场比赛。为什么《读卖新闻》指使巨人俱乐部乐此不疲地进行呢？一个重要的原因就在于《读卖新闻》营销战略之需要，而且巨人在举办地方系列赛时，主办权一般都交给当地读卖新闻会。由于巨人俱乐部在日本职业棒球界中至高无上的地位，在20世纪50年代至90年代的40余年时间里，巨人比赛门票成为可以换取读者订单的商品。[2]

1964年奥运会在东京举办以后，正力松太郎命令设立西部读卖新闻社，进军九州地区。当时，九州地区以煤炭开采业为主导产业正在走向衰落，人口减少，购买力低下，到九州发行报纸对《读卖新闻》本体经营将

①东京大学新闻研究所：《日本新闻年鉴》，昭和十年版，第36页。

②尹良富著：《日本报业集团研究》，南方日报出版社，2005年版。

要产生无法估量的不利影响。当时负责该报经营的副社长务台光雄为了使亏损减少到最小，就采取了合并企业的方式，将巨人与读卖会馆和新创刊的西部读卖新闻社合二为一，成立了读卖兴业公司，由读卖兴业发行报纸。巨人自1958年就开始盈利，其后一直保持着盈利状态①。1964年时巨人有两三亿日元的利润，读卖会馆出租给著名百货店使用，每个月也有3000万日元的房租收入，但是这些收益中必须有40%作为法人税、10%作为事业税缴纳出去，而与亏损的西部读卖新闻合并后，就可以利用盈利低冲亏损，达到用合法节税方式减少经营亏损的目的②。这一经营的智慧是正力和务台一手操作的杰作。

从《读卖新闻》发行量上看，1964年只有107万份，1973年增长至628万份，十年来以平均每年24.5万份的增长速度，增长了五成以上。巨人俱乐部九连冠的第一年是1965年，随着巨人俱乐部的夺冠，《读卖新闻》发行量大增到628万份。

中国学者尹良富在他的一桥大学社会学博士论文《战前的职业棒球业与报业经营——与读卖新闻的巨人队战略相关联》（1998年）中收集了大量数据，揭示了《读卖新闻》经营的奥秘，指出："巨人俱乐部就通过其源源不断的丰厚收益肩负起冲抵《读卖新闻》进军地方发行报纸，开拓读者时造成的亏损任务。""从这一点上说，目前《读卖新闻》1100多万份发行量很大程度上依赖于巨人俱乐部战略的成功。"③

据说，《读卖新闻》一名董事曾这样训斥记者出身的工会委员："你们知道《读卖新闻》是怎么发展起来的吗？40%是靠老正力的力，40%是巨人军的魅力，10%是销售活动，你们写的报道是剩下10%中的5%"。④

三、《读卖新闻》的发行体系和销售局

在三浦先生的引导下，笔者访问了《读卖新闻》的销售局，这是主管发行销售的总指挥部。

日本报纸销售的一大特征就是遍布大街小巷的专卖店。读卖集团在日本全国约有8500家专卖店，报纸由约10万名送报员负责送到读者手中。销售局的工作就是对专卖店的业务进行管理、指导及PR支援。销售局大

---

①大井广介：《职业棒球经营学》，《经济学家》，1966年1月4日、11日。

②松本一郎：《斗魂之人》，《地产出版》，1974年，第298页、第299页。

③尹良富著：《日本报业集团研究》，南方日报出版社，2005年版。

④引自尹良富：一桥大学社会学博士论文：《战前的职业棒球业与报业经营——与读卖新闻的巨人队战略相关联》，1998年。尹良富著：《日本报业集团研究》，南方日报出版社，2005年版。

致可以分为外勤和内勤两个部门。属于“外勤部门”的“管片巡视员”定期走访自己所管地区专卖店，进行经营指导和强化销售网络以及订报费收款业务，有时也负责与年轻送报员的沟通，加强专卖店经营者与送报员间的信赖关系。《读卖新闻》之所以能拥有如此大的发行量，也与“管片巡视员”在发行报社与销售末端的专卖店之间所进行的“上情下达”与“下情上送”活动分不开。

“内勤部门”，如果以东京本社为例加以说明，有销售监察部、开发部、劳资部、销售策划调查部、推销指导部、营业强化部、读者咨询室、经营指导室等，进行销售费的确认、优秀专卖店店员的培育指导以及推销技术的现代化、制定中长期的销售战略、对应投诉等工作，卫星版事业部则在伦敦、香港、曼谷等地负责面向日本人推销卫星版报纸。销售局是报社通过分布在全国各地的专卖店直接听取读者各种意见的部门。

发行局长办公室的一面墙上是《读卖新闻》100 多年来发行量增长图——一个飞速成长的大抛物线。

表 3－4　　《读卖新闻》近年来发行量列表

年　份	发行量（份）
1930 年	220351
1940 年	1320346
1950 年	1943928
1960 年	3288127
1970 年	5465386
1980 年	8475175
1990 年	9721991
1999 年	10261748

资料来源：读卖新闻网站 http://www.yomiuri.co.jp/eyc/info/10million.htm

四、报业经营的“读卖模式”

《读卖新闻》能创下名列世界发行量第一的业绩，成功秘诀是什么呢？笔者以为主要有以下几点：(1) 以“宅配制”为基础构筑的发行体系；(2) 以大型活动促销和推动发行；(3) 集团化立体经营的模式；(4) 报纸定价和市场秩序；(5) 先进的技术手段。

以“宅配制”为基础构筑的发行体系

《读卖新闻》每天要出版发行 1000 多万份，这么多报纸，能够及时地入户，全靠有一个比较完善的、运转比较灵活的报纸发行系统。

日本的报纸发行量巨大与教育普及率高、人口密度大有密不可分的联系，而对于提高发行量作用最大的是报纸的发行制度——“宅配制”，即送报上门。《读卖新闻》在报纸发行体系的构建上有独到的创新之处。东京《朝日新闻》在报纸销售方式上依托的是几大销售大店（专营批发业务），这些店多是从书店发展起来的，规模比较大，其下还有一批负责报纸收订工作的中小销售店，这些中小销售店主并不是独立的经营者，而是销售大店发给工资的打工者，这些人多希望独立经营、多劳多得，但销售大店不予承认，造成大小销售店之间的关系十分紧张。《读卖新闻》抓住了东京《朝日新闻》的销售网络系统上存在的体制上的缺陷，用承认店主独立经营、多卖多奖的分级奖励的销售方式，挖走了大批有潜力、有实力的东京《朝日新闻》系统的中小店主，在东京周边地区组建了牢固的销售网络体系。

《读卖新闻》能够迅捷地投递，与报纸制作发行的前期工作即排版印刷的现代化是分不开的。报纸推广发行的基础是质量，《读卖新闻》除了在刊载传播信息的新颖丰富下工夫外，也在硬件上花大本钱，改造添置排版印刷设施，以期能及时、迅速地反映读者关心喜爱的各种信息。报社每天都编排好几个版次，随时把正在发生的新闻信息刊载到版面上。只要当天的印刷机没有停机，编辑部就没有截稿期。《读卖新闻》还运用卫星通信和光纤来传输稿件和版面。

《读卖新闻》的印刷点遍布全国，仅在东京都地区，《读卖新闻》就有近 10 个印刷厂。印刷厂大都建在城郊高速公路旁，便于运报车进出，印刷设备也大都采用计算机控制。因印报量大，大报社的印刷厂仅为印报服务，不作他用。开印时，按照先远后近的顺序，某销售店多少份，某辆运报车该装多少份，在哪个接口接报，均由电脑操纵，一切井然有序。这样，不论远近，读者都能及时看到报纸。

日本报纸主要依靠报纸销售店来推销，通过邮局投递的不到总量的 1%。现在，日本有报纸销售店 23100 多家，从业人员 485000 多人，代理着全日本报纸 95%以上的销售发行工作。销售店有几种类型：专卖店，原则上代理一家主要报纸，同时兼销另外几家杂牌报纸如专业报、体育报、英文报等，大都分布在人口密度较高、交通比较便利的城镇地区；综合销售店，一般代理 2—3 家主要报纸，再加上少量几家杂报，多配置在乡村、山区，交通不够发达、人口相对稀少的地方；还有实行一个区域一个销售店的代理制度，即销售到某个地区范围内的报纸均由某个店来销售发行。一家报纸往往选择几种销售店代为推广发行。《读卖新闻》在全国设有各类销售（发行）店近 8500 个，其中专卖店有近 6000 个。

日本报纸销售店的主要任务是订报和送报。日本报纸可以随时订阅，只要读者一个电话，销售店的人员就会立即登门为之办好订阅手续，非常方便。在订阅报纸的旺季，推销人员更是挨门逐户地动员读者订阅某种报纸。每个销售店下附送报点，散布在居住区间，形成接力网络，及时地把报纸送到家家户户。一般每天凌晨3：30左右，由报社或是销售店租用的运报车便把日刊送到销售店，然后分发到各送报点，再由送报人在早上7：00前送到读者家中。下午则在2：30左右开始运送晚刊，6：00前都能送到各订户家中。

以大型活动促销和推动发行

读卖新闻社每年要搞500多项活动，主办多彩的文体活动，体育以主办“东京——箱根往返大学接力赛”和职业棒球巨人主场赛事最为有名；文化则以曾举办“日本国宝展”、“伦勃朗美术馆展”等世界级美术展览为标志，目前每年举办200多场展览会，展出的作品多为世界著名美术馆收藏的珍贵作品。除了主办日本职业棒球赛事外，也主办日本与美国职业棒球交流赛事。另外，该报对业余体育竞技也很热心，2004年2月主办“东京国际马拉松”，还主办传统的大学棒球、大学橄榄球、高中足球、少年足球、少年棒球等赛事及全日本中学英语辩论大会、全国中小学作文竞赛、日本学生科学奖、医疗功劳奖等各种教育、医疗的表彰事业。该报发起成立的全国主要的111家公立美术馆加盟的旨在藏品交流展出的美术馆联络协议会和读卖书法会都有20多年的历史。

读卖新闻社在报界拥有独一无二的读卖日本交响乐团，除了举办日常的定期音乐会之外，每年邀请世界一流的指挥家进行演出，演奏国内外音乐家的作品而深受好评。读卖新闻社每年还请六位诺贝尔奖获得者到日本演讲，向公众特别是青年人传播21世纪的“科学之心”；他们还积极举办各种书画展览，推出文学奖、摄影大奖、国际漫画大奖、日本学生科学奖、教育奖、医疗功劳奖、科幻小说大奖等活动，推动文化教育事业的发展。读卖新闻社还热衷于举行各种体育大赛，组建自己的职业棒球队、足球俱乐部，开展棋圣战、门球锦标赛、剑道锦标赛等赛事，掀起一阵阵的体育浪潮。报社还竭力向社会各方面渗透，在人流集中的地铁、商场等处大做形象广告。报纸努力开发视听多媒体，以文字、图形等形式在许多公众场合、列车、机场等处提供信息显示，让公众随时随地可以读到报纸通过不同形式发布的新闻。

多年以前，日本的报社就有被称为“扩张员”的发行促销员，挨家挨户对已经购买报纸的读者作回访和问卷调查，征求读者意见，以促进报纸的销售。对于订阅报纸的读者，还馈赠洗衣粉、展览会门票或者电影票等礼物。《读卖新闻》有时候还将棒球票作为订报礼物赠送。《读卖新闻》

的主要读者中，巨人棒球队球迷居多。对于高度喜爱棒球的日本国民来说，这样的礼物无疑会大大促进报纸的发行量。

科学的定价和市场秩序的维持

关于报纸的定价问题，山口部长特别提到“再贩制度”（即《报纸再贩卖价格维持制度》）问题。所谓“再贩制度”就是规定零售价格由出版单位决定，报纸的零售价格由报社决定，而不是由市场决定，因而不能充分竞争。日本的报纸发行之所以能取得这么大的成功，可以说日本有一个良好的传媒生态环境。具体地说是因为日本的出版发行市场有一个良好的竞争秩序，而能够维持这种市场秩序的关键是日本长期以来实行的一套出版物价格体系的维持制度，即日本实行的对文化产品的“零售价格维持制度”。

现在，除《产经新闻》是140日元一份外，其他大报都是130日元一份，长期没有改变。报业和出版业通过这个制度受到了一定程度的保护，使本来可以下调的报纸零售价格不能下调。

“日本出版物零售价格维持制度”是日本报业和出版业所特有的一种价格政策体制，对日本的报业以及其他文化产业的发展起到了一个极其重要的作用。要了解它，我们首先要明确什么是“零售价格维持制度”。在日本，包括图书、报纸、杂志、唱片、音乐磁带和CD等六种文化产品的销售过程中，由生产商批发给各零售店被称为第一次销售，由零售店把产品再卖给各个消费者被称为第二次销售，日语称为“再贩卖”，“零售价格维持制度”指的就是在这六种文化产品的第二次销售过程中，产品的零售价格要保持统一定价，按照定价出售，不允许为了促销而采用降价手段。

“零售价格维持制度”建立的背景要追溯到第二次世界大战以后。那时，美国为了解散日本的财阀，削弱日本大财阀的经济实力，彻底铲除军国主义的产生根源，以1947年的美国《反托拉斯法》为蓝本在日本制定了一部著名的《反垄断法》（日文为《独断禁止法》）[①]。规定生产厂家不能对产品的价格进行过多的干预，商店有权根据自己的需要来对商品进行定价，鼓励自由竞争，防止产业的高度垄断等等。这部法律虽然有一定的积极作用，但一出台，还是遭到了日本国内的强烈反对，但慑于当时美国的强大势力，日本只好执行。到1952年朝鲜战争结束后，依靠为美国提供战争后备资源而迅速发展的日本经济出现了滑坡，成长速度下降，整个国家呈现经济不景气现象。为了缓解这种经济低迷的压力，1953年，日本不得不对《反垄断法》进行比较大的修改。其中非常关键的地方就是修

①贾新光：《贾新光产业述评：谈谈日本汽车产业政策》，搜狐网www.sohu.com 2003.6.19。

改了其中的第24条"对于公平交易委员会指定的特殊例外商品，实行正当的零售价格维持制度。这些特殊例外商品在后面被解释为包括图书、杂志、报纸、唱片、音乐磁带和CD等六种出版物"。至此，日本的出版文化产业基本上开始实行这一制度，一直保持了60多年。但是在这60多年间，日本各界对这一制度的态度却是见仁见智，各不相同。

日本的出版物"零售价格维持制度"制度也受到了种种质疑，日本各界对它的存废问题展开了激烈的争论。日本的公平交易委员会（日本公正取引会）于1990年在政府的相关政策出现缓和的局势下，在新闻出版行业进行了关于这一制度实际执行效果的调查，包括是否真的有利于公平竞争和保护消费者权益等内容。1994年7月在"政府政策和竞争政策研究会"和"零售固定价格政策问题检讨委员会"上发表了调查报告。报告认为："零售价格维持制度是在违反《反垄断法》原则的基础上设立的，要获得日本各阶层的接受，必须有明确而具体的理由。""此前提到的设立这一制度的理由：可以让小型零售店生存，保护消费者获知和能够购买到文化产品的权利，维持报纸发行的家庭配送制度，普及和提高国家的整体文化水平等等，现在是否有明显的效果是值得怀疑的。"[①]基于此调查结果，公平交易委员会倾向于要废除这一制度。

但是，与公平交易委员会持不同观点的日本报界、出版界以及政府文化厅的相关人员组成的"活字文化恳谈会"却认为必须继续维持"零售价格维持制度"，并发表声明，认为"为了提高国家的整体文化水平，振兴活字文化，根据'零售价格维持制度'对出版物进行全国统一定价是必要的"。[②]同时，为了反对公平交易委员会废除"零售价格维持制度"的提案，其他机构组织，如日本新闻协会、日本书籍出版协会、日本杂志协会、日本文艺家协会、音乐文化恳谈会等也相继提出了反对意见。他们的共同想法是：出版物等文化产品是人类的文化财产，必须保护国民的知晓权和保证充足而丰富多样的媒体形式和媒介产品，保证文化产品的多样性和低价格在全国进行普及，而只有采用"零售价格维持制度"才能保证上述事业的发展。

经过多方的磋商，日本公平交易委员会在2002年4月决定还是继续维持这一制度。之所以会做这样的决定，主要是根据日本新闻协会的一项调查结果：日本90%的读者需要这样的制度，支持这种制度，这是读者的一种要求。[③]

---

①〔日〕伊藤正男：《著作物再販制度の存廃問題について》，http://www.scj.go.jp 2004.10.29。

②〔日〕伊藤正男：《著作物再販制度の存廃問題について》，http://www.scj.go.jp 200410月29日。

③岛田昌幸：《日本各媒体的现状和报业的特征》，纵横频道。

第四节 《读卖新闻》的版面与读者

《读卖新闻》的成功不仅在于其“通俗易懂”的编辑方针，在日本全国拥有庞大的销售网络，还与大量贴近百姓的生活信息却不失新颖活泼的版面设计紧密相关。《读卖新闻》的版面设计主要有三个特点：（一）版面众多，生活方面的内容丰富；（二）安排灵活，根据突发性事件随时调整；（三）特色版面固定风格，深入人心。

一、《读卖新闻》版面风格与内容

《读卖新闻》日报一般在40版左右（包括广告专版），除头版外主要分组为综合、国际、经济、（新闻）解说、（新闻）抄录（其他通讯社报社稿件）、“气流”（读者来信）、体育、棋类、生活、教育、地区、短歌俳句、社会等。而晚报一般20版左右（包括广告专版），除头版外主要分组为新闻、体育、股票行情、文化、夜晚专刊、医疗、艺术等。整体上来看，日报和晚报都注重生活服务性信息，特别是晚报。以下对日报与晚报（2005年）的纸面，按照内容分类，进行分别介绍：

1. 日报

（1）政治新闻　内容范围极其广泛。涉及日本的“科学技术”、“能源战略”、“国家战略”、“小泉政治”、“小泉外交”等领域，经常进行连载报道。每周周五的“论点宪法”针对在野党宪法议案进行分析探讨。

（2）经济新闻　评述各种商品服务热销的秘密。周日刊登特辑“消费事件分类”。还有专门介绍新商品的“情报簿”由从周日到周三四天的日报进行连载。周日与周一的“扩大版”对大量商品进行选择报道。

（3）国际新闻　日报的特派员密切关注国际潮流、进行尖锐的分析评述。2005年4月开始刊登的“季节风”对国际新闻进行深层次探讨、解说，令读者感同身受。

（4）头版（一面）　对近期最热点国内外新闻进行专题报道。整理起来可以形成一本层次清晰的“记事本”。“头版”的新闻是人们每天最渴望得到的信息。

（5）综合新闻　各种社论、读书笔记、热点新闻。

(6) 气流版　这是一个专门接受读者来信，并予以回复的版面。编辑记者尽可能多的选取来信、整理、并进行互动。

(7) 地域新闻　《读卖新闻》在全国有120个地区版，各个版存在差异，如版面页数的区别。这个版面刊登的是本地新闻，也会体现部分全国性新闻。

(8) 社会新闻　针对社会热点问题，如“治安的死角”、“公费行为”等问题进行连载报道，严肃而活泼。周二至周四还连载《教育复兴》，对日本教育业的发展与变迁进行方向性探索报道。

周一至周三，用三个版面进行生活方面的报道。医疗、看护、育儿、时尚、食品、自立、职场等话题轮流展现。其中周二至周五的《医疗复兴》栏目好评如潮。

(9) 诗歌（二面）　锋芒毕露的艺人长谷川櫂先生担任这个栏目的主笔。他把对季节变迁、时代转换的感悟记录下来，进行选登。

(10) 体育　按照足球、棒球等体育项目分类进行内容的组织。例如：《足球》栏目对2006年世界杯日本队集训情况进行连载报道。

(11) 解说　周日登场的解说栏目《阅读讨论》针对近期重大新闻事件、话题进行对相关专家、著名人士进行采访。

(12) NIE特辑　2005年这个栏目的主题是“自然的力量、生命的力量”。到12月为止共刊登8个系列。对“地球在大规模规模被破坏”、“保持人类与地球的本来生命力”等问题与危机进行思考，进行连载，并可活用为教材，免费印刷、发放到学校中。

(13) 教育　周一日报的教育版面更名为《教育复兴周一版》。周二至周五，作为第三版的教育版面不仅仍然连载好评如潮的《教育复兴》栏目，还以教育事业为中心扩展到各种与其相关的领域。进行连载的还有　《学习时评》与《孩子们的心》这两个热门栏目。

(14) 周日版　田崎真也先生与织作峰子先生担任主笔，将旅途的烦恼与快乐以丰富的形式进行展现，激发读者对旅行的兴趣。内容广泛，如从春天开始骑着自行车郊游等话题，甚至延伸到最新车型与F1动向的情报。

2. 晚报

(1) 儿童新闻　周一至周五每天的晚报都有“KODOMO”（儿童）版面。内容交替刊登，文字也由少数汉字与大量假名组成，方便儿童阅读。每天阅读，会引导儿童学习汉字。周六小泉吉宏的漫画《ドッポたち》非常受欢迎。

(2) 家庭经济　刊载与生活紧密联系的经济信息。内容主要围绕消费与金钱。大手町博士的讨论专栏占据 4 个版面。可以把《家庭经济》栏目分为 3 个部分："消费版"、"金融版"与"工作版"。

(3) 女性（周四） 这个栏目非常受日本女性热爱。内容包括：烹饪信息、人气餐厅的介绍；各界活跃女性生存之道的报道等。特别关注现代女性的心态。开辟专栏《女性心理》、《个人事情》等，还有专门为解决女性烦恼而建立的《认真的 Q 与真性的 A》、《@工作》等栏目。

(4) 流行更新 紧随每个月时尚潮流变化进行刊载。

(5) 读书 这个栏目可谓"书籍的评述专家"，是读者与作家的对话空间。作家川上弘美、町田康、小泉日子等人对各种好书进行评价连载。对一些专业书籍的评述具有可信性。每个月，高桥源一郎还会专门为读者回答问题，解决疑惑。

(6) 娱乐 每个月第一、三个周日都有"传统艺术"版面。展现"歌舞伎"、"能、狂言"、"日本传统舞蹈"等内容。把日本传统"和"的心态通过艺术的话题进行传承。日报每个月第四个周三也新设立了《传统艺术》版面。

(7) 青春 这个栏目是专门为年轻人开设的。内容包括恋爱、友谊、发展、趣味、时尚等，充满青春的气息。

(8) 科普知识 IT 时代已经到来，《读卖新闻》晚报设立了《理解科学》栏目。其中《自然》板块，将动植物作为主人公进行报道，比如连载《悠闲的小狗》（每个月的第一周)。《理解科学》板块对大自然不可思议的事情进行科学解释，并进行连载。

二、面对突发性事件《读卖新闻》的版面调整

面对突发性重大事件，《读卖新闻》随时调整版面，突出重点。往往除了头版刊登突发事件，在其他各个版面都有相关内容的介绍与分析。

2004 年 9 月 23 日，日本发生了地震。《读卖新闻》从东京派往灾区 69 名记者，摄影记者乘直升机当天拍摄了很多山体滑坡、房屋倒塌的照片，登在第二天的报纸上，很有震撼力。第二天的日报总共 40 个版，有 8 个版的地震报道专版；除去 12 个整版广告，其他 20 个版中，报道地震的至少占 1 / 3 篇幅，其中 1、2、3、4、5 等重要版面都是地震报道；25 日的《读卖新闻》有 10 个版的地震专版。①

① 《地震发生之后：日本媒体如何组织灾情报道》，http://news.xinhuanet.com/newmedia/2004-11/19/content_2228792.htm。

2004 年 9 月 1 日，歌舞伎町杂居大楼火灾，多数人受伤。《读卖新闻》不但头版头条刊载，还连续用六七个版面详尽报道了这一火灾。所有这些报道的焦点都在一个“人”字上，即人的伤亡问题上，显示了社会对生命的极端重视。①

“生活时尚”版面的分布情况

《读卖新闻》的《生活时尚》与《老龄福祉》版面是非常具有特色的。

1. 日报

一周内的生活时尚版面主要包括家庭、安心两部分。家庭版主要有名人写的《人生指南》、晚餐一道菜介绍、生活学校（教授省钱窍门等）以及医疗和一些话题讨论，安心版主要是介绍一些生活新用品。周四有《电视节目周刊》。内容包括节目表、家庭影院、一周连续剧、热门（电视）话题等。在经济组当中，有个小栏目叫做《信息光盘》，介绍新产品，比如新款摩托车、电器和方便食品等。这也可视为生活信息类服务。相比于周一到周六的报纸，周日报纸在版面的设计上，增加了追悼版和书评组，追悼版对本周逝世的名人作介绍；书评组（一般 3 个版）介绍新书情况。另外还有周日音乐专刊，一般有 4 个版。5 月 30 日的周日版共 6 个版。内容为车站介绍（2 个版）、旅行与心情、轻松地方、戏剧、快餐生活等。

2. 晚报

主要体现在《夜晚特辑》的变化上。周一：休闲与兴趣。共 3 个版。内容为旅行、户外活动、游记。在户外活动一版中还特意标明一周全国各主要地方的天气预报。周二：家庭经济。共 3 个版。内容为理财、工作和大手町博士讲座。理财一版介绍家庭支出和信托以及投资方面的信息，大手町博士讲座主要介绍和生活密切相关的知识。周三：都市生活。共 3 个版。内容为股票行情、信息、美术馆博物馆信息。其中信息 1 个版，介绍新书以及同学会、演讲等信息。周四：女性。共 3 个版。内容为心情、家庭和工作。周五：娱乐。共 3 个版。内容为电影介绍、流行文化。周六：轻松科学。共 3 个版。内容为快乐 IT（信息技术）和舒适生活，介绍科技新产品等。②

---

①《南风窗》，2002 年第 11 期。

②郑说，《细致贴心 生动活泼——日本〈读卖新闻〉生活服务类报道特色》，http://203.192.6.68/2004/11/11-24.htm。

表 3-5　　2003 年该报报道生活时尚版消息类内容

板块名称	篇数	内容简介
一般新闻	102	报道最新发生的生活时尚方面各种新闻
生活与健康	222	报道妇女身边的生活与健康的新闻
工作	129	报道与妇女工作相关的各种新闻
反对性骚扰和对妇女施暴	15	报道反性骚扰、反对对女性施暴的新闻
女性服务	102	报道各种与女性服饰、美容等相关内容（2 月 2 日至 12 月 8 日间）
演艺界	11	多为演艺界知名女性的活动以及结婚生子等（10 月 21 日至 12 月 25 日间）
新产品	53	女性生活用品及与女性生活相关图书（2004 年 4 月 1 日至 10 月 11 日间）
其他	52	与上述内容不同的内容（10 月 4 日至 12 月 31 日间）

另外，生活时尚版的专题连载也是一大特色。该报在 2003 年共进行了 20 个专题的连载报道。

比如“幸福调色板”专题。这个专题篇幅最大，分“徘徊在婚姻门槛外”、“我们结婚”、“虽说结了婚”、“瑞典的恋人们”、“解体家庭”、“一同前行”六个专题，详尽报道目前日本社会中存在的婚姻问题；“以自己意愿死去——如何走完人生的终点”专题讨论业已进入老龄社会问题，目前年死亡人数为 97 万人，但据预测，20 年后其规模将增至 150 万人。与此同时，由于少子化的影响，家庭看护老人的能力持续下降，针对如何面对人生最后“死”这个问题，该报介绍人们为实现“有尊严的死”所进行的各种尝试。该报首先在 6 月份刊登了 5 期内容之后，刊登了 1 期读者反馈信息，其后又在 10 月份，分 8 期刊登这一专题的“续集”。

《读卖新闻》的生活时尚板块还有一些固定栏目，一向广受欢迎。固定栏目由《美丽 + 时尚》、《兴趣爱好》、《饮食》、《旅游休闲》、《育儿》五个板块组成。

这些板块给人们提供了各个角度的生活信息。比如：在传统社会里，育儿知识是一种经验性知识多于理论性知识的学问，它很大程度上依赖于长辈到晚辈的世代相传形式而得以延续下来，但是长期少子化打断了这种知识的传承方式，造成很多初为人父母的年轻夫妇育儿知识严重匮乏。加之，这些人的父母亲都有自己的工作，无法给予指导，甚至造成很多小夫

表 3–6　　《读卖新闻》生活时尚版的栏目

板块	栏目名称	期数	刊登日	内容简介
美丽+时尚	一般新闻	24	每周周五	介绍服饰流行相关的新闻
	新锐设计师	23	隔周周五	介绍最近成长起来的年轻服装设计师及其品牌
	时装发布会	28	随时	报道巴黎、纽约、米兰、东京、首尔2003年春夏、2003—2004年秋冬时装发布会的相关新闻
美丽+时尚	流行快递	26	隔周周一	介绍大都市的流行时尚风潮
	原由美子：给男人以美学	51	每周三	由著名女服饰造型师的随笔和资深插画画家的图片，展示男性打扮的方式及其着装理念
	时尚风向标	26	隔周周一	由专任宣传员工执笔介绍银座地区著名的人气百货店
兴趣爱好	文化排行榜	51	每周三	分爵士乐、茶文化、寿司、鬼怪电影、古典音乐、剑客画家宫本武藏、焰火、摇滚乐咖啡吧、新的日本旅店热、赛马、百年诞辰的文化人进行介绍
	浜田惠理子的绿色装饰	26	隔周周二	由著名园艺师介绍园艺装饰案例
饮食	食钵子	68	每周三五	刊登的介绍使用时鲜素材做成的菜肴和流行菜肴
	读卖饮食读本：吃出健康	52	每周一	如何通过食疗，吃出好身体
	渡边明子老师料理教室	16	每月第2、4周周四	烹饪研究家渡边明子教给你一定要牢记的家庭菜肴制作技巧
旅游休闲	趣味期策日记	25	隔周周五	刊登各地旅游风情
	与时节的亲密接触	11	每周五	10月至12月间介绍各地富有季节特色旅游景点和风味饮食
育儿	育婴ABC	42	每周一	每周一刑登，分专题介绍育婴知识
	爸爸的育儿日记	21	隔周周三	由该报男记者执笔叙述自己的育儿经历与心得

妻害怕生孩子。这种情形在日本城市里相当严重，在我国上海等大城市里，也出现这种苗头。对于每天都要与读者见面的报纸采说，在提供科学实用的育儿知识与信息上，完全可以大有作为。所以，该报开辟了《育儿ABC》和《爸爸的育儿日记》两个栏目。每周一刊登的是《育儿ABC》栏目。2003年该栏目按照婴儿出生、成长发育的顺序，分“母乳与奶粉”(如何喂奶)、“夜哭”、“断奶”、“说话”、“预防接种”五个专题进行了介绍，这为那些育儿知识匮乏又处于无助状态的年轻父母提供了大量可以参考的知识。

“高龄福祉”版面的分布情况

联合国把65岁以上的人口占总人口的比率在7%—14%的社会，称作“高龄化社会”；把14%—20%的社会称作“高龄社会”；把20%以上的社会称作“超高龄社会”。目前，日本正在从高龄社会进入超高龄社会。根据有关调查表明，年纪越大的人，越关心医疗信息和知识，他们多有仔细阅读和收集医疗报道的倾向，是报纸健康医疗版的忠实读者。报纸诉求的对象就应该是那些开始意识到各种疾病、或者实际上已经患病的中老年读者群。如何通过提供医疗信息与知识、留住和开拓新老读者，是以一般读者为对象的综合性报纸应该认真思考的问题。笔者运用内容分析这一工具，揭示《读卖新闻》在超高龄化时代所展开的医疗与护理信息相关报道，可以为那些有志于更好地满足读者这些需求的编采一线从事中国的医疗与护理信息发掘报道的记者，提供某种启示或触发他们的灵感；同时也希望这些报纸能够努力开创出具有影响力的健康品牌栏目，吸引众多高质量的医药厂商成为自己的广告客户。报纸的作用在于向读者提供真正高质量的可信赖的医疗信息和知识，帮助他们过上健康生活。

在医疗与健康板块上，由《最新医疗》、《医疗的复兴》(Renaissance)连载栏目、《健康咨询室》三部分内容构成，其具体内容如下：

《最新医疗》是每周二刊登在《读卖新闻》家庭版上尖端的医疗信息，主要集中在各种疾病手术方法、治疗手段的介绍上，是记者和医疗专家合作的产物，每一篇稿子都配有详尽的治疗方案示意图。

《医疗的复兴》(Renaissance)连载栏目是一个由《读卖新闻》医疗信息部记者采访编辑，刊登在《读卖新闻》家庭版上的长期连载栏目。2003年37个专题刊登了预防接种、肝病、肺病、癌症、产后忧郁症、口腔、药疹、小儿急救、牙科、子宫癌、排尿障碍、干癣、人格障碍、多动症、如何换医院等与疾病治疗相关的常见问题，同时展开编读互动方式，报道读者反响大的内容。

《健康咨询室》是一个每周三、四由医生在报纸上回答读者提出的有关疾病及其治疗方法的栏目。

健康生活板块，刊登在《读卖新闻》周日版上，由《生活健康信息》、《精神卫生》、《食品与健康》、《药物与检查》、《疾病》、《健康札记》等介绍人们身边的健康信息与知识构成。比如《生活健康信息》、《精神卫生》、《食品与健康》、《药物与检查》、《疾病》、《健康札记》等。

在护理板块，内容由《读卖新闻》社会保障部采访编辑，刊登在家庭版上。其中《安心生活板块》中有《健康与医疗》、《劳动就业》、《老年护理》、《年金与财产管理》、《退休年金改革系列》、《育儿与社会活动》。护理笔记栏目由《读卖新闻》生活信息部编辑，刊登在该报家庭版上的《护理笔记》开始于 2003 年，每周一刊登由各界著名人士执笔讲述自己护理年老体弱或患病老亲的真实生活体验内容连载。

老年人生活档案与入门护理学板块：由该报生活信息部编辑，刊登在《读卖新闻》家庭版上，主要由《老年人生活档案》和《入门护理学》两个栏目组成。

《老年人生活档案》栏目中，既有指导老年人从事锻炼身心，过健康生活的《悠悠老人》板块，也有为老年人提供理财信息的《养命钱》板块，还有《人寿保险》、《健康保险》改革等相关板块的内容。这些板块内容如下：《悠悠老人》、《养命钱》、《医疗健康保险制度改革后如何保卫家庭生活》、《人寿保险怎么啦》等。

护理学入门板块：提供的则是护理老年人时必备必需的常识与知识信息。

三、《读卖新闻》的读者结构分析

读者的年龄结构

从读者年龄结构看，《读卖新闻》50—59 岁的读者所占比例最高，为 32.2%，其次为 60 岁以上读者，占 28.2%，40—49 岁及 30—39 岁的读者比例分别为 19.7%和 14.8%，29 岁以下读者只占 3.7%。

读者的职业结构

从读者职业结构看，《读卖新闻》读者中，现场劳动人员比例最大为 20.4%，无职业者为 15.9%，其次为办公室人员 16.0%，销售服务人员 11.0%。其他职业人员比例均低于 10%。

读者的家庭收入

《读卖新闻》读者中，家庭年收入占比最大的三个阶层比例均比较接近，由高到低依次为：300万—500万日元占21.4%，500万—700万日元占21.7%，700万—1000万日元占20.8%，再次分别为1000万—1500万日元占13.0%，100万—300万日元占10.2%，其他收入读者所占比例均低于10%。

家庭结构形态

从读者的家庭成员结构看，《读卖新闻》读者中，两世同堂家庭的比例最大占55%，夫妇两人和三世同堂的家庭分别占16.4%和13.6%，其他占10.4%，单身家庭占4.6%。

四、读者的版面接触率

读者接触率的星期分布

《读卖新闻》读者新闻接触率平均为87.9%。最高的为星期日，占89.6%；其次的为星期一，占88.5%；最低的为星期六，占86.7%；次低的为星期二，占86.8%。

从性别分布来看，《读卖新闻》男性读者新闻接触率平均为87.8%。最高的为星期日，占88.9%；次高的为星期四，占88.8%；最低的为星期二，占86.8%；次低的为星期三，占87.1%。《读卖新闻》女性读者新闻接触率平均为88.0%。最高的为星期日，占90.2%；次高的为星期一，占88.7%；最低的为星期六，占86.2%；次低的为星期二，占86.9%。

《读卖新闻》东京版读者新闻接触率平均为83.3%。最高的为星期一，占84.9%；次高的为星期三，占84.2%；最低的为星期六，占81.9%；次低的为星期二，占82.8%。

从性别分布来看，《读卖新闻》东京版男性读者新闻接触率平均为81.8%。最高的为星期一，占82.9%；次高的为星期三，占82.7%；最低的为星期六，占80.8%；次低的为星期二，占81.3%。《读卖新闻》女性读者新闻接触率平均为84.7%。最高的为星期一，占86.7%，次高的为星期三，占85.6%；最低的为星期六，占83.0%；次低的为星期四，占83.8%。

表 3–7　　　　《读卖新闻》早报各个版面的阅读情况

版　面	件　数	全　体	男　性	女　性
一面	84	86.2	86.1	86.4
综合	84	76.6	78.9	74.7
综合、社论	84	75.8	77.9	74
政治	82	69.2	71.9	66.9
国际	153	69.8	71.2	68.7
经济	190	68.3	69.5	67.3
商业	59	38.7	37.4	39.9
投稿	71	66.5	58.7	73.5
解说	72	64.3	60.2	68
体育总计	285	70.9	75.6	66.8
体育	242	70.6	75.9	66.1
体育（奥运会）	14	80.9	80.6	81.1
体育（世界杯）	5	66	67.1	65.1
体育(高中棒球)	6	68.5	72.9	65
体育（国际体育）	18	68.3	71.4	65.6
生活总计	204	70.5	60.3	79.5
生活：家庭	164	71.1	60.7	80.2
生活：贴士	29	67.9	58.8	76
生活：健康	11	69.1	58.3	78.9
地方新闻	214	71.1	66.9	74.9
第 3 社会	10	65.3	61.4	68.8
第 2 社会	84	82.4	81.1	83.5
第 1 社会	84	84.9	83.9	85.9
电视	84	84.3	82.9	85.5
教育	22	68.9	59.1	77.4
经济综合	11	69.1	66.6	71.2
读卖堂	39	59.9	50.9	67.9
新闻摘抄	9	57.4	54.1	60.3
科学	5	64.7	57.3	71.5
编集特集	121	65.6	61	69.7
广告版	742	56.4	50	62.1

表 3-8　《读卖新闻》晚报各个版面的阅读情况

版　面	件　数	全　体	男　性	女　性
一面	72	81.7	80	83.3
综合	64	71.8	73.9	70.1
晚间体育	68	71.6	72.6	70.8
奥运会	13	76.9	72.2	81.2
商业	45	43.9	40.3	47.1
TV	66	61.8	51.3	71
文化	53	57.9	50.2	64.8
艺术	47	66.9	58.2	74.7
广播	17	48.4	41.2	54.7
第 2 社会	72	78.1	75.3	80.6
第 1 社会	72	80.3	77.8	82.6
电视	72	79.1	76.1	81.8
DO! 立体声	12	65.3	53.7	75.8
MODE UPDATE（包括时尚生活）	12	68.1	57.3	77.5
娱乐	14	65.6	56.4	74
城市生活	48	64.6	54.3	73.8
本周焦点	12	72.3	66.7	77.2
本周商业状况	7	39.6	35.2	43.5
读卖堂	10	59.6	51.8	66.8
话题	12	68.3	59.4	76.1
游步人	12	66.1	57.8	73.4
艺术	24	66.6	57	75.1
调色板	26	59.8	51.5	67.1
旅行	12	69.4	62	75.9
IT	22	67.1	59.6	73.7
女性	48	67.9	56.4	78
棋类	12	45.5	42.2	48.4
自然	12	67.3	61.9	72.2
户外	12	65.7	57.3	73.2
医疗	10	70.5	62.3	77.6
高科技生活	8	69.5	62.1	76.1
儿童	12	65	54.8	74.2
家庭经济	8	65.6	57.5	73
编集特集	11	66.8	62	71

表 3-9 《读卖新闻》的广告接触率

接触点		读卖	朝日	每日	日经
和家人或朋友谈起的话题	(n=3075)	40.3	34	6.6	11.6
剪报	(n=1452)	40.7	36.4	5.8	13
参与有奖问答活动	(n=1426)	43.6	34.3	5.9	8.5
索取某种商品或某项服务的资料	(n=671)	44.8	36.2	5.8	11.8
参加当地举行的各项活动	(n=1200)	42.7	31.7	6.1	8.4
看电影	(n=1143)	39.5	37.8	6.6	10.9
去娱乐设施	(n=739)	45.8	30.8	6.9	6
去百货商店或商场购物	(n=1664)	41.8	34.5	6.3	9.3
去高档品牌店购物	(n=127)	44.8	36.7	3	13
去超市、零售店、专卖店购物	(n=2113)	45	30.8	6.2	7.1
去饭店	(n=993)	46.3	31.3	6	8.4
去购买书和杂志	(n=2156)	39.7	38.8	7.7	12.7
上网	(n=938)	38.7	38.1	5.9	15.8
去汽车经销商或专卖店	(n=382)	47.2	28.4	6.1	9.2
去房地产开发商处	(n=243)	40.2	33.7	5.8	12.2
去房地产展示会	(n=232)	48.4	29.5	6.1	10
报名参加旅行	(n=727)	49.8	32.2	9.6	8.2
咨询保险、金融商品	(n=256)	44	36.6	6.2	15.1
咨询职位招聘信息	(n=448)	41.9	35.8	6.3	6.9
咨询电子购物、远程教育等	(n=593)	46.6	29.4	9	10.3
参加报社举办的活动（展览会、体育运动、烟火等）	(n=484)	34.2	37.5	8.7	10.4

新聞　2007年（平成19年）1月21日（日曜日）　©日本経済新聞社2007　（日刊）

日本経済新聞

1月21日 日曜日

発行所 日本経済新聞社

確定拠出年金

キヤノン、ヤマトも導入

拠出限度額の引き上げなど 普及のカギに

資産残高3兆円

上場企業の間で、加入者の運用成績次第で受け取る年金額が変わる確定拠出年金（日本版401k）の導入が広がってきた。一月からキヤノン、キユーピーが新制度に移行し、ヤマトホールディングスも近く運用を始める。確定拠出年金の加入者は二百万人を超え、資産残高も昨年末に三兆円規模に拡大したとみられる。今後拠出限度額の引き上げや加入者の追加拠出が認められれば導入企業はさらに増えそうだ。

確定拠出年金

加入者

資産残高

250 200 150 100 50 0 万人

02 03 04 05 06

省調べ。加入者数の2006年度1月末現在

キヤノンは国内グループ企業も含め約三万人が確定拠出年金に加入。従来の年金基金に振り向けていた掛け金の二－三割分を新制度に回す。加入者は預金など元本確保型や国内外の株式、債券で運用する投資信託など約十五本の金融商品の中から選んで運用する。

一方、キユーピーの確定拠出年金は退職金の前払い制度と併用し、千八百人が加入する。「従業員の選択肢を増やす狙い」（同社）という。

ヤマトも昨年十二月から導入の手続きを進め、一月末に運用を始める。全グループ企業を含む従業員約七万七千人が対象。従来の年金基金は解散せず、従業員が好きな方を選べる。日本通運も導入を検討している。

確定拠出年金は二〇〇一年秋に始まり、昨年十二月末までに二千百六十一企業・グループが導入を認められた。当初はトヨタ自動車など大企業が中心で、年金の積み立て不足を解消する狙いもあった。その後中小企業まですそ野が広がり、加入者も二百十五万人（十一月末）に拡大した。

最近は確定拠出年金導入が人材確保の条件の一つになっているうえ老後の資金は自ら確保するとの機運も高まっている。制度発足から五年が過ぎ慎重だった大企業も導入に踏み出した格好だ。

加入者の増加が続き、確定拠出年金専用の投資信託運用残高（QUICK・QBR調べ）は昨年末に初めて一兆円を超えた。一般的な加入者は資産運用のうち三割程度が投信とされ、確定拠出年金全体の残高は二〇〇五年度比四割増の三兆円規模に膨らんだようだ。

ただ、三十年弱の歴史がある米国の確定拠出年金残高は三百兆円強（〇五年末）で、日本はその一%。米では個人の追加拠出を認めるなど優遇策を打ち出し、株式相場の活性化にも寄与した。日本でも貯蓄から投資の流れが強まっており、「資産規模を大きくするには、拠出上限額引き上げや途中脱退時の資金引き出しなど使い勝手をよくする必要がある」（ニッセイ基礎研究所の臼杵政治上席主任研究員）との指摘が多い。

有人店舗 アイフルが8割閉鎖

規制強化でリストラ　グループ2000人削減

消費者金融大手のアイフルは二十日、九月までに有人店舗の約八割を閉……た。グループ全体では約二千人を削減する。同社は昨年四月の行政処分で……益減が避けられず、大規模リストラで生き残りをめざす。他の大手の……

本体は有人店（昨年九月末で四百六十三店）を百……など消費者金融の子会社四社は全四百四十九店を閉鎖し将来はアイフル本体に統合。信販子会社のライフも営業拠点（六十九カ所）を十一カ所に削減。グループの店数は二千七百店から千百店まで減る見通しだ。人員面では、正社員……対象にグループで約……

きょうの紙面

異常気象、世界で猛威

「納豆で減量」データねつ造

大学入試センター試験 問題と解答

日経マガジン 木と生きて

SUNDAY NIKKEI

《日本经济新闻》

第 4 章

《日本经济新闻》

财经界一枝独秀
数据库独占鳌头

创办时间： 1876 年创办，原名《中外物价日报》，1946 年改为现名
现任社长： 杉田亮毅
发行量： 日报 301 万份，晚报 163 万份，合计 464 万份
网址： http://www.nikkei.co.jp/nikkeiinfo/index.html
地址： 东京都千代田区大手町 1-9-5
电话： 03-3270-0251

- 《日本经济新闻》是全世界发行量最大的财经报纸，2004 年，日均发行量达到日报 301 万份，晚报 163 万份，合计 464 万份。美国的《华尔街日报》当年的发行量是 211 万份。《日本经济新闻》是由三井物产公司于 1876 年创办的，最初的名称是《中外物价日报》，其后更名为《中外商业新报》，直到 1946 年才改为现在的报名。该报注册资本 25 亿日元，拥有 3755 名员工，本社设在东京，在名古屋、福冈、札幌、神户、京都设有分社，拥有 56 个国内支社，35 个国外支社，25 个国内印刷点，6 个国外印刷点。目前，日本经济新闻社已经成为一个拥有报业、出版业、广电业和数据库业等四大板块的跨媒体集团公司。

第一节 日本经济新闻集团

《日本经济新闻》在日本几乎是所有商务人士和白领阶层都不能不读的报纸。它与《华尔街日报》和《金融时报》一起被称为世界三大财经媒体，它的发行量远远超过了美国《华尔街日报》，更是英国《金融时报》的好几倍。只是因为它是日语报纸，所以在世界范围的影响并不如其他两家财经媒体，但在日本财界它是首屈一指的。笔者第一次访问日本经济新闻社是在2004年夏天，后来又去过很多次。日本经济新闻社的总部大楼坐落在东京皇宫附近的大手町，与《读卖新闻》和《产经新闻》的总部大楼隔街相望。报社的大厅并不显得那么气派和宽敞，但从来来往往的工作人员的身影中，我却能感受到一种严谨务实的氛围。

一、彻底客观主义的报道原则

《日本经济新闻》的创刊要追溯到1876年创刊的《中外物价新报》，由以贸易公司起家的三井物产所创办，社长是毅田孝。创刊时只有四个版面，每周发行一次。当时正值明治初年，日本处于由武士社会向近代社会过渡的时期，在商品流通的过程中缺乏基本的价格信息及客观的国内外经济形势、物价等信息。此时的《中外物价新报》以报道日本国内、英国伦敦、中国上海和香港等地的大米、盐、银、铁等产品的物价信息为主，由于提供了企业和工商业人士所需要的信息而声名远扬，1889年改名为《中外商业新报》。

《日经》的国际报道很著名，一直坚持登载外国信息，即使是在“二战”期间也顶住了军部的压力，努力登载外国的信息，而且在创刊之初就建立了一种精神，即遵从市场原理，反对偏颇，无论是左翼还是右翼，热衷于报道世界经济新闻。但是，在“二战”中《日经》最终也没能逃脱军国主义政府的管制。“二战”后，日本的报纸渐渐脱离了政府的管制，《日经》重新确立了办报宗旨：通过提供客观、高质量的经济信息为日本的经济发展作贡献。1946年改名为《日本经济新闻》。

在经济复兴时期，日本经济高速增长，战前的一些大企业东山再起，中小企业也获得了很好的发展机遇，《日经》非常积极地为这些企业和工商界人士提供信息服务，它所提供的大量企业新闻、股价和商品行情等是其他报纸无法比拟的，《日经》也由此成为企业、工商界人士的必读报纸。1968年,《日经》早报的发行量超过了100万份；20世纪70年代资本的自由化和经济的国际化成为日本经济发展的课题，公害等由经济发展而引发的负面影响也开始显现。《日经》为了适应这些课题，把采访网络扩大到整个世界，并在报道商业界的同时强化了专业的视角；90年代日本经历了泡沫经济的破灭、IT革命、金融危机等重大事件，产业与金融的冲突也相继发生。《日经》有很多独家报道记录了日本经济的变迁。进入21世纪，日本经济迎来了新的改革时代，对时局的敏锐洞察力以及在经济领域的独特视角，使《日经》的报道给日本的政治、经济以及社会所带来的影响更加凸现。

《日经》的办报方针可以从其社训中看出：“忠诚公平，从民众利益出发，为国民生活的经济基础获得平稳的发展作贡献，”可以说这是《日经》新闻的命脉所在，读者对其信赖程度极高。

《日经》重视事实，坚持客观报道。认为对事情的判断应该交给读者，报纸只管报道事实。如果记者想发表个人的意见，《日经》会要求他签上名字，把它作为一种解说或者是评论来报道。在普通新闻报道中出现褒贬评价，是不允许的，因为《日经》实施的是彻底客观主义的报道原则。

《日经》重视市场原则，虽然按照市场原则，弱势人群会受到损失，但是从另外一方面，可以从生活保障方面对他们加以保护。重视市场原则，这是《日经》报道的一个方针。早期《日经》的新闻信息是用电报来接收的。作为一张报纸，在明治时代已经很注重新闻媒体的速报性。现在利用互联网，《日经》能在全世界快速收集到所需要报道的信息。

《日经》非常重视对中国的报道，在北京设有中国总局，在上海、广州、重庆、香港、台北设有支局。2004年11月，日经重庆支局举行了成立仪式，这是继新加坡《联合早报》、意大利FBC通讯社之后，在重庆设立记者站的第三家外国新闻媒体。重庆支局（即记者站）是它在全世界设立的第33家支局，获中国外交部批准设立，由日本资深记者宫泽彻担任支局长。[1]

《日本经济新闻》与中国的《人民日报》长期保持着密切的友好合作关系。双方每年共同举办一次中日经济论坛，各自轮流主办一次。该论场在中日经济界和新闻界都有非常大的影响。

---

①http://www.xinhua023.com/ 2004年11月25日。

二、创造财经报纸的“神话”

熟悉全球金融指数的人，对“日经指数”绝对不会陌生，这是考察日本股票市场股价变动最常用、最可靠的指数。著名的日经指数就是由日本经济新闻社发布的。

日经指数，原称为“日本经济新闻社道•琼斯股票平均价格指数”，是由日本经济新闻社编制并公布的反映日本东京证券交易所股票价格变动的股票价格平均指数。该指数的前身为1950年9月开始编制的“东证修正平均股价”。1975年5月1日，日本经济新闻社向美国道•琼斯公司买进商标，采用修正的美国道•琼斯公司股票价格平均数的计算方法计算，并将其所编制的股票价格指数定为“日本经济新闻社道•琼斯股票平均价格指数”，1985年5月1日在合同满十年时，经两家协商，将名称改为“日经平均股价指数”（简称日经指数)。日经指数按其计算对象的采样数目不同，现分为两种：一是日经225种平均股价指数，它是从1950年9月开始编制的；二是日经500种平均股价指数，它是从1982年1月开始编制的。前一指数因延续时间较长，具有很好的可比性，成为考察日本股票市场股价长期演变及最新变动最常用和最可靠的指标，传媒日常引用的日经指数就是指这个指数。

日本经济新闻社大楼

日经集团新闻事业的主力是它的五张报纸——《日本经济新闻》、《日经产业新闻》、*THE NIKKEI WEEKLY*、《日经金融新闻》、《日经流通新闻》。这些报纸共同创造了这份财经报纸的“神话”。

《日经》的发行量虽然不是日本最多，但它的受众群为日本中产阶级，其读者大多都是日本经济界、政治界的领导者和公司的管理人员，所以其影响远远超过了它的发行量。根据最新的调查，日本78%的企业都订购了《日经》，另外员工数目超过300人的大企业的董事长、总经理以及部门主管90%都读《日经》。《日经》的读者主要是一些高学历、高收入和有一定社会影响的人群。读者中的一半有大学或研究生学历，读者的家庭平均收入也比不订阅家庭高出 40%多。这种为高层读者提供的信息服务，为广告商的投放提供了便利，便于他们有目的地集中广告投放方向，增强广告传播效果。

日经系列的母报和子报

《日本经济新闻》是日经系列的旗舰报纸，也可以称为母报，每日发行日报和晚报。

该报是世界发行量最大的财经报纸，也是在海外被订阅得最多的日本报纸。版面的 70%为国内外经济报道，是以经济为中心的全国性报纸。从微观到宏观的所有经济信息，包揽政治、社会、文化、生活、体育等一般信息，以最快的速度和简明的方式报道世界动向和企业的设备投资、经营战略等。2003 年 3 月开始增设“医疗版”、“生活经济版”，提供和生活密切相关的信息。在晚报，除了新增大型连载栏目以外，还扩充体育信息和彩色图片，拉近了和读者的距离。《日本经济新闻》由于母报本身还无法满足读者对信息的细分化需求，信息细分化和专业化的发展要求促成了出版《日经产业新闻》等子报。形成了日经报系的五大支柱：《日本经济新闻》、《日经产业新闻》、《日经流通新闻》《日经金融新闻》和英文版的 *THE NIKKEI WEEKLY*。子报不是每天都出报。

《日经产业新闻》每周一至周五出版发行（节假日不出版）

该报以三大商业主题：高科技、经营管理、市场营销为中心。编辑方针用一句话来概括就是“每日献上 400 条企业信息”，为全国 300 万的企事业单位以及众多读者提供全新的企业、产业信息。从新技术、新产品、新服务到商业模式、人事战略等和企业经营相关的内容，详细报道微观企业信息。

《日经流通新闻》每周二、四、六出版发行

该报 1971 年创刊以来，提供了丰富的信息，包括零售批发的流通业的动向、企业构造变化、消费品制造商的市场战略、品牌理论、畅销产品的预测、潮流新动向等。深度报道海内外有关市场和消费者的各种信息。

《日经金融新闻》每周一至周五出版发行（节假日不出版）

该报是和金融紧密相关的实用型专业报纸。其中包含三大部分：（1）显示国内外金融资本市场走势的“市场信息”；（2）了解银行、证券公司等新动向的“经营信息”；（3）和股票、信托投资、年金有关的“资产运用信息”。开展各种等级的单独调查，提供大量专家学者的分析评述。

THE NIKKEI WEEKLY 每周一发行

该报将一周的《日本经济新闻》和《日经》其他三份报纸的主要内容重新组合为一份周刊英文报纸。其内容以日本的经济、产业、金融为中心，从各种角度来挖掘新闻的背景和今后的发展。该报的目标受众不仅为关心对日贸易和投资日本企业的外国读者，还包括用英语从事经贸的日本人，用高水平的英文为他们解读日本经济。

三、世界三大财经报纸之一

本书作者在日本经济新闻社门前

2003年，《日本经济新闻》收入为2000亿日元，利润170亿日元；而当年的《华尔街日报》收入15亿美元，相当于1800亿日元，利润是1.4亿美元，相当于160亿日元，《金融时报》收入7.5亿英镑，相当于1500亿日元，利润是8600万英镑，相当于170亿日元。这说明《日经》在世界三大财经报纸中收入最高，利润则与其他两大财经报纸不相上下。

《日经》收入的40%来自广告，发行占60%。《日经》2003年结算的时候，报纸发行52%，广告48%。欧美的报社基本上依赖于广告收入的程度比较高，在美国，报纸销售本身是30%，广告要占到70%。

日本几乎所有的报纸发行收入都比较高，这有历史方面的原因，首先日本有送报上门制度，还有全国性的报纸发行销售网。在日本，报纸的销售网有2.1万多个店，这些店负责向各家各户发行报纸，也在地铁站售卖报纸，但份额很少，平均100份报纸中有5—6份是在车站卖的，其余的就是由销售店送

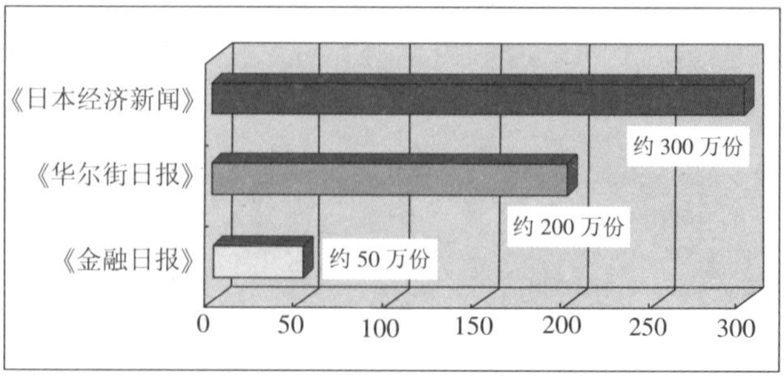

图4-1 世界三大财经报纸的发行量对比

到各家各户，或者是政府机构、企业等等。销售店不仅派送报纸，也到各家各户收取报费，或者督促他们到银行缴纳报费，因此《日经》报纸的发行收入比较高。在日本，90%以上的报纸是送到各家各户的，而美国只有70%，英国不到 40%，这也反映了各国国情的不同。

三家报纸的共同点在于，都是比较高端的财经新闻媒体，读者群的素质都比较高，报纸非常重视信息质量和读者需求，讲求时效性，都会对新闻进行深层次解读。这三大报纸都拥有很多经济记者，《日经》大概有近 1000 人，《华尔街日报》、《金融时报》都有几百人。

三家报纸的不同点在于，《金融时报》虽然发行量只有 50 多万份，但在英国、欧洲、美国各发行 10 多万份，在英国实际不到 20 万份，所以与其说它是一份英国报纸，不如说是一份国际性报纸。而《日本经济新闻》的主要市场是在日本国内，在国外有六个印点印刷国际版，数量为 5 万份，读者对象也主要是海外的日本人。另外，虽然这三份报纸都是主要报道经济新闻的，但《华尔街日报》的报道偏重于经济和市场，《金融时报》则重点报道对经济有重大影响的政治、国际形势动向。《华尔街日报》有两个版本，美国本土版很少有国际新闻，而是细致地报道国内经济新闻，亚洲版关注的重点是在亚洲区域的财经新闻。《日经》和这两家相比，有很多自己的特点，比如对生活、文化、体育都有所报道，对生活的渗透程度比较深。小说版是《日经》非常受欢迎的版面。很多日本读者是先从文化版面开始读《日经》的。日本的报纸基本上都登载小说，这是日本明治维新以后的传统，《日经》不仅登载小说，还有插画、插图，一些著名的大作家都曾在《日经》上发表作品。经济新闻和言情小说的巧妙组合，是《日本经济新闻》的特色之一。

四、日经集团的运营模式

日经集团公司不单是一个报业集团公司，它涉及四大领域，包括日经报业集团、日经出版集团、日经电视集团和日经数据库集团。日经集团的总收入在 2003 年是 3935 亿日元，主要的收入来源是报纸约 2000 亿日元。在总利润中，报纸带来的利润占到 62%以上，出版业虽然很兴盛，但是只占总利润的 5.5%。

一个媒体集团进入多元化经营时代，极容易出现各下属媒体在新闻报道上各自为政、与集团发生冲突的危险。为了避免此类事情的发生，1976 年，日经集团公司设立了常务董事领导的包括编辑、销售、广告、出版、数据库、日经 BP 社、事业本部、策划调查部等在内的直接或间接与新闻报道有关的部门组成的新闻报道委员会，作为探讨统一日经集团企业形象战略的最高机构。另外，日经集团的各项业务划分为四大板块。下图是日经集团的业务板块结构图（数据来源：http://www.nikkei.co.jp)。

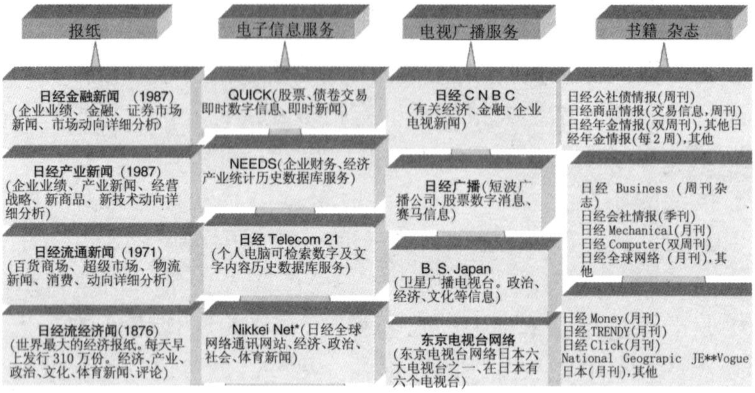

图 4-2　日经集团业务板块结构图

日经报业集团公司如前面所叙述的，有《日本经济新闻》，还有《日经产业新闻》、《日经流通新闻》、《日经金融新闻》等报纸，基本涵盖了所有的经济领域，总体上看，与其他同类报纸相比较，日经报社同时运营日经网络和数据库经营的独特性比较明显。

日经出版集团——日经 BP 社是提供技术和经营尖端信息的日本最大的专业出版社，杂志广告收入在日本的出版社当中排在第一位。日经 BP 社出版了近 40 多种期刊，涉及到经营、电脑、通信、电子机械、计算机、环境、医疗、生物、健康、服务等，多个领域的杂志发行量都保持日本第一。目前共发行 43 种杂志，3 种通信简报，每年出报近千种图书。日经 BP 社的业务内容是多元化的，其内容包括图书、杂志、展览会、研讨会、调查资源、教育、读者管理服务、人才派遣等服务。在展览会方面，每年在东京举办亚洲最大的综合数码展览会，在大赛方面对系统、技术、广告等方面开设了日经 BP 奖。日经 BP 社共有15 家关联公司，分别在美国、英国和香港设有相应的法人企业和代表。

日经的电视集团公司拥有电视、广播服务网，有东京电视台、BSJAPAN、日经广播等。同时还拥有十多家地方电视台作为日经电视集团自己的电视网。

日经的电子媒介集团《日经》报道重点虽然是经济信息和经济新闻，但是也注重向读者提供各种各样有用的社会生活信息。有一个数字，叫做《日经》的独家读者，指的是日经的读者中有 52%的人只读《日经》新闻，不读其他报纸，这个数据就提醒报社，报道必须负责任。家庭读者是读者中的主流，占 73%以上，这种订阅者的构成会对报纸提出要求提供更加有意思、更加有用的信息，所以《日经》大幅度地提高了跟生活有关的经济信息报道，比如新产品或者是跟购物有关的消费信息，还有健康或者是医疗信息，以《日经》独特的视点进行报道。最近，《日经》又新组建了一个周末版编辑本部。因为星期六、星期日大家可以在家里慢慢读报纸，周末该如何提供信息——这是周末编辑本部所需要专门考虑的问题。

《日本经济新闻》的早报、晚报和《日经产业新闻》、《日经流通新闻》，还有《日经金融新闻》，这些报纸的编辑者和《日经》有连动性，人员不是分散的。其他的记者也可以在《日本经济新闻》本报写报道，也可以在《日经产业新闻》等报上写报道。《日经》有一个网络编辑部，编辑本部把它的报道不仅登到报纸上，还发到《日经》的网站、广播以及东京电视台上，同时，还在卫星广播、数字卫星电视广播上报道，编辑本部同时向网络和电视、广播提供报道。一个记者或者是一个编辑人员同时向报纸、广播、网站提供素材，把信息向各个媒体提供，把所有的报道放到一个数据库里。从 20 世纪的 70 年代末，《日经》就开始做数据库的工作，这个数据库的工作以 Telecom21 网站为代表的电子媒介事业取得了令人瞩目的成就和业绩。

第二节　掌门人——杉田亮毅

《日本经济新闻》这个世界著名的财经媒体集团公司的掌门人叫杉田亮毅。

杉田亮毅先生是这个多媒体集团的总裁和社长。他大学时的专业是金融和外汇，从 1961 年进入日本经济新闻社以来，一直活跃在《日经》和日本的经济报道界。从记者到编辑，到华盛顿支局的局长，然后到总编，再到社长，他既是一个经验丰富的财经记者，同时也是一位资深的报业管理专家。

我如约来到日本经济新闻社杉田亮毅社长的办公室，杉田社长非常友好热情地接待了我们。他已经多次访问中国，对中国充满了友好的情谊。

本书作者在采访日本经济新闻社长杉田亮毅

崔保国：非常感谢您能在百忙中接受我的采访。请问《日本经济新闻》的经营理念是什么？

杉田亮毅：《日经》的社训是“忠诚公平，以民为本”，这充分体现了我们的经营理念。在第二次世界大战后的1947年，《日经》重新确立了经营理念并明文规定。为了将社训的内容落实，一年半以前我提出了议案，希望能够面向员工制定出“行动规范”。同时，《日经》始终坚持“公正地报道事实”，而不是像一些报纸那样把记者的观点强加于读者。如今，400多万份的发行量证明了日本读者对《日经》信赖度是很高的。

崔保国：《日经》的经营模式非常成功，经济类报纸能取得这样的业绩很不容易。在中国，如您所说，与经济相关的报纸有《经济日报》、《21世纪经济报道》、《中国经营报》、《经济观察报》、《第一财经日报》等。英美财经类报纸对中国的经济类报纸影响很大，但我觉得《日经》的模式更值得我们学习和借鉴。

杉田亮毅：如果这样，我们一定为支持中国财经媒体的发展尽力。

崔保国：近几年，听说日本报纸的总体发行量在减少，《日经》也面临同样的问题吗？

杉田亮毅：《日经》也面临这样的问题，但《日经》的发行量下降很小。日本报业的总体发行量在2000年以后不断地减少，特别是这几年，大概减少了83万份。原因在于经济结构的变化。日本的年轻姑娘们都不太着急结婚，也不着急生孩子，所以日本的人口出现了一种减少的趋势，而且日本的老龄化问题日趋严峻，出现了一个高龄少子的社会。同时，年轻的一代不太愿意看印刷的报纸，都喜欢看因特网，网民不断增加的同时必然带来报纸发行量的减少，日本五大报纸都有这种倾向，《日经》也不例外。如果和别的报纸相比，《日经》发行量减少的程度还是比较小的，其原因在于，我们的报纸是以经济为中心的综合性报纸，也就是说它是以自身特色占领市场的。而且，它的数据、信息等都非常准确、客观、冷静，我们绝不会感情用事。同时我们还有一些独家新闻，这就是我们这个报纸的特色。这些都是《日本经济新闻》发行量下降较少的原因。

按照日本的人事结构，干到部长、课长（相当于中国的处长、科长）这个位置的人不看《日经》就没法工作，特别是在企业里，白领职员一定要读《日经》。日本企业的负责人或者政府部门的官员和政治家每天早晨都要看《日经》，在一些政治动向、企业经营报道方面，《日本经济新闻》的影响力是巨大的。在政府部门或者是企业，一般不允许在上班时间看报纸，唯独《日经》例外，因为这是工作内容之一。有的人没有在家里订《日经》，但是在公司或是在政府机关都看这个报纸，所以我们的影响力几乎达到了 1000 万份的水平。《日经》还有一个特征是女性读者有很大比例的增加，这是非常有意思的现象，在中国可能也有同样的现象。在东京的电车上，经常可以看到年轻的女孩子拿着一张《日经》在看社论、经济报道等等。对于经济信息最关心的还是商务人士，比如不动产投资的专家等比较关心这种信息，我们称之为核心读者，这也是《日经》读者群的特征。

崔保国：《日经》是通过怎样的采访报道体制来保持其报道的优势地位的呢？

杉田亮毅：《日经》不断报道国内的经济新闻，同时，还有全球性的经济新闻、时政新闻、社会新闻等。经济新闻是我们的一个强项，但不限于经济新闻，在时政新闻和社会新闻方面我们也有自己的特色。所以，我们的报纸被称之为“重视质量的报纸”，我们将不断地开拓新的事业。

那么，怎么样才能取得抢先的新闻报道呢？就在于我们平时就在政府部门、企业中建立了广泛的采访网络，并且非常仔细地展开采访工作。《日经》采访部门有 1500 多位记者，他们不分昼夜地展开采访工作，此外还有社会部、文化部的记者，专门从事经济新闻报道的大概就是 1000 名记者。我们的经济部，对于经济类新闻的报道做得很细，分为宏观经济、微观经济、金融政策、股票、证券、企业的财务情况、企业动向等新闻，这称之为产业部；而在对便利店、百货店等流通领域进行报道的部门，我们称之为流通经济部，我们将各种相关内容分得很细以便细致地展开采访工作。记者和编辑通过不断学习，他们的专业知识水平也大幅度地提高了。因此，与其他报纸相比，我们的优势在于，《日本经济新闻》记者的专业知识非常丰富，写出的新闻报道在日本的产业界、政府部门很受欢迎，读者读了我们的报道以后，都觉得很有深度，这是我们《日本经济新闻》受欢迎的一个重要原因。如果问在日本质量最好的报纸是什么报纸，通常很多人会回答是《日经》。我们的理想就是要把《日经》提高到这么一个水平。

崔保国：《日经》在报纸经营管理方面最重要的经验是什么？

杉田亮毅：是严格管理。我大学毕业考进这个报社的时候，是作为经济记者开始工作的。当时，我写一些有关利息和制定利率等有关经济政策的文章，这是一个非常微妙的问题，它的升降影响整个国民经济，甚至影响到股市的动荡。对于一个记者来说，这也是非常有意思的，如果我平时自己买股票的话，当然也可以在股价升上去之前去买，然后再卖等等，如果偷偷摸摸干这种事，记者就会出现为了个人利益而搞经济新闻报道，因此我们写报道的时候，必须注意这个问题。报道必须是真实的、准确的。我们在报道经济动向的时候，绝对不能有个人的感情、个人的利益存在，这是《日经》在多年发展的过程中一直坚守的原则，现在已经成为报社的规定，干部和记者们都要遵守这个规则，在我们社里员工绝对不允许从事股票买卖，非常严格，如果违反了这个规定，就会被开除。比如有一个记者接受了父母的遗产，有很多股票，为了纳税也许要卖掉股票，这种情况也要向领导汇报，得到批准以后，在没有社会影响的情况下才可以抛售。《日经》就是这么一个管理严格的报纸。当然别的报社也在严格管理，可是他们的严格程度不如《日经》，因为我们这个报纸是专门报道经济问题的报纸，如果我们的报道引起股市的动荡，其后果是非常糟糕的。既然已经参加了这个工作，就不要希望发财，如果想发财的话，你就干脆辞职，或者是离开编辑工作，我们的上级、前辈们都是这么对新记者说的，这种精神直到今天我们都在一贯坚持。有人会问，听说你们的记者都很有钱，他们可以赚很多的钱，但是我可以告诉大家，我们的薪酬很高，但我们的规则很严格，不可能有发财赚钱这样的人，我们的职员里不会有这种事情，我可以这样断言。

崔保国：作为一个传媒集团，日本经济新闻社是怎样运营和发展的？

杉田亮毅：我们不仅有《日本经济新闻》，还有《日经产业新闻》、《日经流通新闻》、《日经金融新闻》和日经英语周刊等等；作为第二个支柱业务，我们正在培育网络电子媒体，《日经》通过网络提供信息服务，《日经》重视实时性、时效性，提供实时信息，首先要体现快，我们的网络数据库公司 QUICK 就是开展这方面业务的。QUICK 的业务包括数据库、网站事业，我们称之为“日经电讯网 21”，目前会员数达到 1800 万。中国叫点击率，我们称之为浏览率，光点击的话数字更大，可以说这个网站在日本新闻网站中是最大的。同时我们也研发了一些宽带新闻、视频信息、股市行情等方面的信息产品。我们正在为增加读者、扩大读者的范围而努力。我们的电子媒体已经有 30 年的历史。我们在 1975 年搞了一个局域网的数据库，1984 年开始日经信息数据业务，把所有的报纸、相关的经济杂志等，都储存在这个数据库里。我们现在拥有 20 年的数据库信息积累，什么时候都可以下载，很受企业各界朋友们的欢迎。现在这个数据库每年有 230 多亿日元的销售量，1998 年，我曾负责这个电子媒体局，它可以说是我们报社的第二个支柱业务。

现在日经集团的关联公司或子公司共有约 100 家，经营领域包括出版业、广播电视业、网络数据库等业务，是一个综合的跨媒体集团。我们的目标就是建设一个以经济为中心的综合跨媒体集团。如出版业中的日经 BP 社，经营技术类杂志几十种，是有关经济、生活的出版社，电视、广播服务方面，东京电视台就是我们集团的电视台，还有BSJAPAN、CNBC、日经广播等，都是我们经营的。我们还有广告公司、印刷公司。今后我们将对公司进行进一步的整合。

崔保国： 您能否介绍一下对《日经》130 年的发展产生重大影响的事件或人物？

杉田亮毅：《日经》战后的发展历程当中，有一个人不得不提，那就是曾先任社长后任会长的円城寺次郎。《日经》的组织结构一直沿用的是专务、社长、会长的一套领导体系。他是《日经》振兴的大功臣。《日经》原来仅仅经营报纸一项业务，但円城寺次郎上任之后，以报纸为中心向外拓展，带领《日经》走上了多元化发展的道路，取得了辉煌的成绩，受到大家的尊敬。他建构了数据库，并对数据库进行销售经营。之后，以此为契机，相继推出出版业务。这样一来，先将报纸的信息制作成数据库，进行销售，再制成读物出版，后来还向影像方向发展。这使《日经》业务形成多元化发展，日本经济新闻社为了实现报社的信息化，在日本首先和 IBM 合作推出了 ANNECS 系统，成为日本报业的制作技术的典范，现在《朝日新闻》也购买了该系统并投入使用。《日经》还收购了 12 家实力较弱的地方电视台作为日经集团自己的电视系列台。

《日经》本身还不足以满足读者对信息的细分化需求，信息细分化和专业化的发展促成了《日经产业新闻》等出版，形成了日经报系的五大支柱：《日本经济新闻》、《日经产业新闻》、《日经流通新闻》、《日经金融新闻》和英文版的 *THE NIKKE WEEKLY*。

另外值得一提的是，《日经》擅长于发布经济信息，特别是股票和外汇信息，所以汇集了很多该领域的专家。《日经》发挥这一专长，建立面向信息的专业化公司，创建了 QUICK 公司。円城寺次郎打造的网络信息服务公司已经发展了 30 年，也有无法完全适应这个时代的地方。这个信息“无处不在的时代”的要求：无论何时、何地、任何人都能获取信息。所以《日经》开办了自己的网站，我们通过网络来顺应信息化社会的需求。

在数字时代，不得不在多方面谋求发展。円城寺次郎搭建了骨架，而我们现在需要做的便是不断使之完善和发展，随时代潮流而动。

崔保国：在全球化的时代，日经新闻社的国际战略是什么？

杉田亮毅：《日经》推出了英文QUICK，虽然发行量不多，但是受到欧美从事经济政策研究方面专家的喜爱。亚洲经济的发展势头有目共睹，今后希望能够拓展更多的亚洲读者，而中国是最近最大的市场。为了尽可能快地将报纸送到读者手中，我们在香港印刷，再发往北京、上海。但尽管这样，报纸到达北京的时间已经是傍晚了。所以我们正在努力争取在上海印刷。我们希望中国读者也能够看到中文版的《日本经济新闻》。

崔保国：现在中国正在逐渐开放报刊发行市场，外资可以投资一定股份进入发行产业。在网络和数据库方面，也有很广阔的合作空间。

第三节　版面和特色

一、独具特色的版面设计

《日经》虽说是财经媒体，却比《华尔街日报》和《金融时报》显得更综合，综合大报有的新闻，《日经》上也都有，而且以其独到的角度来分析这些新闻。《日经》以跨地区的深度分析和市场预测见长，其经济报道无论在质上还是量上都是其他媒体所难以相比的。日本综合性报纸的报道多集中在政治、社会以及体育新闻上，而用于报道经济新闻的版面一般每天是2—3个版面。与此形成鲜明对比的是《日经》有关宏观经济、金融、产业、证券、商品、国际经济等报道要用去20多个版面。对这些专业性经济信息报道，《日经》做得非常详细，其经济新闻的独家报道，也比其他报纸更胜一筹。专题报道和专题策划是《日经》报道的重中之重，读者对这些策划的反响之大令人吃惊，在某种程度上甚至可以说《日经》对日本经济走向的影响很大。日本设有日本新闻协会奖，以奖励优秀的新闻报道，自20世纪90年代后半期以来，《日经》每年都摘取其中有关日本经济独家报道的奖项。此外，关于产业、金融、证券等方面的微观经济新闻报道也是《日经》的强项，一些专业记者详细报道有关企业的动态和市场动向、科技信息，而且分析得非常深刻。下面是《日本经济新闻》的版面构成，从中我们不难看出其独特用心。

二、《日本经济新闻》的版面结构

为了更清楚地了解《日经》的特点，我们以 2004 年 12 月 19 日的《日本经济新闻》为分析对象，从版面、内容和广告三个方面具体来看看其办报特点。

表 4–1　　　　《日本经济新闻》版面分析表

	周一	周二 周三	周四	周五	周六	周日
日报	综合 社论 / 综合、政治 经济 舆论 亚洲 太平洋 国际 企业 周间预定表 人物 工作 风险 数码 & 媒体 全球化 经营 科学 经济教室 景气指标 地区综合 电视 广播 体育 社会	综合 社论 / 综合、政治 经济 国际 企业综合 企业 企业(风险) 企业财务 市场综合 证券 商品 经济教室 消费 电视 广播 地区经济 体育 社会 文化	综合 社论 / 综合、政治 经济 国际 企业综合 企业 企业财务 市场综合 证券 商品 经济教室 消费 电视 广播 地区经济 体育 社会 文化	综合 社论 / 综合、政治 经济 国际 企业综合 企业 技术 企业财务 市场综合 证券 商品 经济教室 消费 电视 广播 地区经济 体育 社会 文化	综合 社论 / 综合、政治 第二综合 经济 国际 企业综合 企业 企业财务 市场综合 证券 周间株式 商品 教育 电视 广播 地区经济 体育 社会 文化	综合 社论 / 综合、政治 经济 国际 企业 Money &Life 特快消息 视点 家庭经济 美 读书 艺术 教养 科学 老龄化社会 价格 电视 广播 体育 社会 文化
	周一	周二 周三	周四	周五	周六	周日
晚报	综合 内外政经 人物 商务 市场 证券 商品	综合 内外政经 商务 人物 街 市场	综合 内外政经 商务 人物 街 休闲经济	综合 内外政经 商务 永田町内部 人物 街	综合 内外政经 娱乐 市场 写真特集	服务台 购物百科 坚实生活 乐住快居 节目游览

（续上表）

	周一	周二　周三	周四	周五	周六	周日
晚报	生活家庭 体育　小说 社会 电视　广播	证券　商品 生活家庭 体育　小说 社会 电视　广播	市场 证券　商品 生活家庭 体育　小说 社会 电视　广播	市场 证券　商品 欣赏读书 鲜活生活 生活家庭 体育　小说	体育　小说 生活家庭 社会 电视　广播	一周节目表 活力悠悠 工作常识 电脑生活 季节探求 生活组曲

●版面状况

1. 版面朴素。44 页的朝刊中只有 10 幅广告页为彩色，20 页的晚刊中只有头版的一幅图片、一个专栏标题和四条分栏线为彩色，而且色彩偏淡。其他版面全部都为黑白，包括最重要的报头。整份报纸风格简朴、素雅，这为降低整体的印刷费用有所贡献。

2. 文章之间、栏目之间只用简单线条分栏。较少地使用栏线、花边，更多地利用空白来分隔文章，对于视线移动的好处是，不易使读者跳过某个区域重新开始，能形成自然流动之感。

●内容

1. 文章标题精练，主副标题明显。主题、引题、副题字体字号的设计均不相同。引题一般很简短，可为两字、四字，或字数相等的上下两排。引题一般有提示的作用，可以是地名、人名，可以是文章的中心词。标题字号错落有致是版式特色之一。另外，用尽可能少的词语表明主语、谓语、宾语，并且让关键数字出现在主标题中，直截了当地让读者在浏览报纸时搜索各种信息。

2. 大量使用图片和图示，包括人物图片、报道内容相关的图片、数据图表、趋势图等，而且所用图片、图示并不大，不是为了占据空间以弥补内容的不足，相反，每一笔都在为更清楚地、更简明扼要地说明文章内容而服务。整个版面紧凑，空白之处较少，信息含量大。如新闻报道的中心人物是某某，那么其人头像极易出现在标题的旁边或下方多次出现。某人新出一本专著，在新书介绍的旁边则向读者展示作者像。

3. 《日本经济新闻》是在报道经济信息时，以从微观到宏观的所有经济信息为中心，兼及政治、社会、文化、生活、体育等一般信息。但作为世界最大的财经报纸，该报当然不遗余力地将重点放在经济方面，大约版面的 70%都是经济报道。

4. 该报没有分沓，但版页细分化很强。作为综合性报纸，和其他报纸一样有国内外政治、科技、社会、文化和体育信息以外，《日本经济新闻》的经济内容更体现其从宏观到微观的特点。该报立足于日本国内经济界，朝刊和晚刊各只有一页介绍国际经济，宏观把握世界各国的经济状况和最新发展动向，关于中国的报道几乎天天都有。其余页面均为日本国内经济信息，其中包括宏观、微观和各种行情数据：

(1) 宏观：新政策的出台、地方公共设施建设、改革动向、市场状况报告、地方财政运行状况、国家年度预算、经济评论、商品及各种市场走势、投资趋势、经济预测、关于企业经营的探讨等。

(2) 微观：企业新产品和新技术的研发、企业间的合作并购、公司人事变动、公司运营状况、企业向公众的公告、企业决算通报表、小型财务报告等。

(3) 各种行情数据：股市、汇率、银行利率、债券、期货、金融市场、借贷交易、上市公司介绍、股东大会通告、证券公司公报、不动产和信托投资等。

三、《日经金融新闻》的版面

《日经金融新闻》是和金融紧密相关的更加实用的专业报纸。其中包含三大部分：其一，显示国内外金融资本市场走势的“市场信息”；其二，了解银行、证券公司等新动向的“经营信息”；第三是和股票、信托投资、年金有关的“资产运用信息”。开展各种等级的单独调查，提供大量专家学者的分析评述。

表 4-2 《日经金融新闻》版面分析表

星期一	星期二	星期三	星期四	星期五
综合	综合	综合	综合	综合
金融综合	市场	市场	市场	市场
新兴企业	金融综合	金融综合	金融综合	金融综合
企业	新兴企业	地域金融	地域金融	新兴企业
商品先物	企业	资产商业	投资信托	企业
海外市场	地域金融	企业	企业	地域金融
国际	海外市场	海外市场	海外市场	海外市场
评论	国际	国际	国际	国际

(续上表)

星期一	星期二	星期三	星期四	星期五
今天股市	评论	今天股市	会计 分析家	今天股市
一周排名	1R	信用指数 B	今天股市	评论
外币兑换	今天股市	信用指数 A	评论	证券
店头相场	外币兑换	外币兑换	外币兑换	外币兑换场
名证 地方	店头相场	店头相场	店头相场	名证 地方
大阪股市	名证 地方	名证 地方	名证 地方	大阪股市
东京 2 部	大阪股市	大阪股市	大阪股市	东京 2 部
东京 1 部 B	东京 2 部	东京 2 部	东京 2 部	东京 1 部 B
东京 1 部 A	东京 1 部 B	东京 1 部 B	东京 1 部 B	东京 1 部 A
股市	东京 1 部 A	东京 1 部 A	东京 1 部 A	股市
	股市	股市	股市	

刊载多样化的金融、投资信息。关注内外金融资本市场的市场信息。了解银行、证券公司、保险公司的动向。经营信息、股票投资、信托投资、年金等资产信息方面也有很多报道。

《日经金融新闻》从各金融机关的动向到市场信息，当天的重要新闻。金融商品的最新消息以及分析家的分析等为资产运作提供重要的依据。BIGINTERRVIEW 刊登日本代表企业的投资价值，今后的动向等采访稿，还对重大经济问题进行连载。

市场版所刊登的是国内外的货币兑换、债券、利息等资本市场的动向。其中“市场透视”中有分析家从世界角度对市场进行分析。

投资信息版面是报道投资家的资产运用的需要刊登大量的投资信息。其中投资信息入门“今天股市”分析前天和当天的股市。“企业版”中报道各企业的最新消息作为投资依据。特别设定每周星期二“ＩＲ版”，每周星期四“分析版”、“投资信托版”全力报道投资活动有益的消息。

股市版中心刊登记者收集国内外的消息或政治等对股市有影响的信息，详解前天股市各个股市的数据。

人气的分析家排行则调查企业综合部门和各个工种优秀的分析家。每年春天发表。根据发表的信息判断金融机关的调查能力。

金融机构人气度排行是创刊后的有名策划，每年 1 月发表排行榜，以全国的上市公司为对象调查银行和证券公司的人气度。

银行分店服务调查则是以首都圈、近畿圈和名古屋附近分店五家以上的大型银行分店为调查对象。从用户的角度来调查“外观”、“待客”、“投资信托的说明”等五个领域的 35 个问题。

以上这些特点使得《日本经济新闻》及其系列报纸成为日本国内企业间相互了解、获取各种信息、建立合作关系的“资料金库”。

四、广告版面的合理安排

《日经》的广告资源很丰富，广告版面安排也很合理。《日经》始终坚持保持合理的版面比例，一般在总版面的 40%以下，所以在《日经》上登广告的客户，至今都要排队，日经广告部苦恼于怎样婉拒一些客户。

1. 广告位置通常有三种：每版的“底座”、整版的广告专页、见缝插针的文中广告小版块。2004 年 12 月 19 日《日本经济新闻》的 44 页的朝刊中有 14 页为全页广告，其余版面中有 51 幅左右的小块广告，只有第 23 页为证券行情，没有广告；20 页的晚刊中，5 页为全页广告，其余版面中有 25 幅小块广告，第 9 页为证券行情，没有广告。从广告的大小看，小的只有 1 厘米×3 厘米,大的可以为全页广告，一般每页下部37 厘米×17 厘米左右的面积都为广告，可谓是既合理又充分利用了报纸的版面。

2. 晚刊中还有日经报社广告部企划制作的广告特集，内容包括 CD/DCD、影视、餐饮、公演信息等。

3. 广告内容的构成很丰富：各类公司自我宣传、产品介绍、出版物介绍、学校培训、各种论坛会议、百货降价、餐饮服务、招募会员、房地产、影视节目、医药产品、交通运输、保险等。为广大读者提供了丰富的信息，也为企业搭建了很好的宣传平台。

第四节　财经记者的培育

财经记者是传媒行业中专业型最强的，也是最难培养的，还是收入最高的。在日本，一般来说培养一位成熟的财经记者大概需要八年。这种记者在其他大报社中最多也就四五十名，而在日本经济新闻社，专业的财经记者有800多名。这些记者是怎样成长和培养的呢？

日经新闻社共有3700名正式员工，其中记者有1400人。编辑与记者比例为1:10。一般从事记者职业20年后可以成为编辑。每天会有3000条新闻被采写出来，大概会有1/3被刊登出来。《日本经济新闻》在内容方面一直有两个重点：经济+文化。文化部分也一直广受好评，强化了自身的品牌形象。

一、《日经》记者的招聘与培养

《日经》每年有两次用人招聘——春季和秋季。

考试流程为：

1. 第一次：笔试、英语、常识、论文、作文
2. 第二次：面试
3. 第三次：面试

第一次考试后就会淘汰绝大部分考生。大学期间参加过较多有意义的活动的学生会比较有优势。录用人员中很少有新闻传播专业毕业生，一是报社对学生多领域的综合素质要求较高，二是日本新闻传播专业的学生多从事研究工作。进入报社后，新人将马上工作，在工作中学习。基本没有固定老师带，靠自己平时多看多学习。

《日经》会把新人派到东京、大阪等地方锻炼（比如记者俱乐部），跟着前辈学习如何采访经济新闻。《日经》的经济新闻团队又细分为很多具体的小方面：金融、宏观经济部、经济解说部、产业部（微观）、消费产业部、科学技术部、风险市场部、证券部、商品部、国际部等。

《日经》对记者的培养和教育最基本的一条是岗位锻炼。也就是所谓

的在职培训，即在工作当中通过采访、写文章，自己锻炼自己，自己培养自己。一个称职的记者要对任何事情都怀着好奇心，抱着分析、思考的态度，同时还要不断汲取新知识来充实提高自己。在《日经》做一名好记者的诀窍就是学习、学习、再学习！记者要自己培训自己，但这绝不意味着报社可以放任自流，在培训新记者的时候，报社往往要准备一些培训资料，包括记者手册、新闻用语辞典等。记者手册记载着记者须知、采访、写稿、编排知识，以及知识产权保护法的知识，并会根据情况变化不断作修改。

应届毕业生进入日经新闻社，要接受各种培训和进修，包括各个部门内的进修和编辑局的进修等。半年之后还要再次接受进修。原因是经过半年的工作以后，很多应届毕业生会产生这样那样的疑问或者烦恼，比如有些人可能不适应新闻出版的工作，有些人在心理方面产生一些反差，这个进修的目的是为了听取他们的意见，针对他们的心理情况作一些调整。另外入社第 3 年和第 10 年都安排进修的活动。第 3 年的进修主要是培养中层记者的自觉性和知识。第 10 年的进修是培养新闻部主任或者负责人，让他们做好部下的榜样，以身作则，带动年轻的记者。一般情况是新人入行满三年以后，就可以看出这个人是不是适合从事《日经》的新闻工作。如果不适合就考虑调动岗位或作进一步的培训等。而有些人在工作三年以后，就觉得自己已经成了优秀的记者，认为自己无所不知，对于这样的人，在他们接受进修的时候，报社就会给他们一点儿颜色看看，让他们不要这么自以为是。进入到第 10 年的时候，参加进修的记者通常是新闻部主任或负责人。最高级别的进修是副主编或主编的进修。在日本，副主编叫做 Desk，意思是说一整天不会离开桌子的人，整天都在打电话给他的部下安排工作。在报社当中，副主编的作用是非常强大的，其策划能力反映出了报社的整体水平。这个进修的目的是为了培养高层管理干部，选拔接班人。

《日经》记者在报社内部晋升发展的三种方式：

1. 跑专线行业记者：记者——编辑——编辑部长——编辑局长。
2. 专任记者：记者——某领域的编辑委员。
3. 终身记者：没有升上领导岗位的资深记者或名记者。

日经集团的各个子报、子刊和出版社如日经 BP 社或《日经 Business》人员的晋升也大体相同，不同的是进修副主编之后还要接受主编的培训。因为主编是媒体全部内容的负责人，因此必须接受这方面的培训和进修。同时，杂志的主编不仅要负责版面，还要负责广告、发行等，所以培训是必要的，也是必需的。所有培训的基本出发点还是在职培训。进修的目的首先是为了确认他们掌握必备的基础知识；其次是要培养记者的职业道德，让他们认识到自己的岗位责任；最后是通过进修给他们提供跟上级领导和同事接触的机会，加强沟通、相互认识。这些都会给今后的采访工作带来很大的帮助。

不过，经济类的记者很难通过这些进修获得专业的知识，专业知识只能靠自己平常的学习和积累，虽然也有出国深造等机会，但平时的学习和积累是最重要的。

以前，印刷厂工人的工资比记者高，这全是印刷厂工会争取来的。之所以会出现这种情况，是因为与国外的工会按照行业分工不同，日本的工会按照企业来建设。而记者们专心于工作，其工会力量相对较弱。所以，从 10 年前开始，报社便停止招聘印刷厂工人，将业务外包出去。

《日经》职员有加班费，夜里两点之后便算作加班。而记者的年薪比其他部门要多 200 万—300 万，主要因为加班多。报社对每位记者的发稿数量没有要求。

二、独特的新闻采访体制

在采访的过程中，我多次采访了曾任《日经产业新闻》总编、后任日经 BP 社社长的吉村久夫先生，后来我们成了忘年交。他向我具体介绍了《日经》特殊的新闻采访制度。

日本媒体的采访体制和特征：

1. 以终身雇佣的新闻记者为主体。

2. 依靠记者俱乐部（官厅、政府主体）的采访制度。

3. 晨谒晚访——激烈的新闻战争与特殊的采访体制。很多被采访对象在公司里不方便说一些情况，但换到家里则会不同。因此，夜里 1 点之后还增改新闻的情况很多。

独家新闻——来自长期的专业研究和深邃的洞察分析

《日经》新闻的采访体制别具一格。日本的经济新闻往往是针对企业或者是政府有新的动向，或者是企业之间正在谈判一些事情，有些人不愿意事先公布。比如日本三菱、东海银行要合并，要形成一个更大的银行集团，这消息是严密封锁的，但《日经》根据他们的信息网和分析判断，抢先进行了报道，因此获得了日本新闻协会奖。《日本经济新闻》已经是第 15 次得到这个奖励。这次抢先报道的独家新闻就是在杉田亮毅社长担任经济部部长的时候亲自指挥和决策的报道。这在日本新闻史上是个很著名的事件，影响了世界金融和经济界。这种独家新闻的发布来自杉田社长的金融专业知识和丰富的新闻经验，也来自报道团队的长期的跟踪研究和深邃的分析。

《日本经济新闻》不但报道日本的经济新闻，还有全球性的经济新闻，还有政治新闻、社会新闻等，这是《日本经济新闻》的一个强项。不仅如此，在政治社会方面《日经》也有自己的强项，所以《日经》被人称为“高品质的报纸”。

在日本经济新闻社里，社长会不断地向大家强调一种观点：报纸应该得到读者的欢迎，得到他们的信任，因此报纸的信息一定要准确。《日本经济新闻》的记者不会为了追求自己的兴趣或者是为了一己私利而写稿。当然日本的报纸还是靠广告的收入来维持，光靠卖报纸还不够。《日本经济新闻》每年的发行收入占总收入的一半左右，另外一半靠广告，因此那些登广告的人也十分希望这报纸是可靠的，而且十分关心是不是能买自己商品的人都在看报纸。新闻媒体不仅要有读者的信任感，而且还要有广告商的信任感，还要有本单位组织之间的信任感，这是非常重要的。

一线记者和日本记者俱乐部

在日本，记者的工作代表着民众的知情权，要帮助民众监督政府机构。因此，记者在采访时要和对象保持距离。

以《日银》为例。《日银》为记者俱乐部提供了一个房间，20 多家媒体各自一个桌子。《日经》在《日银》有 20 多个人，空间不够，就在附近租借了房间。《日银》为俱乐部提供很多便利条件。但通信、办公用材费用由媒体自己出。如果记者想采访《日银》的负责人，可以直接去办公室采访。

在日本电讯 NTT、日本铁路 JR 等大公司，《日经》也设有记者俱乐部。另外，还设有产业采访中心，专门负责一般企业的采访。

日本各家新闻媒体都有一个同样的规定，不能接受采访对象的任何礼物，比如金钱，或者是旅行邀请，因为这会影响记者写稿的客观性，同时记者编辑是不许炒股票的，这类规定属于道德方面的规定，进入公司以后，前辈会告诉新人这些规定。这就是维持读者对报纸的信赖关系的一个重要基础。采访机制以及内部的严格纪律，是《日经》得到读者信赖的基础。

《日经》对财经记者的伦理道德与经济报道的基本原则有着严格规定。

根据日本《新闻伦理纲领》确定的原则——“自由与责任、正确公正、独立与宽容、人权、品格与节度”，《日经》制定了日经记者经济报道的素养原则。要求记者彻底排除与采访对象的利益粘连，对记者的收入所得信息进行管理（限制内部交易，严禁透露社内未公开的信息）。一旦发现有人利用职务进行内部交易，马上开除。股票市场一直在监控异常交易及其人员。编辑部门以外的职员可以从事长期投资，但社长建议员工不要购买股票。另外，职员可以买国债，但不能买企业债券。

三、《日经》的员工配股和激励机制

在访问日经集团期间，笔者同日经新闻社的国际部部长竹冈伦示先生进行了一次深入的交谈。在交谈中，他向笔者详细介绍了《日经经济新闻》的员工配股和激励机制。

令人困惑的是，作为一个集团公司，日本经济新闻社为什么没有通过上市的方式获得企业发展资金呢？

竹冈伦示告诉笔者，日本经济新闻社的组织结构是股份公司，但一直没有上市。日本主要的全国性报纸都没有上市。因为他们非常重视读者对报纸的信任，尽量避免特定的股东支配报纸，使经营和资本是相对独立的，但是通常读者还是不放心，担心影响到编辑的内容。为了避免这种情况的发生，《日经》放弃了通过股市获取发展资金的渠道，而日本的经济类报纸基本上也都没有使用这种方式。

目前《日经》的经营原则是尽量积累自己的利润扩展事业。不仅如此，日本经济新闻社不设大股东，这在日本报界里是一个很独特的做法。报社采取每个职工都持股的方式来分配股份。

竹冈说，比如当他作为一个很普通的职员的时候，就拥有了报社的股票。当他退休以后，这个股票是要还给报社的。对报社有贡献的一些领导层或者中层干部，退休以后允许他们持股 10 年。过去曾经有一段可以终身持有这些股票，自从杉田亮毅社长上任以后，将其限定为 10 年，当然有些老前辈不太乐意，但是社长还是执行了这个路线。社长不应该有现金的收益，比如每个股票 100 元日币，退休的时候都要还给新闻社，还的时候也是 100 元。现在的市值可能有 100 元的几十倍，但是如果拿几十倍去回购的话，我们也没有那么多的钱，又把这个股票分配给刚考进来的一些职工。

当然，还有其他一些方式进行员工激励，比如现在日本银行的利率政策是零利率，所以搞定期存款也就零点零几的利率，可是持有股票的报社职工允许有 17%的利率。如果你拥有 100 万元的股票，可以得到 17 万元，大概六年时间就可以回收资本，基本上一般职工都要工作三十几年才能达到这个数字，所以他可以收回好几倍于他对股票的投资。在日本的股份公司里，这是一个非常独特的做法。日本的其他报社也有一部分是职工持股，可是他们一般都有大股东，或者有些是银行成为股东。

第五节 日本经济新闻出版集团

日本是一个出版业发达的国家，现有出版社 4000 多家，每年出书近 5 万种、期刊 4000 多种，营业额 2000 亿日元，按照现在国家汇率[①]差不多相当于 1300 亿人民币。出版业有很多特点，比如图书出版社大多也出期刊，在营业额方面期刊的数值是大于图书的，这也是日本出版业能够稳定发展很重要的原因。发行渠道主要是通过出版社、大饭店、大书店，其中东贩、日贩是很有名的代理公司，差不多占代理营业额的 70%以上。日本人爱读书，不管是在地铁上，还是地铁站上、电车上，包括公共汽车上你都会看见大家静静地拿一本杂志看，从读者角度来看，出版市场具有很好的条件。

吉村久夫先生是我的老朋友了，他担任过《日经》的副总编、日经BP社的社长、会长，现在已经退居二线。与吉村久夫先生的访谈是在非常融洽的气氛中进行的。吉村久夫先生的思路非常清晰，他系统地介绍了日本出版界的现状、日经 BP 社的现状以及他在日经 BP 社的主要经历。

一、出版界中的佼佼者

2002 年，日本所有出版社的营业总额为 3 兆 386 亿日元。这其中也包括一些其他的收入，但所占的比重非常小，所以可以看出日本的出版市场大约是 3 兆日元，这与报社的总的营业收入相比，会高出数千亿日元的规模。目前日本的出版社大约有 4361 家，很多出版社规模小、人员少，所以很容易开展出版业务。日本五大出版集团所占的比例大概是整个日本出版市场的 20%以上，50 强的出版社占的比例大概是全体的 50%。

① 按 2004 年的外汇比率标准。

无论是五大出版集团也好，还是50强出版集团也好，营业收入都比前几年减少。出版的发行收入里面，图书占40%，杂志占60%。杂志销售额比图书多4000多亿日元，另外杂志还有广告的收入。

日经BP社于1969年是日本经济新闻社与美国的麦格罗希尔共同成立的合资出版社，日经新闻社出资51%，美国麦格罗希尔公司出资49%。当时名字是日经麦格罗希尔，该社走到现在已经有35年的历程了。日经BP社成立那一年，也就是1969年创办了《Nikkei Business》，成立不久就成为最大的杂志，也属于日经BP社的旗舰杂志。1971年创办了《日经电子》(Nikkei Electronics)，这一年正是日本电子产业繁盛之际，日经电子为日本电子产业的发展作出了巨大的贡献。1972年创办《日经医疗》(Nikkei Medical)，这是一本为开业医生创办的杂志，它创办后不久即成为医疗领域最大的杂志。1976年创办《日经建筑》(Nikkei Architecture)，这是一本为建筑设计师的杂志，这时正是日本市政建设最高峰期，该刊成为建筑领域最权威的杂志。之后又连续创办了《日经电脑》、《日经计算机》、《日经通讯》等走在时代最前面的专业类杂志。1988年确定了与麦格罗希尔公司的合资关系，日经新闻社成为日经BP社百分之百的控股公司，更名为日经BP社。

日经BP社的经营管理特征

日经BP社在日本出版社中是很有个性和特色的出版社，它的特色不仅集中在技术和经营两个领域，还有如下几个特征：在编辑方面采用记者责任撰稿制，不依赖于外部的特约稿件，而是由《日经》自己的记者直接对各行各业的专家进行采访，获得第一手材料。这一点跟报社是非常相似的，该社目前拥有记者600多人，其中60%是技术类的记者，技术类记者的人数可能是世界之最。该社发行采用年度订阅制，有的是订阅一年，有的是订阅三年。这是直接送到读者手中的，也就是送货到门的直销方式，最初一直靠邮局发送，最近有很多的民间物流公司也开始做一些发送的业务，近年来公司除了送货上门的服务以外，也在书店做一些零售的业务。广告方面重视的是市场的营销活动，因为BP社采用年度的订阅制，对读者的情况了如指掌。比如说，他叫什么，姓什么，在什么单位工作，他的职称是什么，他的专业是什么，公司有多少员工等等，因此能够向广告主提供读者或者调查广告资料等等，广告主明白他们的广告效果，即便广告价格比较贵，也愿意在《日经》媒体上做广告。

日经 BP 社的业绩

日经 BP 社在 2000 年创下了最好的效益，自从 1996 年萧条开始以来，四年之间它的效益增加了 30%，可是从 2001 年效益开始下降，2003 年比最高时期也就是跟 2000 年相比降低 17%，这等于同期广告收益的下降率。2004 年上半年营业额有所上升。扣除税款以后的盈利部分，也就是利润，自从 1996 年萧条以来，四年盈利增加了 50%，但从2001 年开始下降，2003 年比最高时期的 2000 年减少 80%，2004 年上半年有所回升。

收入减少的原因

近年来，日经 BP 社出现了收入下降的趋势，原因是出版界的整体萧条。日经 BP 社的读者当中，年轻人的比重不是很大，销售也采用年度订阅制，所以影响不大。读者的绝大多数是商务人士或者技术人员，这些人在业余时间都比较认真地钻研和学习，因此即便在萧条时间，也就是收入低迷期间，也没有受到很大的影响。但是，进入 21 世纪以来，日经 BP 社也不再是出版萧条的局外人了，特别是受到 IP 泡沫崩溃的影响，电脑类杂志的销量每况愈下。

一旦收入减少，若不花大力气降低成本，效益一定会减少，因此效益减少的首选理由是收入的减少。那么，减出率达到甚至超过减收率又是为什么？首先，支撑日经 BP 社最高收入水平的，一个是广告收入，与总的营业额同样的比例，也开始下降了。报纸和杂志一样，单靠发行收入是很难维持公司经营的，有了广告收入才会有利润，这就是它的收益结构。另外一个很大的原因就是人事费的昂贵，无法降低损益分歧点，在总的收入当中人事费占 20%是最为理想的数字，但 2003 年这个数字上升到了 28%。

提高收益的关键

现在，为了重新塑造一个强大的日经 BP 社，全公司员工正在投入一个新的转变时期，首先为了降低损益分歧点包括人事费在内，要重新检查所有业务的成本结构问题。因为日经 BP 社的竞争对手也是我们自己，就是墨守成规和官僚主义。仅仅做好成本结构的调整也不能做大做强日经 BP 社，无论如何要提高收入，为此这里面有两个基本方针：强化现有的媒体和事业内容，开发出新的媒体和新的业务模式。

在现有媒体中必须强化 BP 社旗舰的杂志。同时要加快像日经制造、日经环境、日经生物、日经老年人等媒体战略性的转化收益体系的构筑。在现有的事业内容当中，要真正扩展咨询调查和教育事业等等。日经 BP 社很早以来就设有开发部，每年的开发预算约占总的营业收入的 6%—7%。

技术和经营是日新月异的发展，新的媒体开发和新业务模式的开发是永无止境的。

互联网营业额的推移

提高效率的策略当中，当然不能忽视互联网业务收入的问题。目前日经 BP 社的互联网收入规模还较小，其中 70%是靠广告的收入，信息的有偿使用目前还处于比较困难的阶段。预计 2007 年互联网的收入可达到 60 亿日元，同时在 IT、医疗和面向企业的信息服务当中，收入会有所提高。目前日经 BP 社互联网的用户大概有 20 万人，将对这些用户进行各种各样的市场调查，市场调查后收入也渴望有所提高。收入如果达到 60 亿元，其效益是相当可观的，现在通过互联网进行杂志的订阅、申请或者研讨会的报名、申请等等，也就是说用在这部分的促销成本将大大降低，因此可以看出互联网业务的收入赤字是微不足道的。但实际上，互联网业务需要巨额的前期投资，这是因为技术在飞速发展，不得不作一些前期的投资。另外纸张媒体的读者也逐渐离开纸张媒体，广告也是从高额的广告、杂志的广告，向比较廉价的网上广告转移。如何才能做到在纸张媒体上确保效应的同时，在互联网事业上也能够提高效应呢？如何才能取得互动效应呢？目前没有答案。互联网不同于纸张的媒体，既不需要纸张费用和印刷费用，也不需要运输费，利用互联网可随时随地获取信息，而且信息的提取是双向的，更是互动的。也就是说，互联网成了“无处不在的时代”主角，因此无论如何也要确立互联网的商务模式，日经 BP 社作为提供技术和信息的专业出版社，也是日本最大的一个专业出版社，我想率先在这方面找出一个好的答案。

日经 BP 社在互联网时代生存下去有一个条件，那就是日经 BP 社继续成为最佳信息提供商，日经 BP 社的 BP 两个词也应该翻译成为最佳信息提供商。对于一般的信息很多读者可从互联网上就可以了解到，日经 BP 社在质量方面和深度方面必须超过互联网的信息。因此记者必须充分了解读者获取信息的现况，才能写出让读者满意的文章。如何培养这些优秀的强大记者阵容，是目前最紧急和重要的课题。

日经 BP 社中文版媒体

日经 BP 社的经营原则第一条是向社会提供技术和经营信息，为社会建设作贡献。这里讲的社会不仅限于日本，还希望也能够为包括中国在内的其他国家的读者做服务。日经 BP 社和中国的业务关系刚刚开始，但已经开展了多项业务，去年在北京设立驻京记者站，这是出版界第一个获批设立驻华记者站。在杂志的编辑方面，与 IDC 共同创刊了《电子设计应用》专业期刊，在互联网方面则于 1997 年创设一个日经 BP 网，总编是一个中国籍的员工。在展览会方面，日经 BP 社举办的亚洲最大的数码综合站，有多家中国的公司参加，同期举办的中国产业研讨会有众多的中国政府官员和企业领导到会发表演讲。在研讨会方面，在北京举办北京国际汽车峰会之前，也就是今年的 4 月份还和清华大学共同举办了纳米技术论坛。

二、一位老记者的新闻生涯

吉村久夫先生在日经 BP 社前后工作了 23 年，他曾采访过周恩来总理，是一名干了 46 年的记者，其中一半时间是在日经 BP 社工作的。吉村先生第一次在 BP 社工作是在 1971 年，当时是作为日经 Business 的总编来到日经 BP 社。来 BP 社之前，他是在纽约做常驻特派员，1969 年创建日经 BP 社的时候，他还在纽约工作，曾参与了多项协助工作，这些协助工作使他与日经 BP 社结下了不解之缘。

吉村久夫先生是 1975 年调到《日经商务周刊》的，当时他 35 岁，是《日经商务周刊》（日经 Business）的第三任主编。那正是发生石油危机的时候，因为经济不景气，很多企业纷纷停止登广告的预算，所以广告收入受到了很大的影响。为了确保期刊在日本发行量第一的地位，他们想尽办法，作了最大的努力。这是最困难的时期，但作为记者、主编，这段时间给了他最大的锤炼。他回忆道："其中最大的快乐就是我作为主编采访到了众多产业界的领袖。其中有公司的总裁、经济学家、学者、作家等等，我从中得到了许多人生和经营方面的启发。如果有可能的话，我真想回到当年。作为记者，最重要的是要有策划、采访和写作新闻的能力，要有敏锐的洞察力和独特的策划能力。读者是喜新厌旧的，而记者也容易墨守成规，因此我每半年对杂志进行一次改版。在改版的时候，需要注意的是哪些可以改，哪些不可以改，这些做法和运作很适应企业整个的运营和操作。"

令他难忘的是《日经商务周刊》从双周刊改为周刊的事情，他说："1991 年我担任《日经商务周刊》出版人的时候，把这份刊物从双周刊改为周刊。1991 年正值日本泡沫经济的崩溃，因此公司的许多人强烈地反对我这个做法，他们认为一定会造成巨额的亏本。对此我是这样反驳他们的：世界上所有的著名经济类期刊，都是周刊。《日经商务周刊》现在不做周刊，将会失去飞跃的机会，它将更不能成为世界性代表世界经济类的期刊。从双周刊改为周刊以后，《日经商务周刊》发行量一下子从20万册上升到30万册，虽然利润暂时减少了，但后来大大超过了双周刊时的最高收入。”

吉村久夫先生做了三年《日经商务周刊》主编之后，又回到了日本经济新闻社，在编辑局担任产业部长和证券部长，还担任《日经产业新闻》主编，后来于1987年再次来到日经BP社担任董事。来到日经BP社以后，做过发行人、出版人，不同部门的工作使他积累了宝贵的经验，同时又连续担任编辑、广告、人事、劳务、财会等部门的最高责任者，也参与了展览会和新媒体的开发工作。1998年他担任日经BP社的第五任社长。1999年日经BP社迎来了创建30周年的纪念日。日本有一种“企业的寿命一般是30年”的说法。这种说法在日本大为流行。这对刚担任社长的吉村先生来说是个挺严峻的挑战。值得庆幸的是在企业业绩还好的时候，正好迎来了21世纪，日经BP社在报纸上刊登了“跨越”大篇幅广告。两天后又刊登了一个广告，将60多名各个刊物主编的照片作为日经BP社的广告登在报刊上。他们还不断创办一些新的媒体，比如先后创刊了《日经环境》、《日经生物》等新技术领域的杂志。

日本报社的人事晋升也很有意思，他们对老领导的安排有一套不成文的秩序，社长在日本公司里一般就是最高职务，就是法人代表董事长兼总经理了。但日本的老干部越是到了离岗的年龄越是对岗位恋恋不舍，有些公司的社长到了该退下来的年龄时还不想退下的话，就会设一个会长的职务再干几年，相当于名誉董事长，一般就不管具体事了。例如日经BP社对老社长的退路安排得是很好的。他们往往是奋斗了一辈子才能干到社长，一般干了四年社长后就退居二线再干两三年会长，有的干了两三年会长后如果还很受尊重，可能还会再被聘为一两年高级顾问，最后再彻底退休，也就人过70了。这样的安排使老干部一直可以拿着工资并享受社领导待遇，老领导和新领导也没有矛盾，还处处想着给后任社长帮帮忙。如果是在政府机关，无论多高的官员都不得不到了62岁年龄就退休，他们的办法是把这些退休的官员安排到那些关照过的企业中去干几年高层领导后再退休，这叫做“天降人事”。2002年吉村久夫先生辞去社长的职务，担任日经BP社的会长，现在他已年过70，辞去了会长，但还担任公司的高级顾问，看来他德望很高，颇受敬重。

第六节 报业的数字化转型

一、《日经》的数据库营销业务

作为一个集团来说，《日本经济新闻》将有什么样的发展呢？日经集团不仅有《日本经济新闻》，还有《日经产业》、《日经市场营销》、《日经金融》等等，作为日经集团第二支柱的电子媒体，信息库、网络等正在成为其主要发展方向。现在，从点击率来看，日经网在日本新闻类网站中是最大的。同时日经新闻集团还在研发宽带新闻、视频信息、股市行情、上市方面的消息等，为扩大读者群的范围，应对市场竞争而努力。

早在 20 世纪 80 年代，《日经》就开始建构数据库业务，并对数据进行销售经营。之后，以此为契机，相继推出出版业务。这样一来，先将报纸的信息制作成数据库，进行销售，再制成读物出版，后来还向影像方向发展。《日经》致力于多元化发展。日经新闻社为了实现报社的信息化，在日本首先和 IBM 合作推出了 ANNECS 系统，成为日本报业的制作技术的模板，现在《朝日新闻》也购买了这模板并投入使用。

《日经》的电子媒体已经有 30 年的历史，可以说是一个综合性的数据库事业，它是一个实体，可以实现下载和检索。1975 年，日经建立了一个数据库分局，1984 年开始建立日经信息数据机构，将日本所有的报纸、经济类杂志等的内容都储存在这个数据库里。现在，日经的数据库中拥有 20 年的数据库信息，很受企业各界朋友们的欢迎。现在的销售额每年大约有 230 亿日元。

二、www.nikkei.net 日经网的采编

日经网是日本经济新闻社所属的电子媒体部运营的三大网站之一，建立于 1996 年 4 月 1 日，是日本传统报纸进行网络新闻服务的先驱之一，拥有大量稳定的读者。

日经网从诞生之日起就因其善于利用不断进步的网络技术为读者提供更为便利、更为专业化的经济新闻服务而得到日本民众，特别是经济界人士的重视，浏览量不断上升，在 2005 年超过朝日新闻网站而成为民众访

问量最高的新闻网站。目前，日经网总共有 80000 个页面。工作日期间，日经网的平均访问量达到 1500 万人次。2006 年 1 月，曾经达到 2000 万人次的访问高峰。日经网现约有 30000 注册订户以及约 170000 手机订户。他们通过付费的方式获得日经网的新闻服务。2005 年，日经网的总收入为 50 亿日元，其广告收入 40 亿日元。

日经网是在综合日本经济新闻社集团的基础之上建立起来的。新闻来源包括《日本经济新闻》、日本时事通讯社以及网站自己的采集。因此，日经网既能充分借助日本经济新闻社的新闻采编优势来降低运营成本，又能根据网络媒体的特点有针对性地对网络读者提供新闻服务。

日经网网站主要分为“新闻”网页和“专门信息”网页。其中，“新闻”网页将《日经》提供的速报新闻分门别类地展示，包括要闻、经济、企业、股票、外汇、国际、政治、社会、体育、新产品、发布、社论等；“专门信息”网页聚焦读者的不同需求，提供实用有趣的新闻、特辑、专栏、工具等内容，包括金融、市场、综合企业信息、IT、住宅检索、BizPlus 经营支持、C-Style、女性等。

日经网对新闻的采编有自己的特点。网站不提供《日本经济新闻》及时事通讯社以外媒体的新闻。同时，为了避免读者因免费阅读日经网新闻而减少甚至停止购买报纸。日经网只将报纸 1/3 的新闻放在网站上，在每篇新闻的篇幅上，也只有报纸新闻的 1/3。读者阅读日经网通常获得的是当日的重要新闻的概览，要阅读详细内容，他们还是需要购买报纸。通过这种新闻处理方式，日经网建立 10 年来，非但没有分流《日本经济新闻》的读者，反而对报纸的发行有较大的促进。

日经网以日本经济新闻为基础，在新闻选择上仍保持经济特色。通过设立数码编辑室来对新闻内容进行管理、更新。

在网络新闻的时间安排上，日经网也体现了多媒体协作促进的特点。通常情况下，日经网在每天上午 7 点将当日要出的报纸的日报版内容的 1/3 放到网络上，因为报纸在每天早上的 7 点之前会送到各订户家中，不会培养起读者阅读网络的免费新闻而放弃购买报纸的阅读习惯。由于 NIKKEI.QUICK，NIKKEI Telecom21 是付费阅读的，因此，在每天的凌晨 2 点，新闻就送到这两个网站上了。对夕刊版内容的操作与对日报版内容的操作类似，在每天下午 4 点将新闻放到网上。日经网同时提供 24 小时的滚动新闻服务，在时间安排上，相对于NIKKEI.QUICK 有一定延时，重大新闻的延时在 1—5 分钟。

Net 编辑部和 news 编辑部会在纸版报纸印刷一个小时后再刊登新闻，这样其他纸质报纸无法从日经报纸上获取最新新闻线索。

访问日本经济新闻社电子媒体局局长长田公平先生

日经网借助网络平台特点，不仅提供以图文为内容的新闻信息，还提供音频、视频的新闻服务。此外，日经网还运用日经广播、电视台的节目，一方面降低了运营成本，另一方面提高了新闻服务的到达能力。现在日经网的广播服务每月大约有 50 万人次的访问量，虽然相对每日 1500 万人次的访问量来说这个访问量还很小，但它仍然获得了如 IBM 等大公司的赞助。

作为一家在日本非常具有影响力的网站，日经网注重为民众提供全面多样的服务。只要下载一个专门的软件安装在电脑上，视觉障碍者就可以通过访问日经网网站来得到新闻广播服务。为了让读者更加便利地浏览网页，日经网通过调查等方式了解读者对网站的印象、评价，在此基础上对网页格式、颜色、图标等进行改进，统计发现，改进后访问量增加了 50%。更为重要的是，日经网还通过对读者访问习惯的追踪，深入了解读者的网络阅读习惯，相应地对页面设计、新闻链接等进行调整，更加贴近读者的阅读习惯，提高新闻的阅读率。这同时也提高了网络的访问量、使读者在网站上停留的时间更长，促进了日经网的广告效果。

作为一个在日本传媒界颇有影响的新闻网站，日经网在为读者提高更好的信息服务方面作了许多的探索。从 2004 年年初开始，日本作者的一本小说《成吉思汗》开始在《日本经济新闻》的夕刊上连载。为了发挥日本经济新闻社跨媒体经营的优势，日经网网站同时进行连载。与报纸连载不同的是，日经网并没有将报纸连载的内容原封不动地放到网上，而是发挥网络媒体的图文优势，根据报纸连载内容补充了许多地图、人物关系图谱、图片等，在内容方面则只是提供一小部分，更多的是对夕刊要连载的内容的预告。这是日本媒体第一次进行报纸与网络媒体同步进行的连载，受到了读者以及小说作者的肯定。

三、日经网的广告经营

日经网站的广告不仅针对普通读者，还针对企业。日经网 2004 年的广告销售额是 33 亿日元，2005 年是 39 亿日元。

日经电子媒体局广告销售人员有20多人。和报纸一样，广告部人员按照领域分类，主要有IT（6人）、金融（3人），住宅（9人）、休闲（7人）四大部分。其中，每个行业都有专人负责某几个主要公司客户。这些员工，一半多来自日经报纸的广告部，其余是借用其他公司的人员。

和其他报纸网站相比，日经网的广告种类多，技术不断更新，所以广告收入最高。网站广告类型总体可以分为：tile（小块）广告、banner（图案）广告、文档广告、宽带影音广告、PODCAST（音频广告穿插在音频节目中）、移动画面广告、摘录型广告、pop-under（后弹窗广告）、检索连动型广告、内容连动型广告。其中“小块”又分为页面右块、页面左块和正方形广告。Banner和正方形还有不同大小。另外，日经报纸最大的广告是半页广告。同时，日经net还推出了报纸＋网站、报纸＋东京电视台＋网站的多媒体广告投放套餐。

同时，日经net还为企业提供以下几种主要类型：

1. 为企业制作特辑，包含企业的主题内容、企业的广告等。比如，JAL推出一个网页，属于企业PR的一部分。页面内容由JAL提供，网页由net制作。net收费达到几千万日元。

2. 链接企业的网页，获取费用。比如，在日经net网站上可以链接亚马逊网站。亚马逊网站每月向日经net提交统计报告，显示有多少用户通过日经net网站登录到亚马逊网站。同时，根据此数据向日经net支付费用。比如，将这些用户消费额的5%支付给日经net。其余还有一些网站和日经net签订了类似的合作合约，他们支付给日经net的费用都各不相同，但一般不超过10%。

四、日经网与手机的互动

随着手机普及率的提高，日经网开发出NIKKEIMOBILE手机版，向手机用户进行有偿的新闻服务。用户只需要每月向电信服务商提供315日元或者525日元的包月费即可以通过手机获得与日经网几乎一样的新闻服务。包月费中NIKKEI可以获得50%的分成。由于手机新闻并没有多少编辑成本，所以其利润非常丰厚，保持在90%左右。目前NIKKEIMOBILE的稳定用户有17万，每年的收入达4亿日元。

在日经net网站的某个广告位置（比如首页右上角），由于希望在此刊登广告的企业很多，日经net就推出不断变换画面的广告，为不同的广告主刊登广告。

移动广告会影响网站访问者阅读页面信息，尽管单价高，但日经net

仍然不会过多地推出此类广告。

日经 net 在和企业签订合约时，日经会保证企业的广告出现的频次。当然，这也受到网站整体浏览量的限制。

日经和美国的 REVENUE SCIENCE 公司共同开发了一种新技术(cookie) 来追踪读者浏览页面的路径。今后，将分析获取的数据信息，从而为重点读者经常浏览的页面安排不同的广告，使之更有针对性。

日经 net 会定期微调广告的位置。

日经自身的宣传广告是由销售部门负责制作，然后向电视台提供；另外，会从电视播放的短片中选编一部分，由日经影像部门加工放到网上作为音频广告播放。

广告客户一般在做企划时，就已经明确了要投放的媒体，所以报社之间抢夺广告客户的情况很少。

弹出式广告容易被拦截。某些公司还会进行设置，阻止影音广告的播放。

日经 net 目前正在积极努力地寻找单价高的广告，以及更好地开发类似于 JAL 的特辑网页。

日经 net 广告的大客户，一般由 net 广告部的营业人员负责，有时也会与代理店合作。

未来由于受技术发展、宏观经济局势影响，目前很难预测未来广告额的变化。不过，日经集团向 net 部门提出要求：比前一年同期增加 20%。

来自集团的压力很大。和欧美的读者自己在报摊等地点买报纸不同，日本报业有着历史悠久的“宅配制”，因而也培养出了读者良好的读报习惯。因此，很难大幅度提高网络收入。

五、神奇的“日经 Telecom21”

“日经 Telecom21”是个新型的数据库收费服务网站。成立于 1984 年，主要业务是把信息系统化，提供有附加价值的信息。通过互联网提供收费商业信息服务（会员制）。以前日经是通过自己研发的软件，将数据提供给客户，1997 年以后，互联网发展起来，可以通过 IE 访问。

日经 telecom21 是日本国内数据库检索服务的开创者，已成为检索服务网络基础构筑的标准。每年的运营成本是 10 亿日元（不包括人员工资），主要是信息收集成本和支付的销售网点的手续费。这个部门的正式员工有 25 人，负责网站销售、信息收集和编程的整体工作。目前有 1 万家以上的公司使用日经的数据库，并以每年 10%的速度增长。

最新消息 & 庞大的存储数据库，包括以下数据：

1. 新闻

包括报纸新闻、杂志新闻和新闻快递。

及时更新，以速报的形式发布，报道内容不一定上报纸。

也有其他报纸的新闻内容，但读者使用得不多。包括日本的《朝日新闻》、《读卖新闻》等主要报纸，中国的新华社、《经济日报》，美国的道•琼斯等。外报内容由两个专门的翻译公司负责翻译。

报纸新闻•消息
报纸新闻、杂志新闻、新闻快递

企业•人事信息
企业财务、业绩预测、人事信息

市场信息
股票、债券、期货、商品

外部消息
报社、企业、调查公司

市场信息
零售店铺、POS 数据、金融活动调查

专业信息
JOIS、TKC 法律信息、NRI CYBER PATENT

资源来源：日经 telecom21 主页

资源来源：日经 telecom21 主页

2. 信息检索

新闻报道检索、企业检索、人事检索。

①新闻报道检索

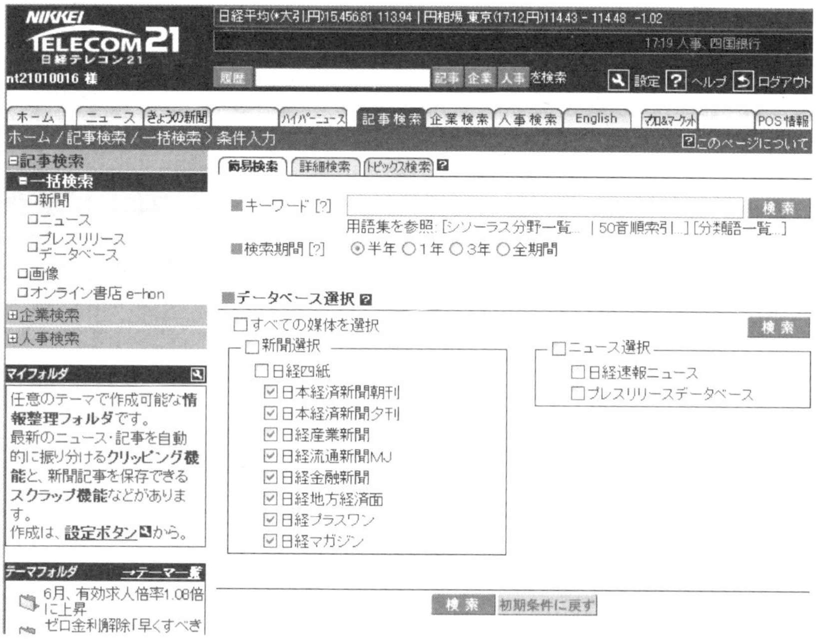

分为简易检索、详细检索和关键词检索等形式。

②企业信用信息检索

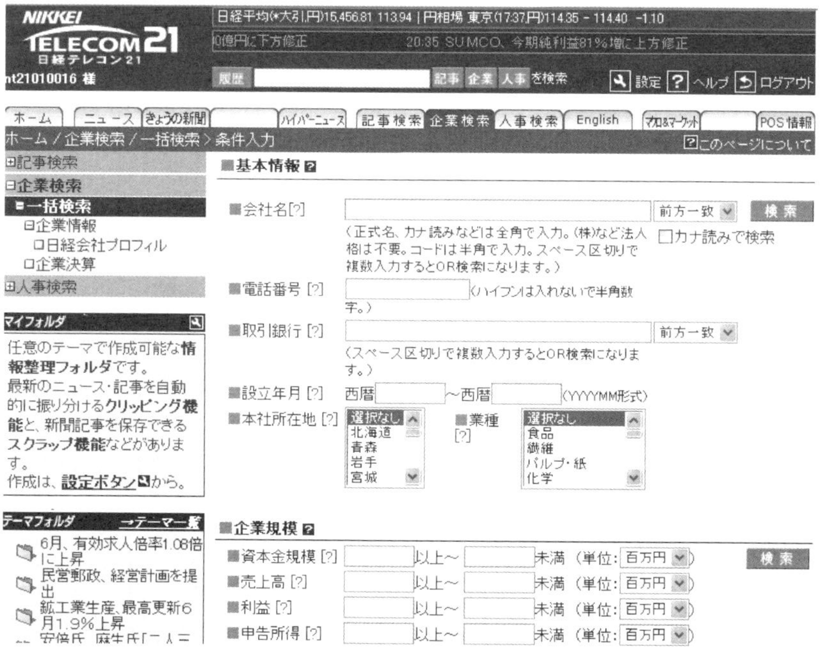

检索企业资产总额、变动情况、企业经营业务、交易信用等。

③人事检索

主要囊括商业人士的信息，部长以上级别。

日经 telecom21 针对手机用户提供的服务：

1. 新闻检索

除了可以检索日经集团发行的四份报纸之外，还可以对一般报纸和专业报刊（大约 60 份）的新闻进行检索。

2. 企业检索

3. 浏览当天新闻

提供日经集团发行的四份报纸以及《每日新闻》、《产经新闻》、《日刊工业新闻》等报纸的信息快递服务。

可以浏览和阅读《日经》包括当日在内的三天的新闻内容。

4. 提供“我的文件夹”打包信息服务

可以对符合主题设定的最新报道和新闻进行自动检索和剪辑，每天早上用“Clipmail”邮件通知客户。

提供将重要报道进行保存的“数字剪贴簿”服务。

无需另外签约。

对应的手机运营商包括日本三大运营商 NTT-DoCoMo、AU、Vodafone。

六、NIKKEI NEEDS 数据库服务

NIKKEI NEEDS 的全称为Nikkei Economic Electronic Databank System，是日本经济新闻社电子媒体局的三大主要网络业务之一。新闻社在对宏观经济数据进行收集、整理、分析的基础上开发的日经平均股价（指数），是日本经济晴雨表。

NIKKEI NEEDS 的历史可以追溯到1975年，经过30余年的发展，NIKKEI NEEDS 已经建成集企业财务数据库(Corporate Financials Database)、市场信息数据库(Market Database)、宏观经济数据库(Macro Economic Databases)、POS 数据库(Nikkei POS Data Service) 等四大数据库在内的庞大的进行数据收集、整理、分析、预测的综合处理系统。NIKKEI NEEDS 是日本国内最大的商用数据库，收录了包括政府统计公报、企业财务报表、商品销售数据等在内近500万条信息，存有30多年来的经济数据。NIKKEI NEEDS 通过用户进行服务器访问、专线数据传输、刻盘DVD格式数据等形式为金融机关调查部门、政府机关、学术研究机构等提供商用数据服务。此外，数据库信息还为日经网、NIKKEI Telecom21、日经出版物和QUICK公司等提供信息。由于NIKKEI NEEDS 提供的是大型、专业、宏观的信息服务，而一般的小型企业使用NIKKEI Telecom21 就可以满足需要，所以NIKKEI NEEDS 数据库的用户主要是银行、证券公司等大型机构。目前，MIKKEI NEEDS 用户超过200个，基本包括日本最为重要的银行、证券公司。NIKKEI NEEDS 在2004年的销售额为44亿日元，2005年达到47亿日元。

目前，大约有40多人在日经电子媒体局NIKKEI NEEDS 工作部工作。NIKKEI NEEDS 工作部由四个工作组组成，包括数据库小组、开发小组、企划小组、销售小组。数据库小组负责委托日经Media Research 进行数据收集、整理，在此基础上进行数据分析、发布分析报告；开发小组根据客户需要开发新的数据服务业务；企划小组则负责维护NIKKEI NEEDS 的网页，进行宣传、推广、广告等活动；销售小组主要是在与日经Media Marketing 合作的基础上销售NIKKEI NEEDS 数据库。

七、电子报纸的开发

随着技术的发展，阅读电子报纸已经不再是一个遥远的梦想。索尼、菲利普等公司已经开发出具有良好显示效果的电子报纸，读者完全可以

通过它们阅读报纸、图书。在技术支持的情况下，《日本经济新闻》于2006年3月设立了“新事业开发组”，专门进行基于电子报纸阅读终端的电子新闻开发。

日经报社非常注重在互联网、新媒体技术不断发展的情况下如何保持、强化新闻社的经济特征，开发新的商业模式。众所周知，各个职能部门（比如电子媒体部，编辑部等）都有各自的利益和目标，如果将“新事业开发组”设置在某个职能部门当中，可能会因为该部门注重自己的利益与目标，而影响到新媒体环境下新商业模式的建立。因此，“新事业开发组”直接设在社长室，使之成为社长室直接领导的三个小组之一，并且从编辑部、广告部、IT部等抽调五名骨干人员全力以赴进行电子新闻事业的开发以及商业模式的建立。

作为日本经济新闻社的一项重要开创性工作，“新事业开发组”的主要业务包括：

1. 进行电子新闻的开发。

2. 教育、培训业务。

3. 探索未来电子新闻的发展形式。

“新事业开发组”计划中的电子新闻运营模式也着重考虑如何适应电子新闻纸的发展与商用，探索一条与这些公司“互利共赢”的合作模式。但是对于下一代的电子新闻到底会发展成什么形式，哪种经营模式会成功，电子新闻与电子新闻纸如何结合，“新事业开发组”还在探索。

第七节 广告经营与读者结构

在广告界，《日经》以其先进性获得好评，比如灵活运用新的广告理论和电脑的新媒体开发广告经营系统，为广告客户提供报纸新闻的阅读率和广告关注率数据等等。通过各种调查了解读者情况的同时，探索市场的需求和走势，提出积极有效的广告企划案。另外，海外营销网络在欧亚原有的当地法人代表的基础上，构筑了覆盖 53 个国家和地区的广告代表网络。这就使得《日经》各大报纸所刊登的广告多为符合读者需求的特色广告。和日经报社有关的机构中还设有日经广告研究所，从多角度开展广告领域的调查研究，推动了广告的发展。

连接企业和读者的《日经》广告

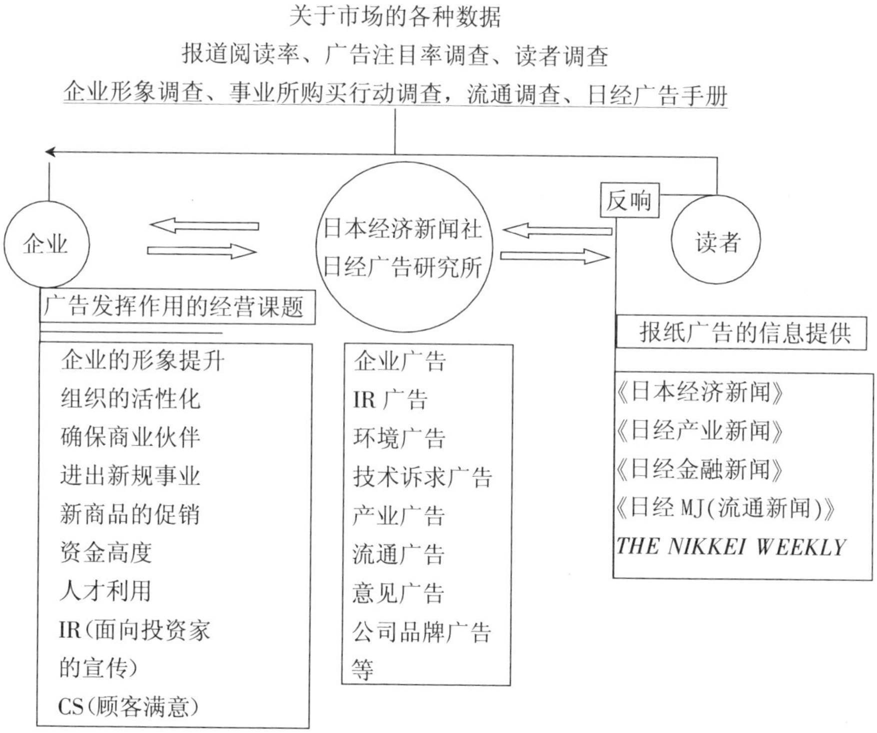

一、完善的日经媒体数据

企业能否遵守法令历来是受人关注的问题。同时作为一个媒体，信息公开的重要性也是被广泛提及的。如果不能利用好那些透明度高、容易理解的数据、调查等内容来说明媒体价值，那么，面对广告主、广告公司，媒体将无法承担起其所应具备的说明责任。另外，在冥思苦想广告策略、媒体计划的基础上，提供一些有用的数据无论是现在还是将来，都将对提高媒体信赖度起到重要的作用。

日本经济新闻社的研究部门和广告局制作的媒体数据详细说明了《日本经济新闻》的发行量和发行区域，另外还通过被广泛公认的《日本经济新闻》的独自调查，以及第三方机构的全国规模的调查，即第 2 次全国新闻综合调查（J-READ）、ACR 等，从多种角度对《日本经济新闻》的读者情况及其个人特点进行了分析，以此使人们认识到《日本经济新闻》作为广告媒体的媒体价值。

二、翔实的日经媒体数据目录

1.《日本经济新闻》与报纸广告

各种媒体的印象 /《日经》读者认为在各种媒体中，报纸广告的位置最高 /《日经》读者是应当最先考虑的广告受众 /《日经》读者对信息的接触态度不同 /《日经》报纸广告的信息波及效果最好 /《日经》报纸广告的 3 个特点。

2.发行量与发行区域

《日本经济新闻》的发行量 / 经济活动活跃的地区普及率特别高 / 只购买《日经》一份报纸的读者不断增加 / 全国有 72.8%的事务所订阅《日经》/ 世界上最大的以经济报道为中心的综合报纸 / 东京、大阪、名古屋地区版 / 早报全信息版。

3.《日经》读者的情况

读者广泛，覆盖各个年龄段 / 各种行业与职业的读者 / 高学历、高收入的《日经》读者 / 存款多、生活富裕的《日经》读者 / 多供职于实行双休日制度的公司、拥有个人房产比率高 / 家庭成员四人、是社会的消

费主体 / 订阅 10 年以上的读者超过四成。

4.《日经新闻》的个人阅读情况

供职于大企业、外资企业的公司职员超过半数是《日经》读者 / 全国发行的报纸中企业核心人物最经常看是《日经》/ 年收入 2000 万日元以上的家庭中五成以上是《日经》的读者 / 高层管理人员中约90%是《日经》的读者 /《日经》得到了青年经营者的绝对支持。

5.《日经》读者的个人特点

各种商品的持有率与服务利用率 / 各种商品的购买意向与服务利用意向 / 对国外的看法 / 工作以外的活动 / 对时尚的关心 / 对教育、健康的看法 / 交流技巧 / 因特网的使用 /《日经》的女性读者 /50—60 岁的《日经》读者。

6.《日经》的版面与广告效果

《日经》的企划广告 /NIKKEI PLUS1/ 企业品牌广告 /CSR 广告 /IR 广告 / 法定广告 /《日经》传真调查 /《日本经济新闻》网络调查 / 何为给读者留下深刻印象的广告 /《日经》广告关注率调查(20 天调查)/ 影响广告关注率、广告精读率的因素 / 计算广告关注率(理论值)/ 市场研究 /《日经》广告手册 /《日经》广告奖。

表 4–3　《日经》实施的主要媒介调查和广告调查一览表市场研究

调查名	内容
日经企业印象调查	以首都圈的一般个人和实业家为对象，每年对大约 1200 家中坚企业的企业形象进行测定
企业购买行为调查	在信息化投资、营业部门的信息化等不同商品领域，对企业决定采购行为的过程进行调查，同时测定采购负责人对采购品牌的印象
流通调查	向加工食品、冷藏食品、酒类、药品、化妆品、日用品等流通品的采购负责人询问其购买决定过程，并对品牌印象进行调查
广告关注率、每版报道阅读率调查	对 2、5、8、11 月 20 日刊登于《日本经济新闻》晚报上的广告关注率进行调查，并定期对不同版面的报道阅读率进行测定
关于外资金融机构的调查	就与外资金融机构有接触的企业负责人及其普通职员对外国银行、证券公司的印象进行调查

（续上表）

调查名	内容
二次纤维制品综合调查	以首都圈的公司男女职员为对象，对二次纤维制品（品牌）的知名度、评价、拥有率和购买意向进行调查
个人投资调查	以东京和大阪20岁以上的股票持有者和有意购买股票者为对象，对其信息收集行为、投资态度以及股票的选定过程进行调查
大学生就业期望调查	以全国大学三年级的学生以及研究生为对象，就其就业期望、选择理由、就业观进行调查
航线调查	调查公司职员对于航空公司及其连锁宾馆的印象
关于机构投资家、资金管理者信息收集的调查	明示资金管理者的信息收集活动，并调查其运用资金时，如何确定项目和品牌
关于富裕阶层金融意识的调查	对首都圈富裕阶层的投资、储蓄意识以及对金融商品、金融机构利用的情况进行调查

日经本社开展的各类专业性调查

100名社长调查。

调查对象：约100家中坚企业（含银行）的定点观测。

发表媒体：《日本经济新闻》、《日本产业新闻》。

发表次数、时间：每年四次左右。

内容：了解大企业高层的真实声音。例如，调查他们对“日元走高、股市走低所带来的影响”等当时社会上热点问题的看法，以此作为每次的定点观测，预测经济形势，借助高层经营者把握产业界脉动。

春斗调查。

调查对象：约4000家主要企业。

发表媒体：《日本经济新闻》、《日本产业新闻》。

发表次数、时间：每年一次，3—4月。

内容：通过两次统计或一览表，明确当年产业界的整体水准及其行业差别。并对加薪企业按加薪额度排名。

奖金调查。

调查对象：约3900家主要企业。

发表媒体：《日本经济新闻》、《日本产业新闻》。

发表次数、时间：每年两次，6—7 月、11—12 月。

内容：与春斗调查一样，此调查成为个人消费、预测经济形势的材料。用一览表表示出一个公司在业界的位置。另外，根据行业的不同还进行排序。

招聘调查。

调查对象：约 4200 多家主要企业。

发表媒体：《日本经济新闻》、《日本产业新闻》、《日经金融新闻》、《日经 MJ》。

发表次数、时间：每年两次，3—4 月。

内容：按照大学毕业、高中毕业等不同学历水平，刊载各个公司上一年的对比，招聘计划的变化。通过计划人数的变化读解企业的成长势头和状况。

100 种商品市场份额调查。

调查对象：约 500 家大型企业。

发表媒体：《日本经济新闻》、《日本产业新闻》。

发表次数、时间：每年一次，6 月。

内容：基于业界的统计及各公司的数据，由一线记者进行综合判断。从生活用品、生产用品到服务，对 100 种商品的市场份额进行调查。明确其增减水平，并勾勒出业界地图的变化。

设备投资调查。

调查对象：约 3000 家大型上市企业。

发表媒体：《日本经济新闻》、《日本产业新闻》。

发表次数、时间：每年两次，春、秋季。

内容：在其他调查机构之前，率先公布作为经济形势的先行指标的产业界设备投资的动向及其最初计划和修正计划。除了按照行业类别进行分析、公布单个企业一览表之外，此调查还包含投资具体内容的附带调查。

1000 家风险企业调查。

调查对象：约 1000 家重要的中小风险企业。

发表媒体：《日本经济新闻》、《日本产业新闻》。

发表次数、时间：每年一次，9 月。

内容：风险企业（VB）是未来的大企业。《日经》动员其地方分社、分局、一线记者在独自采访的基础上介绍1000家有成长性的企业，分析其销售额的变化以及VB在哪个领域拥有成长空间。

三、《日经》的读者结构特征

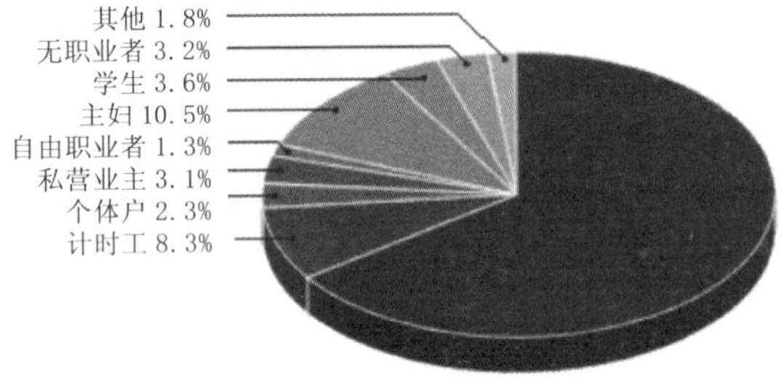

图4-3 《日经》读者职业构成

资料来源：［企业形象调查/普通个人编］有效回收数：9552份，调查年月：2003年9月。

从《日经》读者的构成来看，大多数都是白领阶层和商务人士，也有各行各业有正式工作的职业人士，以社会的中坚力量为主。

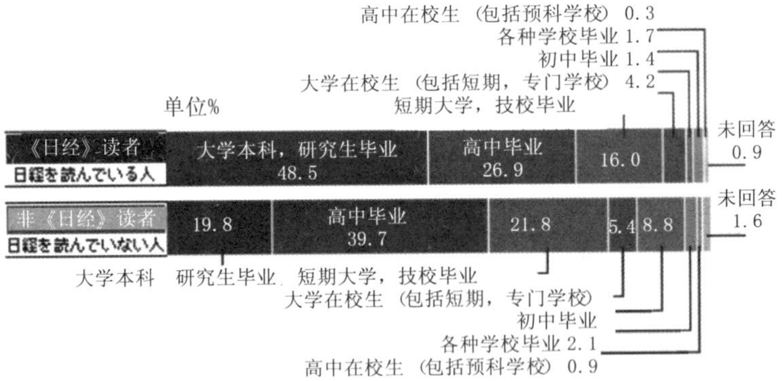

图4-4 《日经》读者学历分布

资料来源：［企业形象调查/普通个人编］有效回收数：9323份，调查年月：2001年9月。

从《日经》读者的学历分布来看，有48.5%的人是大学本科以上学历，这个以例比其他全国性报纸的高得多，也比非《日经》读者高得多。

这说明《日经》拥有大量的受过良好教育的读者。

图 4-5 《日经》读者收入构成

资料来源：［企业形象调查/普通个人编］有效回收数：9323 份，调查年月：2001 年 9 月。

从《日经》读者收入构成来看，《日经》读者的家庭年收入状况良好，比非《日经》读者的阶层平均年度收入高出近 30%，这说明《日经》读者是具有很强消费能力的读者群体。

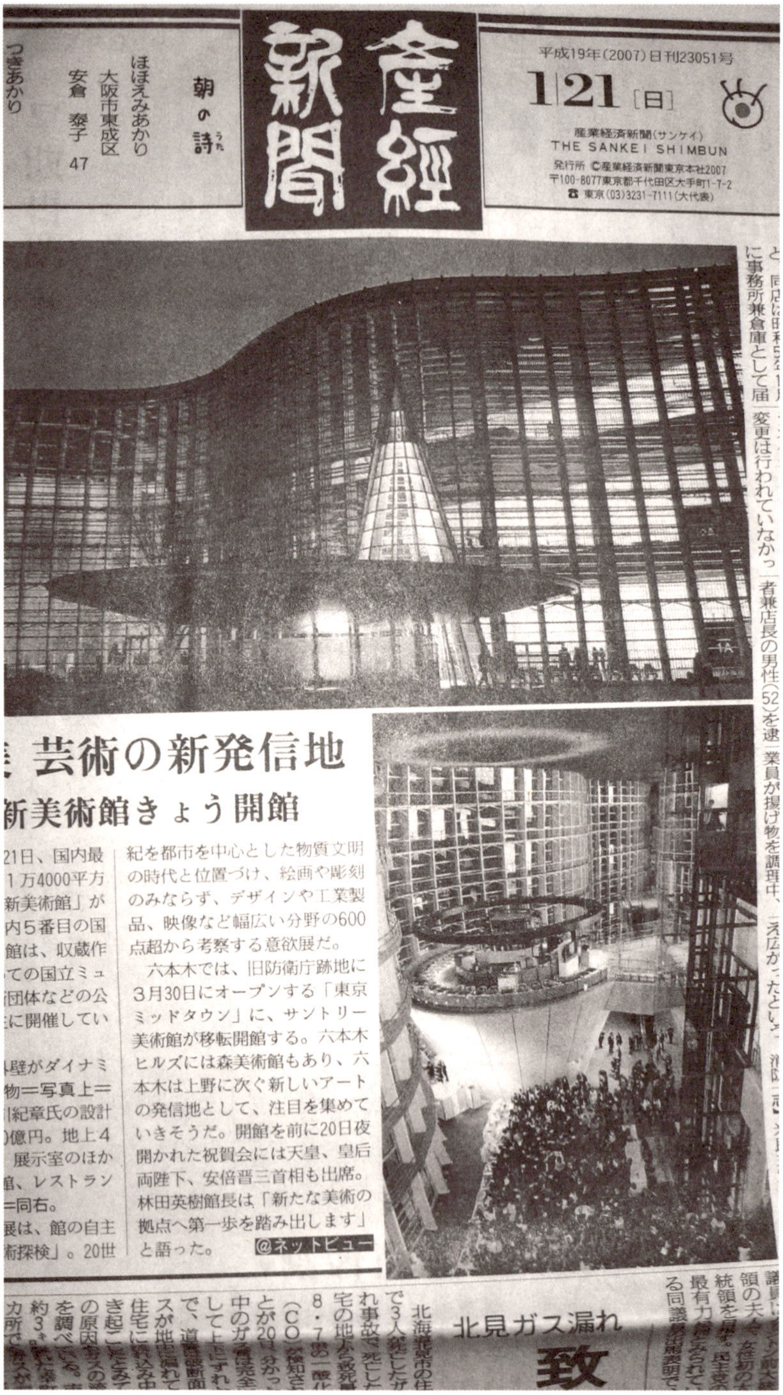

産經新聞
朝の詩
ほほえみあかり
大阪市東成区
安倉 泰子 47
つきあかり
平成19年(2007)日刊23051号
1/21 [日]
産業経済新聞(サンケイ)
THE SANKEI SHIMBUN
芸術の新発信地
新美術館きょう開館
21日、国内最
1万4000平方
新美術館」が
内5番目の国
館は、収蔵作
ての国立ミュ
団体などの公
に開催してい
外壁がダイナミ
物=写真上=
紀章氏の設計
0億円。地上4
展示室のほか
館、レストラン
=同右。
展は、館の自主
術探検」。20世
紀を都市を中心とした物質文明の時代と位置づけ、絵画や彫刻のみならず、デザインや工業製品、映像など幅広い分野の600点超から考察する意欲展だ。
六本木では、旧防衛庁跡地に3月30日にオープンする「東京ミッドタウン」に、サントリー美術館が移転開館する。六本木ヒルズには森美術館もあり、六本木は上野に次ぐ新しいアートの発信地として、注目を集めていきそうだ。開館を前に20日夜開かれた祝賀会には天皇、皇后両陛下、安倍晋三首相も出席。林田英樹館長は「新たな美術の拠点へ第一歩を踏み出します」と語った。
@ネットビュー
北見ガス漏れ
致

《产经新闻》

第 5 章

《产经新闻》

跨媒体发展造就产经集团
活力门收购引发传媒地震

创办时间：1933 年，原名《日本工业新闻》，1942 年改为现名
现任社长：住田良能
发行量：210 万份
网址：http://www.sankei.co.jp/
地址：东京都千代田区大手町 1 丁目 7 番 2 号
电话：03－3231－7111

● 《产经新闻》拥有 70 多年的历史，是日本五大全国性报纸之一，在日本报界有一定的影响力。《产经》几经风波，走过了从经济类报纸到全国性综合报纸的转型历程。报名曾经做过三次改动。立体化的组织架构和独特的报纸定位，使《产经新闻》在日本报界具有举足轻重的地位。由《产经新闻》投资建设的富士电视台已经在规模和影响力上超过它的母公司，现已重组为富士产经集团公司。现在的富士产经集团 FCG（FUJISANKEI COMMUNICATIONS GROUP）旗下已经拥有 100 多家企业，12000 多名员工，是日本规模较大的媒体集团。富士产经集团的业务涉及报纸、电视、广播、出版、音乐、电影、物流、软件销售、邮购及房地产等很多领域。

第一节 《产经新闻》与富士产经集团

一、富士产经集团的产业结构

富士产经集团 FCG（FUJISANKEI COMMUNICATIONS GROUP）旗下拥有100多家企业，12000多名员工，是日本规模较大的媒体集团。富士产经集团的业务涉及报纸、电视、广播、出版、音乐、电影、物流、软件销售、邮购及房地产等很多领域。其中“雕刻之森美术馆”、“上野之森美术馆”、“美之原高原美术馆”获得了“高松宫殿下世界文化纪念奖”（该奖项被誉为“文化诺贝尔奖”）。

产经新闻集团是富士产经集团下属的一个企业集团，旗下拥有众多企业，见图5-1。

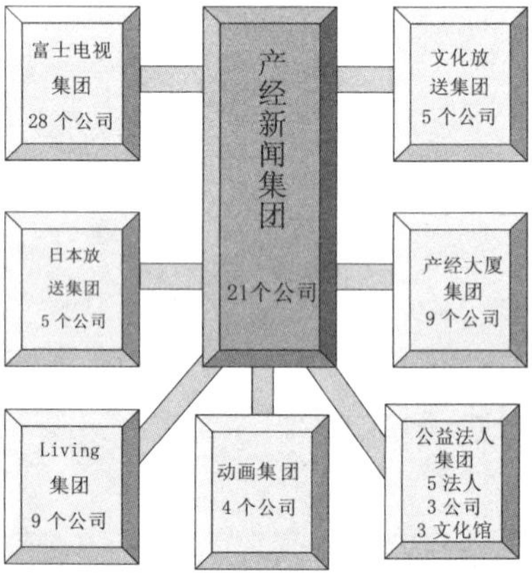

图5-1 富士产经集团的产业结构

二、富士产经集团大事记

1933年，《日本工业新闻》创刊，1941年，与爱知县以西33家产业经济关系报产报合并改名为《产业经济新闻》，一年后日本工业新闻社改商号为“产经经济新闻社”，并将报纸改名为《产经经济新闻》。1950年开始在东京印刷，从经济类报纸转向全国性报纸，并设立了地方版和体育版。1951年，《产经周刊》创刊，并于一年后在东京发行夕刊。1954年，《产经体育》在大阪创刊，1957年，《日本工业新闻》复刊，1959年，产经经济新闻出版局成立。1963年，《产经体育》在东京创刊，设立“产经新闻奖学生制度”。1967年，富士电视、日本放送和文化放送共同组成“富士产经集团”。1969年，《夕刊富士》创刊。1971年，《竞马eight》赌马报纸创刊。1973年，创建《正论》栏目，创办《正论》月刊，朝刊发行经济版后改名为《产经商业新闻》，1980年，发行量200万份。1985年，富士产经集团强化制定统一的标记。1988年，在所泽、浦安、北摄、大淀、冈山建立新工厂，版面开始实行彩色化。1993 年，《周刊 Gallop》创刊。1996 年，《产经》Web 创建。1997 年，《古典故事》创刊。2002 年，东京总社内部发行《新朝刊》。2003 年，月刊《TVnavi》创刊。

三、产经新闻报社的构成

目前，产经新闻报社在大阪和东京设立了两个总部，在日本国内其他各地设立了九个总支局，由南到北分别是九州地方（一个总支局）、中国地方（一个总支局五个分支局）、四国地方（四支局）、直属大阪总部的近畿地方（两总局 13 支局）、中部地方（一总局四支局）、直属东京总部的关东地方（三总局十支局）、东海•甲信越地方（五支局）、东北地方（一总局五支局）和北海道（1 支）。同时，还在纽约、洛杉矶、华盛顿、中国、伦敦、巴黎、莫斯科、雅典、中东、中国台北、新加坡、首尔等地设有海外支局。

从 1955 年至今，《产经新闻》获得了多个奖项。其中获得新闻协会编辑部门奖 12 次、技术部门奖 1 次、上田纪念国际记者奖 9 次、菊池宽奖 5 次、日本记者俱乐部奖两次和新闻文化奖 1 次。

《产经新闻》也出版了很多图书，有几十本书风靡日本，其中较为著名的有《蒋介石秘录》、《农业革命》和近年出版的《沉默的大国》、《太平洋战争全记录》等。

产经新闻报社内部设有 12 个部门，各部门的职能如下：

编辑部：每天下午 3：00 和 5：00 定时召开编前会，决定当天报纸的头版和版面安排。

数字媒体部：数字媒体部把《产经新闻》、《产经体育》、《夕刊富士》每天的报道登载到网页上，同时也向手机、新干线、YAHOO 等网站发送报道。

制作部：制作部不仅要负责设计版面、处理照片、制作表格，还要对计算机排版系统进行开发和维护，对印刷厂进行技术指导等。

位于东京大手町的产经新闻大楼

摄影报道部：摄影记者的使命是

拍摄出比文字报道更具震撼力的新闻现场照片。起初《产经新闻》的各个版都有自己的摄影记者，为了提高效率，资源共享，于1996年成立了摄影报道部，把分散在各版的摄影记者集中起来。

总务部："报社内各种事务的总汇"是对总务部工作的概括。股东大会的运作、报社的电脑化管理、公共资料的管理、员工后勤、改善工作环境等都是总务部的工作内容。

财务部：处理报社的各种财务事宜。

网络部：开发和维护报社内部信息系统，通过网络将分布在日本国内和世界各地的总社、分社连接在一起，从而实现信息共享。

发行部：发行部的使命是增加发行量。发行部的工作分为外勤和内勤两个部分。外勤负责各区域的销售店的经营、促销活动的指导和各种促销计划的实施，内勤负责处理收集资料等。

事业部：组织包括音乐会、展览会在内的各种活动，促进各国文化交流，吸引潜在读者。

营业部：营业部是报社的收益部门，主要负责销售报纸广告。

夕刊富士：报社下属的一个副刊。

产经体育：重点报道职业棒球、探险、足球等各类体育新闻。

四、《产经新闻》的版面分析

《产经新闻》是一份具有浓厚政治色彩的综合类报纸，发行量在400万份左右，有《东京朝刊》、《大阪夕刊》和15个地方版，在报道中喜欢采用照片和图表等。

《产经新闻》包括综合版、国际版、经济版、地方版、评论版、特辑版、体育版，生活版、电视节目预告版、读书版、社会新闻版和全页广告版。具体的版面设置如表5-1。

表5-1　《产经新闻》版面设置

版　面	内　容	版数	版　面	内　容	版数
1—3	综　合	3	15—17	体　育	3
4	国　际	1	19、24、25	生　活	3
5.7	经　济	2	20、21、32	电视节目预告	3
6、8、12、14、18、28	广　告	6	22、23	读书版介绍新书	2
9、10、26、27	地　方	4	29—31	社会新闻	3
11	评　论	1	13	特　辑	1

《产经新闻》的读者调查显示，79.2%的读者认为朝刊的信息量已经可以满足他们的需求，82.9%的读者对朝刊的内容较为满意。认为经济版和地方版比较好的读者分别达到 80%和 79.8%。

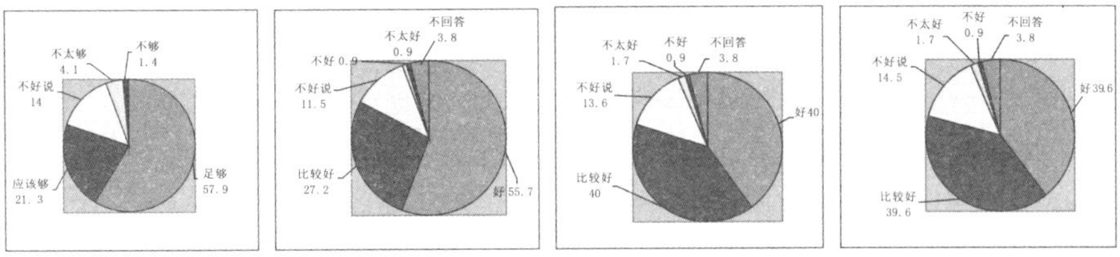

朝刊的信息充足性调查　　朝刊内容读者满意度调查　　经济版读者满意度调查　　地方版读者满意度调查

图 5-2 《产经新闻》各刊满意度调查图

《产经新闻》读者平时阅读该报的次数一般是 1—3 次，其中周一至周六阅读 1 次的人数占 46.1%，周日阅读 1 次的占 42.5%。

表 5-2 读者平时每天阅读《产经新闻》的次数（周一至周六） (%)

	1 次	2 次	3 次	4 次	5 次
总体	46.1	34.9	11.6	3.7	3.7
男性读者	47.2	34.6	11.0	3.7	3.7
女性读者	44.9	35.2	12.3	3.8	3.8

表 5-3 读者周日阅读《产经新闻》的次数 (%)

	1 次	2 次	3 次	4 次	5 次
总体	42.5	32.8	15.6	4.4	4.8
男性读者	37.0	35.8	18.3	4.9	4.1
女性读者	48.3	29.7	12.7	3.8	5.5

在不同年龄段的读者中，40 岁以上人士的阅读率均超过了 80%。在不同职业的读者中，上班族的比例是 80.07%，个体经营者的比例是88.72%，家庭主妇及无职业者的比例是 84.12%。

表 5-4 各年龄段读者的报纸阅读率 (%)

	总体	10—19 岁	20—29 岁	30—39 岁	40—49 岁	50—59 岁	60 岁以上
全日本	78.51	47.64	64.61	78.55	87.02	89.64	86.54
东部	75.15	43.94	67.05	64.65	84.21	85.83	83.17
西部	81.00	48.28	65.97	85.64	90.63	92.30	88.74

表 5-5　　不同职业读者的报纸阅读率　　(%)

	总体	个体户	上班族	大学生 高中生	中学生 小学生	主妇 无职业	其他
全日本	78.15	88.72	80.07	54.33	40.94	84.12	66.67
东部	75.15	84.21	76.00	38.64	43.18	82.04	—
西部	81.00	93.46	83.81	63.38	39.36	85.78	—

《产经新闻》各版面的阅读率也不尽相同，社会新闻版在 76.1%—82.8%之间，综合版在 75.6%—88.2%之间，地方版约为 66%，体育版约为 67%，科技版为 66.8%，生活版约为 70%，特辑为 56.7%，证券版为 39.3%，经济版约是 64%，电视节目版为 82.8%，国际版约为 70%。

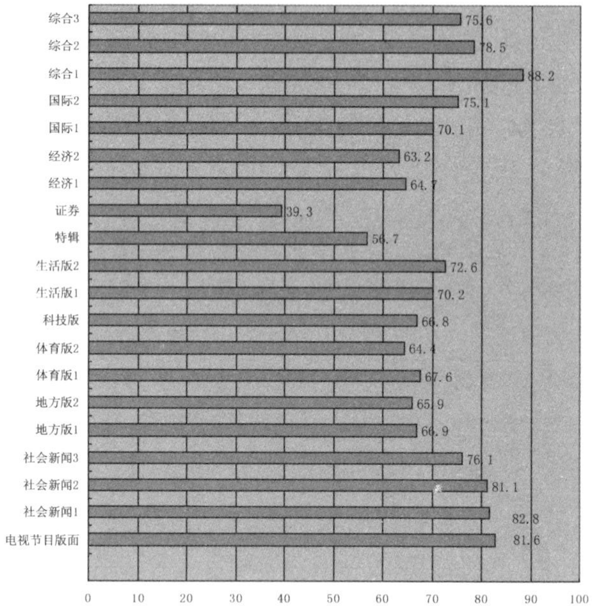

图 5-3　各版面阅读率比较(%)

由于受日本文化习惯的影响，大多数日本人采取订阅的方式读报。日本的报纸通常以套报（朝刊 + 晚报）的形式出现。朝刊的报道内容详细，新闻量大，所以大多数读者认为只要阅读该报的朝刊就足够了，而且读者对朝刊的满意度也比较高。读者每天阅读《产经新闻》的次数一般是 1 到 3 次，其中周日阅读该报 3 次的读者数量也相对较多，这表明该报在读者生活中占有重要地位。该报的反复阅读率较高也说明了内容可读性强。在不同年龄段的读者中，该报比较受成年读者喜爱。

综合版和社会新闻版阅读率较高，生活版、地方新闻版、体育版和科技版也受到大部分读者的喜爱。阅读率不高的版面主要是证券版、经济版，这表明虽然《产经新闻》的前身是经济类报纸，但目前该报已经失去了在经济报道领域的权威地位。

五、《产经新闻》的读者特征

调查发现，《产经新闻》的男女读者比例均衡（男性 48.%，女性 52%）。其中，50 岁以上的读者占一半左右，是该报的忠实读者，另外 20—39 岁的读者比例也较高。

表 5-6　　各版面阅读率的性别比较　　(%)

类别	总体	男性读者			女性读者			
		合计	15－39 岁	40－65 岁	合计	15－39 岁	40－65 岁	家庭主妇
电视节目版	82.8	82.0	81.7	81.6	83.6	82.6	84.7	84.4
社会新闻 1 版	81.6	82.5	80.3	84.3	80.8	78.9	82.5	81.3
社会新闻 2 版	81.1	82.1	77.8	85.8	80.2	77.2	83.1	83.9
社会新闻 3 版	76.1	77.3	73.9	80.1	74.9	72.9	76.9	75.8
地方 1 版	66.9	68.3	66.1	70.4	65.5	62.2	68.9	66.3
地方 2 版	65.9	66.6	64.9	67.8	65.3	62.3	68.4	66.6
体育 1 版	67.6	75.7	74.3	76.5	59.8	58.8	60.7	62.8
体育 2 版	64.4	73.0	73.4	72.3	56.0	55.9	56.0	55.7
科技版	66.8	55.8	51.2	59.8	77.6	73.3	81.3	82.1
生活 1 版	70.2	63.4	58.6	67.5	76.9	73.0	80.6	81.9
生活 2 版	72.6	66.8	61.2	71.4	78.5	75.0	81.9	83.5
特辑	56.7	57.3	54.8	59.6	56.1	55.2	57.2	56.0
证券版	39.3	43.0	41.0	45.0	29.7	29.6	29.8	32.3
经济 1 版	64.7	70.3	64.2	76.0	59.3	58.4	60.1	62.2
经济 2 版	63.2	69.2	63.5	74.5	57.3	57.9	56.6	62.4
国际 1 版	70.1	74.3	68.2	79.8	67.1	64.9	69.2	69.1
国际 2 版	75.1	78.4	73.4	82.8	72.0	69.1	74.8	77.2
综合 1 版	88.2	89.5	85.3	93.2	87.8	83.3	90.5	90.6
综合 2 版	78.5	82.6	76.4	88.2	74.5	71.0	77.8	78.0
综合 3 版	75.6	79.8	74.7	84.4	71.4	68.5	74.3	77.9

数据来源：日本社团法人中央调查社 2002 年

该报读者中很大一部分是家庭主妇，这说明该报作为综合性报纸，不但有良好的新闻版面，而且在生活服务类等副刊方面也拥有一定的优势。该报还受到一些上班族和学生（两者比例约占20%）的青睐。体力劳动人员的比例为9.1%，销售服务人员7.0%，自营和专业人士的比例约占6%。

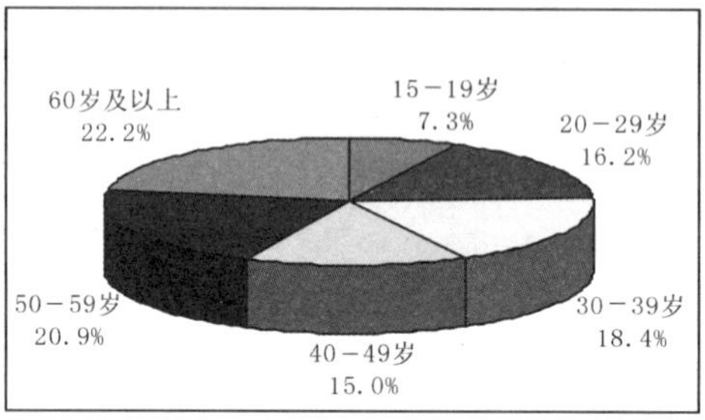

图 5-4　《产经新闻》读者年龄分布图（%）

《产经新闻》的读者教育程度较高，其中高中以上学历的读者占80%以上，大学和研究生学历的读者占1/4左右，这也反映出该报内容具有一定深度。

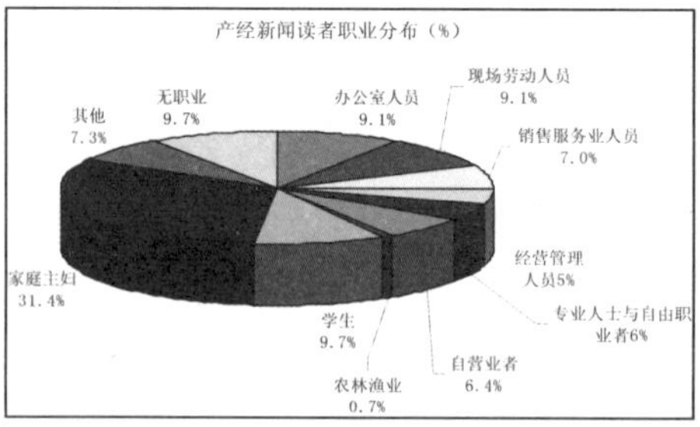

图 5-5　《产经新闻》读者职业分布图

另外，该报读者大都拥有不错的经济条件。读者的家庭年收入集中在300万—600万日元之间。由于有良好经济基础的读者更加注重精神生活，所以在选择报纸时要求相对严格，这也从侧面反映出《产经新闻》在读者心目中的地位。

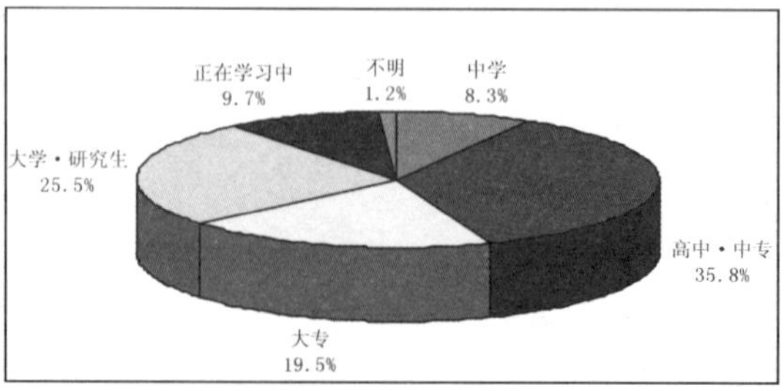

图 5-6　产经新闻读者学历分布图（%）

第二节 《产经新闻》的办报理念

以下是笔者对《产经新闻》论说委员长吉田信行的采访，从中可以看出《产经新闻》在百年历史中办报方针和定位的转变，以及《产经新闻》目前的战略、经营和管理的方针。

吉田信行是产经新闻社常务董事和论说委员长，生于 1941 年，籍贯东京都。从早稻田大学政经学部毕业后就进入产经新闻社，先后在东京编辑局、浦和支局工作。1973 年进入政治部，后出任首尔支局长，1985 年担任政治部次长。后历任外信部次长、编辑局主编等职，1994 年任论说委员室委员长，1998 年担任取缔役论说委员长，两年后担任常务取缔役论说委员长。著有《激动的韩国本色》（日本文艺社）、《司马辽太郎的声音》（中央公论社）、《东南亚的乱气流》（亚细亚大学亚洲研究所）。

产经新闻社常务董事和论说委员长吉田信行

吉田信行：非常抱歉，因为本报社长休假，所以由我来接受您的采访。

崔保国：非常感谢您的接待。请问《产经新闻》的办报方针是什么？

吉田信行：为了维护社会安定，满足国民的精神需求，报纸不仅要正确传播舆论，还要稳步经营。如果经营不善就会受到资金的制约，同时被投资者左右。因此，报社的独立经营的理念显得尤为重要。《产经新闻》经历了和其他报社不同的发展道路，我们要坚持自己的特色，目标是成为“仅此一家”的报纸，目前正在向着这个方向发展。

崔保国：《产经新闻》也像其他报社一样有自己的信条吗？

吉田信行：历史上的《产经》信条叙述的是为民主和自由而战，现在听起来可能很平常，但在那个时代却是个很大胆的口号。

链接：《产经》信条

《产经》为民主和自由而战。我们以民主和自由为国民幸福的根本，以推动民主自由进程为最大使命，我们用舆论对抗一切企图否定和破坏民主自由的行为。

《产经》致力于推动国家富强、维护社会稳定。我们盼望国家富强，社会稳定，揭露贫困、犯罪、污染等一切社会阴暗面，追求自然环保、物质繁荣和精神富裕的社会。

《产经》从全球视角来审视日本。我们意识到不能被国际社会孤立，对立不如和谐，战争不如和平。我们本着平等友爱的精神，与世界其他国家共存共荣。

《产经》努力创造光明的未来。我们推动技术革新和社会前进，勇于接受挑战，创造光明的未来。

崔保国：有没有想过要修改这些信条呢？

吉田信行：没有，即使在现在看来，这些信条也并没有过时，需要我们要时刻谨记。

崔保国：在《产经新闻》的历史上有没有代表性的人物？《产经新闻》信条有怎样的意义？

《产经新闻》论说委员长吉田信行（右）在接受本书作者的采访

吉田信行：历史上曾有位派驻中国的柴田记者，在“文化大革命”时期，因为发表了对文革的不同看法，而被驱逐出境，遣送回东京。当时的中国是不能容忍反对意见的，同时被驱逐的还有日本新闻界其他报纸的记者。柴田回到日本后，还坚持对中国的报道，而其他很多报社都放弃了。《产经》信条就是在那个时期诞生的，柴田也成为了《产经新闻》历史上的一位重要人物。

崔保国：能否介绍一下《产经新闻》的发展历程？

吉田信行：1933 年在大阪创刊，1942 年更名为《产经新闻》，当时在大阪是小报，和《日本经济新闻》一样是经济类报纸，中途转型为综合性报纸，1970 年后一直坚持综合性报纸的发展方针。

崔保国：《产经新闻》作为综合性报纸有何特点？在与《日本经济新

闻》的竞争中具有什么优势呢？

吉田信行：在日本《宪法》、安全保障、如何看待历史等备受日本社会瞩目的一系列问题上，《产经新闻》都有自己明确的观点。例如，在如何看待历史问题上，目前日本社会提倡彻底否定战前的事实呼声很多，而《产经新闻》则坚持认为应该承认历史，该反省的时候必须反省，这就是《产经》的特色。

崔保国：您是否认为《产经新闻》代表了日本国民的立场呢？

吉田信行：我认为我们的思想正在成为主流，大多数日本国民正在逐渐认同《产经新闻》的观点。

崔保国：产经集团的年收入大约是多少？

吉田信行：我们的目标是年收入1亿日元。

崔保国：《产经新闻》和富士TV的关系如何？《产经新闻》拥有富士TV多少股份？

吉田信行：不是很大，富士TV也有《产经新闻》的股份。

崔保国：《产经》的发行量是多少？

吉田信行：大阪比较多，有120万份，东京有90万份，一共是210万份。

崔保国：《产经新闻》怎样看待和中国的关系呢？

吉田信行：《产经新闻》的国际新闻在社会上评价很高。中国是世界瞩目的国家，我们希望能够全面报道中国的动态，因为中国无论是在经济上或是政治上发生的变化，都将会影响21世纪的世界格局。

崔保国：最后一个问题是关于日本ABC协会的，您认为日本的ABC协会在报业的发展进程中，发挥着怎样的作用？

吉田信行：虽然ABC协会目前的工作还并不完善，不过它还是起了很大的作用。对发行量的准确计算是很重要的，从报社送出的报纸并不一定都卖出去了，印刷数量和实际发行量是有差距的，因此必须仔细核查各地贩卖点的营业额。

第三节 《产经新闻》的新社长

2004年6月29日，在产经新闻社定期召开的股东大会及董事会上正式宣布任命住田良能为《产经新闻》的新任社长。

住田良能（すみだながよし）**简历**

产经新闻社社长。

1944年出生，毕业于庆应义塾大学经济系。

从1969年进入产经新闻社到1985年的16年间曾在台北支局和华盛顿支局工作。1986年任政治部次长。

1989年任外信部长兼评论委员。

1994年任编辑局长。

1996年任董事东京编辑局长。

1998年任常务取缔役、主笔、东京编辑局长。

2000年任专务取缔役、主笔、大阪代表。

2002年任专务取缔、主笔。

现任产经新闻社社长。

以下是《产经新闻》社内报对住田社长的采访，采访者高山克介、浅沼周、松木祐子。这个采访内容能够反映出住田社长的办报理念和战略谋划。

采访者：作为新社长，您的抱负是什么？

住田良能：关于《产经新闻》未来的发展方向，清原武彦会长做社长时已经反复强调并推行了，我没有什么要添加的内容。《产经新闻》目前正在迎接很多新的挑战，当前的任务就是面对挑战不断向前推进。

《产经新闻》在东京以朝刊代替夕刊，在大阪却施行了充实夕刊巩固朝夕刊的套报比率的战略，使“高品质、低价格”具体实施到现场销售的“一日元战略”中，同时也推出了很多的新媒体。《产经新闻》的发行虽然是步《读卖新闻》和《朝日新闻》等的后尘，可是《产经新闻》的媒体综合实力，还是很高的。在读者、消费者的需求、价值观的多样化的进程中，我们大力发展作为“跨媒体集团”的产经新闻集团。

采访者：大力发展跨媒体集团，是否会对广告收入产生影响呢？

住田良能：跨媒体的立体化经营模式将极大促进广告收入。比如，产经新闻社拥有《产经新闻》、《产经体育》、《赛马 eight》、《夕刊富士》等，分社则拥有《富士产经》、《经济观察》、《生命新闻》等。杂志有《正论》、《故事》、《音乐》、《TVnavi》、《GalloP》、《民谣文化》、《东京海滨故事》、《街道指南湘南》，还有数字部门。这比拥有一份几百万发行量的报纸更具力量，好比是手中持有不同层次的武器。问题是怎样让它们来增强传播力，最大限度地发挥传播效果。在职员当中有人对跨媒体经营的理念有所怀疑，我想告诉他们，正如企业需要不断推出新产品，《产经新闻》也不能一直在原地停滞不前。

采访者：发展数码事业是不是基于这样的考虑呢？

住田良能：我相信将网络媒体和印刷媒体融合在一起是很有必要的。可是具体的方法还在探索中。惧怕失败是什么都做不成的，我们要抱着坚定的信心去迎接挑战。

《产经新闻》东京的朝刊是以《正论》、《生活改革》为主打品牌的，价格是每月 2950 日元，每份 100 日元。东京新朝刊目前的发行目标是100 万份，想要实现目标就必须认真研究发行策略，不断进行改革。我们要认真思考和讨论的问题是，作为《产经新闻》支柱的《正论》、《生活改革》应该报道哪些内容，如何提高读者的满意度等。

采访者：能否请您再详细说一下？

住田良能：产经新闻社是私营企业，除了追求利润的增长以外，还要考虑社会效应。不仅要满足读者的精神需求、求知欲和好奇心，还要考虑社会的发展方向和国家的未来。《产经新闻》的发展必须把社会责任和经营相结合。

产经新闻社是由很多志向相同却拥有不同思想和价值观的员工所组成的一个非常好的共同体。与其说报社是私立企业，还不如说是“中立”的企业。

《产经新闻》在战时发表了很多独家新闻，如《逮捕连环企业爆炸案犯》、《苏联共产党放弃独裁》、《北朝鲜绑架日本人事件的疑惑》等。这些具有极强的使命感的记者为同行树立了学习的榜样。

采访者：《产经新闻》在发展过程中经历了很多挑战，您有没有设想过未来《产经新闻》会取得怎样的成果，成为怎样的企业？

住田良能：到目前为止我们作过几次长期计划。有计划就有希望，但无论是多么宏伟的远景，都必须脚踏实地去完成。我很欣赏激情，但必须是冷静的激情。不切实际的激情会掉入幻想的陷阱，冷静与激情只有一步之遥。我认为一线记者必须时刻谨记这一点。在报社的经营上也体现了这一点，报社一方面要努力提高报纸的水准，保证报道的公正性，另一方面也要追求利润。这就是所谓的“冷静的激情”吧。

为了使产经新闻社的运营更加灵活，首先要关注组织架构问题。我们必须努力改善目前存在的官僚主义、经验主义和管理缺陷。作为一家 3000 人的企业不可能完全没有这些弊端，但如果坐视不管，不进行坚决的改革，企业就没有前途，所有员工都必须牢记这一点。

采访者：在您的记者生涯中有什么值得回忆的事情吗？

住田良能：值得回忆的事情很多，比如我在社会新闻部做记者时，采访过联合赤军事件、真冈猎枪抢劫事件；后来我还主笔撰写了《蒋介石密录》，访问过里根总统、采访过宇宙飞船爆炸等重大国际事件。不过，我印象最深的却是采访高中棒球比赛，我曾报道过日本夏季高中棒球县预选赛的 200 多个赛事，为期两个月的跟踪采访，记分数、写报道、拍照片、传送稿件回报社等工作基本上都是我一个人完成的。有时一天会有好几场比赛，出场人物众多，还有很多数字，这些都得经过处理后才能报道，必须有足够的体力才能完成啊！最初感受到做记者的辛苦就是在采访高中棒球比赛的时候。不过，观看那些想成为职业棒球手的高中生的比赛是很有趣的。从那以后，我开始渴望报道独家新闻。这种渴望就好像抽鸦片一样，只要抽一次就会上瘾（不过，我可从来没有吸过鸦片哦）。因此，虽然辛苦，但我始终没有想过要放弃记者这个职业。我很幸运，刚入行时碰到的同事非常好，是一位对新闻判断迅速、准确又非常认真的人，我从他身上学到了很多。

采访者：还记得您的第一个独家新闻吗？

住田良能：我不知道那算不算是独家新闻。在枥木县有一个叫马头町的地方，曾经发生过森林被盗伐的事件。原本郁郁葱葱的山一夜之间就变成秃山了。我把对这个事件的报道作为报纸地方版的头条。这是我记忆中最早也最简单的独家新闻了。

第四节　新媒体冲击下的产经集团

2005 年 2 月，日本新媒体产业的代表——大型门户网站“活力门”公司在东京证券交易所收购了“日本放送”52%的股份，同时，富士电视台反收购母公司“日本放送”的股份，从而展开了一场激烈的传媒收购战。“日本放送”是目前日本最大的广播公司，主要从事广播和 BS 数字音声广播的制作和播出等。从 1954 年创立以来已有 50 多年的历史。更为重要的是，“日本放送”是日本三大商业电视台之一的富士电视台的母公司，拥有其 25%的股份。控股“日本放送”就意味着拥有了对富士电视台的控制权。这个收购案意味着一个门户网站收购了一家中央级电视台，而“活力门”这家门户网站又有着美国雷曼公司的外资背景。因此，这次收购继默多克收购朝日电视台后，在日本传媒界再次掀起了一场“小地震”。

一、“活力门”收购战引起日本“小地震”

活力门（livedoor Co., Ltd.）这家门户网站，是日本三大网络媒体之一，于1996年4月成立，总部设在东京新宿，资本2.3967亿日元（截至2004年10月），职员1436名（截至2004年9月），主要从事网络管理、程序开发、销售等业务。1998年在西班牙设立了CYBERCLICK AGENT S. L.分公司，2000年4月在东京证券所上市，并在中国设立软件分公司。2001年通过股份交换将菠萝服务器公司收为分公司后，又先后收购了askec, bet chat等网络公司。2002年底收购了活力门，并于2004年将公司更名为“活力门”。仅2004年，其收购的公司就达16家之多。随着事业的快速发展，公司计划将自身的业务从单一的网络媒体向拥有报纸、电视、广播的综合性大型传媒集团转变。“活力门”希望收购一家有影响力的传统媒体，从而积累资源，并在此基础上进行整合发展，迅速成为一家具有强大综合实力的大型传媒集团。因此，“活力门”在2005年2月收购了“日本放送”。

“日本放送”是日本大型传媒“富士产经集团”的核心企业，富士产经集团（FUJISANKEI COMMUNICATIONS GROUP）拥有约100家企业，12000名职员，是日本较大的媒体集团。富士产经集团涉及报纸、电视、广播、出版、音乐、电影、物流、软件销售、邮购及房地产等领域，包括富士电视集团旗下的31个企业、“日本放送”集团旗下的5个企业、产经大厦集团旗下的6个企业、生命新闻集团旗下的7个企业和公益法人集团等。其中产经新闻集团也是富士电视台的母公司。

在本次收购事件中扮演重要角色的是富士电视株式会社，其总部设在日本东京，是以冲绳北、南大东岛作为播放区域的电视台。1959年作为东京第4家电视台开播，是目前亚洲最具影响力的商业电视台。不少著名的日剧及综艺节目皆为富士电视台出品。富士电视台是“富士产经传媒集团”的成员，其姊妹机构包括《产经新闻》、“日本放送”、FNS（Fuji Network System，通过网络提供电视节目）、FNN（Fuji News Network，通过网络提供新闻素材）、SKY PerfecTV等。

随着社会的发展，电视在人们生活中发挥的作用越来越大，富士电视台在日本的影响力及经营规模早已超过了“日本放送”。当富士电视台得知“活力门”企图收购“日本放送”之后，就在东京证券交易所公开收购母公司股票，借以挫败“活力门”的兼并计划。可惜为时已晚，“活力门”已经拥有“日本放送”超过35%的股份。收购母公司股票失败后，富士产经集团又想出了一个对策，请求“日本放送”授予富士电视台158亿日元4720万股的“新股预约权”。富士电视台已拥有3280万股的“日本放送”股份，再凭借“新股预约权”，富士电视台可以随时要求“日本放送”发行新股。当富士电视台行使全部的“新股预约权”之后，其所拥有的股份就提高到了“日本放送”总股份的66%，而“活力门”的股份则将被稀释为15.9%，这样便能粉碎“活力门”的收购计划。

二、针插不进、水泼不进的日本传媒

本收购案的特殊之处在于“活力门”是向美国雷曼公司筹措资金收购“日本放送”股权的。如果收购成功，雷曼公司将很有可能成为“活力门”的控股公司。雷曼公司1850年成立于美国，经营范围包括贸易、国债、投资等业务，1887年获得纽约证券行的会员资格，1904年购买了日本政府为筹备日苏战争费用而发行的外债。雷曼公司是一家世界闻名的金融公司，2003年的营业额为86亿4700万美元。如果雷曼公司通过“活力门”控股“日本放送”，再通过“日本放送”控股富士电视台和《产经新闻》，那么就意味着外资可以直接影响甚至是控制日本国内的舆论，这显然是日本政界和商界所不能接受的。因此本收购案不仅在日本经济界引起轩然大波，在政界也引起了强烈反响。这场收购清晰地反映出“传统文化与经济全球化发展大趋势”之间的矛盾。日本保守政治家因此强烈要求修改《电波法》、《放送法》，要求严格控制外资购买日本传媒企业的股份，从而引发了日本乃至全球媒体的高度关注。

富士产经集团最主要的下属分公司有产经新闻社和扶桑社。这两家公司都是日本右翼保守派的舆论阵地。产经新闻更是政治保守派发动舆论进攻的喉舌，一旦被外资控制，在政治上就将丧失话语权。同时，外资进入后，会通过改变媒体定位来淡化对日本利益的宣传，在无形中形成舆论侵略。这也是各国都反对外资进入新闻事业的一个重要原因。日本政界许多重量级人物纷纷表态，反对“活力门”收购“日本放送”。日本执政的自民党电气通信调查委员会已经决定，将修改有关法律，加强限制外资进入日本传媒业，防止外资控制舆论工具。时任日本首相的小泉纯一郎也表示，要在这方面加强研究，限制外资进入日本媒体。同时日本总务省已经决定提出相关法案，防止外资控制广播电台等媒体。

单从这场收购战本身来看，已经出现了资金外流的现象。雷曼公司获得“活力门”7.3%的股权约4672.9万股后，随即就卖出了890.8万股。雷曼公司称此次收购纯属投资行为。雷曼公司低价买入“活力门”股票，再利用“活力门”收购“日本放送”的消息将股票高价抛出，从中大量赚取差价。通过这一事件可以看出，外资进入日本媒体后，势必会将媒体的盈利部分作为外资的再投资，或者将资金直接转入国外进行投资，从而损害日本经济。

三、社会与文化冲击

日本是单民族国家，有着较为悠久的历史和深厚的文化传统。近年来，西方文化对日本年轻一代的影响正日益显露出来。日语词汇中有一部分是由外来语构成的，这些外来语大部分都来自英语，以片假名的形式使用。目前外来语在日语中的比重日益增多，尤其在一些杂志、漫画上出现的频率很高。大量外国电影的进入也削弱了日本国产影片的收视率。另外，如果外资进入日本媒体，一方面会加速西方文化的传播，另一方面也将有利于日本文化向西方的传播。日本学者加藤周一早就指出，日本文化是一种“杂种文化”，天生就具备对各种文化的融合能力，能在保护自身文化的同时，兼容并蓄，吸收和消化异域文化，为日本的全球化提供可能。

四、国家媒体政策的借鉴

各国目前都在研究外资进入新闻媒体的利弊。我们不否认传统媒体和网络媒体的结合是一个必然的趋势，但如果这种结合是建立在外资的基础上，则必须慎重考虑。如何防止此类事件的发生也是各国媒体需要认真思考的问题。在“活力门”事件中，外资抓住了两个漏洞：一是日本《证券法》的漏洞，雷曼公司利用时间差买卖“日本放送”的股票，这一行为并不违反当时日本的证券法；二是《电波法》规定外国人拥有 1/3 以上表决权的公司不能获得经营广播业务的许可，《放送法》也规定外资拥有广播公司的股份不能超过 20%，但这两项法律还存在缺陷，虽然限制了外资直接向广播公司注资的比例，但并没有规定外资控股的企业向广播公司注资的比例。因此，本次“活力门”收购“日本放送”是具备合法性的，这直接导致日本不得不考虑修改相关法律。为了防止类似事件的发生，各国都应该提前在相关法律政策等方面做好准备。

北海道新聞

2007年2月9日

「初期措置」応じる用意

核放棄問題で北朝鮮

6カ国協議再開

CO中毒対策 天然ガス化

道内3社前倒し

エディオン、ビック提携

統合なら首位肉薄

道内線3回＋1泊＝3万円

航空各社が共通周遊券

今秋試験販売

《北海道新闻》

第 6 章

《北海道新闻》

区域大报国际视野
公平持论北国风骨

创办时间：1942 年 11 月
发行量：121 万份
网址：http://www.hokkaido-np.co.jp/
地址：北海道札幌市中央区大通西 3-6
电话：011-221-2111

将急剧变动的世界形势和日本国内动态，从北海道的角度进行报道，这是《北海道新闻》的办报理念。自 1942 年创刊以来，一直扎根于北海道地区并在报道国内外动态时具有全面、新鲜的观点，这是《北海道新闻》能够从日本五大报系的激烈竞争中分得“一杯羹”的制胜法宝。遍布在北海道内各地区的细密的采访网确保了《北海道新闻》能够紧密追踪本地区的新闻，而版面设置贴近读者需求、重视北海道居民的观点和态度的做法，更是赢得了读者的支持与信赖。

第一节　有着辉煌历史的低调报纸

《北海道新闻》创刊于 1942 年 11 月，由于战争时期日本政府实行“一县一报”的政策，北海道内的《北海时报》、《小樽新闻》、《根室新闻》、《新函馆》、《钏路新闻》、《网走新闻》、《室兰日报》、《北见新闻》、《旭川时报》、《旭川新闻》、《十胜每日新闻》等 11 家日刊报合并为《北海道新闻》。

《北海道新闻》的报头

如果要进一步追溯的话，日本第一份近代报纸是 1870 年创刊于横滨的《每日新闻》。8 年之后，北海道诞生了第一家私营报社——《函馆新闻》。1887 年，《北海道新闻》合并的 11 家报社中历史最古老的《北海新闻》在札幌创刊。《北海新闻》后来改名为《北海道每日新闻》、《北海时报》。现在，北海道新闻社将 11 家报社中历史最古老的《北海新闻》(合并时为《北海时报》）的创刊年份定为《北海道新闻》的创刊年。

1960 年 6 月，日本国会被全国上下进京抗议的反战群体围得水泄不通。这些团体上京的目的是为了抗议日本同美国加强军事同盟而签订了《新保安条约》。同时，内阁调集了 500 名警察进入国会，并采取强制手段将在野党议员排除在国会以外。这种野蛮行径激起了日本国人一浪高过一浪的抗议活动。6 月 15 日，一名日本女学生突然闯入国会，遭到警察攻击而致死。第二天，各大学的学生纷纷罢课上街游行示威，社会其他阶层的群众也纷纷加入，抗议人数达到 10 万左右。

抗议人群给政府带来了很大压力。日本内阁只好请求美国政府暂时取消总统访日。美国总统秘书的飞机在羽田机场被日本抗议群众围困，无法起飞，最后只好动用直升机将其接走。

当时，《朝日新闻》、《每日新闻》、《读卖新闻》、《日本经济新闻》、《产经新闻》、《东京新闻》、《东京时报》这七家报纸于6月17日联名发表了一整版的专题文章，题为“排除暴力，维护议会”。这便是日本报业历史上有名的《七社共同宣言》。

当时《北海道新闻》并没有参加《七社共同宣言》，也不承担宣言中规定的义务。然而直到今天，到《北海道新闻》应聘的毕业生还总要提及《七社共同宣言》，因为他们对《北海道新闻》在此事件上的表现表示认同。

媒体的力量不可忽视，它们用一致的报道口径对政府的暴行进行了严厉的批评。但出人意料的是，风波稍一平息，它们竟然又不约而同地撰写报道为政府解围，这难免让读者产生一种背叛之感。

政府为了强制实现某种目的，又不愿与反对力量纠缠，往往会采取暴力手段，尽管这种做法在抗议群体看来是将民主置之不理的行为。在这场风波的后期，一些主流报纸为了迎合内阁的言论，都作出了这样的表示：“如果面对抗议运动而屈服，那才无法将民主政治坚守下去。”其实这种观点是对被宪法保护的集会自由的一种否定。如果群众的抗议自由受到限制，民主当然无法成立。因此不难看出，宣称“权力独立”的媒体记者们，创办“共同宣言”的真正目的是对政府的失态行为进行伪装与弥补。

但《北海道新闻》和《东京新闻》却是两家拒绝在报道内容方面添油加醋的报纸。《北海道新闻》只是在相关专栏中撰写了一篇报道，它的作者是绪田祯一先生。

这篇报道说：“17日在国会所中，河上丈太郎先生遭到了袭击。左肩下方遇刺，伤势令人忧虑。内阁在17日的自民党议上这样说：‘如果不把反政府的民众运动镇压下去就无法坚守民主主义……’我们的国家是言论非常自由的国度。然而实事求是地说，我们周围也存在着各种力量。公平客观地运用手中的笔并非易事。对于河上氏遇刺的事件，我们在批评暴力的同时也提醒本人，应该接受这个提醒端正姿态的机缘。”[①]

在1960年6月21日的《北海道新闻》日报上，很多学者、研究者对《七社共同宣言》进行了批判。他们的批判对象是整个传媒界，并宣称：“在外部压力下，本来富有正义感的报纸之声开始扭曲，一定要加强正论的力量。”针对民主被破坏的局面，不仅政府有很多意见，其他人也有很

① 〔日〕镰田慧著：《地方报纸研究》，东京潮出版社，2002年3月。

多不同的观点和言论。于是《北海道新闻》在同一天的报道中也刊登了对于“新保安”的批评意见。同时，当天的“社论”这样表示：“在5月20日举行的众议院新条约裁决仪式上，可以明显感到群众持否决的意见。然而此时，是否通过似乎与条约内容的正确与否不大相干。关键在于是否坚守议会政治与民主。所谓‘事物的本质’指的就是这个。此后又接二连三提出的问题，都是由它派生出来的，并且也不能得到很好的解决。我们在面对战争牺牲时总是充满神圣感，其实坚守民主也应该有这种神圣感。如果能够对歪曲了的政治体制进行不断的修正，就肯定不会出现5月20日的局面了。其实，所谓解散的要求，也是基于这样的理论基础。”

这样的社论将报纸的立场一步步推向明朗化。《北海道新闻》以此作为自己的责任，它这样写道：“在如此重大的时局变化中，作为媒体，我们一直在大声疾呼，要求内阁辞职和议会解散。我们清楚如果对这件事情采取姑息、怠慢的态度，就是没有尽到自己的责任。”

这个时期是《北海道新闻》历史上最辉煌的岁月。此后，《北海道新闻》将更多的目光聚焦在学生的身上，也加强从年轻人中选拔精英。1963年进入《北海道新闻》的东功编辑局局长就是这样的人物。他出身于南方的高知县，却被北方报纸《北海道新闻》选中。他也曾批判过《七社共同宣言》。在担任东功编辑局局长期间，他归纳总结了报纸的“编辑纲领”。他曾经这样说过：“对于报纸来说，必须格外重视记者的批判精神。无论发生什么事情，这种精神都是必不可少的。这种精神同时加上‘重视身边每一件小事’，是《北海道新闻》的记者所必须具备的两条重要素质。”

《北海道新闻》制定的“编辑纲领”就是“自由、正义、尊重人权、推动国家文化事业”。憧憬自由氛围的人往往是学生，所以《北海道新闻》非常重视年轻人的才能，这份报纸也因此具有了浓浓的北海道特色。

表6－1《北海道新闻》的发展历程

1887	《北海新闻》创刊
1942	北海内的11家报社同意创办《北海道新闻》
1951	创立北海道电视广播电台
1971	创立北海道文化广播电台
1979	达到发行量100万份
1981	创立FM北海道广播电台
1982	北海道体育新闻创刊
1991	免费杂志“オントナ”创刊
1992	开始网络服务
2000	达到发行量125万份
2002	创立60周年

第二节 扎根北海道放眼全世界

本书作者在采访北海道新闻社的东京支社社长

在参观访问过位于札幌的北海道新闻本社后，笔者又专程赶往位于东京赤坂附近的北海道新闻社东京支社，在那里拜访了北海道新闻社东京支社社长志村治先生，同时采访了负责该报社论的论说副主干菅原纪夫先生以及报社的国际部长岛田健先生等。

在与东京支社社长志村治先生交谈中，支社长认为《北海道新闻》最大的特色和面临的最大课题，有以下几个方面：

一、继续扩大发行量是报社的生命线

志村治先生强调，《北海道新闻》最重要的事情就是如何继续扩大发行量。虽然《北海道新闻》是一份区域性报纸，还不能和以《读卖新闻》、《朝日新闻》为首的五大报系相抗衡，然而，对于报纸来说，发行量仍是最重要的生命线。因此，《北海道新闻》也毋庸置疑地将其列为自己最大的课题。志村治社长坦言，《北海道新闻》的目标是日发行量保持在200万份。

目前，《北海道新闻》每日的平均发行量在121万份左右，占北海道地区报纸总发行量的70%以上。《朝日新闻》、《读卖新闻》、《每日新闻》以及《北海道时报》四家瓜分了剩余30%的市场份额，其中《读卖新闻》大概占到了14%。

比日报发行更强劲的是《北海道新闻》晚报。在北海道地区全部晚报的发行量中它占有80%的市场。特别是在号称“北海道的玄关”的函馆市，《北海道新闻》的日、晚报发行量都相当高。而几大全国性大报，在函馆市的发行量都比较少。因此，在日本报界对这种局面有一种称呼，那就是“函馆战争”。于是，《北海道新闻》与《函馆新闻》之间展开了一场发行量的攻防战。特别是《读卖新闻》为《函馆新闻》提供新闻代理服务，也引发了《北海道新闻》与《读卖新闻》之间的发行战争。

这和历史上记载的“箱馆战争”（1869年）有些相似。“箱馆战争”是将箱馆作为舞台的新政府军与旧幕府军（领袖是榎本武扬）之间的一场战争。榎本为抵抗明治政府所支持的蝦夷岛政府而不遗余力。然而后来，榎本并没有作为旧幕府海军的统帅参加“戊辰战争”，他倒戈成为新政府的一名高官，从此荣华富贵、平步青云。

因此，业界常常将《北海道新闻》比作陷于“函馆战争”中的报纸。所不同的是，《北海道新闻》并没有在两面夹击中挫败。正如北海道地区的土著居民阿依奴族并没有被大和民族消灭一样，它在地方与中央对立的局面中找到了自己的生存之道。

其实，报纸间的自由竞争本是无可厚非的。然而，今天报业的竞争与其说是内容方面的较量，不如说是资金与促销赠品的较量。各种因素的互相作用导致报纸无法单纯靠内容取胜。

在“函馆战争”中，《朝日新闻》也扮演了重要的角色，人们通过它看清了整个事件的发展经过。我们可以引用当时的《朝日新闻》针对此局势发表的两篇文章来说明事态，文章名为《〈读卖〉大大提升新闻提供量》和《面对巨人登陆的危机感》。

“《读卖》在尽一切努力提高报纸的发行量，它的晚报发行量很高，几乎没有未曾覆盖的地区。在一些地方报纸上也常常看到某条新闻是由‘读卖新闻社提供’的字样。这些都是《读卖》的利益增长点。《读卖》前任广告部部长也是社会部部长的井上安正氏曾经这样说过：‘如果没有向其他报纸提供新闻的能力，就无法提升《读卖》的经济利益。我们要通过签订协议实现向地方报纸提供大量新闻，或者将读卖的事业在其他报纸上进行宣传。将来，这些地方报纸也可以为《读卖》的地方版提供新闻作为交换’。”①

然而，对于《北海道新闻》来说，与其说是与《函馆新闻》的竞争，不如说是与《读卖新闻》之间的对峙。北海道新闻社也实事求是地表示：“问题并不来自函馆新闻社，而是我们必须承认有一个报业巨人支持的《函馆新闻》已经全面展开它的攻势了。”

“函馆战争”形象地将《北海道新闻》与《读卖新闻》之间的对峙局面描绘了出来。随着时间的推移，作为地方报纸的《北海道新闻》与全国报纸的《读卖新闻》的对决局势愈演愈烈。

---

① 〔日〕镰田慧：《地方报纸研究》，东京潮出版社，2002年3月。

两家报纸之间的竞争并没有引发大规模的报道。《北海道新闻》始终保持着冷静低调的作风。编辑局长也只发表过一次言论："无论对峙结果如何，我们都应该坐下来好好想想。《北海道新闻》命中注定要与全国报纸和地方报纸的联盟对阵，是不是我们的反应过激，采取了不恰当的解决方式。这些都需要自己认真反省。我们必须作好准备，以后的竞争将是更加艰苦的。从某种意义上说，《函馆新闻》这份地方性报纸是《读卖新闻》采用了'特洛伊木马'的计策。虽然这个结论现在就下似乎为时过早，但是必须引起注意。"

二、《北海道新闻》的国际视野

《北海道新闻》之所以赢得了读者的支持与信赖，其根本原因在于紧密追踪本地区的新闻、版面设置贴近读者需求、能以本地区的观点来报道身边发生的新闻以及生活方面的信息。

能够确保报纸实现以上目标的是遍布在北海道内各地区的细密的采访网。《北海道新闻》在札幌的本社内设置了报道本部、经济部、札幌圈部等，全面报道了北海道的新闻。各个地区的新闻由分社的报道部及记者站深入社区全面采访报道。可以说，《北海道新闻》非常重视各地区情况，重视北海道居民的观点和态度。

《北海道新闻》的最大特点就是分布在北海道各个地区的采访站。除了札幌本社以外，还设置了 8 个分社及 39 个记者站，全面报道 212 个市、町、村的新闻。在北海道以外，则以东京分社为中心，布置了包括政治、经济、文化、体育等在内的广泛的报道阵势。海外方面，则在 9 个国家共派出了 11 名驻外记者。

不带签证便可出国的采访队伍

在根室这样的边境小城，只有 35000 人，历史上这里是亚洲国家的交通要道。东京三大报社没有一名记者在此工作，而《北海道新闻》却有四名记者常驻于此，不需要签证便可以自由出入。

报社在这里的分社设在市役所对面的两层建筑里，比一般人想象中要高大许多，里面有记者的休息室与会议室。

历史上，这个地区并不像现在这般和平安宁。1960 年 6 月，日本政府与美国政府达成《新保安条约》，议会制度与民主遭到强行破坏。这个条约甚至规定了解决日本周边事态的最后期限。

面对这些倒行逆施的行为，当时北海道新闻的分社社长石田悦郎说过一句话："这里是我们的生命线。"这句话不仅指出了有发生战争的可能，更是意在和平交涉的契机。他作为分社长，为《北海道新闻》在这个地区以及在整个亚洲的发展进行了很好的规划。

1997年11月之后，日本政府对根室的控制更加严密。分社长的主要工作甚至变成了每日与外务省众多官员的会面。

《北海道新闻》还在周边几个岛屿上有常驻记者，他们的工作主要是向《北海道新闻》与《东亚日报》提供报道。比如，他们曾连载题为"向着祖国"的报道，追踪记录了其中一个小岛上滞留的韩国人的生活状态。

城居将树先生是根室分社中年纪最长的一名记者。他出生于东京，曾因为身体有病住院四年，同时做了很多社会工作。病好之后，他游遍四国，又走访亚洲各地，还编辑了很多医学著作。他在根室居住仅两年，就与来这里参观的团体以及当地居民进行了很多交流，并提出了加入北海道新闻分社的要求。

鬼头良幸先生出生于奈良，他也是喜欢浪迹天涯的人。根室只是他最早的赴任之地。他敏感地发现亚洲的人口正在以惊人的速度增长，一年净增20000人左右。他还作为报道渔民生活状况的专门记者，总结出日本渔业必然的发展趋势，那就是由捕获渔业向饲养渔业发展。

津野庆先生是埼玉县出生的一名记者。大学时的专业是亚洲语言，毕业一年后就进入了《北海道新闻》，三年后提出希望到根室工作，他在这里做过警察、海上保安员。正是由于语言上的优势，他很快就成为以上两个部门的领导人员。后来他进入《北海道新闻》分社，并由此派往莫斯科分社工作。

"撒网式"记者团队

《北海道新闻》除了在北海道地区设置了大量记者站以外，在全日本各个地区也都有分社的报道部及记者站深入基层进行全面的采访报道。

比如，北海道之外的东京分社政治经济部、社会部、国际部与大阪社就有70名记者，不仅关注北海道地区的新闻，对国外有关北海道的新闻报道也非常重视。此外，报纸还与"共同"、"时事"两家通讯社以及《东京新闻》、《中日新闻》、《西日本新闻》等全国主要地方报纸保持着良好的合作关系，经常互相交换新闻内容。

《北海道新闻》在华盛顿、伦敦、巴黎、开罗等世界主要城市也派遣了驻站记者，特别是在与北海道关系较深的莫斯科，及远东的南萨哈林斯克，《北海道新闻》都设立了分社，赢得了读者"关于俄罗斯与远东报道还是《北海道新闻》可靠"的高度评价。

此外，2002 年 9 月，《北海道新闻》还向北京派驻了几名记者，对韩国、新加坡等东亚国家也开始关注。当悉尼、盐湖城举办奥运会时，《北海道新闻》也派遣记者，以北海道出身的运动员为主要对象进行了报道。

灵活运用地域资源

在《北海道新闻》工作的女记者大约有 60 人，占记者总数的 10%。从1985 年开始，报社就开始推广“男女混合”的人员工作模式。

在日本曾有这样一种说法：报社的工作适合男性，女性做起来比较困难。在报社中，次长这一级职务也的确是男多女少，大约 10 个次长职位中只有一名女性担任，但这并不表示女性不能胜任这项工作。宇佐美亚子就是一名杰出的次长，她擅长于杀人事件等恶性社会事件的报道，她还常常担任夜班工作的主任。正因为如此，社会上又流行起这样的说法：“既然宇佐美可以胜任报社的工作，别的女性也可以。”但也有人反驳：“像宇佐美这样头脑与体力都很好的女性当然是报社工作的合适人员，可是很遗憾，培养一名像她这样的女性记者是非常困难的，这才是问题的关键。”

宇佐美对于这个问题有自己的见解：“新闻写作需要女性的感性与直觉，并不是说让女性在深夜加班就代表男女平等，只有当女性担任夜班主任不再是稀奇的事情，这才是这个时代正常的现象。”①

北海道是日本经济下滑比较严重的一个地区，这一点从对北海道历史的考察中便可一目了然。

《北海道新闻》经济部记者铃木彻就见证了这个过程。他是埼玉县人，做记者之前曾在日本制钢所北海道炭矿铁道（北炭）工作。工作期间，他用自己的笔记录了这里的变化。日本制钢所最大的股东是皇室，工厂也是军工产品的重要生产地。然而，在北炭并没有形成多种相关产业合并的局面，也就是将各种原料挖掘出来以后，并没有在本地加工，而是直接输出。这样，北炭就只能扮演原材料产地的角色。铃木先生还说：“北海道的百年就是挖掘业的百年，三口井的百年。”后来铃木成为《北海道新闻》的记者时又这样评价：“日本制钢所、北炭、三井成为一个体系。对于日本制钢业来说，北炭与三井功不可没。”

后来北海道经济开始滑坡，记者们加大了经济领域的采访量。然而，这些努力无法挽救众多倒闭的大型企业。

① ［日］镰田慧著：《地方报纸研究》，东京潮出版社，2002 年 3 月。

三浦辰治先生是社会部的记者，出生于东京。他专门负责采编有关大型企业倒闭的报道。他最关心的话题包括北海道与挖掘产业有关的银行职员逐渐潦倒的生活状态，以及读者反馈的意见。他还很关心东京地区公司职员的生活状况，曾经深深地为山一证券的工薪族生活状态感到悲哀，并进行了报道。

面对这样的事实，《北海道新闻》的记者们无论来自经济部还是社会部，都开始针对北海道经济形势恶化的局面，针对大型企业，特别是挖掘业的萎靡不振进行了报道。

《北海道新闻》在灵活运用本地资源，关注北海道市民方面作出了典范，这方面的例子举不胜举。例如：珠山发生喷火时的一系列详细报道获得读者的好评，北海道拓殖银行发生了前所未有的都市银行崩溃事件等一系列报道。有关北海道政府"公款滥用问题"的报道，还荣获 1996 年度日本新闻协会奖。

《北海道新闻》在社会稳定与经济发展方面作出的种种努力赢得了社会各界的支持与援助，为首的是札幌交响乐团，他们曾经专门为《北海道新闻》举办过音乐会。

对于《北海道新闻》来说，如何活用地域资源，确立灵活的工作方针，是它作为传媒机器最大的课题。

三、丰富多彩的报纸版面

为了更好地展现《北海道新闻》的特色与风采，我们以 2004 年 8 月 8 日的日刊为例，进行版面分析。

整体印象

1.《北海道新闻》的版面非常绚丽。早报一般为 48 版，晚报为24 版。每页都有照片刊载，并有不少巨幅照片。比如：16 版第一页，题为《日本击败中国，连霸亚洲》（亚洲杯足球赛决赛日本战胜中国）的报道，几乎在报纸中央的位置刊登着巨幅彩色照片，内容是日本足球队赢球之后欢呼的情景。

2.《北海道新闻》版面被大大小小的新闻块所分割，这是为增加信息量而采用的方法，再重要的新闻也不会占去正版的空间，每版都有非常多的不同信息，阅读起来能够互相调剂。

内容分析

1. 标题精练，极具吸引力。

主标题、副标题字体不同，大小、色彩不同。不少报道只有主标题，让读者一目了然。

2. 图片色彩丰富，富于变换。

头版头条的图片是彩色的，与其他黑白图片相区别，用这种色彩上的差异表示出重要性的不同。图片极富动感，即使是人物图片也基本选取人物动态一刻所拍摄的照片，这样的图片使整个版面显出活泼的特点。

3. 内容次序安排人性化。

《北海道新闻》报道的次序极其符合读者关注度转移的次序。前几页充满了人们最关心的话题，相关报道的前后顺序遵循：日本新闻→北海道地区新闻→国际新闻。第一版上全部都是有关国家的大事报道，例如《“6•3 制”变更可能》等。而第二版、第三版刊载的文章则既有关于国家的报道，也有北海道地区人们关心的问题，例如《不负责的政治令人苦恼》、《坚守五原则》等，这些文章的重要性比第一版稍弱。第五版是国际方面最重大事件的报道，第六版则是更次要的报道。

考虑读者看了这么多较严肃的报道会比较疲倦，《北海道新闻》在第七版正版上安排了广告，内容轻松，制作精美。广告之后还有几页版面进行图书推荐，营造了很好的文化氛围。

之后便进入报纸的不同专栏，12 版是经济专栏，16 至 17 版是生活专栏，特别值得注意的是生活专栏，文章涉及的人群从儿童到老人，面面俱到。

从 19 版开始是电视、广播节目的预报，其间穿插一些广告。

从 24 版到 31 版是体育专栏，这里不乏日本人喜爱的棒球、足球、柔道等大版面报道，特别是有日本选手参加的体育比赛都作了大规模的报道。

32 版 33 版是名为“札幌圈”的专栏，这里刊载了许多有关札幌地区人文建设、自然环保以及有当地特色的报道，比如《费材“复活”》、《札幌各医院医生近几日会诊状况》，总之就是通过报纸的形式，让这里的居民更加了解自己的生活。

34 版至 36 版仍是一些国际、国内的新闻报道，作为对前几页报道的补充。

4. 兼顾国际与地方的大跨度特色。

《北海道新闻》作为综合性报纸，一直秉承的优势便是兼顾地方性新闻与国际报道。面对如此之大的跨度，《北海道新闻》的报道做到了国际报道国际化、地方报道特色化。

广告

《北海道新闻》的广告与报道一样，同样是北海道读者不可缺少的宝贵生活信息来源。与生活关系密切的广告、标题鲜明的及时的特别报道、各种形式的具有报纸特色的广告版，都深入读者的每日生活之中。

广告部门在北海道，东京、大阪的本社与分社内都有工作人员，扩展到北海道全部地区，发挥着连接读者与广告商需求的桥梁作用。

《北海道新闻》还准备成立新闻情报研究所，为《北海道新闻》今后的发展提供更多决策方面的建议。

四、区域大报也重视立体化经营

报社加大力度推动《北海道新闻》麾下的各大企业发展。比如：北海道新闻出版社每年出版的单行本超过50份，还发行月刊、杂志，有像《北海道新闻 Today》、《月刊 Consadole》、《北海道新闻缩印版》等定期刊物。以“发挥北海道的特色”为基本理念，它还出版了许多富有魅力的书刊，广受读者好评。这些书刊从《北海道新闻》的网站上也能够买到。

组织和举办公益活动也是《北海道新闻》的长项之一。比如，北海道新闻报社与美术馆共同举办了“赫尔米达什美术馆展”、“雷诺阿展”、“凡•高展”等世界优秀作品展览会，还举办了大量舞台演出与体育比赛，如“北海道马拉松比赛”等。

五、报社的信息化建设

继《朝日新闻》最早开展网络新闻发送活动以来，日本各大报纸纷纷在网络服务方面加大投入。《北海道新闻》也不遗余力地发展其网络力量。

《北海道新闻》的一大特色是加强网络建设和信息化工程。为了迎接多媒体时代的挑战，报社积极开展结合互联网等数字技术的新服务。

一线记者在自己的手提电脑内输入原稿，通过全国公共网络系统传送到本社的主电脑内。编辑部的责任编辑将原稿输入电脑后，加以修改、整理，然后送至相对应版面的整理部。

《北海道新闻》采用了“DIPPER”版面操作系统，即新闻稿件、照片等材料由记者与操作人员两人一组共同在一页内编制。材料的输入、修改、排版全部由电脑处理。此外，由记者一人全部排版的下一代版面制作系统“ELS 记者排版系统”也正在逐步扩大中，将来准备实现完全的切换。

排版完成之后的版面通过联机传输网，传送到北海道内的六个印刷工厂（北广岛市的札幌工厂、函馆、钏路的各分社、北海道新闻旭川印刷、北海道新闻音更印刷、北海道新闻胶版工厂），然后输出底片。再通过加工机械刷版后，就可以在轮转机上印刷了。

这些工厂从供纸到发送，全部采用最新的技术。自 2002 年 6 月北海道新闻旭川印刷工厂开始应用后，将实现六家工厂全部 40 页、8—16 版的彩色印刷。①

《北海道新闻》不仅在记者的采访、撰写、印发等环节融入了高科技因素，更在受众环节运用了更多的科技力量。

为了开展不限于本地区的更广泛的报道与言论活动，报社还面向下一代读者在学校进行了“《北海道新闻》上门讲座”等的 NIE 活动。1996 年 4 月开通的北海道新闻网，最初一个月的点击量还不到 20 万 PV（浏览者），但到 2002 年 3 月则已经超过 500 万 PV。2000 年 3 月成立的媒体局将新闻材料加工以后，面向广播、电视、网页、手机等传送。今后随着技术的进一步发展，《北海道新闻》将会采取更多有发展潜力的、便捷高效的新闻提供方式。

① 资料来源：《北海道新闻》报社公司介绍。

東京新聞

2007年(平成19年)1月21日(日曜日)　©中日新聞東京本社2007　(日刊)

中日新聞東京本社
東京都千代田区内幸町二丁目1番4号
〒100-8505 電話 03(6910)221

宝塚のカラオケ店

火災で1人死亡、2人重体

調理場で出火　店長らを聴取

二十日午後六時三十五分ごろ、宝塚市安倉南二、カラオケボックス「ビート」＝上江洲安一店長(五二)＝の一階調理場から出火、二階に取り残された客の中学、高校生ら男女八人が煙を吸うなどして、同市内の病院などに運ばれ、同市安倉中三、無職田中真さん(一八)が死亡、十六、十七歳の男性二人が心肺停止状態となった。男子高校生(一七)と女子中学生四人も、やけどなどを負い、手当てを受けている。

＝関連31面

重体となっているのは、会社員大本泰史さん(一六)＝同市＝と平嶋優樹さん(一七)＝同。高校二年加島健太さん(一七)＝同＝も一時重体となったが、意識が戻った。

宝塚署などの調べに対し、従業員は「調理場で揚げ物をしてて目を離したすきに火柱が上がった」などと供述。同署は詳しい出火原因を調べるとともに、業務上過失致死傷の疑いで、店長や当時店内にいた従業員二人から事情を聴いている。

同店は鉄骨亜鉛メッキ鋼板造り延べ約百九十平方メートル。この火災で一階部分を全焼するなど約九十六平方メートルを焼いた。

カラオケルームは一階四室、二階七室。出火当時、店内には店長代理の男性(六三)と女性(三五)の従業員二人のほか、一階に六人、二階に二グループ八人の客がいたらしい。中学生四人のうち三人は同市立安倉中一年の同級生。男性四人は同中出身で遊び仲間という。

市消防本部によると、同店の建物は一九八一年に「事務所兼倉庫」として届けられて以降、消防法で防炎カーテン、誘導灯の設置が義務づけられているカラオケ店への変更届が出ていなかった。このため消防による立ち入り検査が行われていなかった。関係者によると、カラオケルームには屋外に向いた窓がなく、階段も急だったという。

男性従業員によると、調理場にいた女性従業員が「フライパンから火が出た」と助けを求めてきた。男性が消火器で消し止めようとしたが、既に調理場の天井まで炎が達しており、その後、「ボン、ボン」と爆発音が数回聞こえたという。

同市消防本部は、二階に取り残された客としばらく携帯電話でやりとりをしていたが、その後応答がなくなったという。一階の客六人は従業員の誘導で避難、屋外に避難し無事だった。

田中真さん

関西テレビ、打ち切りも

関西テレビ放送(大阪市)は二十日、納豆のダイエット効果を取り上

国立新美術館きょう開館

読者応答室
電話
03-6910-2201
(休日以外毎日 午前10時から 午後6時まで)
FAX
03-3595-6935
ホームページ
http://www.tokyo-np.co.jp/
購読お申し込み
0120-026-999
1カ月定価税込み
(朝・夕刊)3250円

天気

《东京新闻》

第 7 章

《中日新闻》《东京新闻》

一社两报跨地经营
一针见血直陈积弊

东京新闻网址：http://www.tokyo-np.co.jp/
中日新闻网址：http://www.chunichi.co.jp/
地址：东京都港区港南二丁目 3 番 13 号
电话：03-3471-2211

● 《东京新闻》和《中日新闻》是同属一个集团的两份报纸。《中日新闻》覆盖爱知、岐阜、三重、静冈、长野、滋贺、福井中部 7 县，《东京新闻》覆盖一都六县。这两份报纸形成哑铃状，覆盖着东京到名古屋这一日本经济最发达和人口最密集的地段。该报团也是日本报业中经济效益最好的报业集团之一。除《中日新闻》、《东京新闻》外，该集团发行的报纸还有《北陆中日新闻》、《县民福井》、《中日体育报》、《东京中日体育报》等，还出版图书和经营中日剧场、日文化中心等各项事业。

第一节　一社两地的跨地域经营模式

《东京新闻》有130多年的历史，是东京唯一的一家地方报，覆盖着东京的23区和周围的7个县。《东京新闻》是由很多家报纸组合而成的，其中最重要的报纸《今日新闻》创刊于1874年，因此这个日子也被定为《东京新闻》的创刊时间。《东京新闻》与《中日新闻》风格有所不同，《东京新闻》最大的特征是贴近大众，读者多为中老年人，是一份非常人性化的报纸。

《中日新闻》的发行量在日本中部地区占有绝对优势，比其他各报发行量相加的总数还要多。

笔者在对报社的拜访中，有幸见到了宇治敏彦社长、川口俊树社长室次长和安藤徹外报部长，并请教了关于报纸经营方面的问题。

东京新闻总裁宇治敏彦

崔保国： 请问《东京新闻》与《中日新闻》这两份报纸从地区出发，影响力直至全国，能达到这种局面，你们的经营理念是怎样的？

宇治敏彦： 具体地说，我们的报纸兼顾世界性报道与地方性报道两个方面。举例来说，体育选手桥尚子参加了国际比赛，但她是岐阜县出身的人，所以我们的报纸就从她的比赛和生活两方面进行关注，进行详细报道。

崔保国： 的确，对这些选手的出身等进行全面细致的报道，更加有说服力。

宇治敏彦： 另外，我们的报纸还有一大特点，就是不依靠通稿生存。我们永远都会去现场搜集第一手材料，如果东京发生了事情，那么记者就会前往东京进行报道。

崔保国： 我很希望能得到一些有关报社历史方面的资料，众所周知，在中国，像《人民日报》这样的报纸由于其特殊性质，具有绝对竞争优势；而其他地区性报纸，竞争极为激烈。与贵社性质相似的报纸很多，比如《南方日报》、《广州日报》等。

宇治敏彦：从我们报社的发展来看，《中日新闻》的发展非常迅速，它是由1942年的《新爱知》合并其他报纸后形成的。《东京新闻》也是同一年由《都新闻》合并了其他报纸而形成。当时，新闻采编部门和印刷部门还没有分开，直到1967年，两部分才分开运作，不过我认为，报社合并，并最终形成六大地方报是大势所趋（注：六份大报指的是《中日新闻》、《东京新闻》、《北陆新闻》、《德井新闻》等）。

崔保国：听了您的介绍，我认为作为地区性报纸，集团化发展可能是成功的方式之一。

宇治敏彦：这还取决于发行方面的能力，加藤道先生在这个方面非常擅长，他为报纸的发行工作倾注了很多心血。

崔保国：也就是说，贵社在发行方面的运作力度很大。

宇治敏彦：是这样。

崔保国：《中日新闻》和《东京新闻》这两份报纸，无论是在名古屋还是在东京，都非常有名。

宇治敏彦：在名古屋的发行量大概占到当地报纸市场的七成，在名古屋，一提到报纸，人们公认的便是《中日新闻》。《东京新闻》作为晨报，发行量是63万份，《中日新闻》则达到了260万份。

崔保国：您认为贵社在报纸发行方面，有什么经验？

宇治敏彦：报社并不是直接进行发行方面的运作，而是通过提供良好的发行政策和采用灵活的体制，支持贩卖店的发展。《读卖新闻》、《朝日新闻》报社也都是这么运作的，而我们的报社曾经拒绝这样的运作方式长达三个月之久。另外，我们还将读者读过的报纸进行回收，这种做的目的是为了使读者更长久地阅读我们的报纸。总之就是想尽一切办法让读者选择我们的报纸。还有一点，就是一定要与贩卖店保持良好的关系。

崔保国：贵报社有多少家贩卖店？

作者在采访东京新闻总裁宇治敏彦

宇治敏彦：《东京新闻》的贩卖店不太多，《中日新闻》的专卖店大概有1300家，加上兼营其他报纸的贩卖店，一共有1600家左右。

崔保国：能否介绍一下《东京新闻》生活版的特征？

宇治敏彦：《东京新闻》生活版非常关注市民生

活的便利性，报道的特点就是透过普通百姓的视角来进行取材，比如刊登有电视节目的列表与介绍。另外，有关东京的生活信息刊登在三版，但这些信息并不是新闻报道，而是有关生活时尚等方面的信息。还有一些特别报道、解说等，这些内容与杂志有异曲同工之妙，星期天还有这方面的专刊。对于《中日新闻》来说，市民版就是爱知县的县版，足足有四个版都是地方新闻的内容。它的体育报也有地方化的倾向，因此每天能卖出 50 万份。如果要总结达到这种局面的秘诀是什么，我想是配给制的功劳。另外就是这两份报纸都有星期日版，对于学生来说，报纸能起到教材的作用。海湾战争期间，为了将海湾地区的情况传达给公众，我们首次开设了海湾战争的专刊，这个版面里没有广告，其他县报纸也都购买我们的特刊，星期天特刊以晨报的形式出版，内容方面，基本都是最近的热门话题。其实这份特刊与平常的《中日新闻》、《东京新闻》都是不同的。《中日新闻》在其他地区比如冲绳县也很具竞争力。

崔保国：真有趣，如果中国的报纸也这么做，应该会卖得更好一点。

宇治敏彦：如果把这些报纸缩小，就可以成为一本书了。

崔保国：的确，就像一本百科全书，可以用它来进行很好的学习。最近，贵社在发展方面，有没有什么新的课题？

宇治敏彦：以前在报社里，新闻记者与印刷人员的工作是完全分开的。如今，年轻记者利用电脑可以将报道的撰写工作与排版工作一起完成，在东芝公司提供的软件帮助下，从 2003 年开始，这个趋势越来越明显。因此，现在我们开始将记者派遣到各个部门进行轮换工作。当然，报社也不大可能解雇人员，不合格的记者可以派遣到其他部门任职，这个举措应该是经营方面的一种革新。另一个改变就是，以前我们的报纸是 8 个版，后来增加到 14 版，现在又增加到了 16 版。另外，《东京新闻》到 2004 年也有 120 年的历史了，因此很快我们要为它建立一个纪念馆，在 2004 年 11 月到 12 月之间，将其发展历史展示给世人看。

崔保国：这么说，最近报社的工作人员有人力过剩的现象？

宇治敏彦：整理部与记者部可能出现这种情况，印刷部不会出现这种情况，因为如今报纸加入了不少图片报道，照片处理需要人手。

崔保国：现在报社用的编辑软件是东芝公司提供的？以前是用 IBM 的软件吧？

宇治敏彦：嗯，《朝日新闻》、《日本经济新闻》用的软件还是 IBM 公司的，估计只有我们用东芝的吧。

崔保国：在中国，大多数报社用的都是北京大学开发的“方正”软件，清华大学的“紫光”也研发了类似的软件。

宇治敏彦：我们使用的软件叫做サムライ，这种软件也可以识别英文，另外，字体的颜色也不仅是黑白两色，而是彩色的。这样一来，成本也就提高了。

崔保国：贵社有什么全球化的战略？

宇治敏彦：我们的报纸还没有发行海外版，因此在国外，读者很难读到我们的报纸。在这方面，目前还没有打算。虽然我们也与中国的报社有合作，但还没有将我们的报纸卖到中国。

崔保国：贵社与《北京日报》有合作吧，具体的项目是什么呢？

宇治敏彦：我们主要是开展座谈会，让记者们进行交流。

崔保国：贵社在言论立场上的特点是什么？

宇治敏彦：一般来说，我们的言论与《朝日新闻》的倾向比较相似，而与《读卖新闻》截然相反。

崔保国：我一直在思考的问题是，对言论倾向产生影响的根源究竟是什么？比如说是经营者的理念，或者读者群的特征？

宇治敏彦：我想是长期以来形成的社风。比如《中日新闻》，桐生悠悠先生等众多《新爱知》的创办者，他们一向主张和平的理念，报纸正是受到他们的影响，而始终坚持这样的理念。我们的报纸有很强的市民风格，每年我们的论说委员还进行一些讨论。

崔保国：中国报界也希望有一个像 ABC 这样的机构。在日本报界，ABC 处于什么位置？以后的发展方向是怎样的？

宇治敏彦：应该说，该机构的作用是提高报业运营的透明性。印刷数与发行量这两个数之间存在着较大差异，有时候报纸虽然没有卖出去，但收益却与卖出去了一样，那是因为还有影响力的原因。作为报社，总希望发行量能多一些，这也是 ABC 所希望看到的，因为这也是维护它的立场。

崔保国：贵社是最早加入 ABC 的成员之一吧？

宇治敏彦：无论发行量是多少，报社都要继续发展，有时也会发生一些形势逆转的情况，但这些是报社的机密。

崔保国：贵社也出版体育新闻，这份报纸与贵社的主流新闻之间是怎样的关系？从贵社的角度看，体育新闻是怎样的性质？

宇治敏彦：我们最初出版体育新闻，大概是在 50 年前。20 世纪三五十年代的人更加了解这方面的情况，人们对体育的热爱在这个时候最为突出。日本人对职业棒球的好奇心促进了体育新闻的发展，另外就是 F1，很多喜欢 F1 的年轻人都选择《东京新闻》与《中日新闻》，观看赛马、赛车的人手里常常拿着我们的报纸。体育在很大程度上也影响到经济泡沫的膨胀与破灭，在各项体育比赛中，足球迷越来越多，但是我们也发现，虽然有很多人去看比赛，却并不买报纸。

崔保国：这两份报纸在体育报道方面有什么差异？

宇治敏彦：《中日新闻》在名古屋，对棒球的报道比较详细，还报道一些钓鱼等方面的新闻。《东京新闻》比较注重F1，另外也对名古屋棒球进行报道。

崔保国：贵报设有专门进行报道F1的记者吗？

宇治敏彦：是的，大概有六个人，每天要制作两个版的内容，铃鹿、富士两人做这方面的工作，铃鹿做得比较好。

第二节　贴近大众的《东京新闻》

一、历史上的《东京新闻》

激烈竞争中脱颖而出的地方报

《东京新闻》的前身是享有盛誉的《都新闻》。1991年出版的《都新闻史》首次向外界公布：《都新闻》出色的写作手法在不断完善中，逐渐发展成为《东京新闻》的风格。

其实，《东京新闻》的前身也不仅《都新闻》一份报纸，德富苏峰创办的《国民新闻》也是它的前身。在国木田独步、松原岩五郎等几人的管理之下，《国民新闻》对日本政府签订“日俄讲和条约”进行了反对性报道，这一举动激起了群众的不满与公讨，他们大量焚烧了报纸（1905年）。后来，这份报纸又因为对桂内阁的拥护而再次遭到群众的抗议和焚烧（1931年）。

在这个时期，由于日本政府对言论进行了管制，鸟取县于1939年首先实现了三份报纸的合并，这一浪潮因此波及全国，《都新闻》和《国民新闻》也合并为一家，到对美作战的第二年（1942年10月），这些地方报已经可以和全国性大报的晚报的影响力相媲美了。

说到《都新闻》就不得不提到它的前身——以报道每天发生的事情为己任的《今日新闻》。日本最早的晚报是明治十年（1877年）创办的《日本每晚新闻》，日本真正的晚报就是由它发展而来的，这一过程大约经历了60年的时间。《今日新闻》的主笔是江户时期的剧作家仮名垣鲁文，他在明治八年（1875年）创办了《仮名读新闻》，后来又成为《许多新闻》的社长。他一贯的作风就是不理会新闻界的言论和规定而我行我素，这主要是由于邮政报知新闻社长小西義敬对他给予了大力支持。当时报纸的主流是以政论为中心的“大新闻”，而仮名垣鲁文却将心思花在“小新闻”的撰写上，他始终认为，新闻应该满足老百姓的需求。他撰写的小说《斋藤绿雨》成为帮助他进入《每日新闻》的敲门砖，此后他又撰写了连载小说《广津柳浪》等。

《今日新闻》努力做到将当天发生的事情当天报道，无论是对可能发生的事情进行的预防，还是已经发生了的抢劫等恶性事件都属于报道的范畴。由于很多事情在半夜发生，加上当时交通不发达，记者很难立刻赶到现场，再加上印刷的速度跟不上，因此报纸要做到当天新闻当天报道，实在是困难重重。但在这样的条件下，《今日新闻》还是不断克服困难，逐渐发展为《みやこ新闻》，后来又改名为《都新闻》。当时《都新闻》的主笔为黑岩涙香，三年后，涙香由于同官僚出身的新社长发生冲突而离开了报社，自己创办了《万朝报》，很快就发展为发行量与《都新闻》不相上下的报纸。之后，出于对“日露战争”的反对，以及对《都新闻》支持战争的不满，几位作者如幸德秋水、界利彦等相继离开都新闻报社，他们也创办了《平民新闻》。在这样的情况下，不同的言论活跃在报纸市场上，各种观点充斥于人们的视野。

借助日本举办奥林匹克运动会的契机，《东京新闻》又出版了《东京中日新闻》，它很快成长为一份专门的体育类报纸。《东京新闻》逐渐发展成为一份人们生活中不可或缺的晚报。在这之后，《东京新闻》又对各分社与总部进行了统一

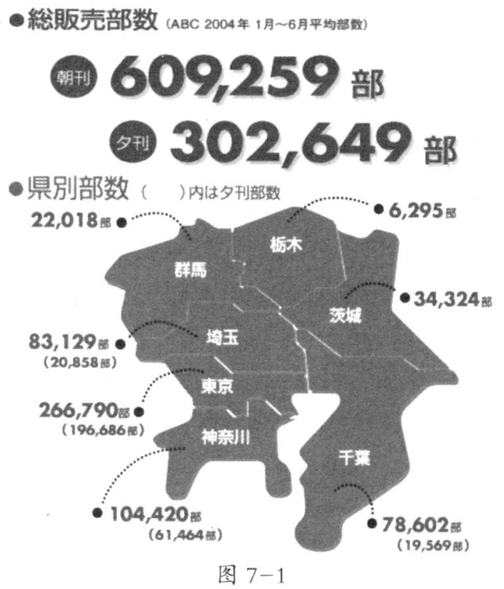

图7-1

协调，进行了早、晚报制度的规范。由于专卖制度的限制，这份报纸的销量由顶峰时期的 82 万份降低为 40 万份。随着这份报纸的日趋成熟，“中日新闻东京本社”成立了。

百年历史发展上的关键点

1. 了解市民关注点的报纸

《东京新闻》自觉地将监视权力视为报道使命。自从石原慎太郎担任东京都知事以来，《东京新闻》就创办了《石原观察》这个栏目，并一直坚持连载。石原大胆的言论与当时言论含混、毫无特点的森元首相形成了巨大对比，受到了社会中大多数人的称赞，其支持者迅速增加，这个栏目也因此成为《东京新闻》又一吸引读者的法宝。《石原观察》的内容集中在大众关心的政治问题，连载的方式则有助于将这一专栏牢固地根植于人们的心里。

然而，《石原观察》的创办过程并不是一帆风顺的，正是由于这个栏目在评论界的威信很高，担任写作的记者们常常要在把握政策与迎合大众两方面寻找平衡。另外，几位主要作者的争论也成为该栏目重要的内容。

阅读这些报道不难看出，石原将东京作为舞台，似乎希望发动一场“文化大革命”，让传媒的力量代替“红卫兵”，在精神领域展开“大众动员”活动。

在《东京新闻》的记者俱乐部中，有这样一位领军人物——樱井章夫，他后来坐到了《东京新闻》第一把交椅的位置。与他相比，石原对中国的敌对程度就比较高，常常称中国为“支那”，甚至从不避讳说出反华的言论。的确，在针对第三世界国家的言论、对中国的批评，以及出动自卫队等敏感话题方面，石原都表示出了坚决的立场，他认为如果一味迎合世俗观点，那将是可怕的，他说过报道事实才是尊重历史的珍贵品质，然而他所认识到的事实难免也存在偏颇。

虽然评论界多数人对石原先生给予很高的评价，但樱井先生仍然对石原在中国方面的报道持有异议。他曾这样评价石原的报道：“当第三世界国家人民发言的时候，石原的报道是恶劣的，他认为日本是受害方，并把质疑这一点的记者名单予以公开，导致这些记者在记者圈子中遭到中伤，这才是为什么很多年轻记者面对石原都畏首畏尾的真正原因。石原自制规则，其他记者不敢质疑，这样下去，结果不堪设想。”

后来《石原观察》的主笔由嶋田昭浩担任（1937 年）。嶋田先生的经历非常丰富，最早他在共同通讯社工作，五年后赴九州支局工作，直至退休。七年前他被《东京新闻》返聘。

报社中会有一些记者有这样的想法："我们是企业中的记者"，也就是把报社当作了一种商业机构。嶋田先生则认为：无论报社的体制是怎样的，记者都不应该迎合报社的商业需求，对于记者来说，自由的理念才是最重要的。然而，嶋田并不支持不受限制的"自由"，他感到有很多年轻记者将一切都归于"社会的姿态"，过分放任自己，因此他也抵制盲目的自由。嶋田先生还说过："我和石原先生当初被选任为东京都知事的理由几乎一样，我们都是把东京作为对象，不断取材，也希望能代表大众的眼睛去看到真实的社会，把真实的东西记录下来是我们的使命。"

然而，无论《东京新闻》的这几位主笔争论得多么厉害，《石原观察》还是一档非常值得肯定的栏目。因为它基本上做到了一点：新闻记者不是权力的助手，而是检查和修正它的动力源泉。

2. 在热点问题方面见解独到，但有时缺乏公正

事实显示，《东京新闻》在对中国问题的态度上的确有失偏颇。例如，2004 年 6 月日本经济产业大臣中川昭一与海上保安厅的官员和资源能源厅的勘探专家一起，乘坐海上保安厅的直升机，飞到东海上空"中日线"日本一侧进行考察。6 天之后的 29 日，中川昭一对外公开表示，"日本政府已经决定于 7 月上旬派出海洋调查船前往东海海域的'日中中间线'日方一侧开展海底资源的调查工作"。6 月 30 日，中国外交部部长助理沈国放召见日本驻华大使阿南惟茂，对日本派船之事表示"严重关切"。7 月 1 日下午，外交部发言人章启月在主持例行记者招待会时指出："中日双方在东海划界问题上的确存在争议，中国方面的立场是，双方应通过谈判解决有关问题，希望日本方面在处理这个问题上能够从维护两国关系的大局出发，不要采取任何使事态复杂化的言行。"至此，两国能源争端开始升级。

其实，事件起因是源于《东京新闻》的误导。2004 年 5 月 27 日，日本《东京新闻》的记者和日本一所大学的教授平松茂雄乘坐飞机对中国东海天然气开采设施的建设情况进行了所谓"调查"。次日，《东京新闻》连续刊出了《中国在日中边界海域建设天然气开采设施》、《日中两国间新的悬案》等报道和述评。这些文章指称，中国"春晓"天然气田的位置距离日本单方面划定的所谓两国东海"中间线"只有5 公里，和 1998 年建成的平湖气田相比，距离向东靠近了 65 公里，于是惊呼"中国在向东海扩张"、"中国企图独占东海海底资源"等。

而《东京新闻》这几篇报道面世的当天，日本数百个网站对其进行了转载，结果挑起了一些不明真相的日本民众的不满情绪，有的媒体甚至还批评日本政府"反应迟钝"、"有损国家利益"，不少人还给相关部门发去了抗议信。随着日本政府中的一些有目的的政客和强硬势力也参与进来，要求政府采取行动“维护本国海洋权益”，事件逐步升级。而在此之前，日本曾多次利用外交渠道要求中国提供“春晓”气田的有关数据，但“春晓”气田的开发商包括欧美的大石油公司，中方无法单方面答应将涉及商业机密的有关数据提供给日本政府。“这事十多年了都相安无事，突然发生这种变化，可能是日本得到了这方面不完全的资料信息”。权威人士对此表示，因为在《东京新闻》报道中，把东海的石油、天然气储量等同于黑海油田的储量，预计达到72亿吨，而且储量的大部分在“中间线”靠近日本的这一方，“这绝对是误导！”

《东京新闻》受到广大市民喜爱的一个重要原因就是它的尖锐性。无论《石原观察》，还是各种有关第三世界国家的报道往往直截了当，其中难免含有作者的个人意见。

3.《商工贷款》连载，动摇了市民的观念

《东京新闻》在经济方面的报道也非常出色，《商工贷款》栏目给大众提供了很多有益的建议，比如“如何解决贷款渠道拥堵问题”、“如何解决高利契约的各种麻烦”等。

在日本经济长期不振的局面中，金融机构的贷款服务出现了渠道堵塞状况，暴利收入群体因此出现，经济发展状况令人担忧。《东京新闻》为经营不振的中小企业提供了大量有益信息，它给那些苦于资金运作的小企业的意见包括“拓展贷款通路的秘籍”等，这就是《商工贷款》栏目的作用。

政府提供无息贷款给银行，而工商贷款从业者却利用注入银行的大笔公款以3%左右的低利息进行融资，之后再贷款给资金不足的中小企业，并以每年30%左右的高利息收回资金。《商工贷款》栏目对这一状况给予了直言不讳的报道，报纸还披露了宫城、秋田两县中小企业主以“日荣”为对象所进行的违法交易，以及后来被仙台当地管理部门提起诉讼一事。报纸对经济生活中发生的这一系列问题进行客观详细的报道，在日本堪称首次。

在进行这方面的报道时，《东京新闻》始终秉承这样的理念：不是只报道经济纠纷引起的诉讼就可以了，还要将如何判决等后续情况告知公众，如果判决无罪，就更应该加以报道。

特报部的负责人田胜敏部长曾说：“不客气地说，如今的商法存在着很多不合理的地方，却也被世人所承认。作为报纸，应该勇于揭露这些漏洞，这样才体现了它存在的价值。当然，报纸有时也必须收回某些言论。然而，说到底，最终能否对整个经济体制起到根本性的作用，还是要依靠国会议员在国会中进行质疑才能将问题解决。”

对于“日荣”问题，特报部的文章总是切中要害，这也使得《东京新闻》名声大振。然而，对于大多数报纸来说，报道内容往往受到多方面的限制，不愿惹起麻烦的媒体不在少数。

身为“特报部取材班”一员的安藤淳先生说：“还未决定报道什么内容的时候，报社里各种意见都有。当决定下来以后，就又会进行究竟深入报道到哪个层次，是第二层还是第三层的讨论。正是这些深入报道的层次反映了时代的特征，体现了特报部的价值。”他还说到：“那些中小企业被害人的数量达到上百人，甚至千人。然而国家金融监督机构、司法机构却没有任何行动，这个时候就该轮到特报部发言了。无论力量大小，总能起到一些作用，最后就连主管部门的裁决也要参考报纸的意见。我们对被害者、原告败诉这方面的报道很多，胜诉方的报道也不少，将各种情况客观公正地展示出来，就是报纸的责任。坏事情就是坏事情，奇怪的事情就是奇怪的事情，我们要做的，不是去改变它而是尊重事实的本来面目。”

在《东京新闻》社编辑部

当然，在经济报道方面作了突出贡献的，除了《东京新闻》以外，在日本还有其他很多媒体在努力，不可忽视的是，电视在其中也发挥了巨大的作用。各种媒体的最终目的，都是促成政府对此进行立法改进，然而，赚钱和盈利仍是金融业的最终目的，银行合并仍在大步迈进，这种大型化的趋势，导致了大量中小企业被挤出市场的局面。

因此，从这个社会中消除像吸血鬼一样的企业主是不可能的，虽然这股强劲的竞争之风近些年已经渐渐变弱，但弱肉强食的局面在日本金融界仍然非常盛行，让人不寒而栗。

4. 图解报道别具一格

日本年轻一代远离报纸的问题已经引起了社会各界的广泛关注，不少读物趋之若鹜地将大量文字内容改为漫画形式，特别是在生活节奏较快的城市，“快餐化”的生活方式已深入人心。

如何改变这一局面，将年轻人吸引回文字读物的世界，成为不少学者、媒体经营者等所面临的问题。《东京新闻》倡导年轻人阅读报纸有它自己的特殊方式，那就是每周末的图解夹页。

这张夹页做工精美，纸质优良，内容多为热点话题，或者与人们生活密切相关的重要领域内的问题。通过图画与文字讲解相结合的方式，对各种问题进行全面系统的介绍。比如，介绍国际恐怖主义发展情况的夹页，这一页是为了纪念美国“9•11”事件两周年而制作的，画面主体是全球地图，上面标画出各国恐怖主义的活动地点；在每个地点旁又拉出一个小框，里面是对该地点的文字介绍；在地图的周围，还有各种有关恐怖主义的介绍，包括其领导人物的简介、军事力量的描述，以及以美国为首的反恐力量的对比介绍等等。大量配有文字的图片将世界恐怖主义格局描述得清清楚楚，相信这样的图解夹页完全可以作为教师在课堂上进行教学的工具。

另外，还有很多重要、有趣的内容都被制作成周末版的图解系列。例如：“危险！被动吸烟”这个专题，从吸烟有害健康的原理到被动吸烟的危害，从烟草制作过程到世界禁烟力量，对各方面都进行了详细明了的介绍。在“转基因食品的今天”这个专题中：从转基因食品是什么，到转基因食品怎样形成，从转基因食品为何流行，到转基因食品又为何被人们遗弃，深入浅出地报道了大量的内容。

正是这些生动的图画与丰富的讲解深深吸引了大众的目光。《东京新闻》这个版面的成功，不仅为报纸在人们的心中赢得了重要的地位，更令其他报纸刮目相看，不少报纸专门购买《东京新闻》的这个版面来进行转载；政府也很好地利用了这个版面，在制定政策或者分析形势时，他们往往要参考《东京新闻》的图解夹页，因为它在全面、系统地讲解知识的基础上，更增加了获取信息的便利性。当然，《东京新闻》图解夹页最重要的贡献还是让人们特别是年轻人在看图的同时对文字进行阅读，从而了解时事、普及科学。

5. 在生活中实践

迫田先生是经济部的主任，25 年前，他曾经是《日经》的记者。他曾经说过：“对我来说，《东京新闻》不仅仅是一份报纸，更是一股不可忽视的传媒力量。”他一直担任报道中日关系的专员，主张报纸应当减少版面，薄而轻的报纸与其他报纸相比，更能获得人们的喜爱。

《东京新闻》还精简了人员，报社集中了像安藤先生这样的精英人物，他这样评价《东京新闻》的优势：“我认为这份报纸的风格就是记录有趣的事情，如果是记者自己觉得有意思的事情，读者也会这么认为。”

当然，也有不少记者不赞成这样的风格，他们认为这样做，是记者为了迎合大众口味才采用的手法，这样每天的生活就像过愚人节一样，因为六成以上的新闻都有编造的成分。他们认为：一旦“新闻变成扯谎”，日本人对于报纸的信任就会降低，和没有把关人进行新闻审查的报纸相比，将没有任何区别。

为了防止出现这样的局面，也为了报纸始终好看，报社坚持每年都对记者进行一次培训。这项针对 21 世纪的大型计划，从 1998 年就已经开始，至今仍在继续。

1999 年 8 月，由日本全国 1500 人参与的、有关和平意识的电话调查显示：人们认为这个议程的推进必须以维持宪法第九条为基础，对自民党等政党需要在此方面改进的愿望，也愈发清晰。特别值得一提的是，日本年轻人的和平意识不高，关于“日本是否是被动卷入战争而拿起武器”这一问题，73%的人回答“不是”，有 24%的人回答“是”。都知事认为：作出这样回答的人首先就不惧怕战争，对于战争，他们是按照自己的想象描绘的，因为他们没有在战场上流过血。

报纸对印度一位获得诺贝尔经济学奖的经济学家的采访充满了趣味，这篇文章的撰写者桐山桂一先生说：“当准备这篇采访时，我有一种强烈的感受，那就是，再用金钱、职位、权力等这些标准来衡量他，是不舒服，也是没有意义的。”

记者俱乐部的记者们渴望宽松的写作氛围，自由的表达方式，这便是“21 世纪工房”所倡导的自由、自立、平和、人权主题，这一主张也被称为：从生活的实践中创造 21 世纪。

二、今天的《东京新闻》

2004 年，《东京新闻》已经度过了它 120 岁的生日。这张百年老报虽然经历了多次合并与更名，但贴近大众生活的办报风格却延续了下来，面对新的世纪，以及日本报业发展的强大竞争压力，《东京新闻》将向什么方向发展？

1.《东京新闻》的大众化特色

从全社会的角度看，东京是各种信息的集合地，《朝日新闻》、《读卖新闻》、《日本经济新闻》、《产经新闻》这四大报纸在东京都设有分社，与《朝日新闻》、《读卖新闻》等这类在经济、政治报道方面有强项的报纸相比，《东京新闻》也有它的优势，那就是兼顾政治、经济、地方新闻三个方面，更符合本地人的需求。正如《纽约时报》虽然是一份全国性报纸，但很大部分的内容都是地区性新闻，这份 35 页厚的报纸，通过对纽约市政治、经济等各方面的报道来洞察整个美国局势，这就是地方报纸的优势所在，它与全国性大报相比，相互都具有不可替代性。

《东京新闻》不断提出类似“首都圈的主打报纸”的口号，后来又提出了“东京必需品”的口号。坂井先生非常注重秉承《都新闻》在文化、文艺等方面的传统，《东京新闻》中每天都有大量关于文化、演剧、广播、电视方面的报道内容。《东京新闻》的广播、电视消息刊登在第四版，最后一页是东京地区消息。另外，对报纸发行量贡献最大的是第二版的特报部，1968 年 3 月，在“学园争斗”的浪潮中，独家报道与竞争性报道不断兴起，《东京新闻》在《商工贷款》等方面的报道中处于领先地位，与《朝日新闻》相比，《东京新闻》更具有知识阶层的风格。

《东京新闻》的另一大优点在于评论性文章的分量较大，一些匿名批评、时评等都具有丰富的蕴涵和重大的意义，内容往往都是市民非常关心的。

另外，《东京新闻》每周日出版的报纸中夹有一张彩页，这也是图解当今热点问题的专栏，这一举措有效地推动了“报纸教科书”化的进程。

2. 兼具全球视野与地方特色

笔者于 2004 年 8 月 6 日对宇治敏彦社长、川口俊树社长室次长，以及安藤徹外报部长进行了采访，他们较为详细地介绍了《东京新闻》的现状以及今后的发展方向。

首先，在内容方面，《东京新闻》的报道兼具全球视野与地方特色。作为一份地区性报纸，在涉及全国乃至世界的报道方面，《东京新闻》并不逊色于全国性大报；在此基础上，它又在地方性新闻报道方面存在优势，这就是地域性报纸存在并发展的根本原因。

《东京新闻》还有不少很有特色的版面，这些版面的设计方式非常值得中国报纸进行学习。例如生活版面，社长介绍道：“《东京新闻》非常重视生活版面，也就是将如何使人们的日常生活更便利、愉快作为报道的中心，其最大的特点就是按照一般市民的视角来进行取材。”因此，《东京新闻》总是有满满三大版的关于市民生活的报道，不仅是新闻，更多的是生活方面，比如时尚问题的探讨等。这样的报道内容，似乎与杂志有不谋而合之处。

《东京新闻》的“星期日版”更具特色。社长认为：“周末是使学生利用报纸进行学习的最好时光，因此这个时候的报纸没有广告，关注的内容往往围绕国际局势等展开。”在这种办报理念的影响下，《东京新闻》已经远远超越了“报纸”的概念，在日积月累的阅读中，它甚至可以起到百科全书的作用。

除了内容方面的特色之外，《东京新闻》的另一大法宝，就是在发行方面的经验。社长先生介绍说：“《东京新闻》作为晨报，每天能卖出去 63 万份，其成功的秘诀在于这些报纸并不是由报社直接发行，而是在各种支持贩卖店发展的体制下，通过贩卖店的努力而实现的。例如，报社回收过期的报纸，这样做的目的是对报纸内容进行归纳，不断总结经验。”

《东京新闻》在经营方面的不断革新，也是非常值得称赞的。以前，在报社中记者与印刷人员的工作是完全分开的。然而如今，不少年轻记者不仅可以自己撰写文章，并且将之后的印刷工序也一并完成，于是报社在人员安排方面进行了改革，使每个部门的人员都可以到其他部门去工作，对员工进行各方面的培养。

《东京新闻》是一份出色的地方性报纸，它的成功源于不甘淹没在众多报纸的言论漩涡中，它要市民们听到它的声音，因此往往通过独家的报道、特别的评论来吸引人们的眼球。有一点需要特别提出，那就是大众化口味不意味着平庸与中立，相反，市民更加喜爱对他们的生活和思想有导向作用的报纸，《东京新闻》就很好地做到了这一点。

第三节　不屈不挠的《中日新闻》

一、讲原则的硬派报纸

1886年（明治十九年），名古屋相继诞生了两份报纸，一份是《无题号》，另一份是《金城たより》。这两份报纸就像水源，将信息之水世代传承，后来《无题号》发展成为《新爱知》，《金城たより》发展为《名古屋新闻》。经过明治、大正、昭和三个时代的考验，最终成为今天的中日新闻社。纵观《中日新闻》100多年来的发展历程，一个重要的特点就是办报风格坚守原则。

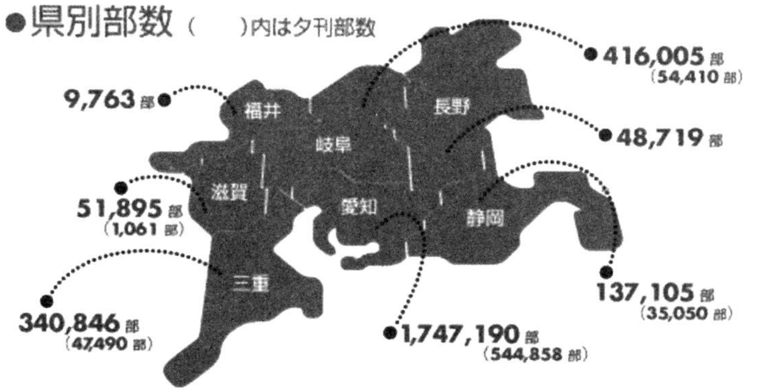

图7-2　《中日新闻》日本中部7县覆盖状况

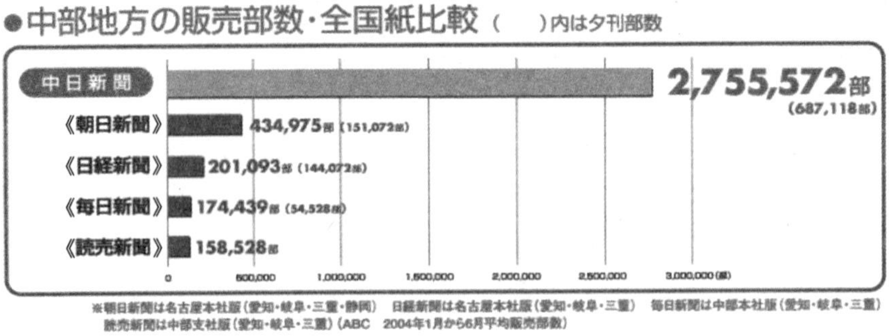

图 7-3　《中日新闻》和日本中部其他报纸发行量的比较①

1. 天不怕，地不怕的报纸——对爱知世博会的报道

2000 年 1 月 14 日，《中日新闻》头版头条上赫然写着这样一则大字标题："BIE 对爱知世博会发出警告"。这是一则地地道道的独家新闻，针对的是将于 2005 年举办国际博览会的日本爱知县政府。地处巴黎的 BIE（博览会国际事务局）认为："爱知县为举办世博会对自然界进行了破坏性的开发。"这件事情一经曝光，遭到了爱知县世博会筹备组委会的强烈抗议。这个报道只开了个头，作为报社本部所在地的世博会主办单位爱知县政府，受到了来自日本各方面的批评，县政府也将这件事情作为重大事件予以重视。这种很可能使主办世博会化为泡影的报道，对当事人爱知县政府来说可谓是"晴天霹雳"。

作为地方区域性报纸，对本地区开发方面的报道一向是比较薄弱的，就连全国性报纸，在这方面也很难有建树，然而，《中日新闻》的精神是非常勇敢的，它快拳出击，命中要害。

（内部资料显示：针对此事，世博会菲利普逊议长等人表示：爱知县的世博会会场土地开发计划书（新街区住宅规划）是"利用世博会的名义，进行 20 世纪式的破坏自然的大规模土地开发计划"。而日本方面则强调，这个开发计划主要是从筹集世博会的建设经费方面考虑，是符合日本法律规定的，所以希望得到社会各界的理解与支持。菲利普逊议长等表示："这一理由无法说服世界，也没有秉承 BIE 的理念，"他们对这一计划持否定态度。）

后来 BIE 派出专员于 2000 年 11 月来到日本，他们同《中日新闻》的记者进行了交谈，并将谈话内容进行记录，形成了一份非常积极的文书，而负责此事的日本通产省官员则回避事件，指责这份文书："一切都是为了迎合对方的想法"。

---

① 日本 ABC 协会 2004 年 1—6 月半年报。

然而，媒体的批判并不能阻挡政府不负责任的行为，这个开发计划还是一步步地推行着，站在支持开发立场上的通产省官员们实际上对环境问题以及舆论影响的反应非常迟钝，没有作出相应回应，但《中日新闻》并没有放弃，记者仍在坚持不懈地进行报道："不要顽固地坚持错误的计划，遇到质疑就要反省，要悬崖勒马，这样的做法才是21世纪正确的行政行为。"这些报道中蕴含了记者们的良知。写这篇报道的是记者齐田太郎，这是一份连通产省大臣和官员们都不了解的机密文件，后来流传到参与项目开发的相关开发商的高层中间，他们就开始议论"这样搞世博会是不是很危险"等。当这份秘密文件被《中日新闻》的记者齐田太郎获取以后，他想，如果告诉报社的话，一定会让我赶快写出来。后来，通产省的大臣和官员们看到这份文件后，也大为惊慌。而《中日新闻》始终非常冷静地表示："有关全社会的事情，我们只是作了如实报道。"

这种报道的结果如何呢？最坏的结果可能会是世博会在日本的举办权被取消，但《中日新闻》的小出宣昭编辑局长说："作为媒体，当我们不知道某件事情可能导致严重后果时，没有进行报道，那是情有可原的，但当我们已经知道了这件事情的危害的情况下，再不报道，那就是犯罪了。"他还在一版的头条这样写道："再好的世博会也应该因此事而被取消"。

舆论的力量是不可忽视的。在这些报道的影响下，作为"日本世界博览会"合作伙伴的丰田公司、东海银行等众多企业，以及不少民间机构也开始发出这样的呼声："世博会的召开是否会成为一件可怕的事情！"

此项大型土地开发项目需要建设资金3000亿日元，再加上道路开发所需资金，总经费高达1兆日元，工程所需建设人员达到2500万人，这样大型的项目对于参与其中的各家企业来说，都是非常重大的选择，生死攸关，他们当然会非常关心各种信息。因此，他们对于《中日新闻》的报道给予了密切关注。

《中日新闻》后来的报道更加谨慎，除继续批判破坏自然的行为之外，还在"人与自然和谐相处"等方面加大了报道力度，这些努力的最终目的是让政府高层能够理解并改正错误。《中日新闻》在这件事情上似乎很不讲情面，作为地方报纸，看上去似乎不仅没有为地方的大事给予协助，反而拆了地方政府的台。然而，它的功劳在于将政府错误的举措及早指出，这也是对当地政府和群众负责任的一种做法，这一点值得所有报纸好好学习与反省：是否都将老百姓的利益作为自己工作的最高目标。

正是由于《中日新闻》对于世博会的报道，让广大市民认识到政府竟然无视环境保护问题，并且在报道初期丝毫没有放慢工程的速度，这种作为是违背国际常规的。虽然政府一再强调此项工程为了"国家利益"与

“县民利益”，然而，对市民来说，政府并没有顾及他们大多数人的利益，受益者仅仅是一些房地产商与工程承包商。面对这种局面究竟会如何处理，便可以清晰地反映出一个国家民主成熟的程度。

在《中日新闻》的独家报道之后，小出先生还就此事开了专栏。其中有这样的内容：1851年在伦敦举办了第一届世界博览会，为了造成轰动效果，当地政府采伐了大量的树木，沉浸在欢乐气氛中的人们，面对大自然的灾难突然醒悟，他们意识到这种行为会成为一大隐患。市民的抗议很快得到了林业厅的大力支持。结果，政府不得不改变方案，用大量玻璃代替了木材，大批树木的生命得以保全，无数禽类又可以在树林中自由自在地生活。爱知县当初的建筑计划方案也是打着“与自然共生”的口号制定的，然而，政府希望呈现出“海上次森林”的景象，这就需要以破坏大自然作为代价，这种需要砍伐650棵树木的行为，难道不是严重违背了其初衷吗？

在这些报道的影响下，爱知县刮起了缩小规模举办世博会的狂潮，报纸还针对这一局面开展了一系列的问卷调查活动，这些活动得到了名古屋自然保护团体以及WWF（世界自然保护基金会）的关注。

对于《中日新闻》的壮举，BIE的飞利浦松议长评价：“这份报纸很好地把握了报道的分寸，它所提出的问题必须受到当地政府的重视，并予以支持。”

由此可见，一份地方报纸竟然引起了全日本甚至全世界的关注。当今报业也已经跨入了全球化时代，《中日新闻》已经超越了一份地方报纸的力量，不过它的优势也正在于它是一份地方性报纸。

2. 个性化的国际新闻报道

《中日新闻》不仅仅引起了全世界的关注，其本身更是放眼全球。在对海湾战争、日本驻秘鲁大使馆被占等世界性事件的报道中，活跃着不少《中日新闻》的记者，他们为报纸撰写独家新闻，因此，《中日新闻》的海外报道不仅仅是依靠通讯社的“通稿”来完成的。

中日新闻社的海外报道采用两种方式进行：一方面，通过东京的通讯社转载新闻；另一方面，就是直接派遣记者驻外进行独家采访，现在，报社很多骨干记者都曾是驻外记者，比如小出编辑局长曾是伦敦特派员，社会部部长加藤幹敏曾是巴黎特派员。正是这些独家新闻，挑起了政治新闻报道的“大梁”，看惯了全国大报对国际事件大同小异的报道的读者，能从《中日新闻》中读出个性化的味道。

3. 勇于批判政府的名记者

《中日新闻》是战争时期诞生的报纸，它的前身是《新爱知》与《名古屋新闻》。《新爱知》1886年诞生于名古屋，曾用名是《无题号》；《名古屋新闻》情况基本相同，曾用名为《金城たより》。

《无题号》打破了番阀政治与地方官僚的控制，在自由民权方面的报道表现突出，是一份以“硬派”著称的报纸；《金城たより》在小说、演艺、民族曲艺等艺术方面的连载方面比较见长，对这些事业的发展起到了巨大的推动作用，以“软派”著称。

大正三年（1914年），一位名叫桐生悠悠的记者进入报社，后来成为《新爱知》的主笔。之前，他是《名古屋新闻》的主笔，成为《新爱知》的主力记者之后，就开始推动这份报纸向《名古屋新闻》学习，批判政府的不良行为。

例如：大正七年（1918年）八月，富山县很多渔民的妻子发起了抗议活动，活动很快就席卷了全国，内阁命令军队出动进行镇压。《新爱知》对这一局面进行了连续报道。后来《新爱知》又提出了“成为全国新闻纸”的口号，秉承“新闻是精神食粮”的理念，在与内阁的斗争中，虽然报社非常清楚如果内阁倒台，报社也自身难保，但是《新爱知》还是勇敢地进行着批判。

很快，《名古屋新闻》就作出了回应，支持《新爱知》的报道。就这样，全国性维护言论自由的争论此起彼伏。接着，东海记者大会召开，到会的新闻记者都表现出了非常的勇气。

还有一件事情令人们对《新爱知》更加喜爱。大正十二年（1923年）9月1日，关东大地震爆发后发生了虐杀事件，大杉荣等人将“罪魁祸首”甘粕正彦投入了监狱。事情本来已经告一段落，但《新爱知》提出了质疑：“此事件难道不是军队中央的指示？”这种敢于对政府质疑的精神一直受到人们的拥护，并一直延续到《中日新闻》中。

在名古屋，曾经发生过中学生谋划的“五千元恐吓事件”，在成人社会中，似乎没有好办法来对付他们，因此学生犯罪的情况屡禁不止。不久，丰川市又发生了17岁少年闯入民宅，杀害一对老夫妇的恶性事件，少年离开现场之后乘坐巴士，行至高速公路时又刺伤了多名乘客。究其作案根源，那就是如今少年群体中流行的暴力人格。

面对这种局面，自民党政府将服刑的年龄界限不断下调，后来又对《少年法》进行了修订和调整，增加了对少年犯罪的惩罚力度，但真正能对少年犯罪起到预防和教育作用的，其实来自家庭。当父母感到孩子有犯罪的倾向，不应该总是进行严惩，而是应该多给他们一些改正的机会。

作为媒体，《中日新闻》在这方面也进行了不懈的努力。从1999年开始，报纸就通过连载等形式，对青少年以及全社会的人进行教育，这些报道不是从罪犯的角度，而是从青少年的角度对这些事件进行了分析，像《世纪末迷路的孩子》这篇报道就曾引起了很大的反响，从事这方面报道计划工作的佐藤昌雄曾经说：“面对一起少年犯罪，与其说他们是加害少年，还不如说是被害少年，如果大家设身处地地为他们想想，他们不那样做还能怎样做呢？不那样做还有什么好办法呢？很多结果都是事出有因，因此我们应该多挖掘原因。”

因此，不改变导致少年犯罪的环境就无法遏制少年犯罪，在连载中，作者曾指出：“面对少年犯罪不能以事论事，将相关事件联系起来考察非常重要。”作者还查看了某少管所的犯罪记录，发现这些犯罪少年往往有一些生活方面的缺陷，比如家庭不幸等等。少管所的工作人员也表示：“与其说他们是不良少年，不如说他们是不幸少年。”报纸又将读者的意见以及记者的感受等全部进行了连载，大大提高了此报道的公正、公平性。佐藤先生也收到了很多中学生的来信，其中高中生的来信占六成，他们告诉作者自己比较欣赏的报道是哪篇，以及厌烦报道什么等等。

在美国伊利诺伊州有一个少年犯罪审判所，它是少年司法制度执行的典范。最近，全球的青少年犯罪都有上升的趋势，因此美国伊利诺伊州也加大了执法力度，美国媒体同样认识到：如果不改变大环境，而仅仅对少年罪犯进行惩罚，这是治标不治本的事情。

其实，在少年问题方面，爱知县在日本全国范围内表现一直不错，《中日新闻》在总结经验方面也进行了不少努力。正是由于报纸的工作得到了人们的肯定，在发生“五千元恐吓事件”之后，报社收到了来自读者的大约1400多封邮件和传真。在洛克先生自杀案之后，报社收到了1300多封信件；在《世纪末迷路的孩子》发表之后，报社收到了900多封信件。这反映出《中日新闻》作为一份地方性报纸，具有强大的吸引力，也让人感到它与读者的距离非常近。

这些来信为修改法律提供了宝贵的参考意见，在《少年法》修改期间，大多数来信的意见都是：“《少年法》绝对不应该修改。”然而，也有不少读者表示，应该对犯罪少年予以严惩，持这种意见的人中，竟然也有他们的父母。这些信件真实地反映了社会上各种人群对此问题的不同看法，这些讨论也推动了人们对青少年教育等问题的思考。

如今，都市生活中一个很大的问题就是垃圾问题。例如：工业废弃物对居民生活构成了极大的危害，然而居民的抗议并没有对此起到遏制的作用；国家制度在这方面也有欠缺，人们所能做的只有气愤与干着急。

《中日新闻》敏感地捕捉到了人们对此问题的关注，于是报纸进行了一系列《垃圾列岛怎么办》的连载，深入人心。

日本对菲律宾的垃圾输出事件被曝光，引起了极大的骚动。1998年3月18日，《中日新闻》发表了《废弃物，难道也能称作资源？》的报道，介绍了曾经发生的发达国家向中国、朝鲜输入废弃铝、钛灰烬的事件，进一步推动了国人对垃圾问题的思考。当然，不排除一些情况是将本国多余的原料输入其他国家，使其合理利用。然而，把废料称作“资源”，输入其他国家，绝对是损人利己、道德败坏的行为。

访问《东京新闻》与《中日新闻》编辑局长坂井克彦先生

《中日新闻》还曾经对发生在岐阜县山野里焚烧废料的事件进行曝光，这篇文章被誉为“一版冠军报道”。文章作者片田知行说：“面对垃圾问题，最早人们没有想到处理它方法，因此非常苦恼，后来有人进行不法投放，似乎一时解决了问题。然而，对于居民来说，这是非常危险的，因为他们根本不知道危机隐藏在那里。”

另一个重要的环境污染问题，就是废气问题，如汽车尾气等。从直升机上拍摄的照片看，城市上空迷漫着一层雾，但并非大自然的现象，而是有毒气体造成的。

国际方面对于垃圾污染最权威的机构“ISO（国际标准化机构）14000”标准规定：政府和民众都必须对废弃物给予足够的重视，《中日新闻》正是在履行着这样的义务，它不仅致力于报道企业行为，更加重视如何推动政府、民众在这方面的积极性，让政府和居民一起，逐渐形成探究此问题的欲望，只有在这样的压力下，才能有适当的举措出台。

早在连载报道出现的前一年，岐阜县政府官员曾经因为垃圾处理问题被暴力组织袭击，此时，全国在垃圾报道方面处于弱势，《中日新闻》不久便异军突起，对此进行了强有力的曝光。笔杆的作用大大超过了暴力的作用，在这一事件中，《中日新闻》取得了胜利，值得后人铭记的是记者们勇于揭发社会黑暗的勇气和富于社会责任感的种种努力。

二、为打造“世界一流报纸”而努力

《中日新闻》不仅在历史上充满了与政府、世俗作斗争的勇气，面对未来，它也充满了无尽的力量。《中日新闻》的发展道路充满各种机遇与选择，报纸也不断进行着调整与改进，然而始终不变的是其讲原则的办报风格，今天，它的目标是——打造“世界一流报纸”。

图解报道先驱：“大图解”与出色的图片报道

从 1994 年开始，《中日新闻》周日版推出了“世界与日本——系列大图解”，几年以后，按照顺序翻看这些大图解，竟然可以将国际问题清晰地描述出来，比如伊拉克战局等。图解的力量使往昔的记忆跃然眼前，这个版面是《中日新闻》与《东京新闻》的一大特色。

周日版大图解的开始便是“海湾情势大地图”，从那时起，大地图的内容就集中在国际视野中，并坚持连载。大图解很快引起了人们的关注，并掀起了一阵阅读狂潮。在海湾战争时期，人们纷纷讨论“在什么地方开战”等，这正体现了读者在一些基本知识方面的欠缺，而大图解正好为此提供了答案，不少读者还将问题寄到报社，大图解针对这些问题予以回答。后来，这份特殊的周日版竟然走进了外务省中央局、地方自治部门的办公室，它们被张贴在墙壁上，成为理解海湾战争的有力助手。在“海湾情势大地图”之后，题为“宗教、民族、石油”的报道成为大图解的新热点，之后还有“联合国、和平、指导者”等图片报道陆续登场。

从大图解问世以来，连续三年获得了新闻协会奖，获奖的原因就是“这些图片新闻与文字报道相得益彰，使新闻的阅读性、资料性、记录性得到了很好的发挥，它是图片新闻的先驱”。

总结“大图解”的成功经验，不难发现《中日新闻》在图片新闻报道方面格外具有优势，报社也曾多次因为图片报道而获奖。

1994 年 4 月 26 日，晚上 8 点 15 分左右，载有 271 名乘客的中华航空客机，在名古屋上空着陆失败，发生爆炸，导致 264 人死亡。爆炸地点正好在名古屋本社附近，当天是周末，摄影记者林泰史先生正好在报社大楼内，他感到头顶一声巨响，下意识地向爆炸声处望去，只见在滚滚浓烟包围之下，大块飞机残骸从窗口落下。林先生没有多加思考，立即决定就地取材，他尽可能靠近滚烫的飞机残骸，并对它们进行了拍照。第二天，《中日新闻》朝刊就大篇幅地刊载了一张关于此次爆炸的独家照片，引起了全国震惊。

仅仅这一张照片，便获得了新闻协会颁发的图片奖。新闻协会表示：“这张在火焰中‘挣扎’的飞机残骸图片给人们强大的压迫感，它是我国图片报道史上独一无二的作品。”而林先生却没有因为这个荣誉而高兴，他说：“这张照片只会让人们陷入痛苦的回忆，看到它就像第二次感受了这场悲剧，因此，我并不因为它而骄傲。”

《中日新闻》在图片新闻方面一直处于领先地位，这不仅取决于摄影记者捕捉瞬间的技巧，还取决于他们独特的色彩感觉。比如，一张刊登在夕刊上的拍摄富士山的照片也获了奖。理由是："此照片是对富士山形象的一个新挑战，它的色彩设计独具匠心，受到大量读者的喜爱，可以说，它为夕刊改革起到了很好的推动作用。"

《中日新闻》在图片报道中的经验与优势，主要有以下两点：第一，记者的灵感与勇气，无论摆在记者们面前的困难多大，他们总是竭力克服，并对每张图片都追求完美。第二，整理、画像、印刷各部门通力合作。只有这样，才能自然而顺利地创造出一幅幅优秀的摄影作品。报社曾经将这些图片集结成册，命名为《富士异彩》，仅一个半月就全部售完。

对国际政局时刻保持高度关注

1. 有准备、有目标地进行政治报道

《中日新闻》是一份拥有高度政治敏感和民族责任感的报纸，面对东欧剧变、东西冷战体制的结束、海湾战争等政治事件，《中日新闻》总是派出一线特派员，迅速前往现场进行独家采访，比如本社社长加藤会长、大岛会长等，他们把世界政局每一个细微的变化都传达给了读者。

《中日新闻》与中国、韩国等亚洲国家保持着非常友好的关系，加藤会长访问中国时，当时的江泽民主席接见了他，随行记者将受到挫折的中国为继续前行所作的努力如实地记录了下来，双方都表示，要为建构冷战结束后新的国际政局作出贡献，加藤会长还代表天皇向中国领导人发出了访问日本的邀请。

加藤会长于1995年去世，在他任职期间，进行了30多次海外访问，其中对中国、韩国的访问达到半数以上，与中韩两国领导人建立了深厚的友谊。报社也专门出版了几部著作：《黄河文明展》、《南京博物院名宝展》、《万里长城友好传承》、《韩国古代文化展》、《日韩亲善职业棒球超级赛》等。

1996年6月，中日新闻社长大岛先生采访了韩国总统，当时距离日本首相桥本龙太郎访问韩国仅三天，《中日新闻》因此在众多世界大报中脱颖而出，被首相选定为全程追踪报道此次访问的唯一报纸，两国首脑均表示："合办世界杯足球赛，将成为构建21世纪日韩关系的新转折点。"其实针对这些问题，《中日新闻》已经在几天前采访过韩国总统，因此它的报道极具前瞻性，被誉为"先行采访"。

《中日新闻》不仅对亚洲政局保持着高度关注，更将触角伸向世界各个角落，伦敦、华盛顿、柏林等欧美的大城市几乎都有其记者站，在华盛

顿还成立了美国总局，特别是近几年，派往国外分局与记者站的记者人数在成倍增长。

2. 推动体育外交的能手

中日新闻社擅长通过开展或支持体育事业促进国际间的友好交流。1987 年，报社创办了《中日体育》，从那时起，喜爱棒球、马术、赛车的人基本都会选择购买《中日新闻》。到今天，这份报纸已经成为日本屈指可数的体育大报，它的发展见证了《中日新闻》在体育事业方面的成就。

1990 年，日本体育事业上最大的盛会“日韩亲善职业棒球超级赛”开赛，首战于 1990 年 11 月 30 日举行。加藤会长与韩国棒球委员会事务总长李容一先生共同主持了开赛仪式，整个棒球超级赛以首场成功举办为开端，顺利进行了六天的比赛，韩国的全明星阵容也让日本球迷大饱眼福，比赛最后以日本四胜两负告终，无论韩国还是日本媒体，都将此次超级赛誉为“日韩两国职业棒球交流史上的里程碑”。

值得一提的是超级赛的第二届比赛，因为第一届的成功举办将两国人民对棒球的热情推向了高潮，日本棒球机构负责人吉国一郎与韩国棒球委员会总裁权宁海签订了两国进行棒球交流的意向书，加藤会长也作为重要成员出席了签订仪式，“意向书”将两国棒球超级比赛的运营权交给了中日新闻社。

第二届超级比赛举办时，韩国来日参赛的运动员人数达到 80 人，同时大量韩国记者也跟随来日进行采访，开赛之前，日韩还与中国台北棒球选手共同召开了“亚洲棒球会议”，本届超级比赛比第一届更为成功，最后的战绩是：日本两胜两负两平。媒体纷纷表示，韩国棒球水平有了质的飞跃，两国体育类报纸的发行量以及电视节目收视率都因此有了不小的提高。

中日新闻社在日韩职业棒球超级赛的前期准备阶段以及比赛过程中，都发挥了重要的作用，《中日体育》更是从主办者的角度，对比赛进行了详细全面的报道，发挥了报社在图片新闻方面的优势，将比赛报道制作为一场视觉的盛宴。同时，《中日新闻》还以此为契机，多方面报道日韩两国的相似性以及共同发展的状况，将棒球比赛与政治交流、民间交往联系在一起，从此项体育盛事举办以来，日韩关系进入了一个新的阶段。

迎接新媒体时代的到来

如何面对新媒体时代的挑战，是最近几年各大报社都在思考的问题。《中日新闻》很早就开始着手发展这个方面的业务，昭和五十六年（1981

年）12月，名古屋本社发出了“如何应对新媒体时代”的呼声，当时的社长大岛宏彦还专门为此议题发表了书面的意见。第二年春天，报社就开始向ユニー以及CATV寻求此方面的帮助，昭和五十八年（1983年），报社终于制定了新媒体方面的发展计划，并在全国发表，引起了人们的关注。

在CATV的帮助下，报社设计出了融合多种媒体、共同推动报业发展的宏伟蓝图。1983年，社内成立了“新媒体联络会”，其中委员10人，干事9人，主要工作是主持卫星放送、通信网络、建立数据库等，大岛委员长针对新媒体的发展问题表示：“我们要谨慎对待所有新的媒介形式，对各个部门进行整合，确保经费支持，决不错失良机。”

1986年，报社本部又进行改组，建立了新媒体委员会（非职制，包括大岛委员在内，一共15人）。大岛委员认为：“此时，新媒体战略正式进入发展的第一阶段。”2月，以商业服务为目的的《中日新闻》报道数据投入使用，以K.PLANET方式进行的中日文字对照新闻开始制作。秋季，又开始了多种文字播放节目的制作。10月，CTS系统完成，电子配文系统投入使用，报社本部利用NHK与CBS的电波，将多种文字信息向两所分社成功发送。至此，以通信自由化闻名的东京、名古屋，成为了全国的信息中心。从第二年开始，相继有九家报社向中日新闻社发出了出资引进其运作方式的邀请。

1987年到1988年，中日新闻社以新闻提供作为基础，迅速向其他领域发展。1988年2月，在岐阜县实现了电话广播专用线的无人化管理，同年7月开始，在三个月的时间内，报社又利用都市型CAT中心卫星电视实现了新闻配信。8月，报社的新媒体局接手了一部分来自名古屋本部编辑局新闻中心的业务，实现了光电新闻配信这一过程。10月，商用的《中日新闻》报道数据库又在CTS系统的控制下，得到了重组和完善。

新媒体发展的速度超乎想象，从1987年开始，名古屋、津、四日市、大垣、高山等地相继建立了新媒体信息的地区分管公司，它们以最快的速度将新闻通过新媒体向本社进行传输。1989年7月，在共同配信的支持下，“中日JBN”开始运作，中日新闻社开始开展更广范围的国际新闻直接配信服务，在第二年夏天的“名古屋设计博览会”上，《中日新闻》利用直接配信服务对这一活动进行了报道，用五种语言同时向全世界传播。

《中日新闻》能够在新媒体发展初期紧跟时代潮流，甚至走到了日本很多大报的前面，说明它具备“科技办报”的理念与敏感性，这一点必将有助于其保持在日本报业的领先地位。

西日本新聞

2007年(平成19年)2月12日 月曜日

2月12日(月曜日)

米副大統領

久間防衛相と会談拒否

政権批判に不快感

6カ国協議

三たび休会の可能性

支援内容で対立

北朝鮮の説得難航

マグロ船転覆 当て逃げか

船体切断 3人不明

宮崎県汚職

前知事 収賄罪で起訴

華やかパレードで開幕

福岡県知事選

民主、稲富氏推薦

《西日本新闻》

第 8 章

《西日本新闻》

“地方视野”做出特色
“菊竹精神”凸显报格

创办时间： 1877 年 3 月 24 日，原名《筑紫新闻》，几易其名，1942 年改为现名

现任社长： 多田昭重

发行量： 朝刊 86.716 万份，晚刊 17.8231 万份，体育报 19.8321 万份

网址： http://www.nishinippon.co.jp/

地址： 福冈市中央区天神 1 丁目 4 番 1 号

- 百年老报《西日本新闻》是跨区域发行的报纸，其发行区域主要集中在九州、山口一带，并且是福冈县唯一的县报。《西日本新闻》与《北海道新闻》、《中日新闻》是日本仅有的三份地域性报纸。《西日本新闻》拥有资本金 3.6 亿日元，截至 2005 年 9 月，拥有员工 902 人。截至 2005 年 1 月，朝刊日发行量为 86.716 万份，晚刊日发行量为 17.8231 万份，体育报日发行 19.8321 万份，发行量位居九州第一。
- 与普通的地方报（县报）和全国发行的大报不同，《西日本新闻》既在全国拥有优秀的从业人员和采访网络，又在地方得到绝对性的支持。可见，跨越中央和地方进行报道，良好地配置地方和中央资源，实现报道内容上的点面结合，是地域性报纸取得成功的一大法宝。

第一节 《西日本新闻》的百年历程

2007 年，《西日本新闻》迎来了创刊 130 周年纪念。在年轻人开始远离印刷媒体的今天，《西日本新闻》一直在努力让人们更喜爱报纸，令人们对《西日本新闻》感觉更亲切。

1877 年，《西日本新闻》的前身《筑紫新闻》创刊。从创刊那天起，它就将“与地区同进步，站在区域的最前沿”作为发展理念，以此为目标，《西日本新闻》立足九州，充分展开采访网络，准确把握社会发展和时代动向，将通俗易懂的信息传达给人们。

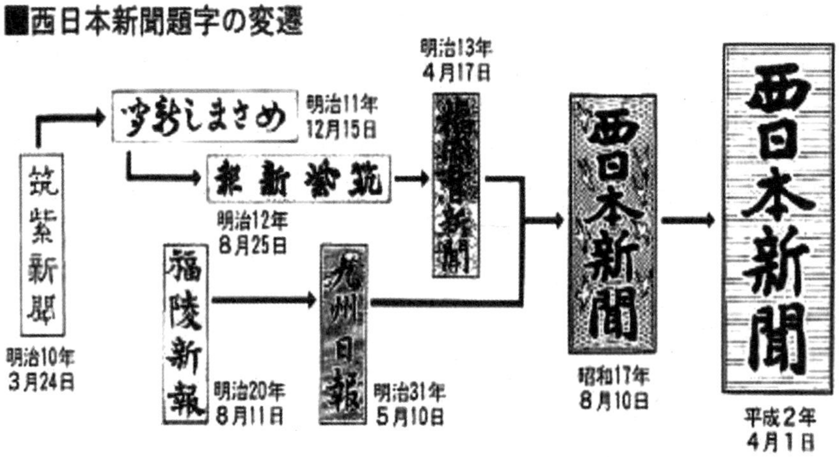

图 8-1 《西日本新闻》发展历程

如今，人们迎来了过去从未经历过的网络社会。这是一个无论何时、何地、何人都可以超越国界、自由地获取各种信息，同时又可以在一定程度上无限制地发送信息的社会。以因特网为象征的 IT 革命极大地改变着我们的生活，随着通信技术的不断发展，人们获取信息的手段也日趋多样化，今天，报纸作为一种媒体正在面临着越来越大的挑战。

《西日本新闻》顺应时代潮流，致力发展基于因特网的内容服务，他们坚信，无论在质上还是在量上，《西日本新闻》的地区性信息决不会输于任何一种媒体。通过报纸网站的主页，他们接受读者的批评意见，也为读者提供订阅服务，通过网络，他们还和读者一起制作更好的报纸版面，等等。100 多年过去了，《西日本新闻》也在不断创新，不断进步。

《西日本新闻》百年大事记

1877 年，明治时期，为了传播西南战争的战况而创办，当时命名为《筑紫新闻》。在当时的报道中还附有两军布阵的地图。西南战争结束后，此刊停止出版。

1878 年 12 月，参与创刊《筑紫新闻》的藤井孙次郎先生面向大众创办了《觉醒新闻》。

1879 年 8 月改名为《筑紫新报》。

1880 年 4 月 17 日，作为福冈县第一份日报改名为《福冈日日新闻》。

1887 年，竞争对手《福陵新报》创刊。

1898 年，《福陵新报》改名为《九州日报》。

1907 年，佐贺县内《佐贺日日新闻》创刊，开始向跨区域的报纸发展。

1909 年，熊本县内《熊本日日新闻》创刊。

1910 年，《佐世保日日新闻》创刊。

1911 年，10 月 24 日发行量突破 10000 份，菊竹六鼓成为主编。

1926 年，模仿正仓院的校仓，建立了新公司。

1929 年，向北九州、山口、朝鲜半岛的读者发送《关门每夕新闻》。

1931 年，和《关门每夕新闻》、《长崎民友新闻》、《佐世保民友新闻》、《日州新闻》、《佐贺日报》、《大分日报》、《鹿儿岛每日新闻》、《熊本日日新闻》一起结成“西日本新闻联盟”，成为盟主。

1932 年，在“五一五”事件中，站在维护宪政的立场上弹劾军部，发表以菊竹主编为代表的评论“促进国民觉醒”，受到军部威胁。

1942 年，响应“一县一报”的政策，8 月 10 日起与《九州日报》合并为《西日本新闻》。

1945 年，原子弹爆炸，战争结束，其他报纸撤离长崎，《西日本新闻》坚守阵地继续报道，最终成为长崎第一大报。

1950 年，《西日本新闻》、《中日本新闻》、《北海道新闻》三社形成联合。

1951 年，和《西铁》合并，《西铁狮子》诞生。

1955 年，《西日本体育》创刊。

1960 年，总社和各总局连成超短波通讯网，扩充专用线路，提高报纸制作水平。

1966年，举办福冈博览会。

1968年，举办第一届西日本美术展。

1975年，“西日本新闻会馆”竣工。

1979年，导入电脑CT系统，设立制作开发总部，迎来了报纸制作的新时代，1985年整个系统建成。

1990年，云仙普贤火山爆发，持续派出大量人员采访。

1994年，11月27日，报纸发行量突破40000份。

1996年，新的制作系统正式运行。采访部门的DW《西日本新闻》和编辑组版末端的NW《西日本新闻》实施。总社网站开通，借助电子媒体成为“通向世界的地域报”。

1997年，创刊120周年，2月建成开发大厦。

1998年，成立“2010年委员会”，各岗位的年轻领袖被确定为“21世纪的理想”，另外，新闻编辑制作系统——“新CT《西日本新闻》”获该年度新闻协会技术奖。

1999年，4月1日，制作中心别馆一号机器委托西印，开始实施新的体制；7月，营业总部、综合计划室开始运行，人事部设立了咨询窗口；还参加了九州国立博物馆早期建设的资金筹集工作。

2000年1月，设立台北支局。8月，在总社中设立国际部，加强亚洲报道；清水社长提出数字化革命的对应措施和向IT时代发展的战略；IT战略推进委员会成立；10月网站改版；巩固立体化信息提供商的发展道路。

2001年6月，清水会长、多田社长体制实施。10月，在福冈市召开报业大会。11月，召开第59届九州竞走大会、第60届西日本文化颁奖仪式。

2002年，创刊125周年。3月和韩国《釜山日报》开始实行记者交换制度。10月将技术部改为系统技术局和媒介局。

2005年，4月，新的轮转机投入运行，随着最先进的轮转6号机的开动，实现了一次性印刷16面彩版的功能。6月，开设博多分局。7月，首次在博多祇园庙祭中提供了花车，进一步强化“贴近地方”的路线。

第二节　人权的《西日本新闻》

作者采访后的合影

西日本新闻社的现任社长多田昭重先生从 1957 年起就进入西日本新闻社工作，笔者在采访他时，他滔滔不绝地与笔者谈起《西日本新闻》走过的历程和近年来的发展。

崔保国：非常感谢您能接受我的采访，《西日本新闻》有 100 多年的历史，您就任社长后，办报方针有什么变化吗？

多田昭重：《西日本新闻》最初在福冈创刊时，福冈地区还没有报纸，居民都苦于信息匮乏。当时正值日本西南战争，为了满足居民们对获取战况的要求，《西日本新闻》的前身《筑紫新闻》草草创刊。在报纸内容上，尽管也有些读者来信、生活信息等，但主要还是关于战况的报道。与全国性的大版政论报纸不同，当时《筑紫新闻》就是小册子样式的信息报道性报纸。

《筑紫新闻》自 1877 年创刊以来，经过了一次次的合并，《西日本新闻》经历了 130 年的发展历程。一直以来，《西日本新闻》都将“与地区同进步，站在地区的最前沿”作为发展理念。

崔保国：在全球化时代的今天，西日本新闻社作为世界一流的报社，有什么样的全球化战略？

多田昭重：今天我们迎来了全球化时代，《西日本新闻》也在积极顺应这一趋势。《西日本新闻》的总部设在福冈市。在日本各列岛中，福冈的自然条件得天独厚，它作为通商口岸，具有 2000 多年的历史，自古以来，这里就是西渡中国大陆的要冲，也是日本与亚洲各国经济文化交流的窗口。发端于广州的海上丝绸之路，其环海东行的第一站便是博多——福冈的前身。福冈是最靠近中国的日本城市，因其地利之故，福冈在中日交往中发挥了极其重要的作用，城市里许多地方仍可以触到中日交往的历史脉搏。100 多年前，以广州为中心的南粤和福冈所在的九州，从历史上的南蛮之地一跃成为孕育新思想的热土。带水两侧的志士仁人隔海呼应，孙中山先生更是数渡扶桑，寻求支持，其间，与福冈政治领袖进腾嘉平太先生结下了深厚友谊。

《西日本新闻》在东京、大阪、北九州设有分社，在福冈县、佐贺县、长崎县、熊本县、大分县、鹿儿岛县、宫崎县、山口县等设有总局、分局、记者站。为了进行国际采访，我们派遣了大量记者到世界上的重要国家及地区，源源不断地将消息和评论发送到福冈本社来。在华盛顿、巴黎、北京、首尔、曼谷、台北，我们都设立有海外分局。我们还与许多国际上知名的新闻机构签订了交换重要新闻的协议。包括新华社、美联社、路透社、德新社、塔斯社、合众社等。我们和中国的人民日报社也保持着合作与联系。

崔保国：日本在培养年轻一代养成读报的习惯方面下了很大的工夫，并且从娃娃抓起。现在各国的报业也都非常重视这件事，国际报业正在推行一项活动叫“NIE (Newspaper in Education) 计划”，请问您对此怎么看？

多田昭重：在日本，报业的同仁们也都意识到了这一问题的重要性，非常重视“Newspaper in Education”活动。日本年轻人现在变得不关心国家和国际大事，渐渐远离印刷媒体、远离报纸。从前人们的习惯是早上一起床，一边吃早餐，一边读报纸，学校也常常把报纸当作教材来使用。现在却大不相同了，学校里报纸越来越少。所以我们支持全国的 400 所学校(约为总体的 1%)把报纸当作教材来使用。

《西日本新闻》2004 年迎来了创刊 126 周年的纪念。在年轻人远离印刷媒体、远离报纸的今天，我们《西日本新闻》一直在努力，让人们更喜爱报纸，令人们对《西日本新闻》感觉更亲切。

崔保国：在传播制度方面，日本关于报纸和新闻的法规对新闻自由有什么影响吗？

多田昭重：《西日本新闻》的一大特色就是“人权的《西日本新闻》”，因为日本没有与报纸直接相关的法律法规，我们可以自由地报道。《西日本新闻》开始在人权报道上下力气，最初是在 1977 年担任大分总局的稻积谦次郎时期，以他为首大力报道了被歧视部落的状况。

值得一提的是，菊竹淳在“五一五事件”暗杀犬养首相中批评军部，这在日本言论史上留下了不朽的光辉。战后《西日本新闻》继承了“菊竹精神”，克服重重险阻对邪恶势力提出挑战，大大提高了名声。《西日本新闻》编辑纲领的第一条就是宣誓继承“遵守言论自由和独立公正报道，尊重事实”的菊竹精神。

崔保国：现在中国的一些地方报纸打起了价格战，在发行方面往往都是亏损的。在报业经营方面，您认为日本报业有哪些经验可供借鉴?

多田昭重：对于报社来说，主要的收入来自发行和广告。国外许多报纸对广告的依存度较高，广告收入占报纸总收入的比例达到70%—80%。而日本报纸的广告收入一般只占总收入的40%左右，50%以上的收入来自发行，特别是订阅收入，这一块收入相对稳定，日本一般报纸的订阅率都高达90%以上，因而日本报纸的经营情况非常稳定。

崔保国：现在进入了数字化时代，《西日本新闻》在网络、新媒体等方面有哪些拓展?

多田昭重：如今报业迎来了多媒体时代的考验。西日本新闻社的CI中确立了“我们的九州——《西日本新闻》走在地域的最前沿”的理念。即使是在多媒体时代，信息的核心仍是内容，说起内容制作，就没有比报纸这样的组织更加得心应手的了。我们的媒体开发局进行了电子媒介调查研究，不断充实《西日本新闻》的网站主页。

第三节 《西日本新闻》的运营

一、与业务发展相匹配的组织结构

西日本新闻社总部设在福冈，此外，各地还有分社和支局，主要包括：

分社：东京、大阪、北九州。

海外支局：华盛顿、巴黎、中国总局（北京）、中国台北、首尔、曼谷。

总社直辖支局：福冈东、福冈西、福冈南、柏屋、筑紫、宗像、前原、甘木。

福冈县内：筑丰总局（支局两个）、久留米总局。

佐贺县内：佐贺总局。

长崎县内：长崎总局（支局、通讯部数九个）。

熊本县内：熊本总局（支局数七个）。

大分县内：大分总局（支局、通讯部数七个）。

鹿儿岛县内：鹿儿岛总局（支局、通讯部数三个）。
宫崎县内：宫崎总局（支局数两个）。
山口县内：山口支局、下关支局。
冲绳县内：那霸支局。

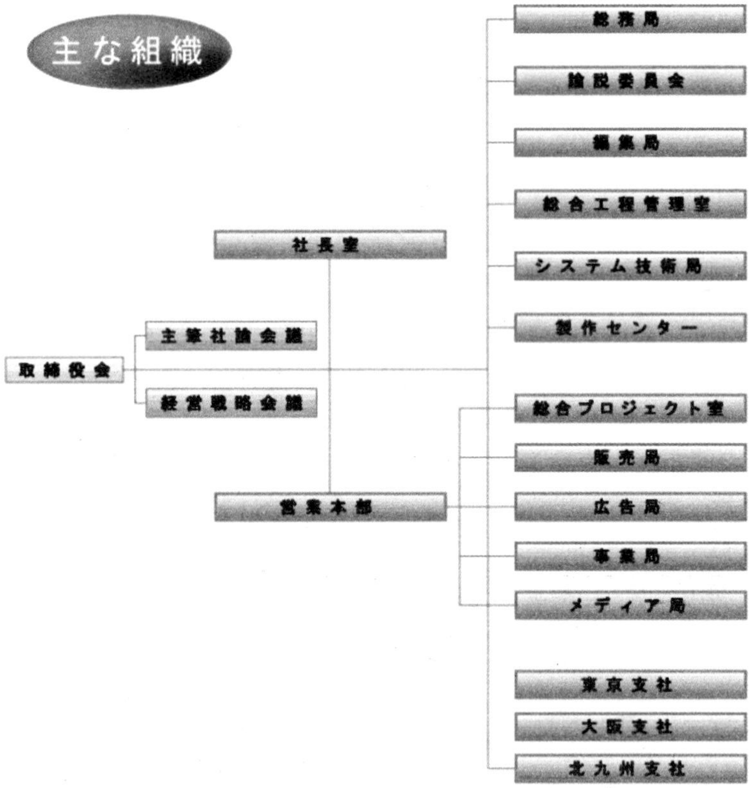

图 8-2　西日本新闻社组织结构图

社长室

承担制定报社经营计划、编制预算等职能，决策机构为经营企划委员会。财务部、关联事业部、秘书处等也属该部门管辖。

总务局

是和员工利益密切相关的部门，承担考核、录用、人事调动等职能。此外，还包括总务部，医务所等。

编辑部

总社的采访部门，包括地域报道中心（负责报道九州的政治、行政事务、选举报道等）、社会部(报道社会热点事件、事故、教育、环境、医疗等和社会生活相关的事物)、国际、经济、体育、摄影等各部。

编辑中心也属该部门管辖，主要职责是对消息的新闻性做出判断、决定版面的划分等。

总支局加上国外的采访队伍，一共大约有 500 人。

营业总部

包括发行、广告、事业、媒介四个部门。主要职责是开发更好、更新的产品和服务，实行立体的推广战略。

各部门的具体职责如下：

发行局（销售局）

报社主要经营部门之一。提起发行局，恐怕大家脑子里跳出的就是“挨家挨户访问、推销《西日本新闻》”的画面，实际上，发行局的工作并非如此。其主要任务是组建报纸贩卖店，并对管理区域的报纸销售店和营业人员进行指导和培训。贩卖店是报纸的发行点，同时也是西日本新闻社和当地的接点，怎样培养这样一支力量，对发行局来说是至关重要的工作。发行局与一线的报纸销售店和营业人员一起，构成一个“三位一体”的体系，不断扩展《西日本新闻》的订户和读者，这才是发行局工作人员的职责。发行局工作人员有时还是所管辖发行区域内的指挥官，以及报纸销售店、营业人员的咨询顾问。同时，他们也需要听取一线营业人员的建议和他们所反馈的第一手的市场信息。

广告局

拥有九州地区最大发行量的《西日本新闻》，“信任这份报纸”的品牌力量是广告经营最重要的要素。近年来，投放在纸媒体以外的其他媒体上的广告不断增加，《西日本新闻》也利用网络在广告开发方面注入了新的力量。广告局和代理店的交易基本上运用“EDI”的网络管理。

采访《西日本新闻》的发行局次长松永荣一先生

事业局

事业局也是报社重要的营业部门之一。通过开展文化、体育等方面的活动，在为地域发展作贡献的同时，也提升报纸的品牌影响力、开拓新的收入来源。除了主办过世界最大的站传——“九州一周站传”、高中柔道比赛(日本第一剑道的金鹫旗)以外，还开展过市民马拉松比赛、少年棒球、足球等各种地区性的活动。另外，《西日本新闻》还和国内外知名美术馆一起合办过美术展，开展了从古典音乐到流行歌唱比赛等各种音乐活动。

对九州各地的烟花大会和节日进行支持，也是事业局的重要工作之一。事业局下属的出版部门还随时出版以地域为背景的书和摄影作品集等，也提供普通民众的自费出版服务。

媒介企划部

是建构《西日本新闻》的IT战略、推进集团发展的部门。作为21世纪九州最大的媒介研究机构，对于开发怎样的内容、采用什么系统发展战略等提出建议。在网络时代，知识管理和思维的软力量也是非常重要的。

媒介局

媒介局是实践《西日本新闻》所提倡出“推进立体化的情报媒介集团”战略的科技集团。其主要职能分为三个方面：（1）创建西日本新闻社的IT战略，成为总部和媒介集团发展的引擎；（2）构建实施IT战略的团队；（3）借助九州最大媒介的力量，为九州地区数字化发展建言建议。具体可分为如下部门：

数码编辑部

受理媒介企划部已经立案的IT战略，制作各种各样的数码内容，发送给实施部门。拥有最大的平台——九州门户网（《西日本新闻》的网站）。具备IT技术和网络技能，是迅速、准确地收集情报的采访力量。

系统技术局

主要负责报纸制作和社内业务开发的技术部门，担当着网络系统建构的任务，也就是西日本新闻社的技术部门，同时也是情报系统部、系统技术局的运行管理部。

综合工程管理室

提高报纸时效，进行流程控制的报纸制作管理部门，分为工程管理和排版管理两个组。

制作中心

是制作“报纸”流程的最后部门。有六台大型的轮转机，从印刷、包装到各地区的配送都由计算机控制完成。

二、立体化的发展战略

西日本新闻社也是一个多媒体集团，拥有西日本电视、西日本新闻印刷、西日本新闻会馆、福冈国际大厦、西日本家庭乐园、西日本新闻广告社、西日本生命新闻社、西日本新闻中心、西日本新闻旅行社、西日本新闻展会服务、西日本新闻福冈插页广告中心、西日本新闻开发大厦、若宫培训中心、西日本新闻福冈广告社等多家企业。

作者采访《西日本新闻》的编辑局长郡田弘先生

在文化方面，拥有西日本妇女文化圈、TNC 西日本文化圈、西日本新闻 TNC 宗像文化圈、西日本文化圈北九州教室、西日本文化圈佐贺教室、KTN 西日本新闻文化圈、TKU 西日本新闻文化圈、麻生西日本新闻 TNC 文化圈、西日本新闻文化圈大分等 10 家企业。

目前，以“综合媒体企业”为目标的西日本新闻社，还设立了处理数字信息、提供以网络、手机短信等新形式提供信息服务的数字编辑部。其主要业务是利用《西日本新闻》的网站提供新闻信息，并对报道的数据库进行运营等与网络相关的业务。为提高新闻报道的时效性，构筑了报道自动发送系统。还面向宽带运用，采用了编辑图像的新技术，面向新 WEB 系统，开发了新的程序。

三、地域报的独特视野

跨区域发行的报纸的优势在于，一方面在全国拥有强大的采访网络，另一方面在地方上也能得到最大的支持。例如，《西日本新闻》的东京分社在首相官邸、国会、在野党、霞关（中央部委）、日银、商界等日本的政治经济中心都有记者，能够向读者传递有关国际政治、经济的最新动向。与此同时，与全国五大报纸不同，《西日本新闻》还具有“地方视野”。例如，地方如何对小泉纯一郎推行的机构改革进行抵制等。地方报纸的优势，就在于能够结合中央和地方的不同状况，进行独家报道。

如日本著名的嘉娜宝公司在推进机构重组之时，山口县的工厂不可避免地面临被出售、清算的问题。当地的市长向嘉娜宝总部请求保留工厂，说到“影响不可估量”时，在记者面前哽咽起来，泪流满面。从东京、全国的角度来看，这是一个不起眼的工厂，然而对当地来说，却是非常重要的劳动力解决场所，是振兴地方经济的支柱。想到市长的泪水，记者在报道里写道，在总部经济合理性的名义下，由于亏损而被割舍的地方的“现实”。

所谓编辑工作是什么？如果将报道比作“教科书”，那么编辑可以被称作“教师”，将新闻的要点整理清楚，写在黑板上，那就是“报纸”，向社会传达：“嗨，读者们，注意这儿！”通过文字、照片等形式来传达什么是重要的信息，因此，发现“什么是重要的”，并且在有限的时间内将其言简意赅地表达出来，刊登在报纸上，这就是编辑应当具备的素质和能力。

四、报社编辑部与“菊竹精神”

《西日本新闻》曾经报道孙中山的二次革命、蒋介石国民政府的成立、抗日战争等重大新闻。其中菊竹淳在“五一五事件”暗杀犬养首相中对军部提出了直言不讳的批评，这在日本新闻史上留下了不朽的光辉。战后，西日本新闻社继承了“菊竹精神”，坚持独立、自由的报道，大大提高了名声。

菊竹淳

在“战争的世纪”——20 世纪，为了捍卫人权和民主，在为报道自由做出贡献的世界百人中，有一位敢于在“五一五事件”中批判军队的评论家，那就是《福冈日日新闻》(《西日本新闻》的前身）的主编菊竹淳。菊竹淳笔名六皷，出生在福冈县浮羽郡吉井町。东京专门学校（现在的早稻田大学）政治系毕业。昭和十二年（1937 年）7 月在中日战争扩大的忧虑中与世长辞，享年 57 岁。他的名字被刻在东京千鸟之渊公园的新闻人物功勋碑上，在故乡福冈有六皷纪念馆。在《西日本新闻》编辑纲领的第一条，就记录着要继承“坚持言论自由和独立公正的报道，尊重事实”的六皷精神。

“五一五事件”发生在 1932 年 5 月 15 日傍晚。海军将校和路军士官候补生们一起冲进首相官邸，犬养毅首相试图在客厅制止暴力行动，并对他们说“我解释，你们就明白了”。可是在“少废话，开枪”的声音中，老首相被击中。别动队还向内相官邸和警察厅投掷了手榴弹，右翼结社的一个部队袭击了发电站。“五一五事件”后，日本政党内阁制结束，取而代之的是军国主义，接着进入了太平洋战争阶段。

针对“五一五事件”，《福冈日日新闻》第二天在晚刊上紧急刊登了主编菊竹淳的评论。《击毙杀害首相的凶手》一文追悼了犬养首相，并表示在当时情况下，他是合适的政治改革人选，文章明确表示："残害政治家，并非他们真正渴望政治改革，而是为了达到自己的政治野心而采取的行动罢了。"第三天，《福冈日日新闻》又在朝刊上刊登了《敢于促进国民觉醒》一文："陆海军将校们组织部队进行行凶刺杀，这无异于一种虐杀行为，虐杀是革命的预备运动，"明确向公众阐述了军人介入政治武力斗争的危险。菊竹淳对军队的暴行进行了强烈反击，发表了《国民的政治的进路是立宪代议政体》等文章。

这些需要莫大勇气的论说让人们大开眼界，大受鼓舞，却激怒了军部，报社和菊竹淳受到了久留米师团和福冈连队区司令部的多次威胁，他们要求取消评论，称他是"冒充爱国者"、"诬蔑天皇的军队"。然而菊竹并没有就此屈服，他在 19 日还发表了评论《骚扰事件和舆论》。文章刊登后，他整理衣服，昂首阔步地走出报社。福冈日日新闻社馆，也就是现在的西日本新闻报社的上空飞来了飞机编队，"真的轰炸你"的电话也打了进来，但菊竹与《福冈日日新闻》一步也不退让，在 21 日又发表了评论《宪政的价值》，对日本独裁军国主义进行了强烈抨击。在日本国内报纸害怕军队的时期，这几篇评论是日本报业评论史上最值得敬佩的论述。

在菊竹的故乡福冈县，一份介绍菊竹不朽事迹和伟大精神的《淳风六鼓》创刊了。为了让故乡的人们更详细地了解菊竹淳，该期刊每月发行一次，A3 大小，题头为菊竹的名字"淳"，创刊号上刊登了菊竹被评为"创造历史报道的巨人"的消息，菊竹所写的评论和日记等遗物也被一一介绍。

《西日本新闻》的员工们今天仍然以"菊竹精神"为纲领，从事着新闻报道工作。

神戸新聞
夕刊
2007年（平成19年）2月10日 土曜日
湯沸かし器CO中毒
他メーカーでも死者
経産省公表せず
00年以降2人
水鳥、4割の群れで減少
アジア最も深刻
名門復活へ
相撲部
ブログ大作戦
4人の小所帯で魅力発信

《神户新闻》

第 9 章

《神户新闻》

公正、民主、客观
三次“死而复生”

创办时间： 1898 年
发行量： 日报 56 万份，晚报 26 万份，合计 82 万份
网址： http://www.kobe-np.co.jp/
地址： 神户市中央区东川崎町 1-5-7
电话： 078-362-7100

- 目前，《神户新闻》日报发行量达到 56 万份，晚报发行量约为 26 万份。在神户地区和姬路播州工业带地区，《神户新闻》的发行量相当大，不仅如此，在日本五大全国性报纸“一统天下”的情势下，《神户新闻》在这两个主要发行区域内打败了《朝日新闻》、《读卖新闻》、《每日新闻》等全国大报，而雄踞当地报纸发行量的榜首，并且领先优势非常明显。
- 但目前发展态势良好的《神户新闻》，在历史上却曾经遭受过三次重大的打击，几乎面临闭门歇业的危险。在神户新闻社全体员工的共同努力和社会各界的帮助下，《神户新闻》终于一次又一次地爬起来，而且报纸的发行量越来越大。究竟是一股怎样的力量和勇气促使神户新闻社几次“死而复生”呢?

第一节 “晚报旋风”

《神户新闻》是日本兵库县的一份地方县报，创办于1898年（明治三十一年），是当时的川崎造船（现在的川崎重工）的社长松方幸次郎，为了帮助他父亲（也就是当时的首相松方正义）抵抗反对派的言论攻击而设立的。

当时的很多县报都是因为政治原因而创办的，《神户新闻》创办至今已有100多年的历史，它本是日本兵库县神户市的一份小报，1918年，《神户新闻》因为“米骚动”这一大灾难，几乎被烧毁殆尽，后来，在各地方财团和广告主的支持下才得以复刊。但就是以此为契机，《神户新闻》摆脱了松方家族的控制，成为一家股份制的报业公司。

“二战”期间，日本政府对报纸实行合并和整顿，除了大城市以外，在其他地区一律实行“一县一报”的政策。《神户新闻七十年》一书中有这样的记载：“兵库县开始实行对报纸的整顿合并时，共有保证金或无保证金的日报、周报和旬报808家，由于各报都无自动停刊的意向，于是在兵库县警察部特高课的指导下，开始对报纸实行整顿、停刊和合并，被认为在新体制下没有生存价值的报纸被合并或者勒令停刊，剩下的只有在当地能起到所谓指导启发作用的地方日报。”这样，兵库县神户市的《神户新闻》、姬路的《中国民报》、柏原的《丹波新闻》、淡路的《淡路新闻》、城崎的《但马日日新闻》首先吸收合并了各所在地的许多小报，最后于1942年一起合并到《神户新闻》中。战时开始实行的这种“一县一报”政策，导致在各县都出现了设有当地发行所的县报，

并且在四五年内取得了人才、组织、采访网络、销售渠道，品牌声誉等方面的垄断地位。再加上战时日本政府各种支持县报的措施，使得县报的垄断地位已经不可动摇。1946 年 11 月 3 日，《神户新闻》首先发售以普通市民为读者对象的晚报，引发了各地方报创办晚报的浪潮，被称为“晚报旋风”。所有参加竞争的晚报均以色情、轰动性的新闻报道为“重磅炸弹”招揽读者。这一时期的日本晚报就像欧美国家的“便士报”时期那样，进入了一个疯狂的逐利阶段。[①]

第二节　地方报也搞地方版

总体来说，《神户新闻》主要的发行区域集中在兵库县境内的阪神工业带和播磨工业带地区，日报发行量达到 56 万份，晚报发行量约为 26 万份。

兵库县是日本重要的产业和文化重县，对日本的工业，尤其是重工业以及文化产业有着重要的影响，而且拥有日本国内数一数二的工商业地区——阪神工业带。兵库县自然环境非常良好，农林水产业都相当发达，在信息、医疗、学术研究等方面都取得了不错的发展，整个地区的社会发展比较迅速。《神户新闻》能够在如此广阔的产业地区和充满活力的兵库县保持巨大的发行量，可以说主要是仰仗当地读者对《神户新闻》的高度信赖。

由于兵库县自然风土人情非常丰富，各个地区人民的生活习惯和生活方式也不尽相同，整个县被神户和阪神、播磨、丹波、但马、淡路等分隔为“五国”，这种多样性可以说是一个“日本的缩影”。为了更好更全面地

① 参见李磊著：《外国新闻史教程》，中国广播电视出版社，2001年 5 月。

报道能够覆盖这些地区的新闻信息，使报道更能被各地区的读者所接受，《神户新闻》把报纸版面一共分为五类地区版，第一类地区版覆盖 12 个市，第二类地区版覆盖更广阔一点的区域，第三、第四、第五类版面覆盖了全县，这样一共五类 23 个版，这种版面设置方式在地方报纸中应该说是分类比较多的。具体内容如下：

表 9-1　　各版面覆盖区域分布表

版面	覆盖区域
第一地域版	神户、三木、三田、阪神、明石、淡路、东播、北播、姬路、西播、丹波和但马
第二地域版	神户圈附近、都市圈附近、淡路圈附近、播磨圈附近、北播圈附近、但马圈附近
第三地域版	评论（全县版）
第四地域版	地域综合（兵库、东京、大阪等地的重要新闻）
第五地域版	兵库县的新闻

由于《神户新闻》注意根据各地域的不同来选择报道不同的信息，因此受到了各地读者的喜爱，一直在各地区保持着较高的发行量和读者信任度。我们先来看一下《神户新闻》不同版分别在各个市的发行量：

表 9-2　　各版面发行量统计表

地区	发行量（份）	地区	发行量
神户版	209967	东播版	56802
三木版	11386	北播版	33146
三田版	7637	姬路版	80895
阪神版	15174	西播版	37930
明石版	47119	丹波版	18550
淡路版	16860	但马版	21822

由上表可见，《神户新闻》在神户地区和姬路和播州工业带地区发行量是相当大的，这两个商业圈是《神户新闻》的发行重地。不仅如此，在日本五大全国性报纸“一统天下”的情势下，《神户新闻》在这两个主要发行区域内打败了《朝日新闻》、《读卖新闻》、《每日新闻》等全国大报而雄踞当地报纸发行量的榜首，并且领先优势非常明显。以神户市、神户近郊地区及姬路和播州工业带地区为例：

表 9-3 神户市和神户近郊工业地区的各报发行量

报纸名称	发行量（份）	所占比例
《神户新闻》	263080	35.7%
《朝日新闻》	167175	22.7%
《读卖新闻》	160518	21.8%
《每日新闻》	74266	10.1%
《日经新闻》	46897	6.4%
《产经新闻》	25057	3.4%

（根据日本 ABC 协会 2004 年 4 月提供资料）[①]

表 9-4 姬路和播州工业带的各报发行量

报纸名称	发行量（份）	所占比例
《神户新闻》	209397	37.8%
《读卖新闻》	146589	26.5%
《朝日新闻》	111476	20.1%
《每日新闻》	44715	8.1%
《日经新闻》	22174	4.0%
《产经新闻》	19491	3.5%

（根据日本 ABC 协会 2004 年 4 月提供资料）

第三节 《神户新闻》的办报特色

《神户新闻》的办报理念是“作为新闻人，我们应该对地方的社会整体发展和福利事业建设作出应有的贡献”[②]。作为一家地方报纸，以扎根当地为主要目标是一个非常正确的策略，但在此基础上，也必须具备崇高的理想。《神户新闻》在实践中一直坚持此原则，除了在新闻业务方面努力提高自己的整体实力以外，在自身特色的建设方面也不遗余力。

公正、民主而客观的社论是《神户新闻》的一大特色。这一点在“二

① 日本 ABC 协会 2004 年上半年报告。

② 〔日〕《日本新闻年鉴 2003—2004》，日本新闻协会、电通株式会社出版，2004 年。

战”时期得到了很好的体现。当时，日本的明治政府颁布了《新闻纸条令》，一方面要求各个“对战争无用的”地方报纸实行停刊和合并，另一方面也要求合并后的报纸要统一言论，支持政府的政策，成为政府的“喉舌”和宣传工具。虽然《神户新闻》没有被停刊，而且还合并了许多地方报纸，但《神户新闻》的社论并不听从于政府的“指导”和“规定”，而是坚持公正、客观的立场，对官僚的蛮横粗暴以及他们的独裁主义进行批判。当时撰写《神户新闻》社论的“论说部”部长在县特高科的压力下被解职，而在1930年11月的天皇诞生日那天，由于《神户新闻》没有发表关于日本皇室繁荣的社论，编辑部的部长也被迫辞职。在此期间，《神户新闻》也因此受到禁止发行的处分。但是《神户新闻》的这一优良传统并没有因此遭到破坏，在“阪神大地震”的灾后报道中，《神户新闻》还是坚持其一贯的公正、客观原则，对政府的很多不负责任的行为和盲目的重建政策进行了批判。《神户新闻》的这种传统一直延续到现在，表现了一份报纸应有的责任感，这也是《神户新闻》深受读者喜欢的原因之一。

自由、完美的表现力是《神户新闻》追求的风格，“对所有的新闻来说，自由的表现和设计才是最好的表达方式。”[①]《神户新闻》一直都保持着充分活用新闻广告的特性，采用最适当、最合适的设计和提案，来把自己和读者以及广告主紧密地联系在一起。利用最新的印刷设备，《神户新闻》可以印刷32页，并且有能力印刷12面彩页，而且还可以把两页新闻纸做成可以连起来打开的彩页，比一般普通版面的彩页要大一倍。

《神户新闻》最有特色的一点可能就是在广告策划和设计方面可谓淋漓尽致地发挥了创造力，给读者耳目一新之感。在《神户新闻》的晚报中夹有一些折页广告，这些广告受关注的程度非常高，要比一般登在普通版面上的广告宣传效果要好。《神户新闻》作为一份地方报纸，自然很注重刊登那些和当地读者相关的广告服务信息，同时也更为注重吸引当地的广告主，因此开辟了富有特色的地区广告版，这个版面主要刊登兵库县全县境内的和读者密切相关的广告，当然也涉及一些读者希望看到的区域广告。这种广告战略是相当成功的，因为《神户新闻》作为一份在当地发行量占绝对优势的地方报纸，读者对它的信赖程度很高，因此对它的广告的信赖度和需求度也相当高，这同一般的地方小报还是有差别的。《神户新闻》正是瞄准了这一点，抓住读者的心理和实际需求，在区域广告方面做得非常好。《神户新闻》另一个做得很有特色的广告版面是“求人广告”，也就是招聘广告，每年三次全面刊登“神户就职新闻、转职特集”，专门

① 《〈神户新闻〉报社媒体手册》，2004年。

刊登各种就职和转职的信息，成为兵库县境内刊登此类广告最多、力度最大的媒体，对兵库县境内的人才交换和流动作出了很大的贡献。

第四节　文化事业和多媒体形态

神户新闻社经常举行关于如何提高各部门的效率和技能的专题研讨会和演讲会，并且利用先进的编辑制作系统把这些讨论和演讲做成PR特集，进行多方面的信息传播，而且还经常把新闻和这些富有特色的PR集互相组合来进行刊登，由此大大提高和完善了神户新闻社的文化事业建设。

在当地非常著名也是办得比较好的是“《神户新闻》电影首映式”，也就是“电影鉴赏会”。每年，神户新闻社都会在其他一些公司的协助下举办“《神户新闻》电影首映式”，邀请许多读者和知名人士来参加，向读者免费派发一些资料，让读者和名人进行面对面的交流和讨论，同时进行一些相关的广告宣传等。这些活动很受欢迎，许多读者都踊跃参加。这些活动不仅对其赞助公司的PR和销售活动起到很好的作用，而且也在当地的读者中间扩大了《神户新闻》的影响力，树立了良好的公众形象。

《神户新闻》WEBNEWS（神户新闻主页）自1995年创办以来，作为兵库县的一个“展览口”，浏览人数一直呈上升趋势，曾经达到月网站浏览数超过450万的好成绩，而在2003年7月到12月之间，《神户新闻》主页浏览的平均人数也达到60万，《神户新闻》的网站成为解兵库县的一个重要“窗口”。现在，借助于网络技术的发展以及电子新闻网站的建立，《神户新闻》的影响力也更为扩大。

第五节　三次“死而复生”

《神户新闻》在历史上曾经遭受过三次重大的打击，几乎面临闭门歇业的危险，但在神户新闻社全体员工的共同努力和社会各界的帮助下，终于一次又一次地爬起来，而且报纸的发行量越来越好。究竟是一股怎样的力量和勇气促使神户新闻社三次“死而复生”呢？下面我们就来回顾一下这三次在神户新闻史上最惨烈也是最精彩的事件吧。

《神户新闻》所遭受的第一次比较大的打击是1918年发生的一起“米骚动”事件。当时，神户新闻社的社长和铃木商店的老板关系非常好，因而神户新闻社在创建的时候就选择了铃木商店旁边的一块地。不料，一群暴徒烧毁了神户新闻社旁边的铃木商店，随后带着木棍闯入了神户新闻社一层的印刷和发行部进行捣乱，并纵火烧毁了当时囤积在那里的很多新闻纸和其他设备，火势迅猛，没有办法得到控制，最后把神户新闻社地上的整个三层建筑都烧毁了，只留有地下一层幸免于难，并且火势还蔓延开来，烧毁了附近的九家民居住宅。暴徒纵火的原因据说是因为对铃木商店不满，在纵火烧铃木商店的时候，神户新闻社的很多社员帮助救火，因而引起了暴徒的不满，不过这种说法尚待查证。经过这次火灾，神户新闻社遭受了惨重的损失，被迫停刊了一段时间，但是由于《神户新闻》在当地已经小有名气，而且颇受读者的欢迎，于是在当地几家经济实力雄厚的财团和几个大广告主的支持下进行了重建，并且很快恢复了运行。神户新闻社由此摆脱了松方家族的控制，逐渐走上了股份制公司的道路，从一份政党性的地方报纸逐渐转变为一份市场化的商业报纸。

第二次比较大的打击是在1945年3月17日，日本遭受美国空军的“神户空袭”。虽然在1942年时，由于日本政府战时的合并政策让神户新闻社在神户一带基本取得了垄断地位，发行量和规模都得到了极大的发展，但在那次“神户空袭”中，美军空投的燃烧弹把整个神户新闻社都烧毁了，神户新闻社几十年的努力和建设几乎毁坏殆尽，丧失了印刷和发行报纸的能力。但是，“新闻报纸是一天都不能停刊的”，神户新闻社为了避免停刊的尴尬境地，和大阪的朝日新闻社联系，请求朝日新闻社帮助他们进行印刷，几经辛苦终于实现了避免停刊的愿望。

第三次打击也是最为惨烈的一次，是1995年日本发生的“阪神大地震”。这次地震不仅让日本遭受了巨大的损失和人员伤亡，对神户新闻社来说也是一次大灾难。神户新闻社整个建筑和用于新闻制作的电脑系统都处于极其严重的毁坏状态，但《神户新闻》在京都新闻社的协助下，在当天的晚报上还是坚持全幅刊登了地震情况，并在地震后的重建期间实行“非常体制”，和京都新闻社合作，一边建设一边坚持报道地震的各种情况和信息，并且发表社论，要求政府及时向市民公开各种和地震相关的信息，反对进行信息封锁。《神户新闻》报道灾民的切身体会和感受，做受灾人民的代言人，并对政府随后的盲目和混乱的重建计划提出了种种质疑和反对，要求政府重视人民的意愿，在福利设施建设方面投入更多的精力。①这些言论得到了广大读者的赞同和支持，而神户新闻社的全体工作人员也团结在一起，在地震之后全力以赴地工作。虽然幸运的是神户新闻社的职工没有在地震中有所伤亡，但是很多员工的家属都在这次地震中丧生了，当时的评论委员会会长三木康弘、编辑部社会部的部长桥田光雄等人都在地震中失去了至亲，但他们还是坚持工作，没有请一天假。桥田光雄在得知母亲被压死的时候，由于身负重责，都没有时间去探望母亲的遗体。正是这种极其强烈的职业责任感，让《神户新闻》在读者和民众中间树立起了极大的威信，获得了读者的好感和尊敬。

经过神户新闻社锲而不舍的努力和顽强的奋斗，《神户新闻》的发行量在震后得到了奇迹般的恢复，令人刮目相看。

作为全县境内唯一一家拥有100多年历史和良好业绩的地方报纸，《神户新闻》每天都在政治、经济、文化、体育等领域向读者提供范围广阔而又详尽的新闻信息，尤其是当地的新闻信息，当地的读者之中有“没有什么兵库县的新闻是《神户新闻》没有报道的”一说。《神户新闻》在当地受信赖的程度之高是令人难以想象的，而且《神户新闻》还与从北海道到冲绳的各地地方报纸一起进行新闻的交流和互换，对于兵库县外的广大读者来说，《神户新闻》已经成为了解兵库县整体情况的一个重要的信息源。

① 〔日〕镰田慧：《地方报研究》，东京潮出版社，2002年3月。

河北新報

平成17年(2005年)9月12日(月曜日)

自民大勝 296議席

与党320超「郵政」信任

民主惨敗 岡田氏辞意

公明3減、連立は維持

衆院の新勢力

自民 296　公明 31　自公 327　非自公 153　民主 113　9　7　4　19　1　造反 17

(定数480)

宮城の小選挙区開票結果

【1区】			
当 117,236	土井　亨	自前	
比 115,264	郡　和子	民前	
15,470	角野　達也	共新	
【2区】			
当 130,257	秋葉　賢也	自前	
98,645	門間由記子	民新	
17,906	五島　平	共新	
【3区】			
当 98,259	西村　明宏	自前	
78,503	橋本　清仁	民前	
11,256	高橋　光二	共新	
【4区】			
当 114,245	伊藤信太郎	自前	
78,677	石山　敬貴	民新	
16,584	高橋　卓也	共新	
【5区】			
当 78,205	安住　淳	民前	
68,485	斎藤　正美	自新	
7,691	高野　博	共新	
【6区】			
当 100,359	小野寺五典	自前	
比 49,263	菅野　哲雄	社前	
8,354	近江　寿	共新	

1区 土井氏　2区 秋葉氏　3区 西村氏　4区 伊藤氏　5区 安住氏　6区 小野寺氏

宮城小選挙区 自民5、民主1

東北小選挙区 自民17 民主7

東北の比例代表開票結果

自民 玉沢氏、民主 郡氏、社民 菅野氏

党派別当選者数

	合計	公示前	小選挙区	比例代表	前	元	新
自民	296	212	219	77	137	16	83
民主	113	177	52	61	95	4	[illegible]
公明	31	34	8	23	29	0	2
共産	9	9	0	9	[illegible]	[illegible]	[illegible]
社民	7	5	1	6	[illegible]	[illegible]	[illegible]
国民新	4	4	2	2	[illegible]	[illegible]	[illegible]
日本	1	3	0	1	[illegible]	[illegible]	[illegible]
大地	1	0	0	1	[illegible]	[illegible]	[illegible]
諸派	0		0	―	0	0	0
無所属	18	32 (30)	18 (13)	―	14 (13)	3	1
計	480	477	300	180	350	28	102

河北春秋

《河北新闻》

第 10 章

《河北新报》

立场独立客观
销量雄踞东北

创办时间： 1897 年 1 月 17 日
创办者： 一力健治郎
现任社长： 一力一夫（代）
发行量： 日报 50.4 万份，晚报 11.6 万份，合计 62 万份
网址： http://www.kahoku.co.jp/
地址： 宫城县仙台市青叶区五桥一丁目 2-28
电话： 022-211-1111

- 《河北新报》至今已有 120 年的历史了。明治维新之后，人们常用“白河以北一山百文”来形容东北地区的贫穷。这句话的意思是白河以北地区的一座山只要区区一个百文铜钱就能买下，意指东北地区的荒凉和贫穷。《河北新报》的报名就是借用中国古诗词句指的是“白河以北”地区的报纸。一力健治郎等人以振兴东北为宗旨而创办了《河北新报》。
- 河北新报每天出早报和晚报，一般情况下，早报是对开 34 版，晚报是对开 8 版。作为一家百年老报，《河北新报》2005 年的日报发行量为 50.4 万份，晚报发行量 11.6 万份，处于世界日报发行量的前 100 名之内。百余年来，在社会动荡与新闻界的风起云涌中，《河北新报》始终贯彻“不羁独立”、“振兴东北”的经营理念。自创刊以来，《河北新报》一直坚持同一社名、同一报名、同一家族经营，这种情况在日本的报界也是首屈一指的。

仙台的《河北新报》这份报纸对我来说既熟悉又亲切。我在日本留学的时候就开始读《河北新报》，我在仙台东北大信息科学院读博士时的校园就在河北新报社附近的片平町。校园和报社就隔着一条街。那时候我就和河北新报编辑局的一位副总编成为朋友，到报社去过好多次。一晃这已经是十几年前的事情了。

第一节　雄视北国的办报方针

在日本明治20年代（19世纪90年代）末期，创办《河北新报》是需要相当大的勇气的。《河北新报》的主笔藤原非想曾经在《河北新报社长一力健治郎》一书中写道：“《河北新报》的诞生与当时的时代背景、地缘关系以及创办人的努力是分不开的”。

《河北新报》不是隶属于任何一个党派机关的报纸，因此它可以写他人所不敢写、言他人所不敢言。它的宗旨是坚持正义，维护公道，不带有一分爱憎、不会有任何忌惮。

东北地区的面积占到日本本州岛的大约1/4，此地区的文化、历史也不尽相同。《河北新报》的使命就是在尊重多样性的基础上，集中东北的力量，发挥东北的自然优势，做振兴东北文化的摇旗呐喊者。

在此基础上，《河北新报》建立了自己独具特色的采访网络，约有采访记者300人，除了总部编辑局以外，还有两个分社（东京、大阪）、六个总局（青森、盛冈、秋田、山形、福岛、石卷），另外在东北六县还设有34个支局。国内外新闻主要通过共同和时事两个通讯社获取。另外，与《河北新报》结有采访伙伴关系的七家报社向《河北新报》提供各地新闻。同时，《河北新报》的报道也通过通讯社和各家伙伴报社向国内外发布。

第二节 精美制作的报纸版面

一、《河北新报》的印刷中心

2003 年 10 月，仙台市泉区工业流通区内建设完成了《河北新报》印刷中心，其占地面积为 21030 平方米，是一幢钢筋混凝土的三层建筑，建筑面积为 15998 平方米。为了提高印刷速度和进行彩色印刷，河北新报社购置了最先进的超高速塔型胶印轮转机和传送装置。

超高速轮转机一个小时可以印制 40 版报纸 17 万份，即 1 分钟 2800 多份，1 秒钟约 47 份。印刷的高速化使印刷时间缩短，新闻截稿时间也相应延长，可以更快报道更多、更好的新闻。由于是无轴传动方式，还减少了噪声与震动。印刷中心的立体纸库可以容纳 308 卷纸，大约相当于早晚报三天的用量。另外印刷中心还专门设置了参观大厅和展示角。参观者可以隔着玻璃亲眼看到大型机械群组和最新的生产线。

二、《河北新报》的版面制作

《河北新报》拥有迅捷、精美，采用了最新技术的版面制作系统——报纸制作系统 WINDS。伴随着电脑性能、功能的不断发展，版面制作的现场也发生了巨大的变化。WINDS 系统的操作十分简单，记者通过此系统可以一个人在电脑终端操作，完成报道版面的制作。依赖工匠编排铅活字制作报纸版面，早已是过去的事情。光与电取代了铅与火，电脑网络使得今天报纸版面的制作更迅速、更精美。

WINDS 是“Wizard Intelligent Newspaper Design System”的首字母的缩写，取其“像聪明的魔法师一样的版面设计系统”的意思。

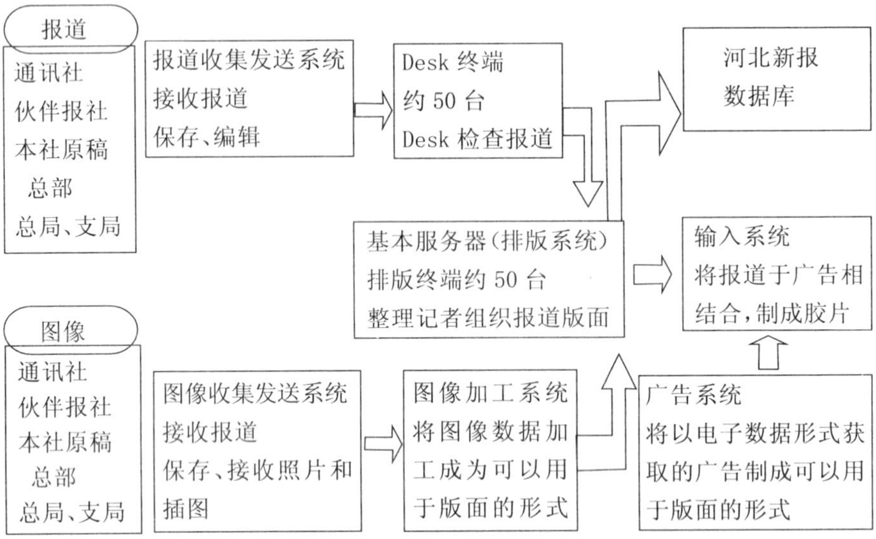

图 10-1 WINDS 的流程结构图

第三节 学者型的“当家人”

一力一夫是现任《河北新报》的会长。会长相当于中国企业中不兼任总经理的董事长。他已经在这家报社当了 40 多年的社长，现在年纪大了，辞去了社长只当会长，但社长的位置暂时空缺，由副社长主持工作，等着由他儿子继任当社长。所以，一力一夫仍然是报社的当家人。对于《河北新报》的一力一夫先生，我可是就久仰他的大名了，因为我留学的时候就读过他写的教材《新闻学》。他是日本著名新闻学家小野秀雄的学生，很多年前他就给东京大学新闻研究所的学生讲授“新闻学”课程，他把讲课的讲义编辑成书，成为著名的日本新闻学教材；另外我待在仙台的时候也曾几次在参加大型活动时听过他的讲演，但一直没有机会面对面地坐下来聊过。

《河北新报》由一力健治郎创办以后，历任社长为一力次郎、一力五郎、菅野千代夫、一力一夫。1960 年 1 月 1 日，一力一夫成为河北新报社第五代社长。在 1 月 5 日的庆祝会上，他说：“我们的信念归根结底就

是通过《河北新报》实现振兴东北的理念。”[①]

一力一夫是一力次郎的长子，他毕业于东北大学法学部，后在东京大学新闻研究所学习新闻学，是东京大学新闻研究所的第一届学生。昭和二十四年（1949 年）成为晚报东北新闻社的董事，随着昭和二十五年的合并，进入了河北新报社。之后，作为东京分社的一线记者，在国会、官邸、防卫厅等处采访，后又被派到共同社，在经济部负责与日银相关的采访工作。昭和三十一年（1956 年）以编辑局外电部副部长的身份返回总部，历任外电部部长、联络部部长、副总编、总编。

昭和三十二年（1957 年）加入到海外移动特派员的队伍，遍访西欧各国；昭和三十五年（1960 年）担任队长，带领汽车队纵贯地球南北，成功穿越南北美洲，并获得了具有极高声誉的波恩•上田国际记者奖。

一力一夫就任社长后，在继续秉承前辈的创业精神的同时，积极创新，显示了极大的魄力，为《河北新报》的发展注入了新的活力。

在就任的第二年，他提出了“3C 政策”，即 Coldtype,Computer, Color。昭和四十七年（1972 年）年初，他大力主张“优胜劣汰”。之后扩建了公司大楼，引进了新设备，实现了制作过程的现代化并实施了诸多长远计划。

一力一夫会长现在已经年近八旬了，这是一位健硕而又慈祥的老人，身上有一种贵族气质，同时又很有学识。当我有幸坐在他对面进行采访时，心里不禁发出感叹，能和这样一位报业的老前辈、老学者聊天，真是一件令人长学问的事。

一力一夫：欢迎您来到河北新报社，一路上辛苦啦。

崔保国：我是东北大学毕业的，我曾在仙台待过六七年，东北大是我的母校，我把仙台看作是我的第二故乡。非常感谢您百忙中接受我的采访。

一力一夫：哎呀，那我们有缘哪。您在东北大是学什么的？老师是谁？

崔保国：我在东北大的人文学院和信息科学院攻读过硕士和博士。村上哲见教授和阿部四朗教授是我的恩师。读书的时候我就开始看《河北新报》，这份报纸对我来说很亲切很难忘。我还读过您写的《新闻

---

① 《河北新报の百年》，第 4541 页，16－17。

学》。

一力一夫：啊，真是名师出高徒呀。阿部四朗先生我很熟悉，他是东北振兴开发委员会的副委员长吧。谢谢您阅读我们的《河北新报》，也谢谢您读过我写的书，那是很多年以前我给东京大学新闻系学生上课时的讲义编辑成的书。我这还有本新出的书，是关于我与《河北新报》的书，也送给您，请多指教。

本书作者在听取《河北新报》会长一力一夫关于报纸名称的解说

崔保国：太好了，太谢谢您啦。请允许我首先请教您一个问题：《河北新报》报名中“河北”一词是什么意思？中国有河北省，日文中的“河北”是指哪里？

一力一夫：《河北新报》的“河北”一词是取自贵国的唐诗，是指黄河以北的地区。唐末有位独眼龙将军叫李克用（胡人），大河以北都是他的天下。所以当时中国有个说法叫：“河北的独眼龙李克用。”而仙台的历史上也有位著名的独眼龙将军叫伊达政宗，他曾经多年统治着日本的整个东北地区，白河以北都是他的天下。现在仙台是日本的第六大区域中心城市之一，有着400多年的历史。伊达政宗君临仙台城，把仙台当成整个东北地区的首都。在江户时代，仙台这一带叫陆奥国、奥州、奥羽等名称，而不用仙台、宫城的叫法。

日文中并没有“河北”这个词，明治维新之后，人们常用“白河以北一山百文”来形容东北地区。“百文”指百文钱，是1835年以后日本铸造的一种铜钱。这句话的意思是白河以北地区的一座山只要区区一个百文铜钱就能买下，意指东北地区的荒凉与贫穷。《河北新报》的报名就是借用贵国的唐诗，指的是“白河以北”地区的报纸。《河北新报》于1897年1月17日由一力健治郎创刊，至今已有120年的历史了。一力健治郎等人当时以振兴东北为第一要义从而创办了《河北新报》。

崔保国：《河北新报》有着120年的悠久历史，今天的《河北新报》坚守的编辑方针是什么？

一力一夫：《河北新报》的编辑方针是秉承言论自由、独立和正义的原则，通过真实、准确的报道，维护民主。尊重人权，关注弱势群体和少数意见，抵制暴力与偏见。以地区社会为基础，向读者提供他们需要的信息，赢得读者喜爱和信赖。尊重多样的价值观，广开言路。立足本地，放眼世界。

崔保国：《河北新报》的发行量目前已进入世界日报发行量的前 100 名，百余年来，《河北新报》一直坚持怎样的办报理念？

一力一夫：作为一家百年老报，我们的发行量跻身世界日报发行量的前 100 名，我感到很荣幸。百余年来，历经明治、大正、昭和、平成四代，在社会的动荡与新闻界的风起云涌中，我们一直贯彻“不羁独立”、“振兴东北”的办报理念，《河北新报》有 117 年的历史了，但这种理念一次也没有变化。《河北新报》一直采用同一报名、同一题字、同一报社名，同一家族经营发行报纸，这种情况在日本的报界也是首屈一指的。

崔保国：《河北新报》坚持“振兴东北”的办报理念。那么报纸主要的发行地域和目标是哪一带呢？

一力一夫：主要还是仙台和宫城县，在东北其他地区的发行量就比较少。《河北新报》的影响目标不是一个地方概念，而是整个东北地区，这是我们坚持的一种理念，一种开拓东北的精神。日本东北地区历史上有六个县，明治维新后，为了使东北迅速发展，提出了“东北一如”的口号，就是把整个日本东北地区视为一个整体，相互提携共同发展。但是，直到 2000 年以后才真正有点“东北一如”的意思。

崔保国：《河北新报》的发行量和主要发行地域的发行结构是怎样的呢？

一力一夫：从创刊至今《河北新报》已经有 100 余年的历史了，当初报纸发行的第一号是 5000 份，一个月后的 8 月增加到 1 万份。从明治时代开始至今的 100 多年的时间发行量大约增加了 1000 倍。这 50 万份的发行量中有 48 万份在宫城县内，有 2 万多份在东北其他县市。宫城县有 130 多家我们的报纸发行店，仙台市内有 40 多个报纸发行店。宫城县的报业发行市场结构是：《河北新报》发行 48 万，《朝日新闻》发行 9 万多份，《读卖新闻》发行 7 万多份，《每日新闻》发行约 1.5 万份。东北地区不像东京周边地区，动辄发行量达到百万以上。我们的目标是保持报纸发行量在 50 万份以上，重点加强和增加宫城县内的发行量。

崔保国：根据《河北新报一百年》一书中的介绍，河北新报社的广告一直保持了良好的增长势头，现在《河北新报》的广告经营情况如何？

一力一夫：日本新闻协会广告部门于 1981 年曾经改变过评比方法，但是河北新报社创下了从 1968 年到 1985 年连续 18 年获得企划奖、广告奖或优秀奖中的记录。这在日本报界是绝无仅有的事情。为了使广告也同报道一样“快捷”、“新鲜”，《河北新报》很早就引入了广告业务的电子化，实现了快捷的刊载。新时代的电子化使得接收到广告的第二天就可以刊登。

报纸广告是“反映时代的生活信息”。《河北新报》的宗旨是为读者提供新鲜、值得信赖，同时植根于生活的信息。《河北新报》开发了形式多样的广告商品，不仅有普通的商品广告、企业广告，还包括从招聘到发表个人意见的包罗万象的“信息广场”、详细介绍各种活动、新商品的“报道性广告”。

崔保国：《河北新报》除了版面广告以外，还随报纸附带了大量插页广告。这些插页广告的经营是怎么样的？

一力一夫：这些广告一般都夹在每天的早报中间送到各家各户，每种广告1—4版不等，大约有20—30种，差不多和一份报纸一样多。大多数广告都把要介绍的产品的实物图片刊登在上面，作简单介绍，标明价格，读者可以一目了然地获取商品信息。

崔保国：《河北新报》历经百年，您能否介绍几位报社发展历史上比较重要的人物？

一力一夫：在《河北新报》的历史发展上有很多重要人物，其中最重要的有两位：一位是《河北新报》的创办者一力健治郎，另一位是著名主笔藤原非想。

崔保国：听说您已经当了40多年《河北新报》的社长，在这样一个全球化和国际化的时代，作为一个地方报纸的《河北新报》有怎样的新的举措和发展目标？

一力一夫：是的，我从1960年开始当社长，已经40多年了。我不喜欢被别人指挥，喜欢独立发展。作为编辑深刻认识到报纸的作用与责任，常常磨砺自己，防止自己陷入自以为是的牢笼里。

虽然《河北新报》是一份地方报纸，但我们非常重视国际交流，我们的国际化进程一般是和地方的发展和国际交流是紧密结合在一起的，比如我们和美国的加利福尼亚的地方报纸有交流合作，我们也十分重视日中交流，和长春的媒体也有很多交流，长春市与仙台市是姊妹城市。发展国际化又兼顾地方化是我们报纸今后重要的发展目标。

我老了，现在我只担任报社的会长了，目前，报社社长空缺。托您的福，昨天正好是我79岁的生日，明年到我80岁的时候希望我儿子能继任当社长。

崔保国：啊，祝贺您的生日！您的身体真硬朗，一定能成为百岁老人，祝愿您和您的《河北新报》都兴隆昌盛，繁荣发展。

第四节 注重创意的广告经营

根据《河北新报百年》一书介绍，从 1975 年前后到 1988 年的昭和年间，河北新报社整体广告收入的年度增长率一直都很高，当然也有波动，1974 年受到石油危机的影响为 8%，1975—1979 年保持了 13%—14%两位数的增长，1980—1983 年增长率回落到一位数，随着广告环境的恶化，1984、1985 两年出现了负增长。1987 年报社迎来了创立 90 周年纪念，随着“未来的东北”博览会的召开，以及仙台市地铁的投入营业，广告增长率又升到了 9%。1988 年后保持了良好的增长势头。特别是新的公司大楼的落成、超高速印刷机的引进、彩色印刷的实现等都为广告增长提供了良好的机遇。

《河北新报》的版面广告比例还是比较大的，仅整版广告就占据了整个版面的 20%左右。另外，每周六河北新报社还随早报一起发行《河北周刊》，4 开 16 版，以“周末的乐趣”为宗旨，主要刊登一些娱乐、休闲性质的内容，诸如旅行信息、健身信息、好书好碟介绍等等。

晚报上没有整版广告，而且版面也不再分成专门的类别。内容趋向于休闲性、彩色柔和，阅读起来较为轻松。例如 2004 年 9 月 11 日的晚报头版是有关美国纪念“9•11”的报道、当地文化节开幕的报道等，其他各版主要有体育新闻、文化、社会、晚间的电视节目预告等等。

第五节　辐射东北地区的发行网络

一、发达的网络、准确的投递

《河北新报》是以东北地区6县为主要发行区域的地方报。发行量为早报约51万份，晚报约12万份，是东北地区发行量最大的报纸。其中，宫城县的普及率最高，约为60%。河北新报社专门为读者开设了申请订阅的免费电话。截止到平成十六年（2004年）1月，其早报发行量为510738份，晚报为117852份。

将《河北新报》与读者直接联系起来的是发行店。东北6县大约有500多个发行店，其中宫城县内以在仙台市拥有45家分店的河北仙贩公司为首，大约遍布各地有200家发行店。

为了能尽早、准确地将报纸投递到读者手中，8000多人的投递员队伍无论大风、还是雨雪天气都奔波于都市中。如果某家的报箱里的报纸无人取走堆积起来，他们就会去和左邻右舍询问一下，因为他们也成为这个社区中的一员。

二、报社自己的发行公司——河北仙贩

河北仙贩是河北新报社直接投资经营的报纸发行公司，主要从事报纸发行业务。自1959年成立以来，同仙台都市圈共同发展。河北仙贩开展与地区紧密相连的业务与服务，得到了超过14.5万名读者的大力支持。

河北新报社发行公司的副社长针生辉夫

河北仙贩以报纸发行为中心，同时开展多种业务经营，其中包括绘画出租业务、邮递业务、广告代理业务等等。河北仙贩

作者在采访河北新报社发行公司河北仙贩的常务副社长针生辉夫和本部长三浦正纯

加入《河北新报》的普及宣传活动中，确保每天将14.5万份早晚报送到读者手中。它拥有43家发行店的网络，在地区首屈一指。河北仙贩还负责销售由河北新报社发行的《河北年鉴》、《中考指南》等各种出版物。河北仙贩还作为票务代理负责全国各种活动的门票销售。作为《河北新报》的广告代理，河北仙贩还推进包括各种普通广告、个人意见广告、绘画出租等业务。目前河北仙贩正与家庭、办公楼订立合约，在一些城市开展配送业务，配送 DM、商品目录、样品等。另外还接受简单的传单制作、印刷、发放业务。

笔者在走访河北仙贩株式会社时，与常务副社长针生辉夫先生进行了交谈。

崔保国：河北仙贩株式会社是一个怎样的公司？

针生辉夫：河北仙贩是河北新报社直接投资经营的报纸发行公司，主要从事报纸发行业务。自 1959 年成立以来，同仙台都市圈共同发展。河北仙贩开展与地区紧密相连的业务与服务，得到了超过 14.5 万名读者的大力支持。河北仙贩公司的前身是 1952 年成立的河北新报社仙台发行贩卖所。

崔保国：河北仙贩株式会社的发行业务是怎样展开的？

针生辉夫：我们主要的业务就是《河北新报》的发行销售。河北仙贩加入《河北新报》的普及宣传活动中，我们确保每天将 14.5 万份早报和晚报送到读者手中。我们拥有 43 家发行店的发行网络，在仙台地区报纸发行公司中是首屈一指的。

崔保国：在《河北新报》的整个发行销售体系中，河北仙贩的发行业务占有多大的比例？

针生辉夫：《河北新报》的报纸发行代理店一共有 108 店，河北仙贩是 43 店，在《河北新报》的发行贩卖局中，这 43 店都是报社直营的发行销售店。

崔保国：在仙台市内，《河北新报》的发行量有多大，占整个报业市场的发行份额有多大？仙台报业市场的结构又是怎样的呢？

针生辉夫：《河北新报》的总发行量为50.5万部份早报，11.7万份晚报。48.5万份在宫城县内，2万多在县外发行。《河北新报》在仙台市有20万的发行量（约有60个店），其中包括零售批发：车站、便利店、宾馆、医院等共有4000—5000份，零售只占到总发行量的3%—5%。

在仙台市内的各报发行量大致结构如下：

《河北新报》　20万份；
《朝日新闻》　5万份；
《读卖新闻》　2.7万份；
《日经新闻》　2.1万份；
《每日新闻》　1.1万份；
《产经新闻》　0.55万份。

在仙台市的CBD地区各报发行网点的分布如下：

《朝日新闻》　22个店；
《读卖新闻》　18个店；
《日经新闻》　4个店；
《每日新闻》　11个店；
《产经新闻》　4个店；
《河北新报》的个人经营店17个店；
河北仙贩43个店。

崔保国：《河北新报》怎么定价的？它的发行费率是怎样的？

针生辉夫：发行费率约在34%—66%。

《河北新报》的零售价　110日元；
《河北新报》日报定价　3007日元/月（含税）；
《河北新报》套报定价　3925日元/月（早报晚报）(含税)。

崔保国：《河北新报》的发行销售体系的结构是怎样的？河北仙贩的人员规模有多大？

针生辉夫：《河北新报》共有108个发行销售店，其中有两个报社直营的发行公司，这两个企业是：《河北新报》普及中心和河北仙贩公司。普及中心发行4.1万份（其中两万份发往外县市），还有用于宣传、培训、保险等等。

崔保国：河北仙贩除了报纸发行还经营别的业务吗？你们的经营规模和收入结构是怎样的呢？

针生辉夫：河北仙贩除报纸发行以外，还开展多种业务经营。其中包括绘画出租业务、邮递业务、广告代理业务等等。

我们公司的去年的经营收入每年大约在 200 亿日元左右。其中发行收入 96 亿日元，占 50%（95%来自《河北新报》）；插页广告收入占 40%；票务收入和租赁收入占 10%。

三、吉祥物“河北新新”

《河北新报》有一个自己的吉祥物叫“河北新新”。它是一只可爱的小兔子。长长的耳朵表示迅捷地获取信息，擅长奔跑的双足代表将信息在第一时间内送达到读者手中。新新系列的产品很多，既有毛绒玩具，也有徽章、手机带等等，可以在各个发行店买到。

河北新报社在东北各地还多次举办了各种文化、体育活动。与东北文化和生活紧密相关的书籍也由河北新报出版中心出版发行。《河北新报》在为本地的人民带了欢乐的同时，也承担着培育文化和体育的作用，他们认为这也是作为一个关注读者的地方报应该做的。

河北新报社每年举办的活动大约有 400 多项。而且所有活动事前都会在《河北新报》的版面上预告。这些活动中既包括以公立美术馆、博物馆为会场的大型展览，也有从中小学生到老年人都会参加的运动会，还有职业棒球比赛、国内外明星的演出等等，内容丰富多彩，给参与者、观众都带来了惊异与感动。

另外，《河北新报》还参与协助东北自治体以及各种团体开展的公益性活动的宣传活动。类似于这样的援助活动每年大约超过 2000 项。

第六节　不羁独立　振兴东北

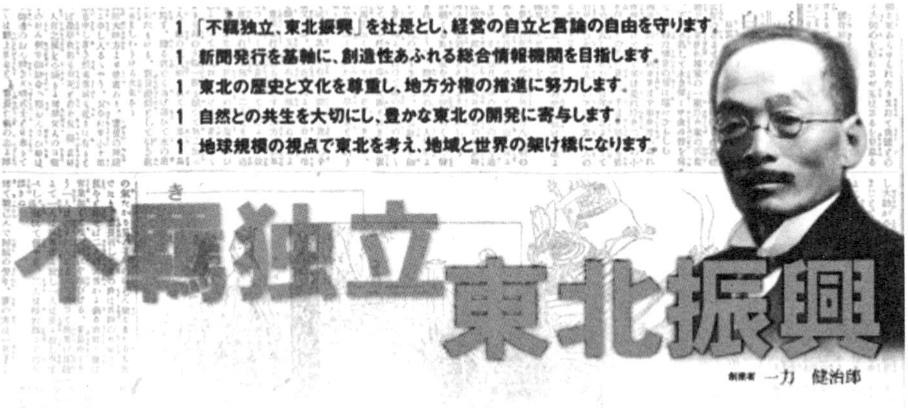

一、创业者——一力健治郎

《河北新报》由仙台财经界人士一力健治郎创立。当时的一力健治郎 33 岁，从经营书店到进军实业界，他曾经担任仙台电灯的董事、宫城储蓄殖林社的社长、仙台粮食交易所理事等职，还曾担任宫城县议会议员。

当时的宫城县，县内是三报鼎立的状况，即《奥羽日日》、《东北新闻》和《东北日报》。但是，后来《东北日报》的经营陷入了困境，一力健治郎受朋友藤泽几之辅的委托，接管了《东北日报》，并将其改名为《河北新报》。在河北新报创刊后，诸多政治组织和政治家都寄来了祝辞，其中还包括岛崎藤村的《祝贺河北新报》一文。

当时的一力健治郎并没有立即答应朋友的请求，当时日本地方报的经营异常艰辛。大多数报纸的存活期都很短，而且频频易名。当时的日本经济建设开始转向新的方向，新闻界也面临着巨大的转机。报纸开始脱离政党与政治家独立经营的这股潮流从中央向地方波及开来。宫城县内也并非没有类似的尝试。曾游学于东京，并活跃于地方实业界的健治郎对这股新的潮流非常清楚，他认为报纸有很多地方需要改善。然而在经济基础相对薄弱的地区，脱离政府、政党的援助进行独立经营，这种新型的办报方式将面临着巨大的困难。尽管如此，经过深思熟虑的健治郎终于下定了决心。

决定接管《东北新闻》的健治郎开始频频出入于东北日报社，为新报的准备奋斗。学习报纸发行的基本知识、版面设计、人才与资金的募集、销售网络的布置等一大堆的任务在等待着他。当时，针对此事，在议会的休息室里一位议员曾写条子给健治郎，“议员一力，买报印刷，印啊印啊，精光光”，以此来嘲笑他。过了几天，当健治郎再次见到这位议员的时候，他把自己写好的答复递给了那位议员，“议员一力，买报印刷，印啊印啊，百万张”。一力健治郎的答复还是豪气冲天的。从创刊至今《河北新报》已经有 100 余年的历史了，其现今发行量约为 50 多万份，的确没有赔得精光光，虽然离创业者 100 万份的豪言壮语的目标还有不小差距，但与其刚刚创刊时的 5000 份相比，发行量已经增长了 1000 倍。

为河北新报社奉献了半生的创业者一力健治郎于昭和四年（1929 年）离开了人世。他骑在马上，愉快地给人们打招呼的形象给仙台市民留下了深刻的印象。昭和三十年（1955 年）为纪念电通成立 55 周年，举办了日本新闻界人士表彰活动。一力健治郎与福泽谕吉、陆羯南等 20 位历史名人作为第一批受表彰，其名字被刻在了建于东京都千鸟之渊的“自由群像”的纪念碑上。

二、著名主笔——藤原非想

“藤原非想是一个大学者……而且在很长一段时间他都是《河北新报》的中心人物……直到他患病握不住笔，呆在医院里生活，他始终都是报社的一员。”[①]第二代社长一力次郎的回顾录中这样评价藤原非想。

藤原的文字第一次刊登在报上还是在他加入报社之前。明治四十四年（1911 年）5 月 16 日《河北新报》开始刊载他写的《闲窗漫笔》。每次他都选取几个题目，以随笔的形式自由发挥。

藤原的代表作是《仙台戊辰史》。于明治四十一年（1908 年）到明治四十二年（1909 年）大约一年时间在东北新闻上连载，明治四十四年（1911 年）出版。《仙台戊辰史》的出版在全国引起了巨大反响，今天这本书仍然拥有很高的评价。

---

① 《河北新报の百年》，第 1291 页，1—3。

进入河北新报社总部的藤原首先接过了岩本忠治郎的《历史画谈》栏目。他在担任主笔的同时，还写一些社论、随笔，另外曾经以“孑蝶孑”、“眠花生”等笔名发表小说。在藤原的自传中他自己也提到，他一个人差不多做了三个人的事情。

在藤原发表的众多小说中，爱情小说《二又樱》颇受好评。这是以仙台一个小城里一位漂亮的女孩自杀徇情的故事为蓝本的，后改编城剧本在仙台演出，据说场场爆满。

从东北地区的人的视角来看，藤原非想真的具有非常高的声誉，因而人们常说“西有福本日南，东有藤原非想”①。

三、《河北新报》的百年大事记

《河北新报》于明治三十年（1897年）1月17日由仙台财经界人士一力健治郎创刊。草创期，社内充满了进取的气息。在当时开创了具有划时代意义的英文栏目，并且提出了整年不休刊的宣言。鼓励记者身穿制服衣帽，骑自行车出行采访，这样的行为在当时让人们大为惊讶。

1907年东北帝国大学成立。东北帝国大学就是现在的东北大学的前身。于明治四十年（1907年）年6月22日成立。《河北新报》历来倡导大学对于东北地区发展的重要性。

1923年关东大地震。大正十二年（1923年）9月1日的关东大地震使得东京成为一片废墟。《河北新报》的报道通过福岛磐城无线局向世界发送了电报。

1933年创立“河北美术展”。以增强文化建设、大力培育东北美术界为目标，第一届河北美术展（当时叫做东北美术展）于昭和八年（1933年）5月5日开幕了。目前，这个美术展已经超过了60届。

1936年两家东北振兴国策公司设立。东北地区过去主要依赖第一产业，生产效率很低，一次次的歉收导致农村地区的贫困。《河北新报》强烈呼吁制定“发展生产、振兴产业”政策的必要性。终于在昭和十一年（1936年）10月7日两家担任着东北振兴重任的国策公司成立了。

1945年仙台空袭。昭和二十年（1945年）7月10日的二战结束前夕，仙台遭遇美军空袭。在周围一片火海的情况下，河北新报社职员冒死灭火保卫公司房屋，坚持报纸发行。

1952年“河北文化奖”设立。昭和二十七年（1952年）1月17日，

① 《河北新报の百年》，第1311页，7—8。

为了表彰为东北发展作出贡献的人们，特设立河北文化奖。目前已有 300 个团体、个人获奖。

1957 年东北开发三法。昭和三十二年（1957 年）5 月 18 日，东北开发三法颁布。长期以来《河北新报》致力于此法的制定。

1960 年纵贯地球南北。昭和三十五年（1960 年）7 月 23 日，河北新报社纵贯地球南北的汽车队成功穿越南北美洲。并因此获得了波恩•上田国际记者奖。

1965—1985 年高速交通网修建。新干线、机动车道的建设对于东北的发展是不可或缺的。昭和四五十年代为了实现这一愿望，《河北新报》开展了许多宣传促进活动。

1989 年，仙台市成为政令都市（相当于中国的直辖市或特区——笔者注）。

1989 年 4 月 1 日，仙台市接受政府指令，成为带动东北地区发展的重要城市。

1990 年，仙台机场国际化。1990 年 4 月 6 日，首尔航班开通，仙台机场实现了国际化。现在仙台机场已经有了五条线路。将来将开通飞往台北、曼谷的航线，仙台国际机场已成为东北地区国际化的据点。

1993 年，实施新的公司表示（CI）。平成五年（1993 年）4 月 1 日，河北新报社提出了“东方，未来”的口号，与此同时更新了公司标志。瞄准 21 世纪的东北与日本，河北新报社再次回到创业精神上来，开展了一系列改革。

1997 年，《河北新报》创刊 100 周年。

2003 年，《河北新报》印刷中心成立。

第七节 在山路上奔走的记者们

《河北新报》曾经培育出很多闻名日本的名记者。这些生于东北、长于东北的记者，怀着振兴东北地区的梦想和希望，在东北广大大地上踏雪前行。

一、白鸟正——以“东北人”的眼睛来看世界

白鸟正是《河北新报》盐釜市的支局长。盐釜市是仙台的卫星城，作为陆奥国府多贺城的卸货港口是盐釜神社的门前市区繁荣的小城，拥有人口63000人。记者能够与市民进行密切交流设于盐釜的河北新报社支局就仿佛一个普通民家，这与日本三大报的东京支局由于记者从相距甚远的家中上班，因而不能进行密切深入地方的采访的现状形成了鲜明的对比。支局的好处就是可以深入到生活的方方面面。与全国发行的报纸宏观采访不同，地方报的特点就是可以作深入的特写，从客观角度进行采访。

白鸟曾说过：“作为一份地方报，既不是紧紧贴着那一块小地方，也不像大报那样以一个旁观者的视点来观察地方事件，它可以以一个恰巧位于中间的视点来看世界。”也就是说，《河北新报》既不是以一个日本人的眼睛，也不是以某个县的人的眼睛来看，而是以“东北人”的眼睛来看世界，这恰恰就是《河北新报》的特点。

白鸟是仙台人，毕业于东京的私立大学，他选择目前的这份工作，一方面是由于作为家里的长男必须回到故乡，但更重要的是这种与采访对象之间零距离所产生的魅力。白鸟说过：“有的记者喜欢在东京工作，采访日本政界、财经界的代表，关注日本的动态。但我认为其实中央、地方没有什么根本区别，因为即使在我们的身边，也是存在一个日本的缩影。”“《河北新报》的理念是‘振兴东北’，一个地区应该如何发展？这不仅仅是一个经济的问题，也同时涉及到对文化、生活等各个方面的追求。”

“新闻特稿的确是很必要的，但是与当地的人们一起生活，在各地建立发送信息的基地也是非常重要的事情。我住在这里，守着这个支局也是非常重要的工作啊。”

二、加藤正一——“希望仙台人也能读到会津若松的报道”

会津若松市是白虎队的故里，位于这里的河北新报支局就是居民小区内的一处民宅。一般情况下，报社支局往往都建在市政府附近，像这样在普通的居民小区中设立支局，令人很难想象。

会津若松市河北新报的支局长就是加藤正一。他也是仙台人，在东京的私立大学毕业后，回到故乡进入《河北新报》工作的。他说之所以回来，是因为《河北新报》是他小时候就开始看的报纸。会津若松与新潟、山形、枥木等县相邻，有28个市镇村，其面积相当于福岛县的1/3，光

警察署就有六家。加藤的“办公室”就设在家里，因而他“一睁开眼就算是上班了”。

虽然会津若松地区的报纸订阅量比较小，但是加藤抱着“希望仙台人也能读到会津若松的报道”的想法而努力工作。所以，加藤积极地报道会津市的风土人情，并写了很多连载。诸如描写使用当地独特的植物进行编织的织女，介绍深深植根于平民生活的会津互助会等等。他觉得调查地域民俗进行写作可以说是新闻记者的乐趣和特权。

由于会津地区地域广阔，所以他常常开车在茫茫雪原上行走，这在东北地区是司空见惯的事情。“正是因为有那些地处偏远的地区，所以现实比我们想象的要残酷得多”。加藤在学生时代曾经参加过艺术社团，也曾经考虑过走音乐制作人的道路。不过，他认为，像现在这样做一个新闻记者是对他来说是一个“更好的选择”。

《河北新报》以建设“富强的东北”为目标与东北地区一起前进，河北新报的创业精神历经一个世纪的洗礼代代相传下来，“不羁独立、振兴东北”，不再仅仅是河北新报人的精神，也将逐渐成为“东北人”的精神。

信濃毎日新聞

2007年（平成19年）2月12日（月曜日）

20日来日 米副大統領

防衛相との会談拒絶

批判発言に不快感

対北朝鮮

「見返り」調整難航

6カ国協議 大詰め

リンナイ製の湯沸かし器

92年 一家5人死

少し大きめ だるま人気

「10年以内に完成」

浅川「穴あきダム」で知事

イラン ウラン濃縮停止拒否

《信浓每日新闻》

第 11 章

《信浓每日新闻》

追求公正报道
致力技术革新

创办时间： 1873 年 7 月 5 日
现任社长： 小坂健介
发行量： 早刊约为 480784 份（2004 年 1 月）
网址： http://www.shinmai.co.jp/
地址： 长野市南県町 657
电话： 026-236-3000

- 作为日本的一份百年老报，《信浓每日新闻》的版面清新，内容深刻，130 余年来坚持“严守中立”的方针，为长野县的文化发展作出了积极贡献。
- 《信浓每日新闻》的特点是尊重编辑的独立性，他们认为博得众多读者信赖的“力量”，就是追求公正的报道作风。《信浓每日新闻》的主要发行区域集中在长野县，在县内设有 165 个发行点，有接近 9000 名服务人员在从事着配送、收取订费等工作。在技术创新方面，《信浓每日新闻》处于日本新闻界乃至全球新闻界的前沿，日本国内首台全 40 版彩印设备就是在这里投入使用的，无轴轮转机、立体纸库、彩色高速印刷机等都得到了采用。《信浓每日新闻》还向多媒体经营进军，发展了出版、文化活动、多媒体信息服务等各项业务。

创刊于1873年7月5日的《信浓每日新闻》，是日本历史最悠久的报纸之一，秉承“严正中立”的理念，成为长野县言论报道的代表。《信浓每日新闻》对长野县的文化发展作出了积极贡献，其报道的内容可以看作是一部日本近代史。

《信浓每日新闻》的特点是尊重编辑的独立性，他们认为博得众多读者信赖的“力量”，就是追求公正的报道作风。历史上著名的山路爱山、桐生悠悠、风见章等人都曾经担任过《信浓每日新闻》的主编，特别是桐生悠悠于昭和八年（1933年）发表的社论《嗤笑关东防空大演习》，对日本军部进行了批判，该文在日本新闻史上获得了非常高的评价。

《信浓每日新闻》的主要发行区域集中在长野县。长野是日本东西部文化的结合点，县内留有绳文时代、弥生时代的古迹、古庙和神社等，除此之外，还有民谣、舞蹈、玩偶艺术等历史悠久的文化传统。这里的人们关心文化，热心教育，在这里，《信浓每日新闻》有着《信每》的昵称，早刊的发行量约为480784份（2004年1月），县内普及率约为63%，这使得它成为企业等客户进行广告宣传的主要媒体。《信每》在曾举办过长野冬奥会的长野市和相当于北阿尔卑斯山大门的松本市设有总部。

小坂健介　社长

第二次世界大战以后，《信每》在力求制作更加优良的报纸的同时，也致力于技术革新和新型经营体系的建立。新闻报道、经营、技术等部门曾经先后八次获得日本新闻协会大奖，1991年《信每》关于外国工人问题的报道还获得了菊池宽奖。

信浓每日新闻社的产业发展以报纸为核心，同时着力于发展因特网信息报道、开发向有线电视 CATV 提供新闻和充实数据库等业务，向综合信息服务产业进军。现在的这个百年老报的掌门人是《信浓每日新闻》的老社长小坂健介先生，而实际上主持日常工作的是老社长的长子小坂壮太郎，他是《信浓每日新闻》的常务副社长。我从东京坐新干线只用了一个多小时的时间就到了长野。长野的火车站很大很漂亮，火车站的地理位置很高，一出车站就能纵览整个城市和远方的群山，城市里还到处能看到长野冬季奥运会的痕迹，令人感到很亲切。我驱车来到信浓每日新闻社的时候，小坂壮太郎常务副社长已经迎候在那里了。

第一节 《信浓每日新闻》采访记录

信浓每日新闻社小坂壮太郎常务副社长在接受作者的采访

崔保国： 非常感谢您能接受我的采访。《信浓每日新闻》是日本历史最悠久的报纸之一，长期以来一直坚持怎样的办报方针？

小坂壮太郎： 很高兴能接受您的采访。《信浓每日新闻》有 130 多年的历史，长久以来一直坚持严守中立的方针。《信每》尊重编辑的独立性，实行经营权与编辑权分离的原则，编辑局长是最高责任人，追求公正的报道作风。

崔保国： 长野县是《信浓每日新闻》的主要发行区域，2004 年 1 月，《信浓每日新闻》的朝刊发行量约为 480784 份，县内普及率约为 63%，是企业等客户进行广告宣传的主流媒体，这个成绩是非常不错的，那么《信每》是采取怎样的方式缩短与读者之间的距离的？

小坂壮太郎： 在缩短报社与读者的距离这一点上，发行点起着至关重要的作用。《信每》在县内设有165个发行点，有接近9000人的服务人员在从事着配送、收取订费等工作。我们对发行点的要求是：没有迟送、少送现象发生，想读者所想，得到读者的信赖。

因此，各个专卖店通过发行迷你信息刊物、举办各种文化讲座等活动，与发行区域建立了密切的联系，发展起了报纸配送网络。同时，《信每》发行人员还能及早发现老年人生病、有人受伤等异常情况，"《信每》见面问声好活动"收到了良好的效果。

发行部人员在县内各个地区奔走，与各个发行点沟通，给予指导，帮助制定发行政策，向发行点人员介绍"信每"主义。

崔保国：《信浓每日新闻》在编辑方面有哪些特点？

小坂壮太郎：《信每》在内容编辑方面最主要的特点就是直接面向长野地区和全世界。在今天这样一个没有国界的时代，世界变得越来越小，地区新闻成了世界新闻，而世界新闻对于地区来说也成了重要信息。《信每》除了在长野、松本设置了两个总部以外，还在长野县、东京等地设置了25个支部、支局，以此组成了庞大的采访网络，对人们身边的新闻、话题进行详细报道。

对国际信息进行独家报道和评论，是日本新闻界的一个特点。《信每》在世界各地有30多名常任作者，他们定期在《信每》上发表独家报道和评论。过去，长野县的主要产业是生丝生产，这样的产业受世界市场动向的影响很大。战后，长野县瞄准海外市场，发展精密仪器、电力产业，与此同时，《信每》也逐步开始关注世界动向，面向国际。

1991年，《信每》与美国密苏里州《圣路易斯邮报》（St. LouisPost-Dispatch）进行合作报道，在《信每》上刊登美国人的意见和生活状态，同时《信每》的评论也在《圣路易斯邮报》上进行登载。《圣路易斯邮报》是美国最权威的报纸之一，由设立奖励世界优秀记者的普利策奖的约瑟夫•普利策1878年创办。

崔保国：听说《信浓每日新闻》有一个"newcosmos"系统，这是一个怎样的系统？

小坂壮太郎：《信每》的报纸制作系统被称作"newcosmos"。1991年末开始投入使用。这是《信每》自主设计的一款人工智能软件。

在这之前的1989年4月，日本新闻界首次推行"记者工作文字处理机化"，即要求全体记者都要使用文字处理机写稿，向电脑发送报道素材。"newcosmos"的开发，使得从文稿录入、版面设计、图像处理等工作、全面实现了在线化，从而缩短了制作时间，使截稿时间后延成为可能。

目前，继"cosmos"、"newcosmos"之后的第三代编辑制作系统也正在开发之中，第三代系统通过实现彩色照片的自动处理等新技术，达到报纸制作的高效率，同时也增强了对电子、电波媒体的信息发布功能。

崔保国：《信浓每日新闻》在媒介开发方面主要做了哪些工作？今后的发展方向是什么？

小坂壮太郎：媒介开发部主要负责为长野县的门户网站——《信每》主页的运营以及向县内 CATV 局、手机、室内外电子广告板等提供信息，以及进行信每数据库的收集。

《信每》的主页作为长野县的门户网站，拥有较大的浏览量，有的月份可以达到 500 万的浏览量，各分社的移动网也可以提供多种多样的新闻和信息。

《信每》的文字新闻还同时向长野有线电视 INC、松本电视、上田电视、以诹访（Suwa）地区为主要覆盖区域的 LCB、饭田有线电视等33 个 CATV 局发送。按照普通、地方、体育新闻等进行分类和编辑，除了静止画面，也以文字在画面上滚动的方式提供新闻信息。此外，还向信越广播（SBC）、长野 FM 广播、各地的社区 FM 发送新闻。

今后，《信每》的发展将继续以报纸为核心，同时着力于发展因特网信息报道、向 CATV 提供新闻和充实数据库等业务，向综合信息产业进军。

第二节　平实而丰富的报纸版面

一、版面特点

《信浓每日新闻》的早报为对开 32 版，晚报为对开 8 版。

《信浓每日新闻》的生活信息版（第 22 版）刊登大量讣告的情况在报界是比较少见的。讣告多为 3—5 行，内容包括去世人的年龄、地址，追悼会的时间、地

《信浓每日新闻》的编辑部

点。《信每》的体育广场版（第 23 版）也是一个很有趣的版面，它把各类比赛结果汇总起来，整整齐齐地登上去，令人一目了然，另外，其体育报道在整个版面中占的比例最大。《信每》的广告相对少，在 2004 年 8 月 10 日的早报中只刊登了两版整版广告。

二、版面举例

以 2004 年 8 月 10 日的早报为例：

第 1 版头版头条报道了福井县发电站蒸汽泄漏的事故；

第 2—4 版综合版主要报道了外交、内政，另外还有天气情况；

第 5 版评论综合版主要刊登社论，读者、专家的意见等等；

第 6 版整版广告；

第 7 版国际版主要报道了国际新闻；

第 8—11 版经济版主要内容为国内财经界、商业界的新闻报道，第 8、9 版下半部分为期货行情，第 10、11 版为股市行情；

第 12 版整版广告；

第 13 版文化版文化新闻与小说连载；

第 14—15 版生活版报道生活信息，介绍好书、好碟，刊登读者来稿等；

第 16—18 版地区版这四个版面按照东信、东北信、中信、南信四个区域分开，分别报道当天内各个区域的重要新闻以及电影信息或地方电视台节目预告等；

第 20 版特刊本期刊登了有关地区道路建设的问题；

第 21 版电视与广播节目预告；

第 22 版生活信息版本版刊登的基本都是讣告，并按照中信、东信登区域划分；

第 23 版体育广场版本版罗列出各种比赛的最新结果，主要是县内比赛，包括篮球、排球、乒乓球、网球、田径、足球、柔道、空手道、羽毛球等等。

第 24—27 版体育版主要为棒球新闻；

第 28 版特刊名作的舞台本期登载了清水澄子的作品；

第 29—31 版社会版第 31 版刊有系列漫画；

第 32 版电视节目预告。

晚报的 8 个版面也没有具体按类别划分，但基本内容主要是政治新闻、体育、股市行情和节目预告，与早报相比，晚报没有整版广告，而是设立了图片版。

第三节　发行拓展

一、《信浓每日新闻》各地区发行量

表 11–1　各地区发行量　（份）

地　点	数　量	地　点	数　量
长野市	101912	上田市	28267
须坂市	12893	小诸市	10155
中野市	9127	佐久市	14415
饭山市	6398	南佐久郡	9904
更埴市	9312	北佐久郡	13015
更级郡	2024	小县郡	17207
埴科郡	8427		
上高井郡	4409		
下高井郡	6374		
上水内郡	13014		
下水内郡	1690		
北信计	175580	东信计	92963
市计	139642	市计	52837
郡计	35938	郡计	40126
东北信计……268543			
松本市	50410	冈谷市	8765
大町市	6670	饭田市	16084
盐尻市	12033	诹访市	5698
东筑摩郡	12621	茅野市	6953
南安昙郡	20416	伊那市	10903
北安昙郡	7997	驹之根市	5684
木曾郡	4620	诹访郡	5865

（续上表）

地　点	数　量	地　点	数　量
		上伊那郡	17009
		下伊那郡	9630
中信计	114767	南信计	86591
市计	69113	市计	54087
郡计	45654	郡计	32504
中南信计……201358			
县内计……469930		合计……470828	

（2000 年 4 月平均）

就其普及率来看，《信浓每日新闻》在城市地区有着更高的普及率，县都长野市高达 78.8%，中南信地区的中心城市松本市为 64.9%。截止到 2002 年 10 月，《信浓每日新闻》的发行量达到 480185 份，县内平均普及率达到 62.9%。由于读者的厚爱，《信每》在长野县以压倒性的普及率保证了其作为主流媒体的稳固地位。

二、地区生活信息周刊

信浓每日新闻社还在松本、取访、依那、饭田、佐久五个地区发行周刊，五种周刊发行量共计 311600 份。这些周刊满载着各个地区人们身边的信息，是读者们喜爱的信息报。

表 11-2　　五周刊发行量及版式编辑特色统计表

名称	发行日	发行量（2002 年 10 月）	发行区域	版式	编辑方针
松本周刊 週刊まつもと	周五	117000	松本市、盐尻市、大町市、东筑摩市、北安昙郡、木曾郡	四开 12 版（中间六版彩色印刷）	以关注女性为编辑方针。通俗易懂的报道、简约的设计深受读者好评

(续上表)

名称	发行日	发行量(2002 年 10 月)	发行区域	版 式	编辑方针
取访周刊 週刊すわ	周五	50000	冈谷市、取访市、茅野市、下取访市、富士见町、原村、辰野町	四开八版(中间四版彩色印刷)	拥有以年轻人和主妇为中心的渗透力强劲的广告效果,每周刊登电影、购物等信息,常常被作为保存版收藏
依那周刊 週刊いな	周四	48000	辰野町、箕轮町、南箕轮村、伊那市、宫田村、驹之根市、高远町、长谷村、饭岛町、中川村	四开八版(中间四版彩色印刷)	在上依那地区的家庭拥有 76%的覆盖率,是与地区紧密相连的生活信息报
饭田周刊 週刊いいだ	周四	48000	饭田市、下伊那郡、中川村	四开八版(中间四版彩色印刷)	"周四早上的报纸特别有趣",持有这种想法的饭田周刊的读者很多。其读者很多都是信息敏感者
佐久平周刊 週刊さくだいら	周四	48000	佐久市、小诸市、轻井沢町、御代田町、望月町、立科町、佐久町、小海町、北御牧村、浅科村、八千穗村、北相木村、南相木村、南牧村、川上村	四开八版	发行区域与商业圈密切配合,有助于生活的身边报纸

第四节　长野制作中心
——21 世纪的信息基地

长野本社

占地面积：6196.18 平方米；

建筑面积：7538.53 平方米；

建筑布局：

1 层：纸张室、立体纸库、制作室预备室、油墨室、压缩机室、办公室；

2 层：印刷室、制版室、寄送室、筹备间、会议室、办公室；

3 层：更衣室、浴室、休息室；

4 层：送变电室、暖气、空调机房、参观者大厅、接待室、体育娱乐室。

一、《信每》的技术革新

《信每》于 1873 年 7 月 5 日创刊，1908 年开始使用轮转机进行印刷。到 1961 年时，已经使用汉字电传机实现了报纸制作的全面机械化。首次将电脑引入报纸制作是在 1979 年，《信每》开发完成电脑制作报纸系统“考斯贸斯”（COSMOS）。随后，1981 年长野总部引进胶印轮转机，两年后又开始采用彩色印刷技术。1989 年，松本总部实现了 40 版连续印刷，1991 年又开发完成使用人工智能的新制作系统“新考斯贸斯”（New COSMOS）。到 2001 年，长野制作中心成立，引进了无轴轮转机，40 页全彩色印刷成为现实。

二、无轴轮转机

2001 年 12 月，位于长野市青木岛的信浓每日新闻社新的印刷厂——长野制作中心建设完成。制作中心的特点就是报纸 40 版都可以进行彩色印刷，这是日本国内首台全 40 版彩印设备，为了实现这一目的，《信每》引进了 10 台可以印制 8 面彩版的塔形轮转机，将每 5 台连成一组，组成两组。

除了全彩印刷，这种设备的第二个特点就是高速化。两组轮转机一个小时可以印制 40 版全彩报纸 17 万份，也就是说，1 分钟 2800 多份，1 秒钟 47 份，这当然是日本国内速度最快的报纸用轮转机。印刷的高速化使印刷时间缩短，新闻截稿时间也相应延长，所以可以更快地报道更多、更好的新闻。

该设备的第三个特点是充分考虑了环境保护问题。过去，印刷好的报纸都是采用聚乙烯袋和聚丙烯带子捆包、配送，长野制作中心在日本报界首次采用了“纸”进行替代，将印刷好的报纸包装材料从石油化学产品换成了“纸”和“纸条”，使得捆包材料和旧报纸可以一并回收再利用，这在报界也是首次。

另外，把印刷时烧印版面所需要的铝板安装在轮转机上，省却了在这之前所必需的胶片输出，能够使轮转机节约 15%—20%的电力，整个工厂的空调采用利用夜间电力的冰蓄热方式，也减少了白天的电力消耗。

三、纸张的供应

信浓每日新闻社的立体纸库能够控制温度和湿度，保证纸张处在最适宜印刷的状态。立体纸库是无人化操作的，机器人 AGV 从纸库中取出印刷用纸，自动将其装在轮转机上，标准的报纸用纸大约是 1.6 米宽，被卷在一个圆筒形上，其直径约为 1.2 米，长超过 16 千米，约重 1.2 吨，相当于 6000 份 40 版的报纸。

长野制作中心所使用的报纸用纸是用船和卡车从北海道、富山运来的，运到后先存入与制作中心毗邻的王子制纸厂的纸张仓库。这个仓库大约保管有 800 卷，相当于能够用两周的报纸用纸。按照计划，纸张不断地被运到立体纸库，立体纸库的容纳能力为 144 卷，它有 6 层架子，可以维持库内的温度与湿度。

将纸张装入轮转机是无人机器人 AGV 的工作，按照预先设定的印刷程序，AGV 将印刷用纸从立体纸库取出将其装入各个轮转机。

四、CTP

CTP 是长野制作中心引进的新技术之一，它使得制版工程更加省力。一般来说，版面是在电脑编辑好报道和照片后，用薄铝板烧制而成的，将烧制好的版面附在轮转机上进行印刷，因此铝板就被叫做“刷版”，制作刷版的工作就是“制版”。以前，制版都是先从电脑拷贝到胶片上（彩色印刷的情况需要红、黄、蓝、黑 4 张胶片），然后从胶片上烧纸到刷版上，新工厂则将制胶片的过程省略，开发出从电脑直接制成刷版的技术，因而大大提高了制版过程的效率。

五、彩色高速印刷机

塔形轮转机由四个小型轮转机组成，因此也称作 4Hi。在新闻纸上一遍遍依次刷上蓝、红、黄、黑 4 种颜色，于是就成了漂亮的彩色版面，一台塔形轮转机单面印刷一次可以印 4 个版面，双面可以印 8 个版，将 5 台这样的机器连接起来，就可以完成 40 版的全彩印刷。新形塔型轮转机最大的特点就是“无轴式”，轮转机不断运转，进行印刷的部分叫做“机身”，过去是使用连接轴将电动机和机身连接起来传输动力，而这种新型轮转机的机身上配有小型电动机，因而不需要连接轴，一台塔形轮转机有 8 台电动机，5 台共计就是 40 台，全部都由电脑控制。

由于采用无轴传动，轮转机就可以以更快的速度运转。有了《信浓每日新闻》和生产厂家共同开发的高速轮转机，再加上将连续印刷的报纸裁开，然后折叠成一份一份的“折叠机”、报纸运送机，这一切使每小时印刷 17 万份报纸成为现实。另外，由于采用无轴式轮转机，不仅电力消耗比以前减少了 15%—20%，噪声也大大降低了。

第五节　向多媒体进军

一、媒介开发部——向其他媒体提供新闻和数据库

媒介开发部门主要从事长野县的门户网站——《信每》主页的运营以及向县内 CATV 局、手机、室内外电子广告板提供信息的活动，另外还负责信每数据库的积累。

从 1995 年 7 月 1 日起，《信每》主页开始收集《信浓每日新闻》的报道、照片和版面信息三种数据。除了可以将单词作为检索关键词以外，还可以使用简单的分类，进行提炼主题后的系统性检索。凡是刊登过的版面都存入多媒体数据库，可以进行检索，从 1992 年 2 月起，《信每》数据库开始有偿向社会开放。

二、事业部——多种丰富多彩的活动

事业部门负责组织开展体育比赛、展览会、演出、报告会以及职业棒球官方比赛、围棋、象棋等多项活动，每年共计要举办 110 到 120 次。

《信每》创刊 120 周年的时候，报社设立了“信每奖”，“信每奖”与财团法人《信每》文化事业财团共同举办，每年向在文化、社会、教育、产业、体育等领域表现卓越的个人和团体颁发“信每奖”。

体育方面，《信每》每年举办经过日本田径协会公认的纪念长野冬奥会的——长野马拉松比赛，另外还有公路长跑接力赛（roadrace Ekidenrelay)，这些比赛成为中长跑运动员梦想从长野走向全国、从日本冲向世界的成功之路。此外，《信每》还举办以滑雪、滑冰等冬季竞技项目，棒球，足球，高尔夫球赛等各种比赛，从而促进运动员的培养和成长。

展览会方面，除了每年的春季美术学院展，日展、企业展以外，信每还举办音乐会、戏剧等舞台演出，以及以培养音乐家为目的的钢琴比赛等。

《信每》还举办巡回于全国各城市的《信每》讨论会、文化报告，邀请知名经济界、文化界人士担任主讲，使之成为中央——县内的交流场所。

三、信浓每日新闻社的奖项

1.“信每奖”

“信每奖”授予长野县在文化、社会、教育、产业、体育等领域作出杰出贡献的团体和个人，以奖励县内人民文化发展。

“信每奖”的评选主要基于推荐委员会的推荐，经审查委员会审查，由以信浓每日新闻社社长和《信每》文化事业财团理事长为会长的表彰委员会评定。

“信每奖”分为金奖和银奖，另外有时也会颁发特别奖。

“信每奖”每年评选一次，推荐的截止日期为每年的 3 月 31 日。

原则上将于《信浓每日新闻》创刊纪念日（7 月 5 日）举行“信每奖”的颁奖仪式。

2.“信每选奖”

“信每选奖”于平成八年（1996 年）设立，是为了表彰通过文化、体育等活动贡献于社会，具有美好前途的团体和个人。它通过信浓每日新闻社的采访网在社内选考委员会上讨论候选人，精选出符合标准的候选者，经《信每》文化事业财团理事长同意后选定。

四、出版图鉴、博物志以及山类图书

信浓每日新闻社的出版活动在继续植根于长野县文化自然、风土人情的同时，努力站在全国视野上发表自己的言论。迄今为止，信浓每日新闻社出版过被誉为“地方史研究金字塔”的《信浓史料》、获得“每日出版文化奖”的《一茶全集》、获得“地方出版文化功劳奖”的《信州儿童的20世纪》等书籍。

以长野县丰富的自然资源为背影而出版的各种图鉴和博物志系列，也非常受欢迎。其内容包罗万象，有高山植物、树木、菌类、山菜、动物、野鸟、昆虫、鱼类、贝类等。长野县的山岳县（被誉为“日本的屋顶”），以“北阿尔卑斯”（上、下）为代表，关于山岳、登山的书籍和图片集格外丰富，这些作为“信浓每日的山类的图书”为人熟知。

另外，《信每》还出版涉及历史、社会、地理、文学、教育、民俗、生活等领域的图书。在美术出版方面，相继出版了《长野画家精美画集》，深受好评；《信每》发行的各种业余爱好和实用手册也受到欢迎；具有悠久传统的《信每年鉴》，充分利用报社的特性，拥有丰富的数据，因而被广泛使用。

第六节　名记者桐生悠悠

一、桐生悠悠是谁

现在每当来报社应聘的学生被问及“最尊敬的人物是谁”的时候，很多人都说出桐生的名字。

桐生悠悠像

桐生悠悠本名桐生政次，明治六年（1873年）生于金泽市。活跃于明治末期至昭和初期的桐生悠悠是一名刚毅的记者，他一生无情地批判封建思想和政治腐败、军队独裁统治。

他的主张在当时的社会情况下虽然是合理的，但是却过于激进而脱俗，所以很难被世俗所接受，以至于招致人们的反感，甚至遭到了军队、政府的强烈压制。尽管如此，桐生却毫不放松信念，在他被日本新闻界放逐的晚年，其个人杂志《他山之石》仍然受到军政的批判，遭到了数次禁售的惩处。有逸闻说，在他68岁去世之时，特别高等警察还出现在他的灵前，宣告了禁止发行《他山之石》的命令，以此可见其反抗精神。在立志成为记者的年轻人中间，桐生悠悠至今仍是“传说中的伟人”。

桐生悠悠曾在《下野新闻》（栃木县）、《大阪每日新闻》、《大阪朝日新闻》、《新爱知新闻》（《中日新闻》的前身）等多家报纸供过职。在从明治四十三年（1910 年）开始的四年间，以及从昭和三年（1928 年）开始约四年半的时间，桐生在这两段时间均作为主编供职于《信每》。

使得桐生名声大起，同时也使他深陷苦境的是两篇评论，一篇是《打破陋习论》，另一篇是《嗤笑关东防空大演习》，而这两篇评论均是他供职于《信每》的时候写的。

现在，《信每》总部是大正十二年（1923 年）在长野县建造的第一栋钢筋混凝土建筑，桐生两度供职于《信每》都是在这座大楼里笔耕不辍，楼内第二层编辑局里面北侧的主编座位是一张与现代风格格格不入的发黑的大木桌，抽屉把手是黄铜做的，已经磨得泛黄，据说这张桌子便是桐生生前喜欢的物品，已历经数代主编而留传下来。

二、桐生第一次在《信每》的日子

桐生悠悠第一次来《信浓每日新闻》是明治四十三年（1910 年）。这一年，首任社长小坂善之助将社长之位交给了儿子小坂顺造，顺造上任之后便开始寻找新的主编，这个时候，顺造正好参加由《朝日新闻》主办的“周游世界”活动，向偶然相遇的朝日部长问到“有没有好的人才啊？”于是桐生就被介绍了过来。

来到《信每》的桐生开始写新闻报道，初写报道的他大吃一惊，发现自己写的新闻报道往往能引起很大的反响，于是就格外努力。这时的桐生曾经不无感激地说道：“信州是一个言论之国，是一个的的确确的言论之国。”

我们调查了一下桐生来到《信每》之前在《朝日》的情况，发现在那里，他并没有令人关注的记载，这并不是说桐生在《朝日》只是混日子，而是那时的桐生是以成为小说家为目标的。当时，《朝日》拥有夏目漱石、二叶亭四迷、石川啄木等诸多杰出的成员，桐生恰恰就是以这些人为榜样的。

桐生来到《信每》的第 2 个年头，即明治四十五年（1912 年），明治天皇去世了，在同年大正元年 9 月举行的国葬之日，大将乃木希典自杀以殉天皇，3 天后，对于此事桐生以“打破陋习论”为题发表了社论，批判了乃木的殉死行为。

其主要论点改为现代文就是：

（1）殉死或者是自杀都是封建残余，明治天皇在 5 条誓言中不是也曾经提到要“打破陋习，遵从天地公道”吗？夺走自己的生命难道就可以称得上是天地公道吗？

（2）日本国民遵从于万世一系的天皇家族，那么，为明治天皇殉死岂不是下面的大正天皇就无所谓了吗？这难道不是对大正天皇的不敬吗？

在当时社会对乃木的一片赞誉声中，桐生发出了“大家，冷静一下吧”这样的声音，而绝不是对天皇制度的批判，在这种意义上，这是一篇好的社论。但是，它仍然掀起了轩然大波，社会上出现了“砍下桐生的头”、“晚上你可要小心点！”等这样的言论，而且《信每》也开始担心起报纸的销量来。

这时候，顺造社长采取了今天看来难以置信的对策，他以社长之名亲自写了一篇题为“论乃木大将之死”的文章：“我们不应当将乃木大将的殉死行为作为一个是否理性的问题来讨论，而应当在感情上接受它，在这一点上我与桐生先生的意见相左，不过，即使是报社的同行也有意见不同的时候。”就这样，这件事情就好不容易过去了。

采访《信浓每日新闻》编辑局长，他现在使用的办公桌仍然是当年桐生悠悠使用过的办公桌。

只不过，之后桐生与顺造“意见相左”的情况不断发生。当时，顺造是政友会的议员，但是桐生每每对政友会施以严厉批判的时候，都导致“小坂顺造社长应当脱离政友会”的结果。尽管如此，顺造并没有在报纸上插言，这在一般的企业是难以想象的，这正是因为沿袭首任社长以来缄默的社风，即“经营者不介入编辑方针”，这样的社风一直被传承到今天。社风的根本就是，报纸是公共设施，经营者不可以肆意在白纸上书写。

但是这样的情形继续下去，顺造毕竟很难办，因而他示意桐生是否可以考虑一下自己的立场，但桐生没有接受这一意见，于是他离开了信浓每日新闻社。

这就是桐生第一次在《信每》的日子。

之后，桐生在《中日新闻》的前身《新爱知新闻》担任了 10 年的主编，他参加了众议院竞选，但是作为不知名的候选人，以落选告终，他寄存的钱财也被收走，只能依靠借款艰难度日。

三、桐生第二次在《信每》的日子

昭和三年（1928 年），小坂顺造给桐生发来了电报“火急，速来”，邀请他“再次来到《信每》”，这岂不是放虎归山吗？为这个危险人物吃过的苦头，难道顺造都忘了吗？顺造却说：“虽然意见相左，但是他的想法很有意义。”就是因为这种敬畏或者说是男人间的友谊的缘故吧，于是历经 15 年之后，桐生再次回到了《信每》，这时他已经 55 岁了。

桐生回来后第 4 年的春天，青年将校冲入首相官邸，射死了犬养毅首相，这就是历史上的“五一五事件”。军队的独裁专断日益加重，第二年的 8 月 9 日，关东一带进行了为期 3 天的防空大演习，目标是针对夜间来袭的敌机，在全市家庭熄灭灯光，看不清打击目标的情况下，使用高射炮在东京上空迎击。

之后，对于桐生和《信每》来说，决定命运的 8 月 11 日降临了。8 月 11 日，桐生在《信浓每日新闻》上发表了《嗤笑关东防空大演习》的社论，其主旨是：“此次大演习若是实战，必是损失甚大，其惨状难以估量，依靠先进科技，轰炸机都可以依靠仪表进行飞行，只要使用红外设备，在黑暗中实施打击是完全可能的，让全市家庭熄灯简直就是无稽之谈，如此这般的实战将来是根本不可能出现的，如果首都上空真的敌机来袭，恐怕我们除了低头求饶之外别无他法吧，因此，这种空想的演习真是毫无益处。”

这虽然是一篇冷静客观的社论，但是对于自以为是的独裁军部来说，任何批评都是不可忍受的。而恰恰不巧的是，对于此次大演习，昭和天皇也发表了“意义极为重大”的书面意见，嗤笑天皇是大不敬的事情，因此在社论刊出的第二个月的一天，信州乡军同志会的七名干事长身着军装出现在了《信每》的大楼，当时社长顺造正在国外出差，处理这件事的是当时任社长代理的常务董事小坂武雄（小坂顺造的弟弟，同时也是现任社长小坂健介的父亲）。同志会要求桐生辞职以及刊登小坂常务的道歉书，而且以发起“不买运动”相威胁，当时《信每》的发行量是两万份，而与此相比，信州乡军同志会的人数是八万人，这无疑是一个很大的威胁。

在小坂武雄的军部朋友劝说下，38 岁的武雄自动辞职，并发表了自己监管不慎的书面道歉，终于平抑了这桩事件，避免了遭遇“不买运动”，桐生也因此离开了《信每》。

桐生曾经这样描述信州的风土：“信州为言论自由之地，信州人因富于理智而闻名，既为聪颖民众聚集之地，信州成为言论自由之乡便不足为奇了。因此信州就是我们自由言论者——评论界的理想地区。”

由于处于这种“言论之乡”，桐生才写出了一段段正义的文字斗争史。辞职之后，他搬到名古屋，经营出版私人杂志《他山之石》，由于他对军部强权政治的无情批判，屡次遭到禁止发行的惩处，而诞生于长野这块土地上的《信浓每日新闻》，在尊重编辑的独立性、追求公正的报道的作风下，也必将在日本新闻界抒写浓重的一笔。

京都新聞

2/12(月)

新高齢者医療制度

75歳以上に在宅療養計画

後遺症、家の広さなど考慮

厚労省検討 主治医ら作成

舞鶴市長に斎藤氏

初当選 自民推薦候補ら破る

2月異変 京観光ラッシュ

3連休と暖冬効果

北朝鮮 重油200万

大ガス販売 CO 夫婦 神戸

きょうの紙面

《京都新闻》

第 12 章

《京都新闻》

“漂亮而有魅力”
合作获得荣耀

创办时间：1879 年 6 月 9 日，原名《京都商事迅报》，数次改名，1942 年改为现名

现任社长：野村荣太郎

发行量：日报 50 万份，晚报 32 万份（2004 年的统计数字）

网址：http://www.kyoto-np.co.jp/

地址：京都市中京区乌丸通夷川上ル

电话：075-241-5430

- 《京都新闻》现在的日发行量已经达到 82 万份，其中日报的发行量为 50 万份，晚报的发行量为 32 万份（2004 年的统计数字）。[1]对于一份地方报纸来说，拥有一个如此大的发行量是件非常不容易的事情。
- 《京都新闻》是一份“漂亮而有魅力”的报纸，其成功的重要经验之一就是“当地新闻信息的丰富性”，使用丰富的色彩元素，漂亮而又愉悦人心地将热门话题传递给读者，这是《京都新闻》一直坚持的原则。《京都新闻》的环境保护报道也闻名遐迩，发表了《地球在发出警告》、《和地球一起生存》等文章，强烈呼吁关注环境保护问题。
- 目前，《京都新闻》已经发展为一个地方性的小型传媒集团，共有资本金 6 亿日元，拥有记者以及内勤人员共计 300 多人，下属各种媒体企业和关联公司多家。

第一节 “不浪费读者时间”的报纸

《京都新闻》创刊于1879年6月9日，当时的名称是《京都商事迅报》，第二年改名为《商事迅报》。创刊时的主要目的是刊登一些当地的物价、警察局的失物招领以及一些轮船的时刻表和道路的交通状况等实用信息，主要目的是“让读者不浪费时间”。当时的报纸分为刊登有关政治评论的“大报”和刊登各种社会实用信息的“小报”，《京都商事迅报》是属于“小报”类的报纸，和现在的《京都新闻》的性质和体制都不同。此后《京都商事迅报》和《京都新报》、《京都滋贺新报》、《中外电报》、《日出新闻》一起合并为《京都日出新闻》。另一方面，创刊于1912年的《京都夕刊新闻》于1920年，也与《关西日日新闻》合并为《京都日日新闻》。

1942年，由于被军国主义势力控制的日本政府对国内报纸提出了战时统合的要求，《京都日出新闻》和《京都日日新闻》合并为现在的《京都新闻》，成立了股份公司。1965年，财团法人京都新闻社会福祉事业团建立；1971年，《京都新闻》的白石古今社长任日本新闻协会的会长；1988年，《京都新闻》日报发行量突破50万份。现在，京都、滋贺两地的家庭中有一半以上都订阅《京都新闻》。1995年，在日本阪神大地震的报道过程中，《京都新闻》与神户新闻社紧密合作创作的新闻报道《生命》获得了日本新闻协会的大奖。

现在，《京都新闻》的日发行量已经达到82万份，其中日报的发行量为50万份，晚报的发行量为32万份（2004年的统计数字）。[①]对于一份地方报纸来说，拥有一个如此大的发行量是件非常不容易的事情。

---

① 《日本新闻年鉴2003—2004》，日本新闻协会、电通株式会社出版，2004年版。

第二节　一种独特的精神和气魄

就像京都新闻社编辑局的局长松永先生所说：“我们和大都市的全国性报纸是不同的，我们是一份地方报纸，正因为如此，我们必须做一些和全国性的报纸不同的东西。要培养一种全国性报纸所没有的精神和气魄。”

作为一份地方报纸，《京都新闻》能够拥有巨大的发行量，受到广大读者的喜爱，在日本五大全国报系几乎“一统天下”的格局中站稳脚跟，开辟自己的市场，并且一直保持良好的运营态势，的确是有它的独到之处。其成功的重要经验之一就是“当地新闻信息的丰富性”，根据报社的调查，读者购买《京都新闻》的原因主要是以下几个方面：

表 12-1　购买动机调查表　(%)

购买动机	比例
地方新闻信息非常丰富	46.5%
因为是本地报纸	41.6%
以前购买和阅读过《京都新闻》	36.6%
对其他的新闻贩卖店不满	9.9%
想看《京都新闻》的广告	8.9%
工作的关系	5.0%

现在，担任京都新闻社长的是野村荣太郎，他认为：“真实的稿件是要用脚才能写得出来的”，“报道第一手信息”是京都新闻社记者的口号。在报社编辑部内部，《京都新闻》的老一辈记者和编辑非常注重严格要求年轻记者，虽然现在新闻采编已经不是用纸笔，而是用电脑传输，但是京都新闻社长期以来培养起来的基本报道取材方式还是没有变化，记者们不分白天黑夜，赶往新闻现场去收集真实的新闻信息，并追溯各种新闻的相关背景。

京都新闻社的记者被按照政治、经济、社会、文化、运动等和不同的地区、分成不同的部门、到现场进行新闻采访。随着现在对新闻事件的不同观点的增多，新闻记者采访的难度也不断增大，新闻采访一般使用电脑记录成文，然后及时送往本社，像纸制照片一样色彩艳丽的新闻照片和用摄像机在现场拍摄的录像也是通过电脑原模原样地及时送往本社，在今天这个对新闻分秒必争的社会里，电脑已经成为记者身边的必需品了。京都新闻社的记者们不停地在新闻现场锻炼自己，并接受读者的各种意见，《京都新闻》本着对本地区的强烈爱心开展各种言论报道活动，希望对京都和滋贺地区的发展作出贡献。

使用丰富的色彩元素、漂亮而又愉悦人心地将热门话题传递给读者，这是《京都新闻》的期望。作为一份地方报纸，它的版面一直都受到当地读者的好评。现在它的一些地方版就使用了彩印技术，这种彩印报纸的制作是通过最新的画像处理技术进行的，彩印纸面一般是在黄、青、红、黑四种颜色的版上进行印刷的，因此就必须把新闻图片上的颜色也分解为这四种颜色。为了进一步增大彩色版面的数量，京都新闻社引进了一套先进的画像处理系统，这套系统可以迅速地把新闻图片上的色彩分解为符合印刷特性的颜色，并且可以在短时间内把新闻图片加工处理为符合在报纸版面上登载要求的图片。在广告图片的处理方面，现在各家报社也在缩短广告图片的处理时间，在提供色彩鲜艳的广告信息方面进行着竞争，京都新闻社现在一般也是直接接受保存着广告主在外面已经制作好的广告原稿的光碟（MO），或者利用网上系统（EDI）接受从距离较远的地方传来的广告原稿。

在《京都新闻》的本社中央处，从地下一层到地上二层，有非常大且通风良好的空间，在这里，五台最新的报纸印刷机井然有序地并排安放着，这种最新的高速印刷机能够同时印刷32页彩色版面，一台机器可以在一分钟之内印刷日报（32页）1000份。在这套印刷系统中，新闻纸被垂直地送进去印刷，这套机器也设有调整印刷油墨的按钮，是一套全自动的印刷设备，从开始印刷到印刷完成都不需要担心，可以保证提供优良的印刷质量。另外，印好的报纸还可以根据各个发行所的需要进行打包，通过运输带传到运输车上，这些也是由电脑来完成的。这些迅速而准确的印刷和发送也是支撑报纸良好发行的一个重要方面。

1985年，一套最新的电子编辑系统（KWS）研发完成，《京都新闻》铅活字排版就彻底被取消了，现在《京都新闻》的版面制作都是由KWS系统来完成的。在新闻报纸的制作过程中，常常要和时间作战。为了把新鲜的内容及时准确地通过漂亮的报纸传递给广大的读者，京都新闻社开发了一个较为先进的电子编辑系统，一切编辑和排版工作都可以在电脑上进行。现在京都新闻社使用先进的KWS系统，使得一个人就可以完全负责完成版面的编排工作，KWS系统是《京都新闻》等四家报社和制造公司共同开发出来的。KWS系统使得操作更加简单，效率也比以前提高很多。

不仅如此，京都新闻社还可以利用这个系统制作出不同的地方区域版，《京都新闻》为了提供和当地读者切身相关的新闻，根据地域区分，制作了各种不同的区域新闻版，这些区域新闻版一般是两页，分别设在京都府内的第七版和滋贺县内的第二版，一共四页，当然地方区域新闻也会在适当的时候，和头版的内外政治版面和社会新闻版进行一些内容交叉。

一、闻名遐迩的环境保护报道

在环境保护方面著名的《京都宣言》不仅使京都这座古城变得世界闻名，而且也使《京都新闻》的环境保护报道闻名遐迩，京都不仅文化保护做得好，在环境保护方面也是国际的典范。

《京都新闻》一向很注重对环境问题的报道，认为“拥有美丽的生存环境是人类的权利”。1997 年 12 月，为了防止全球性的温室效应加剧而召开的世界著名的“京都会议”，给了京都新闻社一个很好的报道契机。为了减缓全球气温升高的速度，控制温室效应对全球的影响，欧洲国家建议规定削减废气排放的具体数值，并加强执法的力度，但是对于强制规定削减的数值，美国和日本都持消极的反对态度。京都新闻社作为会议召开地的主要报纸媒体，连载了会议的情况，并对日本政府的消极态度给予了批评，还专门策划了一个连载长达一年半的关于环境问题的专栏，邀请了已经退休在美国的大学里研究环境保护政策的学者山内康敬回国，担任该专栏的主要策划者和负责人，刊登了《地球在发出警告》、《和地球一起生存》等文章强烈呼吁关注环境保护问题，而且报道的取材不仅仅是在日本国内，还涉及了欧美、中国、马来西亚等国家和地区。

二、《京都新闻》与《神户新闻》的通力合作

《京都新闻》一件最值得称道的事情，便是 1995 年在日本“阪神大地震”之后与《神户新闻》通力合作策划的大型报道《生命——从地震现场传来的报道》，获得了日本新闻协会的大奖，荣耀并不仅仅是获奖本身，而是在那场史无前例的灾难中，《京都新闻》所表现出来的可贵精神和优秀品质。

《京都新闻》和《神户新闻》的发行量都在 50 万份左右，而且都是地方报纸，但是他们两家不是竞争对手的关系，而是很好的合作伙伴。《京都新闻》和《神户新闻》在历史上并没有太多的联系，但是，随着日本经济的发展和地区间交流的日益增多，两家报社的交流和沟通开始日益增

多，再加上两家报社在某些方面的相似性以及地域的相对接近性，两家报社发展成为一种非常友好的合作伙伴关系，这在地方报纸里并不多见，最令人感到敬佩的是两家报纸在“阪神大地震”期间进行了愉快合作。

早在“阪神大地震”之前，两家报社的社长以及社员之间就建立了良好的关系，经常进行两地新闻信息的交换，并且签订了一份“紧急事态发生时新闻发行的援助协议”。协议规定：在报社受到地震、火灾、洪涝灾害，不能进行新闻制作和印刷时，为了维护报社的继续发行，基于相互援助的精神，两社要进行全面的协作。没想到，一年后真的发生了大地震，地震发生后，由于神户新闻社几乎遭受了毁灭性的打击，京都新闻社马上指定社会新闻部的代理部长田中雅郎负责接收《神户新闻》通过电话传过来的地震相关新闻稿，随后，他就和另外三名记者以及两名摄影师一行六人来到了神户，直接进行合作采访。

两家报社一同进行取材，一同编辑，一同策划，一开始确定的题目是“消失的城市”，后来大家商量觉得这样消极的题目不合适，应该鼓舞大家的士气，于是把题目改为“生命——从地震现场传来的报道”。两家新闻社的记者和编辑都夜以继日地工作，很多人都是只有吃饭的时间来休息一下，不少记者还在采访过程中受伤，但是，他们还是坚持在第一线，表现出了作为一个记者和一个新闻社该有的社会责任感和崇高的精神品质，受到广大读者的尊敬，也进一步确定了两家报社在当地的信誉和威望。

第三节　地方化的小型传媒集团

京都新闻社现在共有资本金6亿日元，拥有记者以及内勤人员共计300多人，在京都和滋贺两地设有本社，在东京和大阪设有两个支社，并且在京都和滋贺两地的各个府县内设有东北部总局、北部总局、洛西总局和丹波总局，在这些总局下面又设有许多分局。在这两个地区以外，还设置了不少支局，构成了一张以京都、滋贺为中心的新闻传播网。

一、京都新闻社的组织架构

京都新闻社的结构是一个地方性的小型传媒集团，下属各种媒体企业和关联公司多家。京都新闻社的关联公司有：京都电子计算公司、京都新闻信息服务中心、京都新闻企画事业、京都报纸发行公司、京都广播电视台等等。京都新闻社的关联社会团体有：京都新闻社会福祉事业团、京都新闻健康保险联合会、京都广告协会、日本国际联合协会京都本部等等。

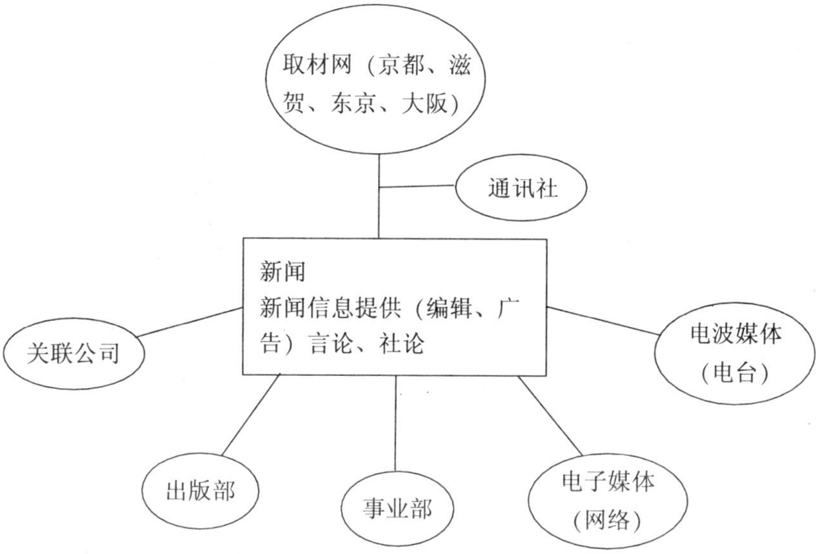

图 12-1 京都新闻社的组织结构和运行图

二、地方报业的数字化

京都新闻社的网站在地方报纸中间是数一数二的，它以建立“京滋的综合信息产业”作为主要目标，因此也向电视、广播和 CATV 等机构提供大量的新闻信息。伴随着电子编辑系统的引入和使用，新闻采访写作和照片的电子化，使得加工、收集和存储信息变得容易，向其他媒体发送新闻信息的能力也由此得到了飞速的提高。现在最受注目的应该要数网站的建设了，自 1995 年《京都新闻》开设网络主页以来，作为京都的一个主要网站，它受到了国内外人士的欢迎，人气旺盛，在地方报纸中就不用说，即使是在京都，也是浏览人数最多的一个网站。目前，京都新闻社也开始向个人信息的收发端——手机提供各种新闻。在出版事业方面，京都新闻社也使用 CD-ROM 技术制作了电子图书，并且发行了《京都新闻》的电子缩印版。为了更为多样地运用收集到的信息情报，京都新闻社一直在强化提高自己向其他媒介传送信息的能力。

三、《京都新闻》的经营管理

京都新闻社社长增田正藏

在发行方面，京都新闻社一直引以为自豪的是能受到读者“第一个送到读者手中的报纸”这样的赞誉。

在一大清早，肚子还咕咕作响的时候，《京都新闻》的日报就已经送到了读者的手中。从北面可以听到日本海的海浪声的丹后半岛和能望见竹生岛的琵琶湖岸边开始，到南面的奈良县和三重县境内，刊登着丰富多彩的地方新闻的《京都新闻》的运报车，将每日的报纸按时送到京都和滋贺县境内的285个发行所。到达发行所以后，报纸派送员会满怀热情，亲手把报纸送到家家户户，下雨天宁愿淋湿自己也不让报纸淋湿，自行车倒了也决不延误送报纸的时间。报社强调，《京都新闻》不仅仅是一份简单意义上的报纸，而应该是第一个送到读者手中的报纸，京都新闻社这种强烈的使命感受到了读者的广泛赞扬。

在广告方面，京都新闻社认为广告也是一种新闻，应该刊载那些新鲜而又贴近生活的广告信息。随着媒体的多样化，关于产品和企业的广告也日益增多，在信息泛滥的时代，能得到消费者高度信任的便是报纸的广告，《京都新闻》关于商店、超市、专卖店、餐饮店、地方行政服务等方面的地方广告非常多，和京都地区贴近性较高的广告《京都新闻》用得最多。此外，京都新闻社为了更有效地开展业务，专门针对广告主提出了连带网络广告等服务的新提案。《京都新闻》还经常制作一些当地广告的特辑，崭新的广告专集采用了特别的版面制作技术，也受到了较高的评价，而且获得了日本新闻协会的新闻广告奖。

京都新闻社力求创造一个充满活力的地方区域社会，“京都新闻社主办”的字眼经常出现在京都、滋贺两地的各种活动的展板上。虽然报纸的主要职责是传递新鲜、准确、及时的新闻，但同时，它也应该开展其他活动来振兴文化和体育事业，为把地区建设成为一个健康、活力又充满爱心的社会而作出贡献。京都新闻社每年都要举办日本画和西洋画的大型美术展，在体育方面，也主办过培养女子竞走选手的“新春全国女子竞走大会”，以及儿童棒球赛和少年足球赛等活动。京都新闻社还设立了一个针对社会各界，包括学术、文化、教育、体育和警界等的优秀劳动者的“京都新闻奖”。此外，京都新闻社自己的文化中心也举办过多次演讲会。但是在这些活动中，能够反映京都、滋贺两地悠长历史和鲜明地方特色的活动不是很多，《京都新闻》今后应在这些方面多加努力。

四、创造一个丰富多彩的未来

京都新闻社的野村荣太郎社长在京都新闻社的宣传册上提到：“随着信息技术和IT产业的迅速发展，信息大量生产和流通的时代已经到来了。在这样一个时代，提供准确无误的新闻，发表负责的言论报道将会成为一件非常重要的事情。京都新闻社经过明治、大正、昭和、平成等风风雨雨的时代一直走到今天，我们一直遵循着“坚守正义、坚守自由、坚守真实”这个宗旨，并且一直贯彻“以地区作为根据地，和地区共同发展”的基本原则，因此，我们能获得京都、滋贺等地广大读者的信赖和支持”。[①]

120年间逐渐培养起来的报社言论能力正在逐渐地充实和强化，作为京都、滋贺的综合新闻信息中心，《京都新闻》在为地方的社会发展发挥着重要贡献。

① 《京都新闻》报社媒体手册，2004年。

终　章

报业的未来

消亡抑或幸存？
颓势谁能力挽？

在深入考察了多家日本大报以后，我们需要来思考一下报业发展的规律，对报业的未来趋势作一些探讨和把脉。纵观日本报业的发展，有很多宝贵的经验值得借鉴和总结，也有很多教训值得吸取。即使是这么强势和庞大的报业王国也潜藏着很多深层的危机，有人甚至认为日本报业有分崩离析的可能。有着100多年发展历史的日本报业是一面镜子，我们从中可以展望报业发展的未来趋势。

日本报业有着悠久的历史，目前在日本国内活跃着的报纸大多都有一百二三十年的历史。

总体来说，日本大部分报纸在新闻报道上是能够坚持客观公正的。只有个别报纸的报道比较极端，极“左”或极“右”的都有。各家报纸的立场有所不同，在战前和战后它们的立场也发生了一些变化。由于报纸报道的质量和信誉很高，直至今日，报纸在日本各类媒体中仍然是最具权威性的。2000年日本报业协会制定了新的“新闻伦理性纲领”，对报纸提出了五个方面的要求：自由与责任、准确与公正、独立与宽容、对人权的尊重、品格与标准，正是靠这些原则报纸赢得了民众的信赖。

日本报纸的言论立场各不相同，有些报纸出于种种目的会使用过激言词，个别报纸甚至不顾事实呈现一边倒的倾向。如果用我们传统的观念从划分左派右派的方式来看，《读卖新闻》属于中间偏右派，《朝日新闻》属于中间偏左派，《每日新闻》也偏左，《产经新闻》很右，而《日本经济新闻》基本上是处于客观的中间派。另外，五个报社的定位和中心均不一样。比如《读卖新闻》把自己办报方针的重点放到自由主义上，而《朝日新闻》则把办报的立场的重心放到了民主主义上，《日本经济新闻》则注重坚持市场原理。而这些报纸办得都很成功，正是实现了一种“君子和而不同”的境界。

日本报业的发展经验可以从以下四个方面来归纳：

第一，日本主流报纸的办报质量比较高，报纸内容比较严肃、信实。每家报纸都有自己的办报原则和基本信念，报业整体的行规和自律做得比较规范。从业人员新闻专业素养较高，内容既贴近大众，又不乏严肃性。报纸言论自由而又有责任。

第二，日本各大报社都拥有一套完善的发行体系和许多特殊的发行管理方法，例如订购、送报上门、发行专卖制度等，同时各地都制作地方版，报纸内容比较丰富。

第三，日本报业的经营环境和生态环境比较好。法律法规与行业协会的自律规则相结合，建立了有序的市场竞争机制，稳固报纸价格体系的“再贩卖制度”和维护市场公平竞争的报纸发行量稽核制度与ABC机构发挥着良好的制衡作用。

第四，日本的大多数报社都从几十年前就开始实行立体化经营与集团化发展，对于在数字化时代如何实现报业经营的转型作出了许多有益的探索。

第一节　日本式发行的奥秘

日本报纸的发行量和普及率在世界范围内首屈一指，一是因为日本人的文化水平普遍较高，有多年养成的读报习惯；更重要的是日本报纸有一套完善的发行体系和许多特殊的发行管理办法，这些办法完全不同于欧美的报纸发行体系，是独特的日本式发行体系。

一、日本式发行体系的建构

日本报纸发行体系的特点在于90%以上的报纸都是送报上门，报纸发行销售店起到了及时送达和传递信息的作用。这种投递方式，是报纸联络读者感情的很好的机会，各种对读者表示的小恩小惠和给读者提供的便利，都是通过这一渠道完成的。

日本报业的发行体系是由各大报社自行建立的发行企业集团构成的，这个企业集团是由报社的发行部门和负责各地域发行业务的私营公司签约共同组建的。日本报纸负责地域发行的个体公司分为两种：一是专卖店，即只发行某个固定报社的报纸；二是合卖店，这种发行店把在该地区内发行的所有报社的报纸一起发行。这些报纸发行店可谓是报业的前沿阵地。其中专卖店占90%左右，在同一个地区，因为读者数量是固定的，这些专卖店的竞争非常激烈，各店为了扩大发行量，争取新用户，雇佣了专业促销员去做宣传和争取客户的工作。尤其是在人口密集的居住区，促销员挨门挨户拜访做宣传，争取客户。各店为了在竞争中取胜，对员工实行严格管理，给他们分配了固定的目标任务，而且每天的工作时间都很长。

由于日本这种特殊的报纸发行制度，使得各个报纸的发行专卖店和它所发行的报纸形成了一种以报社为中心的辐射型产业集团。如果发行专卖店的发行量下降，与它有合同关系的报社也会面临危机。专卖店的收入来源主要有三种：发行报纸的收入，发行报纸时的插页广告收入、还有报社的补助金。报社为了维持它的签约专卖店的销售状况而给发行店大量的补助金，因此报社的发行费用也随专卖店发行费用的扩大而增长。

考察世界各国的报纸发行体系，大体上可以从两个方面进行，一是看订阅与零售的比例，二是看自办发行和社会发行(比如邮发、便利店发行)的比例。从零售、订阅、社会发行、自办发行这四个方面就可以把握发行体系的基本特征。

从零售与订阅的比例来看，日本报纸的订阅比例高达90%以上，可以说是订阅型的发行体系。报纸销售几乎完全依靠用户订阅，订阅比例越高报纸收入越稳定。和零售方式相比，其优势在于一方面报社可以根据订单来准确地确定印刷数量，避免浪费，同时由于日本再销售制度的有力保证，恶性价格竞争被严格控制，使得报纸经营除了依赖广告收入外，还可以获得可观的发行收入。因而日本报纸的发行收入和广告收入的比例可以稳定在一半对一半的比例上，这使得报社的经营情况比较稳定。

从自办发行和社会发行（比如邮发、便利店发行）的比例来看。日本报纸发行体系的基础是各个报社的自办发行体系。而欧美诸多著名大报则是社会发行与自办发行相结合的体制，欧洲报纸则多是社会发行为主，自办发行为辅。

日本这种独特的发行体制，避免了零售方式下激烈的价格和内容竞争。依靠零售的发行体系，即通过报摊零售、便利店代售、自动售报机等形式进行零售的发行方式，使得报纸之间的竞争直接转化为价格和内容的竞争，特别是内容竞争。报刊的销售状况完全取决于报纸当天的内容，内容精彩，足以吸引读者，就卖得好。目前，中国报业市场上的大多数报纸都是零售比例比较高的，且报纸售价低于成本价。在这种销售方式下，报社只能依靠以往经验来估算报纸的印数，容易造成报社纸张、资材的浪费，且零售报纸的主要收入依赖于广告，这导致报社的经营直接受到社会经济大环境的影响，现代报业发展史上几乎没有报纸能够完全依靠零售成为世界级或区域性大报。①

二、专卖店的发行流程

报纸发行中的流程可以分为两大环节：一是从印刷厂到各发行专卖店、销售店，二是从各专卖店、销售店到订户家。一般说来，第一个流程多是报社安排、委托专车运输，第二个流程的样式就多种多样了，例如报摊零售、邮局邮发、报纸投递员投递到户等。

送报上门是日本报纸发行的一大特色，也是其巨大发行量得以维系的法宝。送报上门的制度，日语称作宅配制，宅配制对稳定各报的读者对象，起着相当重要的作用。这种发行网络随着市场经济的进步变得愈加完善和系统化，有很高的效率。日本报纸的家庭投递率如此之高，在西方国家恐怕也是很少见的，这和东方人以人际关系为中心的文化传统有着很大的关系。

日本报纸的按户投递率高达90%以上，且仍在不断提高，2005年达到了94.15%。与此同时，报纸的零售比率仅为5.29%，邮发所占的比率就更少了，只有0.05%左右。

日本报业协会对送报上门有着严格的规定。准时投递、正确投递是对送报上门的基本要求。时效性是新闻的生命，早上的报纸到了晚上就等于废纸。由于投递员是直接与读者打交道的，所以各报对投递员的管理十分严格，如光着膀子送报、讲话不文明等，都是绝对不允许的。现在，很多报社的投递员开始实行挂牌上岗的办法。

日本报业之所以能有如此惊人的发行量，很重要的一个原因就是它独特的发行专卖制。所谓发行专卖制就是指报社与负责地域发行的销售店(我们可以理解为最基层的发行站或发行店）签订专营合同，具有专营性质，为特定的报社提供专一的发行服务。

---

① 唐冰南：《专卖制：日本报业独特的发行制度》，《传媒观察》，2003年第12期，第64页。

建立专卖制主要是在日本全国各地设立报社自己的报纸专卖店。日本全国有近两万个专卖店，占报纸发行站的2/3以上。以《读卖新闻》为例，它在全国设有各类发行站近8000个，其中专卖店有近6000个，约占3/4。由此可见，专卖制这一概念是与专卖店或销售店紧密相连的。销售店是专卖制的主要实施者，研究专卖制，销售店是其重要的研究对象。

销售店是报纸销售的终端，是报社发行管理者、发行经营者、投递征订人及订户、读者汇合交流的环节，报纸的发行推广和市场维持主要就在销售店的设置与管理上。

日本的发行专卖店通常有两种：一种是承包性质的报社直营发行专卖店，这种专卖店主要分布在城市中心地区，以便加强管理，加大发行推广力度；另一种是契约制专卖店。这种专卖店分布广泛，由经营者与报社签订合同，其经营者往往是专卖店所在地区的居民，熟悉社区情况。专卖店的设置要按照一定的标准，要根据社区的特点、住户及公司数量、人口密度、街道分布等严格划分区域，合理布局，避免重复和遗漏。专卖店以报纸发行数量为标准进行结算，每个专卖店都是相对独立的核算单位。报社在专卖店的设置初期会根据不同情况给予相应的扶持，比如店头布置，自行车、摩托车配备，服装、雨具等，同时还在投递、征订培训等方面予以指导。各报社均有成套的制度对其经营负责人、投递、征订人员进行规范和监督，但报社一般不干预专卖店的日常管理。[①]

(间)

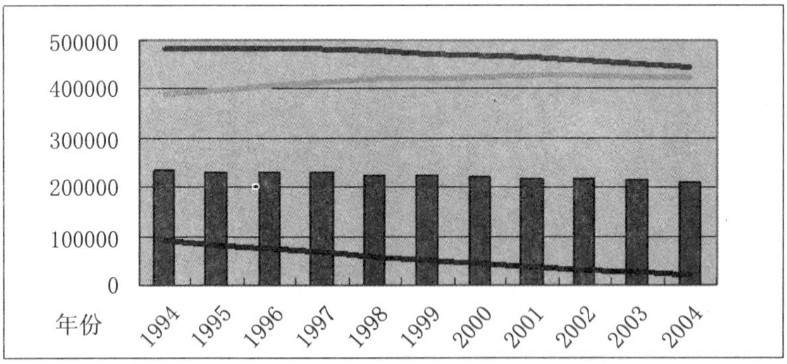

图 13-1　支撑日本报纸发行系统的报纸专卖店数量

信息来源：《日本报纸DataBook(2005)》

① 刘洪恩：《日本报纸发行的特点》，《中国记者》，2001年第12期，第64页。

报纸发行店特殊的经营性质决定了它与报社之间双向选择的关系。报纸发行店的良性发展需要有稳定、基本的发行量作保障，只有当报社把报纸办得更好看和更好卖，才更有实力对发行网络进行投资建设，由此形成一个良性循环。

三、“敲门发行学”

日本报纸销售店的主要任务，是订报、送报和收取订报费，由于销售店与读者之间联系紧密，每一位订户都是送报员一家家敲门争取过来的。专卖店的工作除了送报、订报外，还包括：收取订阅费、插页广告投递服务、发展新订户等业务。

报社收取订阅费的业务往往是每个月的固定一天，销售店按照专卖合同约定的数额，以现金的方式缴纳读者订阅报纸的费用，并提取一定的比率作为提成。随着科技的进步，如今销售店收取订费的业务形式也有所变化，通过网络、银行转账等方式可以轻松完成。

销售店的经营颇具特色。其工作安排制度化、程序化，由于工作安排很紧张，销售店员工的工作也极其辛苦。专卖店的工作内容具体包括：收货、投递、收款、插页、营销等内容。由于数据库等现代科技的介入，顾客管理系统能够保留丰富的客户数据，并通过对数据的分析使经营更有针对性。

销售店的收入中插页广告是其利润的主要来源。销售店的报纸插页广告收入全部归自己所有，报社不参与分成。因此，销售店要积极争取所在地区的各种插页广告。插页广告一般都采用胶印，比在报纸上正式刊登广告的成本要低廉许多，而且目标顾客比较集中，常被专卖店所在地的超市等用来招徕顾客。发展新订户也是销售店的一个重要任务，每成功发展了一个订户，就可以从报社得到奖励，但是这也成了销售店经营的巨大压力。销售店主还要向负责该店管理的报社销售人员汇报该地区各家报纸的销售状况以及读者对本报报道的反馈等，并与销售人员商讨下一步的销售计划。

日本经产省的《商业统计》显示，2004年的报纸发行店的销售额为1兆7668亿日元，比上一年略微有所增加。从业人数为427043名，是上次调查结果的88.5%，销售店的数量为20097家，是上次调查结果的97.2%，有所减少。从销售店的数量来看，小型销售店大幅度增加，30人以上的大型销售店则很多都关闭了。

根据日本新闻协会的数据统计，报社销售店的从业人员从1997年开始连续8年递减。从内部的构成比例来看，专门从事报纸销售的人员有所增加，以此为副业的人员，学生，特别是学生和报童这些年轻的从业人员在减少。

另外，销售店与报社签订报纸发行会同时，必须缴纳一部分保证金，销售店在兼售其他报社报纸以及从事报纸专卖以外的其他业务时，都要征得报社许可。报社与销售店解除合同时，销售店必须按报社指示，向报社支付所欠各项款项及相关损失，且必须向报社指定的新销售店移交读者名册以及其他相关业务，这使得报社拥有调查、变更销售店业务以及废除销售店专卖合同的权利。因此，专卖合同是一种对销售店限制较多的合同关系，报社与销售店签订的合同中，报社拥有的权利更多、更有优势。但大部分日本报社是非常重视和尊重基层的销售店的。

第二节　报业发展的生态环境

在激烈的报业竞争中，日本报业也出现了这样那样的问题，但总体来说，日本报业的市场还比较有序，是在良好的生态环境下发展起来的。这种环境的建立离不开政府的法律法规与行业协会的自律，其中最值得一提的是日本稳定报纸价格体系的“再贩卖制度”和维护市场公平竞争的报纸发行量稽核制度与ABC机构发挥的制衡作用。

报业竞争过于激烈时会出现各种恶性竞争事件，严重阻碍公平、公正的交易秩序的形成。这些都与竞争机制的不健全有关，其中一个突出问题就是秩序化和规范化。规范化是前提和保障，只有规范化，整个市场才能往良性的方向发展。在中国报业市场化和竞争程度不断加深的情况下，市场的规范问题成为了一个亟待解决的瓶颈，而日本报业在秩序维护方面的经验正值得我们研究和借鉴。

一、稳定报纸价格的“再贩卖制度”

在报业的发展过程中，日本报业也出现过恶性竞争的情况，为了让日本的报业竞争回到正常的轨道上来，各家报社在深刻反省后，联合向政府管理机构提出了要对日本的报业竞争制定“特殊规定”。日本在1947年针对产业界的竞争制定过《反不正当竞争法》，规定了一系列禁止不正当竞争的法律法规，这还属于“一般规定”。由于报业具有特殊性，需要在这方面制定“特殊规定”。要在日本社会保持民主的基础，多种言论和思想的多元化是很有必要的，因此不能坐视大的报业集团大量吞并小的报纸，最后形成几大报纸控制言论的状况，不能让报界的竞争像一般的产业那样“弱肉强食”。但要想完全靠报界自主调节，自我规定竞争规则的方法在市场经济的冲击下根本行不通。只有靠强有力的政府机构对日本报业作出“特殊规定”才能让它回复到正当的轨道。这种“特殊规定”主要包括：禁止随报附赠各种产品，禁止发送免费报纸，禁止根据不同地域和不同读者制定不同的发行价格等。

“再贩卖制度”正是在这种背景下应运而生的。所谓的“再贩卖制度”就是第二次销售价格固定制度，实行报纸零售价格定价标价制度。日语全称是“再贩卖价格维持制度”，一种商品的销售过程往往经过两个环节后到达消费者，即批发商——零售商——消费者。在这一过程中，商品被一次和再次地销售。再销售制度指的是，在再销售过程中，有关商品必须按照生产商制定的全国统一价格进行销售的制度。第一次“贩卖”是报社批发给发行站，再“贩卖”就是发行站卖给读者。

“再贩卖制度”给日本报业的专卖发行提供了制度及法律保障。事实上，日本的《反垄断法》禁止生产商对价格进行任何限制。1953年，日本修正了《反垄断法》，引入了再销售制度，反垄断法中增加了“适用于再销售的商品的规定”，其第24条第2款，根据“再销售价格维持制度”，满足条件的公正贸易委员会指定商品（指定再销售商品）和著作品，适用于再销售价格维持制度。[①]因此，报纸等法定再销售商品的减价行为被这一制度所禁止，所有零售商必须按照规定的价格进行销售。而报纸等六种涉及著作权的商品作为例外，适用于再销售制度，禁止销售商进行价格竞争，并将擅自减价行为作为妨碍再销售维持的行为。法定再销售商品，除了报纸外，还包括图书、杂志、唱片[②]、音乐磁带、音乐CD，共六个品种。由于再销售制度的保护，这些著作权产品不会在价格上进行恶性竞争，确保了文化产品市场的健康成长，同时也保证了商品选择范围的广泛性。

在日本，由于这一制度的存在，各种唱片、出版物在全国均以明码标价的价格，稳定地向消费者供应，消费者在全国任何一个区域都可以平等地、便利地享受这些文化产品。无论是东京，还是北海道，无论是大店，还是小铺，无论是街头，还是在网上。

然而，在20世纪90年代后期，人们也在争议再销售制度，有一种声音

① 日本新闻协会：《新闻の公共性と再贩》，1995年版，第87页。

② 指黑胶唱片，是采用模拟录音技术的，不同于采用数字技术的CD。

要求取消再销售制度，称其限制了自由竞争，特别是由于缺乏价格竞争而给消费者带来了损失，日本公正贸易委员会(FTC)开始对再销售制度进行重新审视。1998年，公正贸易委员会对相关业界提出了改革再销售制度的要求，由此出现了比统一定价低的“自由价格书”、“学校教材用报纸”等商品。[①]但是，再销售制度并没有被废除。

日本的再销售制度是极其具备国家特色的，世界其他国家，比如中国、美国，是不存在这一制度的，图书、CD打折的信息随处可见。关于再销售制度是否应该存在，日本报界的观点是，再销售制度一旦被废止，送报上门制度随之会土崩瓦解，同时随着自由竞争的引入，报纸的零售价格将出现大幅回落，那么必然导致整个报业，乃至文化产业的衰落。但是，持相反观点的人认为，发行体系的存续与否和再销售制度无关，报纸发行作为一个行业，有其自己的发展空间，即使再销售制度消失了，相应的服务仍会继续发展。当然，如果在报纸发行上使得邮政系统、快递系统和报纸销售店三个系统进行竞争，那可能会是另外一番景象。

二、报纸发行量稽核制度和ABC机构

在各种不规范的报业竞争现象中，虚报发行量是一个极端的表现，如果没有报刊发行量稽核机构，一份报纸、杂志的发行量到底有多大谁也说不清，对整个市场的发展而言，发行量这一关键市场衡量指标的缺失会导致了一系列问题：首先，广告主和广告代理公司在进行媒体投放时缺乏客观、准确、统一的参考标准，不能对所投放广告的实际传播效果作出准确的预估。其次，读者在进行媒体消费时，不了解自己所购买的这份报纸、杂志的发行量到底有多大，没有获得其应有的知情权。再次，从报刊自身来说，报刊的发行量是报刊质量的一面镜子，是报刊营销能力的综合标志，各家媒体对外宣称一个发行量，对内各自心里一本账，这就使得他们在与竞争对手进行比较时，缺乏准确的判断和决策依据，缺乏真实的发行量作为参照物。另外，没有通过报刊发行认证机构的认证，也很难使自己获得广告客户的信任，特别是跨国广告客户的信任。从整个报业市场而言，虚假的发行量数字甚嚣尘上，由发行量引起的风波和纠纷不断，整个行业发展呈现出混乱、无序的状态，建立行业规范是一个迫在眉睫的问题。

目前，国际上较为通行的报刊发行量稽核制度是ABC和BPA制度。ABC即

---

① 时事用语辞典：《再贩制度》，http://www.science-news.net/database/display.php?id=11425，登录于2006年1月18日。

Audit Bureau of Circulations，发行量审计局。1963年，国际发行量稽核局联合会(IFABC)诞生，标志着这一审计制度已经得到世界范围的认可。BPA即Busines so fPerforming Audit，国际媒体认证公司，成立于1931年，1998年改为现名，也是国际公认的媒体发行认证机构。①

世界上第一个报刊发行量稽核机构诞生于美国，这跟美国整个社会经济的发展状况以及媒介产业的发达密切相关。之后，英国、法国、德国等欧洲国家也相继建立了类似的组织。随后，报刊发行量稽核机构才在日本、韩国、香港等亚洲国家和地区出现。②

ABC和BPA制度的实质（尤其是各自的审核指标体系）是在广告主、广告代理公司和杂志之间建立一种三方都认可的衡量标准，相当于为各媒体立了一面镜子。通过这面镜子，广告主和广告代理公司可以立体地了解媒体公司和媒体受众群，并对所投放广告的实际传播效果作出准确的预估。对于报刊媒体来说，广告公司和广告主对自身了解和认同的程度越深，广告和营销等方面的经营业绩就越好。

ABC和BPA都是非营利的，它们由三重董事会控制，董事会由报刊媒体公司、广告客户和广告代理公司的代表组成。这两种机构都诞生于美国，后来在全世界得到广泛采纳。这两个机构对报刊发行量进行认证，提供精确的报刊发行数字，以及报刊读者的数量等信息，并对接受认证的媒体进行中长期的连续跟踪，提供连续三到五年的发行数据和相关趋势分析报告，杂志社或报社再根据这些数据制订广告刊例价格。

日本ABC协会：1952年10月28日成立日本BAC恳谈会。1955年，ABC在原恳谈会的基础上改名而成，1961年开始实际的报纸公开审查。在亚太地区，日本JABC扮演着重要角色，当年韩国KABC创建的时候，日本JABC在相关资料的提供、人员的培训等方面给予了全面协助。

JABC的发展过程并非一帆风顺，其间经历了很多困难和挫折，这些挫折和经验对我们来说都是不可多得的宝贵财富。从中我们能分析和总结出建立报刊发行量稽核机构需要具备的条件、需要注意的问题，以及发展过程中需要改进的关键点，这些对我国建立报刊发行量稽核机构来说，都非常具有参考价值。

日本建立了报刊发行量稽核机构，最初提出公布报纸发行数据要求的是在日本报纸协会（1946年7月23日成立）第四次广告委员会专门会议上。

---

① 贾亦凡：《发行量，老总们心中永远的痛——〈世界日报发行量前100名一览表〉引发风波的背后》，《新闻记者》，2003年第8期，第11—12页。

② 国际报刊发行量稽核局联合会(IFABC)：《第19届联会资料汇编》，2000年5月。

当时，日本报业的用纸还实行统一配给制，但报纸的实际销售量和分配的用纸标准量之间已经有了很大的出入，整个报界也呈现出一片混乱。但理事会的讨论最后却得出了这样的结论：报纸的发行量和用纸的配给标准已经很清楚，没有再次公布的必要。如果广告主和广告公司希望知道的话，可以根据用纸比例标准来公布报纸发行数量。就这样，战后最初的关于公布发行数据的要求被否定了。但是，在以后的发展中，新闻纸的配给制越来越混乱，随着纸张销售业的市场化，各造纸企业之间的竞争也变得越来越激烈。另外，报纸的广告费也越来越高，各媒体以发行量的上升为由头，漫天要价，广告市场越来越混乱。终于，广告商要求公布发行量数据的呼声变得越来越强烈。

1947年2月，日本广告协会（现东京广告协会）成立，这一机构的成立对于促进日本ABC恳谈会的诞生起到了很大的作用。①

1952年2月16日，由电通的吉田秀雄社长发起，朝日、每日、读卖三家报社的营业部长聚集一堂，召开了“关于设置ABC的座谈会”，这个座谈会可以看作关于ABC最早的会谈。

1952年4月4日，召开了广告主、广告公司和报社的三方集会，当天出席会议的一共有10人，这10人分别是：狮牌牙刷的常务董事小林辰四郎、第一制药社长筱田淳三、日本卫材社长内藤丰次、丸见屋社长三轮善兵卫、大日本雄辩讲谈社常务董事长高桥哲之助、日本名人文摘日本分社企划调查局长松宫一也、西日本新闻东京支社长、朝日新闻社业务局次局长谷口贞固、日本经济新闻社常务董事长福岛俊雄、日本电报通讯社社长吉田秀雄。这次会议确定了设置ABC恳谈会的构想，这10名出席者作为发起人，于1952年5月23日向全国的报纸杂志、广告主、广告公司发出了设立ABC的意向书，招募加盟者。这一倡议陆续得到了全国各地的响应，发起成员开始着手撰写协会章程等。②

1952年10月28日，28家报社、43家广告客户、20家广告公司，总共91家会员一起发起成立了ABC恳谈会。当天下午两点，成立大会在银座电通八层大厅召开，成立大会通过了章程、选出了董事会，并任命新田宇一郎为常务理事。至此，广告界多年来的宏愿——建立日本ABC终于迈出了第一步。

发行量虽然是发行市场的问题，但推动报刊发行量稽核机构建立首要的、同时也是最主要的动因却往往来自广告主和广告代理公司。因此，这

---

① 据《日本ABC协会50年》，日本JABC协会出版，2002年。

② 据《日本ABC协会50年》，日本JABC协会出版，2002年。

就要求该国广告市场的成熟度达到一定水平，并且具有行业协会性的组织，能够在整个市场中发表自己的声音，并最终对整个市场产生影响。日本广告协会（现东京广告协会）的成立，就对促进日本ABC恳谈会的诞生起到了很大的作用。

报刊发行量稽核制度说到底是一种行业规范，是整个媒介监控和调节系统中的子系统之一，它必须在整个行业中发挥规范报业市场秩序、完善诚信体系的作用。但是，要形成真正的影响力，在建立之后面临的一个首要和核心问题就是如何获得绝大多数媒体机构，特别是在市场上占有重要地位的媒体机构的认同和参与。

日本JABC刚刚成立的时候，以《朝日新闻》、《每日新闻》、《读卖新闻》为首的多数权威报社，对ABC恳谈会发出的意向书仅仅只是表示了赞同，并没有加入。在多数权威报社未加盟的情况下，刚刚起步的ABC恳谈会，踏上了一条命运多舛的荆棘之路。1953年4月10日，ABC恳谈会向其会员发放了31家报社发行量数据的报告书。但是，这些报告数据采集的方式主要是各报自己提交，所以其发布的各报发行量数据是不准确的。ABC恳谈会要真正发挥作用，还存在着很多问题。

意识到这些问题之后，1957年末，日本报业协会终于通过决议，规定所有的会员报社都要加盟ABC，这才让全国主要的报社都慢慢汇聚其中了。此后，JABC的影响力才渐渐扩大，才开始真正在报刊市场中发挥其评判标准和对比指标的作用。

报刊发行量稽核机构的成长壮大除了需要广告市场的有力推动外，也需要来自媒体市场本身的自觉参与和积极配合，需要在市场不断发展的过程中，自觉采用符合市场规律和未来发展要求的科学规则和行业自律体系。

ABC恳谈会起步的早期，对于“发行量”一词的定义相当模糊，1952年12月开始，随着关东、东京两地向发行专卖制过渡，报纸发行市场日益向自由竞争的方向发展，彩票、赠品、免费赠阅等发行促销方式铺天盖地，在这种状况下，ABC恳谈会提交的发行量报告，事实上已经是不准确的了。JABC所定义的“发行量”，理论上应该是不包含报刊加页部分、赠阅部分的发行量的，但实际上，在当时的发行量报告中，JABC却把这些部分计入在“总发行量”内。因此，ABC恳谈会在考虑如何进一步明确“发行量”一词的定义。

促成这次调整的，是日本报业为了规范日益激烈的竞争而出台的发行市场的“特殊规定”。1955年12月29日，日本公平交易委员会制定了“报业不正当交易法”，当日开始实施。这个法案规定，如果使用了被定义为不正当交易的销售方法，就会被认为违法，这些不正当竞争包括：（1）报社、贩卖店发放免费报纸或者报纸样本；（2）报社向贩卖店派送的报纸数量超过了订货数量等。[①]

在这种规定之下，原先包括了免费报纸、增页报纸发行量的ABC发行量报告就不准确了。另外，即使经过了公查，为了确认这个发行量数据中不含免费报纸、增页报纸等的“销售份数”，调查就变得很有必要。因此，“特殊规定”的实施，对ABC协会（1955年3月改称）来说，成了日本ABC恳谈会改进公查方法的契机。

1956年2月，ABC恳谈会理事会召开了关于设置“公查制度审议会”的专门会议，会议做出了如下决议：（1）ABC发行报告中的“发行量”指的是报纸的“销售份数”，即报社本部销售到贩卖店的付费发行量；（2）在公查方法上，增加这样一些稽查项目：报社每个月的销售凭证、报社收入凭证、贩卖店向报社的定货单等；（3）通过制定审计员职业资格制度等来进行ABC的规范化建设。这样，JABC就很好地解决了对“发行量”的界定问题。[②]

随着稽查规则的逐渐明确，日本ABC协会的发展逐步趋于稳定和规范。在以后的发展中，随着日本传媒市场的发展，JABC的稽查规则也不断进行调整和改进，比如，在对报纸的稽查之外，JABC又加入对杂志的稽查，并且将专业报纸与综合类报纸分开。1976年，JABC开始对商业出版物的销量进行审计；1981年开始对免费报纸的销量进行审计。1998年10月，JABC又开始发布有关东京地区报纸发行量的分析报告。在近期的发展中，JABC又开始着手对互联网和电子媒介点击率进行审查。

从JABC的发展脉络我们可以发现报刊发行量稽核机构的出现和建立不是偶然的，它需要具备各方面的条件和因素；它的发展也离不开广告市场、媒体市场以及整个社会的积极推动；它与整个媒介发展的阶段和状况联系在一起。报刊发行量稽核机构要获得稳定和持续的发展，有几个关键点特别重要。首先，报刊发行量稽核机构必须保持其独立性和客观性，同时必须保证稽核方法的科学性、稽查数据的准确性，这是其发挥市场规范和调节作用的基础；其次，报刊发行稽核制度必须获得整个报刊市场的认可，尤其要获得主要市场主体的加盟和拥护，保证他们能够接纳并实施这套规则。

我国要建立报刊发行量稽核机构，参考和借鉴别国的经验非常重要，日本是ABC制度发展得较好的国家，我们应该充分吸取其经验和教训。

---

① 据《日本ABC协会50年》，日本JABC协会出版，2002年。

② 据《日本ABC协会50年》，日本JABC协会出版，2002年。

第三节 日本式报业集团的运营

从世界传媒产业的历史进程可以发现，在发展初期，大多报社通过集中整合来减少外部竞争，同时增强自身抵御风险的能力；进入20世纪，传媒产业也加入垄断行列。规模不断扩大，市场不断集中，新闻集团、时代华纳、迪斯尼等多重结构的传媒集团逐渐浮出水面；到了21世纪，随着新技术的研制和应用，政府放松管制，让市场发挥作用，传媒业不断发生兼并和重组，大型媒体集团进一步扩张，控制了全球新闻和娱乐市场的绝大多数生产和销售。

一、日本式报业集团的经营扩张

经过100多年的发展，日本的报业已经成为一个非常成熟的行业，跨媒体经营、走多重结构的集团化之路是其发展的必然趋势。但是如何去经营一个具有多种传媒工具的传媒集团，如何找到适合内外部条件的发展方向和整合方式，如何来实现产业价值链的有效延伸等已经成为重要的问题。我们对日本报业经营者选择跨媒体经营战略的特点，以及在日本传媒格局中的报业集团的立体化经营的运作方式进行考察和分析。

报纸仅仅搞了集团化是不够的，还要真正把报业集团变成一个立体化经营的集团。面对着越来越激烈的市场竞争，单一报纸将越来越难以在市场中生存下去。报业集团的经营模式将会越来越多地为各家报纸所借鉴。集团化经营的优势在于，它能够最大限度地降低成本，降低发行的重复建设成本、人力资源成本，降低各报纸之间的广告竞争，提高报社收益，它还可以最大限度地做到信息的重复使用、新闻消息的联系性报道，同时挤占各个细分市场为竞争对手提高市场准入门槛。

曾几何时，“多元化经营”在报界成了一个多少带点贬义色彩的词，而造成这种情况的原因，在于媒体面对经营问题时的简单思路、幼稚操作手法，以及面对投资决策时的非理性、非科学性。但这个时代已经过去，“无关多元化”造成的后果给传媒的经营者们上了一堂生动的课。今天的“多元化”，不再是昨天的“多元化”，很多媒体在尝试进行多元化立体经营，何谓立体？

在立体化经营中，一个很重要的方面，在于拓宽收入来源，改变广告收入占媒体总收入绝大部分的单一经营结构。这是目前中国报业面临的困境之一。要改变这种状况，要是从商业模式上下工夫，借助新的传播技术和手段，结合自身媒体的优势和特点，开发新的业务种类。比如开发读者数据库，实行数据库营销；与房地产商、保险公司、旅行社、银行等与老百姓生活密切相关的机构合作，借助媒体的公信力，做资源整合者，在帮助读者创造价值的基础上，给自身也带来价值。

如今的媒体面临着受众碎片化的趋势，而媒体也将日益走向细分化。那么，在一个碎片化市场上，在细分媒体成为消费者主要的选择对象时，媒体机构再也无法单用一种旗舰节目或出版物来获得大批受众。相反，要获得大批受众，需要通过一系列平台的传媒工具组合，每种工具都针对不同的群体，来实现市场的战略布局和最终的价值实现。这一点，可看作产品组合上的多样性和科学性，南方报业传媒集团在这方面就是具有战略思维的，“高度决定影响力”，其打造的“21世纪报系”，针对不同的细分市场，初步具备了抗击市场风险的能力。

建立自己的读者数据系统，辅以社会信息收集，通过数据信息的深度分析获知整个报业市场的读者分布情况、不同区域的报纸饱和度，从而确立自己发行营销方向的经营手法目前并没有在我国报业发行中得到广泛应用；而通过提高版面价值，与广告商联动，联合发行部门的针对性发行、采编部门的内容支持，从而获得更多的广告收益的想法也没有哪个报社能够积极使用。目前的报业竞争还没有离开粗放型的经营模式，对比国外的报纸，《日本经济新闻》早在许多年前，报社就与客户共同策划开发广告创意，将提高报纸的广告效果作为自己的责任，并辅以相关的报道支持和发行促进。未来的报业竞争必将越来越激烈，而留给报纸的利润空间和广告额也会逐渐变小，谁能够率先从市场、从客户（包括读者和广告商）的角度考虑问题，摆脱过去那种一切以报社为中心的经营思路，进行市场经济竞争条件下的整合营销，谁就将获得市场的先机。

报业广告出现的下滑现象敲响了警钟，报纸的精准营销将会逐渐为各家报社的经营者所重视。过去那种依靠增加报纸版数、扩大发行量来获得广告收入的粗放型经营模式将渐渐远去，取而代之的是报社更加关注读者对于报纸本身的反应，更加关注发行效果，更加关注自身核心读者群的情况，更加在意广告的市场效果……随之而来的将是以市场调研信息为基础，以传播效果为中心，依托市场信息深度分析来决定报纸经营方向的立体化经营模式。

二、报业集团与广电集团的捆绑

在日本，电视台与报社有着千丝万缕的联系，虽然这种联系因资本参与、股份的转让以及经营方面的制约权等因素发生了许多变化，但日本的几大报社与各商业电视台还是形成了各自的捆绑型体系，如朝日电视台—《朝日新闻》、日本电视台—《读卖新闻》；TBS—《每日新闻》；富士电视台—《产经新闻》，东京电视台—《日本经济新闻》。各自的体系在资源共享上，舆论导向上连动，在经营上互相合作。报纸的历史比电视要长得多，其资源和实力也比电视台强。在各电视台创立初期，由于采访报道能力较弱，新闻来源在相当程度上依赖报社和通讯社。报社拥有电视台的股份或与电视台缔结合作关系，使得日本的电视台与报社之间形成强有力的伙伴关系。但随着时代的发展，这一关系不断发生变化，有些已经较为松散。例如TBS与每日新闻社，无论是资本还是资源共享方面都说不上是强有力的伙伴关系。而电视发展到今天，报纸在某种程度上反过来要依靠时效性强的电视媒体，电视的影响力越来越大，如《产经新闻》在产经集团内的龙头地位已被富士电视台取代。①

日本无线电广播事业从诞生之日起也与日本报社有着不可分割的关系。在日本，是各大报社首先开始进行无线电广播投资和试验播出的。但当时报社之所以有如此高的兴趣，并不是认为无线电广播是大众传媒的一个领域，也并不认为广播会对报纸形成冲击和威胁，只是把它当作一项新的事业来经营。因此，日本无线电广播的广播新闻是由报社、通讯社无偿提供的。这种方式虽然为广播电台节省了大量的成本，但同时也使得电台严重受制于报社。报社为了保持自身的新闻主导地位，往往把并不重要的、受众不感兴趣的新闻提供给电台。直到1929年广播电台开始自己采编广播新闻，这种情况才开始慢慢改变。1936年的“二二六政变”帮助日本的广播电台显示出时效性的特点，报纸相反从广播里编辑新闻。从而让报纸和电台真正开始在各自的道路上发展。接下来，第二次世界大战进一步推动和刺激了广播的发展。当1951年日本的商业广播电台开播时，报社意识到媒体联合的优势所在，再次采取积极参与广播的态度。②

① 汪文斌、胡正荣：《世界电视前沿(三)》，北京，华艺出版社，2001年版，第6页。

② 张采：《日本广播概观》，北京，中国广播电视出版社，2001年，第10—13页。

第四节　报业发展的忧思

日本报业创造的辉煌有目共睹，但日本报业潜藏的危机也不容忽视。目前日本的报纸普及率在世界范围仍处于较高水平，这与各个报社在报纸销售上所作出的超乎寻常的努力是分不开的。比如，确立了直接向订户投送报纸和设立报纸专卖店的制度；报社构筑了销售网络和扶助体系；为保护报纸销售业务而实行再销售制度；从经营的角度出发，给报社发行公司附加了额外的法律规定，以保护“言论自由”不受侵害等等。但是，报业危机已经悄悄走来，而且随时都会爆发。

一、庞大发行体系潜在崩溃的危机

1985年2月20日，由全国的新闻团体组成的日本新闻协会发布了一条不可思议的公告：“我们报界约定从今以后，不再通过任何违法的、不正当的行为来发行报纸。”为什么会出现这样一条公告呢？这是基于现今的日本报界的发行手段过激，存在大量不正当竞争手段而采取的措施。过激的竞争使得报业的活力日趋下降，使读者对报纸也产生了不信任感。如何恢复报业的活力，如何重新赢得读者的充分信任，这对日本报界来说是一个很大的问题。

日本报纸的竞争费用在急剧扩大。一方面“专业促销员”的人数不断扩大，他们的工资也不断上涨，各发行店用于这方面的资金越来越多；另一方面，由于现在很多读者已经不是像以前那样为了读新闻而买报纸，而是为了获得随报附赠的礼品，于是各店用于这些附赠产品上的资金也越来越大，附赠产品从一开始的小饰物，到刮胡刀、电风扇，甚至冰箱，现在还有很多购物礼券。为了争夺客户，有些报纸的销售成本已经超过发行收入了，这种不顾成本的竞争演变成为一种变质的恶性竞争。

这么激烈的竞争究竟给日本的报界带来了什么？谁是胜者？其实在这场硝烟弥漫的“发行战”中谁都没有获得胜利。其结果首先是日本报业整体地位在下降，读者为了新闻而购报的时代已经不复存在，很多年轻读者对报纸的新闻不感兴趣，报纸在某种意义上开始慢慢失去它存在的价值。其次，由于报业激烈和不正当的竞争，引起了权力机构的介入，并对报纸作了各种各样的规定，对报社和发行站作出警告，直接干涉和指导报社，这些都是自由的报界最不愿意看到的。再次，各个报社在这种不顾成本的发行竞争战中，由于发行成本的增加，为了不至于赔本，往往把这部分费用转嫁到广告主身上，提高版面的广告费用，这又引起了广告主很大的不满。在这种竞争环境中，其实是两败俱伤。

二、报纸发行量造假问题

近年来，有一些报社分配给与它签约的专卖店的报纸数量往往远远超过了该专卖店需要的数量，这些超出部分的报纸被称为“强卖报纸”。报社强迫专卖店把这些“强卖报纸”销售出去。而很多报社和专卖店明知这种发行方法是违法的，但为了自己的利益却无视法律法规。

发行量造假问题影响着报纸发行正常健康地发展，是日本报业面临的严峻问题。

1999年11月27日，日本著名周刊《周刊现代》上刊登了《〈读卖新闻〉销售店给“内部检举者”100万元的“封口费”》，巨大的标题引人注目。[①]文中披露了报纸专卖店一直存在的“剩余报纸”问题。长久以来，销售店并非将从报社拿到的报纸全部投递出去，其中有很大一部分并没有投递，而是直接就处理掉了。因而，内部检举者指出：“《读卖新闻》号称1000万份的发行量名不副实，实际上，其中很多报纸并没有送到读者手中，而是被扔掉了。”一石激起千层浪，读卖新闻社的社长开始要求彻底调查此事。

2001年10月，由于专卖店内部人员告发，《朝日新闻》的摊派问题也浮上水面。爱媛县伊予郡的朝日新闻专卖店经营者龟冈正直披露了店内摊派的实情，由于此前朝日新闻社与其解除了合约，龟冈将摊派和造假的事情和盘托出。另外《每日新闻》发行量掺水问题也引起了报界的很多议论。

发行量造假问题的出现，要从备用报纸说起。一般情况下，每个专卖店每天平均要投递几千份报纸，为解决污损、错投等问题，要准备一些“预备报纸”防患于未然，备用报纸所占比率应是实际投递量的2%左右。然而，很多销售店的备用报纸远远超出了这一比率，这些报纸根本不是“不得不准备”的备用报纸，而是根本销售不出去的报纸。这些报纸却被算进发行量。

报纸销售店为什么造假呢？销售店的利润构成主要有两大部分，一块

① 森下琉：《押し纸—新闻配达がつきとめた业界の暗》，东京，同时代社，2003年版，第127页。

是销售收入，另一块就是插页广告收入。由于销售店提供给广告商的发行数据是“注水”数据，因而插页的数量也会相应地被注入水分。也就是说，有一部分传单根本没有送到读者手中，而是直接被处理掉了，像多余的报纸一样。一份报纸的每月插页收入就达2400—3000日元。这一数额比这份报纸的批发价格1962.5日元要高。也就是说即使这份报纸无人订阅，销售店不仅没有蒙受损失，反而由于这份无人订阅的报纸的存在增加了收入和利润。

销售店以造假的报纸发行量吸引到大量的插页广告，然后再通过插页广告获得的收入来填平“废纸”的订阅费用。报纸销售店陷入了这样一个恶性循环。某些报社不仅纵容这些行为，还出现了摊派的现象。摊派给报社也带来了诸多好处，一是发行收入，二是广告收入。即使是摊派的报纸，销售店也会按期交纳订阅费用，给报社增加发行收入，另外，由于发行量的放大，报社还得到了报纸版面广告费用的攀升。然而，最终的恶果会转嫁到无辜的消费者身上。

由于上述发行量造假问题的存在，有人认为日本ABC协会公布的报纸发行量很可能也值得推敲。

还有，日本发行体系的最大问题是成本过高。专卖发行制为日本报业创造巨大销售收入的同时，也成为日本报业经营的最主要开销。各报均因建立独立的发行队伍和发行网络，使得发行费用极为庞大。售报收入中有一半用于支付征订、投递、发行人员的工资。此外，为了强化、维持发行网络，还需支出相当庞大的费用，发行支出压力相当大。且强行推销报纸招致读者不满，在报业市场基本饱和的情况下，推销的主要方法就是争夺其他报社的读者，增销指标使得不少销售店不堪重荷。[①]有一些研究指出，目前这种庞大的日本报业的发行体系也潜在着全面崩溃的危机。

三、老报人的忧思

2005年秋天，有一本书在日本报界引起很大震动。原《每日新闻》总编歌川令三写了一本书叫《报纸消失的日子》，书中明确指出，日本式报业发行体系将出现崩溃，日本报纸消失的日子是2030年。

歌川令三1934年出生。1958年毕业于横滨国立大学经济学部。他曾在每日新闻社工作了30年。在此期间，担任过华盛顿特派员，经济部长，董事总编辑。1998年，他与中曾根康弘首相一起设立了世界和平研究所。他

① 王建钢：《专卖制——日本报纸的销售方式》，《中国记者》，1999年第3期，第51页。

在此研究所研究了安全保障问题。从1994年到2003年，作为日本东京财团的常务理事负责国际交流工作，每年有大约1/4的时间在海外出差。现在，他担任东京财团的特别研究员。从记者时代到现在，他去过很多个国家和地区。

他的以前的著作有《地球纪行：世界那边也有鬼》（中央公论社），《火山爆发的世界经济》（草思社）、《报纸消失的日子》（草思社）。这位有着30多年以上在报社工作经历的老报人，在《报纸消失的日子》一书中预言了报纸的消亡。这不能不令人关注他的论点根据。

这本书的开章追寻了报纸普及的源流，在阐述媒体兴亡的过程中，他认为没有一直繁荣兴盛的媒体。接着，他描述和解说了旧媒体（如报纸）被新媒体（互联网等等）压迫的现代媒体业界的情况。其中，他对韩国的报业进行了深入研究，分析了有着发达互联网的韩国的报业经营情况和互联网的优劣。

该书的第四章介绍了美国的报业经营情况，分析了美国大报《纽约时报》与互联网媒体的迅速成长，并预言《纽约时报》将输给互联网媒体。

从第五章开始，作者批评日本特有的报业发行体系存在的问题和日本人对报纸的独特概念，并指出，对于报纸，不同年龄段的人的感觉是不一样的。然后，他更激烈地批判日本报业的经营方法，并对日本受众启蒙问题以及大众媒体应该和国民怎么交往等问题进行了论述。另外，他还论述了日美韩的报业经营系统的差别性。同时，探讨了传媒如何发挥对现代人的启蒙作用，人们跟新旧媒体应该怎么交流。最后，他预言2030年报纸可能会消失，随着媒体的进化，文化也一定会变化。

情况真的会这样吗？报纸会在2030年消失在地平线上吗？似乎有点太耸人听闻，但也不完全是空穴来风。

无独有偶，在这本书出来之前，原《朝日新闻》总编兼常务副社长中马清福也出了一本书叫《报业能够幸存下来吗》。中马清福先生曾任朝日新闻社总编兼常务副社长，主要负责《朝日新闻》的编辑方面的工作。后任朝日亚洲新闻联合会的会长、日本核不扩散与军缩问题委员会的会长、日本早稻田大学客座教授，清华大学客座教授。长期从事新闻报道和报业运营管理以及国际关系的学术研究。中马先生以他几十年记者生涯和报业经营所积淀下来的丰富阅历，来分析日本报业的现状和预测日本报业的未来。他从过去、现在、将来三个时间段向读者展现了日本报业的过去与未来之路。这本书已经被翻译出来，清华出版社出版时书名改为《报业的活路》。

中马清福先生这位来自日本报业第一线的资深人士讲述了在日本、欧洲各国都出现的困境，那就是面对读者对信息多样化的需求以及对“人权”意识的增强等新情况，报纸并没有作出灵敏的反应，导致出现了年轻人不读报，人们开始远离报纸的状况。

日本报业的黄金期是1960—1970年，出现阴云发生转变的是1980—1990年的10年，随着时代变迁而变化的国民意识及其行动影响着报纸的销量，与时代潮流不合拍的媒体就无法生存下去。20世纪90年代以后报业总体环境日益严峻，读者对报纸的不信任渐渐凸现，今后报纸能否继续幸存下来成为一个问题。中马先生指出，报纸若能真正意义上成为国民知情权的代言人，人们会再次给予报纸好评和青睐。若不能做到这一点，读者便会离去，报纸便会消失。

关于报纸的未来会是怎样一番景象？日本和欧美国家出现的“年轻人不读报”的情况会怎样演化？读者到底想看什么样的报纸？作为一位老报人的中马先生也作出了回答：在信息爆炸的社会，什么是事实？应该选择什么信息？准确、迅速地判断至关重要。中马先生认为，能担负起如此重任只能是“报纸”。正因为处在多媒体时代，报纸才更应该继续存在下去！

四、报业的衰势谁能力挽

最近几年日本报业的整体经营状况令人无法乐观。1998—2004年日本报业的发行量和发行收入都呈下降趋势。一方面是现在日本整体经济状况不景气；另一方面，现在日本的情况和以前已经大不相同，但日本报业没有改变经济高速发展时期的思想和观念。广告收入和发行收入有着相似的境遇。随着以手机、因特网、数字广播电视等为代表的媒体数字化发展，媒介市场对社会产生了巨大的影响，成为社会注目的焦点。然而，从媒介市场整体发展特性的角度来看，诸多探索还缺乏具有论证力度的材料。让我们考察一下作为报业超级大国的日本报业近年来发行量和广告额的变化(见图13-1)。

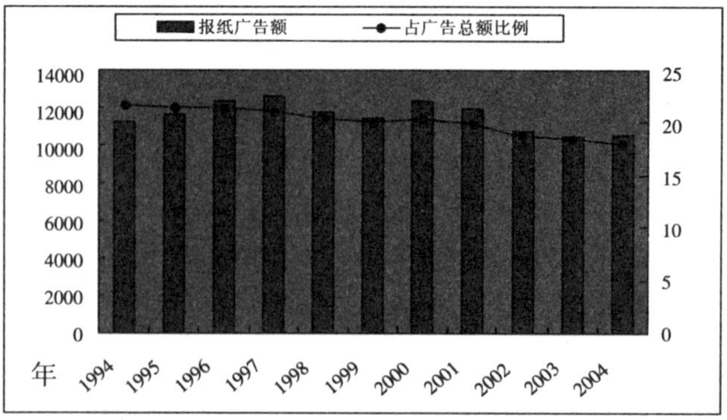

图13-2　1994—2004年十年间日本报纸广告的增减 (亿日元%)

数据来源：电通《日本的广告额》

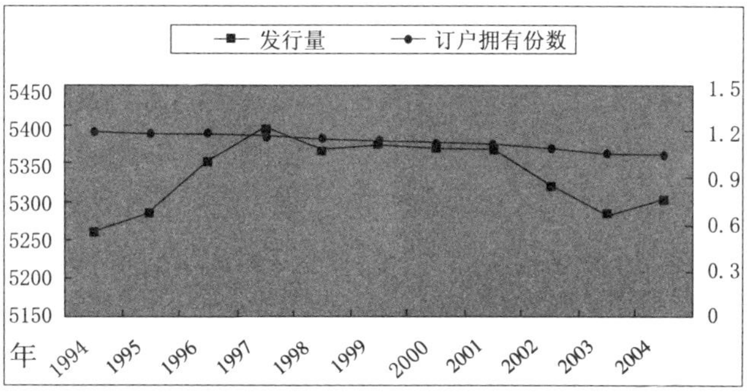

图13-3　日本报纸发行量与订户拥有量增长状况

注：早报晚报计为一份

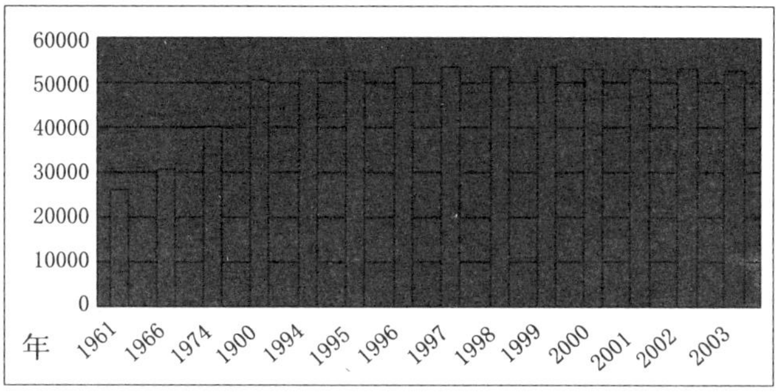

图13-4　日本报纸发行量的增减情况

信息来源：《日本新闻DATABook（2004)》

注：日报、晚报计为一份

早在1975年，日本电视的广告额就超过了报纸，报纸把广告媒体第一的宝座拱手让给电视以后，报纸的广告收入就开始发展迟缓，到了1997年以后则每况愈下。一方面是受近来日本经济不景气的影响，另一方面是日本报纸在黄金时期的大发展，使得报纸的版面费很高，很少有中小企业能够承担如此高的费用。这样，广告客户来源仅局限在一些大公司，近年来一些新兴网络媒体的冲击，使得报纸面临着更加严峻的挑战。

在日本的总体传媒产业中，报纸、杂志等传统纸质媒体是处于下降趋势的，而出现增长的媒体是网络、手机、卫星电视和有线电视等。媒介形态本身的变化和优胜劣汰开始变得明显起来。如表13－2所展现的，日本传媒市场的各种媒体有增有减，既有成长率超过了100%的因特网接入产业，也有市场规模大幅度减小的产业。

日本报业市场的整体虽然呈缩小趋势，但从2003—2004年度各家全国报纸、地区报纸、地方报纸的决算数据看来，与前一年收入利润均下滑的情况相比，出现收入利润增加，收入减少但利润增加的报社，终于出现一些恢复的征兆。统计数据显示，（1）支出项目中，人力费用连续五年减少，经营费用连续两年减少；(2) 2004年，报社、通讯社的从业总人数达到54436人(前一年的97.5%)，连续12年减少，而且当年的减少比率是10年来最高的。越来越多的报社收益增多的最重要的原因就是人力费用和经营费用的精简初见成效，所以并不能因此而盲目乐观。

表13-1 日本传媒产业主要媒体市场的增减情况

	媒体	增长率 2000—2004年	2004年市场规模 单位：亿日元
加	因特网接入	214.9%	7499
	CS卫星电视	202.1%	2346
	录像带、DVD软件	169.4%	2984
	有线电视	143.4%	3533
	电影	123.4%	2109
	BS卫星电视	113.4%	829
	手机	111.1%	89754
	音乐会	109.7%	1364
	游艺机(街机)	108.9%	6492
	NHK	104.5%	6854
	民营广电公司	101.0%	23656
	GDP 2004年度：505.5万亿日元/2000年度：515.4万亿日元(负增长，成长率98.1%)		
减	书籍	97.1%	9429
	录像带、DVD租赁	97.1%	1218
	报纸	94.4%	23800
	杂志	91.1%	12998
	广播	84.8%	2123
	卡拉OK	82.2%	7466
	游戏软件	76.5%	3160
	通信(手机除外)	72.9%	69415
	CD(租赁、贩卖合计)	69.8%	3766

信息来源：根据电通总研：《信息媒介白皮书(2006)》。

五、探索报业衰势的深层原因

造成目前日本报业发展缓慢，业绩年年下滑的原因到底是什么？业界人士有各种各样的分析，各有各的道理。笔者认为日本报业衰退的主要原因可以从以下几个方面来思考：

(1) 日本报业的增长是否已经到了一个发展的极限。

(2)新媒体的冲击。免费报纸的出现直接在抢夺传统报业的广告市场，网络的发展使读报人口在向上网人口转变。以手机为代表的其他媒介也在蚕食着报业的市场。

(3) 日本人口在减少，特别是年轻一代的读报人口在减少。
(4) 报纸的内容制作过于墨守成规，严肃有余，娱乐不够。
(5) 免费报纸对报纸广告市场的冲击。

关于报业增长的极限

报业的增长有没有一个极限？应该是有的，报业发展和经济发展水平应该是相匹配的状态。近年来日本报业的发展已经到了一个增长的极限。日本报纸的总发行量和千人发行量均居世界前列，这一方面说明了日本报纸的实力，但是从另一个角度来考虑，也说明这种普及率几乎已经达到顶点，呈现饱和的状态，要使发行量再上一个台阶已经相当困难。

日本报业的增长大概在 20 世纪 90 年代后期就达到了发展的极限。20 世纪90 年代，日本的泡沫经济崩溃，大批企业倒闭，失业率不断上升。这对报纸发行产生了一定影响。日本报纸发行量的增长速度明显放慢，1997 年比 1990 年只增长了 286 万份，增幅为 5.3%。年增长率则更低，1997 年比 1996 年只增加了 21 万份，此后的报纸发行量虽然有高有底，但整体是下降的。

通货紧缩使得报纸销售价格的提升变得困难，经济不景气使各企业在广告投放上更为谨慎。而且，媒体的多样化使得单个媒体所得广告份额在减少，报纸的广告受到威胁。这些原因使得报社的主要收入来源都受到了冲击，成为日本报业经营滑坡的主要原因。当然，经济不景气是增幅放慢的重要原因，但并不是唯一原因。

总之，从日本报业的发展历程来看，高速发展的黄金时代已经过去，现在日本的报业正面临着严峻的考验，在经济不景气的情况下，日本报业要如何改变现状，如何运用新的运营政策，改善同读者的关系，这些都是日本报业必须探讨的问题。

新媒体的冲击

报纸作为历史悠久的传统媒介，在它的发展过程中不断受到新媒体的冲击，广播、电视的发明都对报纸造成一定的影响。世纪之交，在高度现代化的日本，互联网的迅速崛起对传统报业带来的影响无疑是巨大的。新媒体在受众资源、内容资源、广告资源三个方面向传统报纸发起了全面挑战。

在受众资源方面，受众的阅读习惯在悄然改变。网民的庞大人群中，有相当一部分是青年人。网络媒体正以自身信息量大、即时更新、良好的互动性、阅读便捷、低成本等优势对传统媒体进行冲击。人们通过网络媒体可以随时获得海量信息，并且大部分是免费阅读，大家还可以就一些自己感兴趣的事件进行评述，在网上与他人进行交流。上网已经改变了人们的阅读习惯，在获取信息时，他们不再总是选择传统的纸质媒体，而是更多地依靠互联网。读者的选择日益增多，年轻人与报纸渐行渐远，这个人群的数量还在不断增加之中。不仅如此，随着网络走入生活，进入办公领域，人们可以在更多的时间和地点接触到网络，在网络阅读的便利和隐秘性优势得到充分发挥的同时，更加快了人们改变阅读方式的速度。

在人口减少的大环境下，像手机、网络等原先以用户交纳使用费为主要收入源的媒介，未来转而更为重视广告收入。虽然从长远角度来看广告收入也会受人口减少的影响，但广告价格有其较为坚挺的底线，从中短期来看，可能是比使用费模式更为有效的获取资金的途径。

电通总研曾经预测，网络广告市场在 2009 年末将达到 5600 亿日元规模。[①]这 5600 亿日元毫无疑问将极大地影响到广告界，对以“内容为王”的整个媒介产业来说，这也极有可能左右人口减少时代的媒介所采用的新商业模式。例如，如果网络原创内容的制作费可以完全由网络广告收入来提供，那么广告收入就能够成功替代收费型商业模式下的资金收入。从这个角度而言，关注这类新的广告型商业模式也就成了必然。

在广告资源方面，虽然网络媒体本身的广告总量还不足以撼动电视、报纸这些传统媒体。但是其相对低廉的价格和强大的影响力，正吸引着更多广告商的关注，其广告成长比例非常迅速。报社经营状况不佳虽然不能说是网络媒体夺走了广告额，但是确与网络媒体的冲击有很大关系。在以互联网为代表的新兴媒体的冲击下，媒体的生态环境和基本格局已经并仍在发生重大变化。网络广告、户外广告、广播广告、楼宇广告、电梯广告、直投广告等新媒体迅猛崛起，瓜分、蚕食着报纸的广告份额。报纸的生存空间受到严重挤压，原来的强势地位开始动摇。而随着网络的进一步普及，网民的不断增加，互联网正迎来自己发展的黄金时期，而报业还将面临更大的冲击。

人口减少对报业市场的影响

人口结构发生变化以及人口减少时代的到来促使市场环境发生了变化，这对报业造成的影响很大。其中最主要的冲击是年轻一代读报人口的减少。最近五年的传媒产业整体发展停滞的凸现原因是年轻一代人口的减少。年轻一代人口的减少不仅冲击着报业，对 CD 和游戏软件市场的冲击更大。例如，与音乐市场顶峰时期的 1998 年相比，市场规模下降了38.0%；同样，游戏市场与顶峰的 1997 年相比甚至减少了 45.8%，可见两者的市场都在急

① 日本电通总研《信息媒介白皮书2006》。

剧地缩小之中。

从人口统计发展趋势来看传媒产业将可能面临一种特有的“2007 年现象”。日本传媒市场的变化与年轻一代人口减少关联性今后将进一步提高，2006 年以后，10—29 岁的日本人口减少速度将增快。同时，到 2007 年，作为传媒产业最重要消费群体的 20—29 岁年龄段人口将开始出现少于 40—49 岁年龄段人口的逆转现象。这就意味着传媒市场将要面临这个“2007 年现象”。年轻一代人口的减少也将影响到其他媒体市场的发展，例如报纸、杂志、出版市场、CD 和手机市场。出版市场在 20 世纪 90 年代以后，依靠漫画和游戏书籍的出版获得了很大收益。但从今后的人口构成变化来看，依靠这样的体制获得进一步发展将会是非常困难的。

根据日本的人口预测，30—39 岁人口将在 2007 年以后开始减少，40—49 岁人口的减少则要到 2015 年。应该说人口减少对传媒市场将产生深远影响，这并非言过其实。这个问题在中国也会很快出现。因为我们的独生子女一代也已经成长到 20 多岁。对于瞄准 10—29 岁年轻人进行市场拓展的产业来说，正陷入这样一种困境。如果不对经营体制和商业模式进行彻底改革便无法生存。

表13-2　　不同年龄段所占市场份额比较[①]

	人均月支出额（日元/月）	10—29 岁人群市场份额(%)	30—49 岁人群市场份额(%)
网吧	213.2	56.4	38.4
游戏软件	541.2	53.4	41.0
游艺中心	346.5	49.5	47.0
漫画	399.0	47.9	43.3
音乐 CD 租赁	351.2	44.6	44.0
卡拉 OK	758.0	41.9	40.3
漫画杂志	402.4	41.6	49.1
音乐 CD	2083.2	38.2	46.2
手机	5416.4	36.7	45.5
电影	469.3	33.7	44.8
影像租赁	729.6	33.0	48.2
音乐会等	1613.6	31.1	45.2
影像制品	668.7	28.6	55.0
书籍	1304.5	27.0	48.6

① 电通总研：《消费者信息媒介使用调查(2005)》。

（续上表）

	人均月支出额（日元／月）	10—29 岁人群市场份额(%)	30—49 岁人群市场份额(%)
杂志（漫画除外）	939.6	25.2	49.9
电脑软件	490.9	21.3	50.2
报纸（零售）	175.1	20.5	50.6
小计	16902.4	35.6	46.3

报纸内容制作的局限性

日本报纸的内容定位也有一定问题。报纸的内容制作过于墨守成规，严肃有余，娱乐不够。为了取得最大的发行量，就要争取最大量的受众。这样，报纸定位读者群就十分困难，大多数的报纸是朝着“谁都能读，谁都喜欢读”这个方向去发展。这样，报纸的内容和形式就必然会变得很单一。在读者看来好像什么报纸都一样，没有什么大的区别。

现在日本的报纸发行大都依靠报纸发行专卖店。这种销售方式使这些发行专卖店控制了当地的顾客群，并以此作为“资本”来与报社砍价，这种发行方式还让报社本身脱离了受众，与受众之间的交流在减少。

现在日本报业竞争的成本越来越大，要扩大报纸的发行量所需要的成本与日俱增。为了抢夺受众，很多报纸不得不随报附送各种各样的礼品，而且这种礼品现在呈现出越来越多、越来越大的趋势，虽然这种方法可以吸引一定量的受众，但效果只是短暂的。另外，现在的报纸广告也不景气，很难吸引商家在报纸上投广告，这使得报社只好从读者处寻找空间。为了抢夺受众，各个报纸招募了很多宣传人员，去各家各户宣传和介绍自己的报纸，但这样就又增加了很多费用。而更为可怕的是，随着附赠品的增多，很多读者成了“不良读者”，即订阅报纸不是为了阅读，而是为了得到随报附赠的礼品，这些读者对报纸本身已经没有什么兴趣。随着这些竞争成本的加大，报纸的定价自然也要调高，于是又引起了一般受众的不满，他们认为报纸是“社会的公共服务器”，不应该是高价的产品。

免费报纸对报纸广告市场的冲击

随着经济的快速发展、人口户数的增长而进一步发展，由送报到户体制支撑起来的日本报业，因受到互联网的普及、世界范围的免费报纸的兴起等外部因素等影响，正在面对“免费信息”潮流的挑战。

所谓免费纸媒，是指“以报纸的形式，不依靠发行而依靠广告收入运营的免费媒体”（山中茉莉著《新生活信息报》）。发行主体多是以报社为中心的广告公司、煤气公司、房地产公司、电气铁路公司等。报纸及其关联公司以扩大原来的报纸的发行量为目的，发行免费纸媒。

综观世界报业的新动向，以欧洲为中心兴起了新闻性很高的免费报纸，其版式从旧有的“大报”变为只有一半大小的“小报”。

新的广告型商业模式的征兆已经显露端倪。在出版业界，依靠广告收入制作发行的免费印刷品当下广受欢迎。例如从2004年在东京圈开始出版的《R25》，在首都圈中心已经有超过60万份的发行量，与杂志长期不景气形成了鲜明对比，该杂志的扩张引起了广泛关注。免费纸媒体的内容，历来多以所发行区域的生活信息为主，像《R25》、《TOKYO HEADLINE》这样新闻性、娱乐性强的免费媒体。《R25》以首都圈的车站、便利店为中心，在4000多处地方设置架子，其报道的字数一般设定为800字，相当于一个公司职员上下班时乘坐一站路，即两分钟可以读完的字数。

第五节 报业的未来之路

从20世纪90年代开始，日本的报业进入了一个新的发展时期。在电脑技术迅猛发展的基础上，信息处理技术与信息传播技术高度结合，产生了新的传播媒体。随着这些技术的实用化，原先各传媒产业之间存在的界限被逐渐抹去，原有传媒产业的结构也随之重组。

近十多年来，媒体整合的步伐在不断加快，突出表现为跨媒体发展趋势日渐明显。不同种类的媒体之间打破原有的界限，相互融合。从而，对于某个媒体公司而言，新闻等信息通过数字化通信技术搭建的通道，在报纸、电视、广播、互联网等新旧媒体之间实现了无障碍的流转；多种传播渠道让内容产品占领了更广的受众市场，吸引了尽可能多的广告商。

垄断性的传媒企业，一方面把新媒体纳入自己的活动领域，促使传媒产业内部的广播、电视、报纸、出版等产业进一步融合，从而确立自己的垄断地位；另一方面，则加强了同传媒产业以外进入新媒体领域的金融资本、互联网产业资本、电子通信产业资本的合作，这对形成巨大的传媒垄断企业起到了重要作用。

一、报业的未来不容乐观

从2004年11月1日开始，有着216年历史的英国老牌大报《泰晤士报》全部改出小报，以扭转发行量不断下滑的颓势。该报总经理保罗•黑斯（Paul Hayes）表示，版面更为简洁的小报显然更加顺应读者的需求。当时这一决定震惊了舰队街。《泰晤士报》是世界上最古老的报纸之一。1785年由约翰•沃尔特在创敦创刊，被誉为“世界第一大报”，一向以消息准确、社论严肃闻名，而且一贯标榜独立的新闻精神。1981年5月，默多克以1200万英镑收购了《泰晤士报》。之后，《泰晤士报》开始注重施展商业手段，在编辑方针、经营策略、人员管理等方面都作了较大调整。但进入21世纪以后，《泰晤士报》的发行量再次出现下滑，经营状况也不断恶化，所以促成了以上的重大改版举措。

《泰晤士报》改小报的行为，可以给我们两点启示：第一，面对市场的变化，媒体只能改变策略以适应市场变化，而不能固守已有经验；第二，即使是最古老、最传统的报纸，也不能固守往日的辉煌，也必须进行大幅度的改革以适应市场。

美国报业广告2005年以来也一直处于萎靡不振的状态。2005年9月底，著名投资银行美林将美国报业当年的广告增长预期下调至2.4%—3.3%，理由是“8月以来的广告形势比预期来得更为严峻，消费者信心下降和经济缺乏动力将使报纸广告今年难有作为”。对于2006年的市场展望，美林依然不抱乐观，它给出了可能比2005年更低的2.8%的增长预测。他们确信报纸广告已经进入了低增长的时代。

据全球报纸协会提供的数字，从1995年到2003年，报纸发行量在美国下降了5%，在欧洲和日本分别下降了3%和2%。20世纪60年代，五个美国人中有四个人每天阅读一份报纸，而现在只有一半的人这么做。《正在消失的报纸：拯救信息时代的报业》一书的作者菲利普•梅耶说，如果这种趋势继续发展下去，2040年4月最后一位读者将在读完最后一份报纸后将其丢入垃圾桶。

从2005年出现的中国报业广告的颓势，也与全球报业的衰退有着直接关系。近20年，中国报业几乎都是高歌猛进，一路飘红，报业广告收入平均增速高达30%以上。谁也没有想到，2005年的春天开始全国各大报社的广告营业额普遍开始大幅下滑，平均跌幅达15%以上。

深层原因在于，在以互联网为代表的新兴媒体冲击下，媒体的生态环境和基本格局已经并正在发生重大变化。网络广告、户外广告、广播广告、楼宇广告、直投广告等媒体方阵迅猛崛起，瓜分、蚕食着报纸的广告份额。新兴媒体目前尚未撼动电视，但对报纸发起了挑战。在新的媒体结构中，报纸的生存空间受到严重挤压，传统的强势地位被从根本上动摇。尤其值得关注的是互联网广告的迅猛增长。在报业广告大幅下滑的同时，互联网的广告却迎来了春天。

网络媒体还将呈现爆炸式发展。媒体环境和格局将因之发生更大的变化。在这场媒体变局中，报纸为生存而进行的竞争将更加激烈，整合和转型也势在必然。

二、报纸的数字化转型

网络媒体在冲击报业的同时，也为报业的发展提供了一个可供发展的方向。各大报纸为了更好地生存，纷纷在互联网上建立网站以适应高科技信息时代的发展。很多大报网站有专门的编辑人员，每小时更新内容，随时提供最新信息。一些报纸网站的访问量也相当可观，有的网站已经实现了盈利。

在利用互联网来盈利方面，日本的不少报纸网站也已经摸索出一套模式，并取得初步成效。报社、通讯社不断参与电子、电波媒体事业，2005年通过“(向检索•门户网站等) 提供内容服务”、“面向手机•固定终端提供信息”等方式，将自有的报道、数据等内容积极利用起来。

许多报纸网站在经营中将报纸多年的报道建立数据库，供使用者在网上查询；在网站的免费内容之外，设置专门的页面提供收费内容，入会的用户可以登录这些页面阅读更详细、更专业的报道；提供收费信息阅读；通过 E-mail 和手机向用户定期发送信息服务等。比如，每日新闻社于2004年4月与MSN合作开设了新闻网站。由于MSN属于外资，而且是报业的竞争对手，所以这一合作引发了不少批判的声音。尽管如此,《每日新闻》负责内容的采编，MSN负责在线广告的经营，该网站的广告收入和浏览量均呈上升趋势。

2004年浏览率居前10位的媒体•新闻类域名中，有四个是和报社相关的。报纸广告的送稿EDI状况，包括试实施在内，有104家（占总数的96.3%)。从日本报纸的网上经营实践中我们可以看出，互联网“信息收费”是一种必然趋势，虽然这些努力目前还没有产生很大的经济效益，但潜力不容忽视。①

自从1995年《朝日新闻》、《读卖新闻》、《每日新闻》建立网站以来，2004年是报社开展此项经营的第10年（日本经济新闻于1984年已经开始通过电脑通信提供服务)。当初报社通过互联网提供信息的时候，报业内部对未来表示担忧。因为互联网对读者提供的是免费的新闻信息，而这

① 周勇:《日本报纸:探索互联网时代经营之道》,《国际新闻界》，2002年第1期，第51—55页。

一点对于报纸本身而言形成巨大的威胁。

根据日本新闻协会开展的“2004 年报纸、通讯社的电子电波媒体现状调查”结果显示：参与调查的 84 家报社之中有 83 家开设了网站，由此可见互联网已经成为报社经营事业不可或缺的部分。但是互联网经营项目能否盈利仍然是今后的重要课题。

在对 84 家与日本报社相关的 153 个网站中，44 个（占总数的 28.8%）网站点对浏览对象实施会员制。报社通过会员制招揽读者，目的是将来实现网站的收费服务。除了提供当天新闻外，很多报纸更多的是利用自己的数据库与门户网站进行合作，为他们的收费信息检索提供内容支持；“Page View”和“会发声的报纸”是正在试验中的新形式。“Page View”除了能实现纸质报纸的基本阅读功能外，它还具备了链接、放大、打印、检索等纸质报纸没有的独特功能。“会发声的报纸”是《产经新闻》正在力推的一项网上信息服务方式，目前尚处在试验阶段。

三、报纸商业模式的重建

由送报上门体制支撑起来的日本报业与国外相比，其对发行收入的依赖度较高，但是回顾过去 10 年，其发行收入和广告收入的比率从 5∶5 变为6∶4。这一严峻形势让各报社不得不考虑商业模式的再建问题。

各个报社对日常积累的信息内容（报道和照片）的二次利用也很兴盛。向互联网提供内容成为新闻信息等的有效再利用途径。但是，一旦向免费阅读的互联网提供过多的信息，付费经营的报纸就将面临危机。

各个报社正处于左右为难的境地，在不能无视互联网存在的情况下，开始进行新的尝试。2004 年 10 月，朝日新闻社建立了以读者为中心的免费会员组织“Aspara 俱乐部”（截止到 2005 年 7 月，共有会员约 40 万人)，其会员通过互联网参加活动、接收信息。虽然该俱乐部没有收益，但其两点成绩同样引人注目：（1）从长期效果看可以汇聚众多读者；（2）曾经只重视新增读者而忽略长期老读者的报社对老读者提供优惠政策让人耳目一新。

在考虑媒介内容买卖的问题上，日本报业目前引起关注的已经不再是“买或卖什么”，而是“如何买或卖”。对受众来说，商业模式本身就对内容魅力的形成有极大的影响，用户如何消费内容？从中得到了什么？要回答这些问题需要进一步考察“内容提供方式”对内容价值的形成产生了怎样的影响。基于“怎么卖”的问题来考虑传媒的服务模式、商业模式以及消费者的消费形态等问题，从消费者的视角就变得非常重要。电通总研每年进行的惯例的《消费者信息媒介使用调查》成为考察消费者需要形态的重要参考资料。

商务模式正在对受众选择媒介内容方面产生很大的影响。一种媒介内容消费的状态、服务、追求效益的媒体等，都根据各自用户需求的不同而持有不同的机能。电通总研在《信息媒介白皮书 2006》中把现代媒体的商业模式总结为三种：（1）定额收费模式；（2）广告模式；（3）流量收费模式。各种媒体可以根据其不同的特征探讨各自适用的战略模式。

定额收费模式

正如报纸的订阅收费，手机常用的收费也属于这类模式，对用户来说极其便利，故使用定额模式的用户很多。定额模式也有使得制作方能够获得和广告模式相似的自由度。报纸的定额模式就是和广告模式的相结合。对于新媒体来说，定额模式其实是流量模式和广告模式的融合。

要说定额模式的问题，因为内容提供的构造是“用户→中间商与服务商→制作者”，故“质量”如何，消费者的反应是“间接化”反映到制作者的。中间环节“中间商与服务商”可能会握有过大的权利，从而使内容可能完全符合市场需求，也有可能与市场需求有很大距离。因而，如何将获取的市场反应反馈给制作者就变得尤为重要。这一点对广告模式也同样重要，再分配机制成为了取胜的关键。定额模式只有做到提供能够超越“付费”意识的服务，才能在市场上决一胜负。

广告模式

这种模式最典型代表就是电视的商业模式。与流量模式相比，广告模式要与市场需求保持完全同步是有困难的。而在电视方面，则是以其收视率为衡量指标来达到与市场同步，也取得了一定的成功。因此，把握观众需求的动向和状态等就成为极其重要的关键。

从用户角度来看，广告模式的最大特征在于“可以免费收看”。在2005 年度调查中，70%的被调查者表示希望“收看加入广告的免费动画”。这一模式的关键是与市场需求互动，如果与市场需求相违背，就会陷入经营恶化的危险；相反，如果盲目追随市场，结果又可能沦为过于迎合市场而毁坏品牌。

流量收费模式

流量模式能够很好地及时反映市场需求。直接体现出媒介用户的需求及其表现出的购买情况，为了紧紧抓住市场需求的动向和产品的生命线，媒介商品的提供者大多都更偏爱较小规模的组织。

对用户来说，流量模式的最显著特征就是，每次获取内容都不得不付费，要忽略金钱支出自由享受内容是非常困难的。因而，采用流量模式经营的媒介内容就必须有足以超越这一制约的魅力。

另一方面，流量模式也有别的风险。由于媒介内容质量的评判标准仅仅依据“销路状况”，过于迎合市场需求，在越来越多跟风产品的同时，创新产品的诞生就越发艰难。然而，跟风产品往往是依靠规模经济来收获创新产品的成果，媒介内容制造者可能因此陷入“价格竞争”的消耗战之中，必须尽量避免这样的状况。

商业模式的重建

上述这三种商务模式在使用费和用户数上的相关发展上各有利弊，流量模式虽然在单个用户方能获取较高的使用费，但用户数的扩大却颇受限制。与此相对，广告模式所获得使用费虽然趋近于零，但用户数却很易增长。定额模式刚好在流量模式和广告模式的中间位置。

对不同模式来说，所需要重视的关键和必须解决的瓶颈问题也是不同的。然而，无论采取怎样的商务模式都有必须重视的内容，即有效活用各种媒体的优势，尽量完善用户在消费信息时的流程。

采取收费模式的媒体内容，面临的一个问题是“如何设定目标受众”。即使交费也想看或听，这就要求提供的内容必须要与用户的喜好高度一致。正因为此，设定有效的目标受众，针对该目标受众进行高效率的内容投放就成为成功关键。接下来的课题是解决“使用手续”和“结算”的问题。对广告模式来说，必须要做到吸引比收费模式多的用户。因此，必须做到更大范围内的宣传和认知。同时，对广告模式来说，重要的是要重视“如何才能获得人们的关注”。唤起社会性的关心度就成为不可或缺的要素。

在考虑新的商业模式时，不得不重视受众的便利性，这包括支付费用方式的便捷和使用的便利性，以及资金回收的效率性。比如，尽管对网络交费和结算越来越普及，但现在对网上结算有抵触情绪，或者因为使用手续复杂而不使用网上结算的用户依然很多。如何顺利地解决这个问题是一个很大的课题。

如何确定目标受众，采用怎样的商业模式，这些要根据时刻变化着的市场做出选择，决不能一概而论。但是，值得关注的是，商业模式的变更并不是简单的支付方法的变更，无论对用户还是制作方来说都有很大的影响。对用户消费媒介的状态的实时把握是至关重要的。如果对受众“如何消费媒介”有了十足的把握，无论是构建商业模式还是变更商业模式，就都能做到游刃有余了。

四、报纸的年轻读者

今后 10 年间，日本的年轻人口将持续减少，而家庭数将持续增加。如果能够将家庭也作为目标的话，便可以有效地弥补人口减少所带来的损失，采取有效的战略。

现代的受众的需求究竟是怎样的呢？表 13-4 是电通总研开展的“2005 年消费者信息媒介利用调查”的调查结果。从中可以看出不同年龄层的受众对媒介的喜好程度的不同。数据显示，年龄越低，对网络和手机的使用倾向性就越强，年轻人对网络和手机的态度是“习惯成自然”的依赖，其使用目的主要是“获得话题和谈资”、“打发和消磨时光”。电视从很多方面都显现出了与因特网、手机相似的倾向，而报纸却呈现了与此截然相反的倾向。

在“获得信息的便利性”这一点上，手机和报纸呈现了截然相反的倾向。年龄层越低的人群，越认为手机能够“方便地获得信息”，而年龄层越高的人群则对报纸的评价越高。调查结果还显示，频繁使用手机的用户对报纸的接触频度非常低[①]，对年轻人来说，手机或许正是他们用来“替代”报纸的媒体。

另外，关于“获得社会动态信息”和“获得值得信赖的信息”的调查上，无论哪个年龄层都对报纸有较高的评价；然而，对 10—30 岁的年轻人来说，这两个要素在他们的媒介选择上并没有起到很大的作用。[②]将这些因素综合起来考虑，年轻人对报纸的需求变得非常有限。

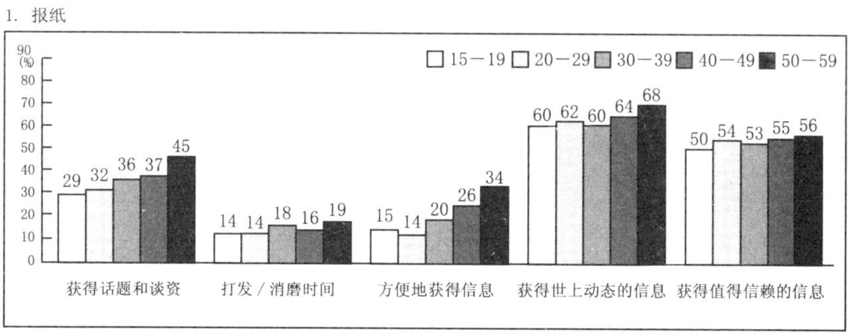

图13-4　不同年龄人群对媒介的意识

① 《手机用户的“广告/购买意识”调查》。

② 《消费者信息媒介利用调查(2004)》。

(续上表)

2. 电视(地面无线播送)

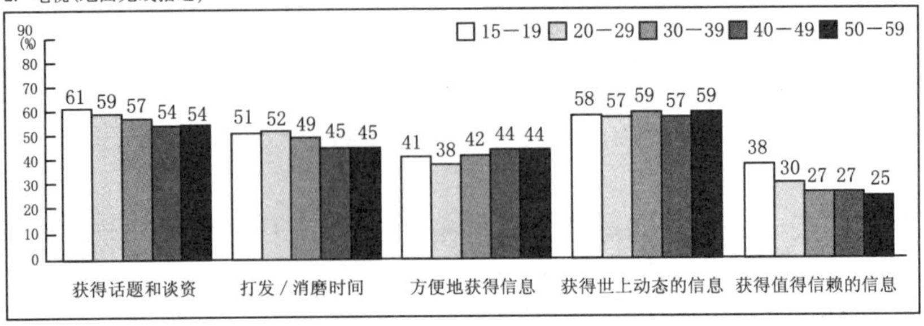

3. 因特网

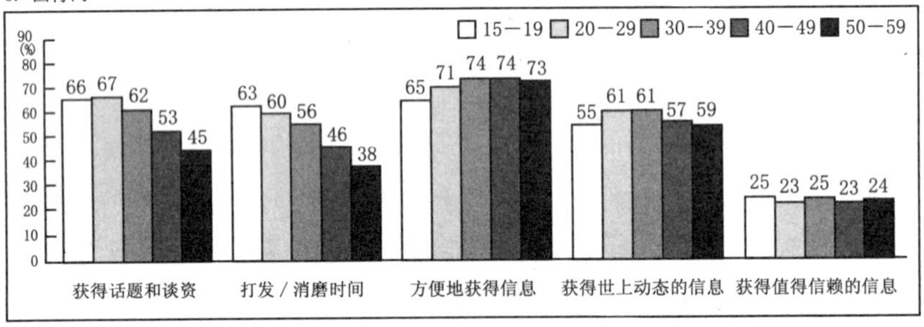

4. 手机、PHS 的信息网站

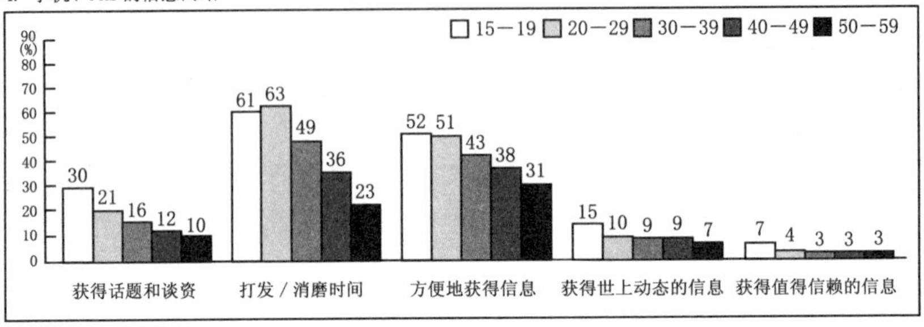

随着日本社会人口的逐渐减少，作为媒介市场主力消费群体的年轻人口会急速下降，因此传媒市场的缩小成为一种普遍的忧虑。为了越过人口减少和家庭减少时代带来的问题，重视对家庭的针对性营销成为有效的途径。针对家庭的营销不仅要更多地考虑对家庭来说必须购买的、有价值的物品的“价值”问题，还要考虑一家人并非完全是一个人说了算，而是需要用家庭的支出来购买的物品的“支出”问题。电通总研在《信息媒介白皮书 2005》[①]便开始论述，对信息媒介来说，不再是“卖什么”而是“怎么卖”的问题。在人口减少的大趋势下，这样的视角变得尤为重要起来。

---

① 《信息媒介白皮书2005》(Diamond社)，卷头特集“2 内容高质量未必受欢迎”，第20—25页。

五、向受众为中心的转型

搜索引擎的出现彻底改变了千百年来的信息供需的格局。此前的信息媒介业务，“以传者为中心”结构是十分强势的。所谓的“以传者为中心”就是指以制作者为中心，从而开发产品和服务。媒介认定只要提供有价值的信息和内容，就自然而然地会拥有读者、听众和观众。当然，现在仍然这样想的制作者越来越少了，但是报纸媒介的这种倾向依然很强，这主要表现在几个方面：一是报纸的制作者方面直接听到读者声音的机会很少，而是以发行量这样间接的数据资料作为主要的评价标准；二是报纸的编辑们一般认为只要将大众媒介的影响力真正发挥出来，市场需求可以在日后慢慢培养；三是记者和编辑们有较强的新闻专业主义观念和使命感，但却往往忽视了读者的需求。

然而，媒介消费者的信息获得和他们的媒介接触行为都正在发生巨大的变化，对媒介的评价变化也发生了很大的变化。即使从媒体这边来看，信息媒介的多样化和数字化，对报纸来说面临着来自周围的种种压力越来越大。

现代媒介的商业模式，正在从“以传者为中心”向“以受者为中心”转化，并且“以受者为中心”特征变得越来越重要起来。即把用户（读者、听众、观众）的需求放在最优先考虑的位置，也就是要根据用户的关注点来开发产品和提供服务，提供用户最需要的内容。在日本因收购富士电视台引起社会很大关注的“LiveDoor”的堀江贵文社长在接受《产经新闻》的采访[①]时说，新闻报道要引入用户的人气排名，媒体必须向“以用户为主体”的商业模式转换。要正确地从用户的呼声中选择有益的意见，进而“预先得知”用户的“潜在需求”，从而获得创造新内容的想象力。

从媒介经营运作的角度来说，把握“传者中心”和“受者中心”之间的平衡是至关重要的。新闻报道也好，娱乐节目也好，都离不开创造性行为。“受者中心”的构想，无疑就是为了满足用户的需求。好莱坞的电影就是在对观众需求的精致分析后，进行市场战略建构的。用户需求的反馈与作品内容相结合，从而制作出了许多顶级作品。然而，这样的做法虽然容易在商业运作上获得成功，但或许就会丧失“创造性”和“作品性”。同时，如果这样的运作方式长期持续，最终可能会招来用户的反感。近年来，

① 《LiveDoor，堀江社长访谈录》，《产经新闻》，2005年3月26日。

好莱坞的电影在强势推出新作品和系列作品的同时，也持续面临着电影市场低迷的窘境[①]，原因可能就在于此。

从 2004 年 4 月开始，大幅度改变版面的报社逐渐增多。《读卖新闻》提出“向读者提供生活所需的信息，对身边发生的事情进行深度报道”这一口号，将生活版面扩版为三版；《每日新闻》继续其长期连载的关于医院的栏目；《日本经济新闻》出版周六专刊，以 30 岁的女性为目标读者，提供丰富的生活信息，同时其周日专刊专门向读者提供年薪、保险等相关的信息，加强关于健康、医疗方面的报道。通过读者调查也发现，广大读者对于健康、医疗相关的新闻报道非常感兴趣，由此表明对于社会整体注重健康的趋势报纸给予了积极的回应。

日本新闻协会于 2003 年进行的调查显示连续订报 15 年以上的读者占总人数的 56.1%，这说明报纸是稳定拥有固定读者的媒体。因为日本报纸比其他媒体还是有很多长期积淀下来的优势存在，比如，各种调查反映出日本读者对报纸有很高的信赖度；日本的大报拥有很多采编知识丰富的人才；还有，纸质媒体毕竟具有易读性、便携性的优势。因此，报业再创活力的关键就在于，以其他媒体做不到的形式，继续向读者提供高品质的新闻，成为真正值得读者信赖的媒体。

今后如果报纸能够发挥其特有的稳定、易读性、便携性的特点，同时能够利用互联网带来的快速、互动的优势，那么报业恢复市场生机的曙光就会出现在眼前。

① 根据美国媒体汇总的预测值。

主要参考文献

日本新闻协会. 日本新闻年鉴2003—2004. 电通株式会社出版. 2004年版。

日本新闻协会. 日本新闻年鉴2005—2006. 电通株式会社出版. 2005年版。

〔日〕内川芳美，新井直之. 日本新闻事业史. 张国良译，北京：新华出版社，1986年版。

尹良富. 日本报业集团研究. 广州：南方日报出版社，2005年版。

张国良. 现代日本大众传播史. 上海：学林出版社，1992年12月。

〔日〕桂敬一. 多媒体时代与大众传播. 刘雪雁译. 北京. 新华出版社，2000年1月。

〔日〕中马清福. 报业的活路. 崔保国，艾勤径等译. 北京：清华大学出版社，2005年5月版。

〔日〕木村荣文. 记者——六鼓、菊竹淳的生涯. 1997年。

〔日〕镰田慧. 地方报研究. 东京：潮出版社，2002年3月。

〔日〕河北新报编辑委员会. 河北新报百年. 仙台. 1997

〔日〕一力一夫. 3/4个世纪回顾. 仙台. 2000年。

〔日〕冈本基. 日本出版物的再贩卖价格维持制度. 2004。

〔日〕伊藤正男. 关于出版物再贩卖制度存废问题研究. 2004年。

〔日〕岛田昌幸. 日本各媒体的现状和报业的特征. 2005。

秦新春. 日本经济新闻版式活泼、风格独特. 报林. 1995年第01期。

章曦元. “日经”神话：一天七个版本——从《日本经济新闻》谈新闻类报纸的发展潜能. 当代传播. 2002年5期。

王大军. 日本经济新闻的采编体制和研究重点. 当代传播. 1996年第2期。

信浓每日新闻编辑委员会. 信浓每日新闻一百二十年历程. 1995年7月。

西日本新闻社. 西日本新闻一百二十年历史. 福冈. 1997年。

后 记

日本报业确实值得研究，在一个只有一亿两千万人口的国家，能有像《读卖新闻》、《朝日新闻》这样发行上千万的报纸，无论是日本的五大报系，还是一些地方报纸都可以算得上是名副其实的大报。如果不是因为语言的局限性，日本的报纸可能会在世界范围内形成更大的影响。

几年前，我读了南方日报出版社出版的辜晓进先生的著作《走进美国大报》之后，产生了一种冲动，觉得应该把自己多年来对日本报纸的观察和研究写出来，与国内关心报业发展的朋友们共享。在报业研究方面，我访问过的美国西北大学朗文教授等的报业研究工作对我启发颇大。著名媒介经济学家罗波特·皮卡特写的《美国报业研究》，也给我很多借鉴。这些研究美国报业的著作，研究的视角和方法各有不同，有的是以记者的眼光对美国的报纸进行观察和描述，生动活泼，有血有肉；有的是以学者的眼光对美国报业进行经济学和管理学的综合分析，或注重报纸内容和版面风格，或注重报纸的经营管理和报业结构分析。这些对我研究和写作这本《走进日本大报》有很大启发，在此表示衷心感谢。

对日本报纸的观察和研究始于我在日本留学的年代，1990年到1998年的八年留学日本期间，我曾经在日本创办过一份华文报纸《中国留学生新闻》，并做过中文杂志《新大陆》的主编，在20世纪90年代的日本华文媒体中还比较活跃。当时的报纸编辑部就在离朝日新闻东京本社大楼很近的新桥车站附近，报纸的制版和印刷曾在产经新闻印刷厂和朝日新闻社附近的印刷厂进行。我从那时起开始接触日本的报社，并结识了一些日本报界的朋友。我曾到过日本的很多地方，从北海道到九州，很多时候是自己开车去的。最难忘的一次是一个人开车在富士山的半山处迷路了，我把车停在悬崖上，上方是富士山白雪皑皑的顶峰，下面是辽阔的大地和远方的地平线，汽车收音机里传来了德沃夏克的《新大陆交响曲》，顿时勾起我这个海外游子对祖国的满怀思念，我无限感慨，热泪盈眶。留学时代的许多直接经验和深切感受对我以后的日本研究有很大帮助。

在研究日本报业的过程中，我要衷心感谢《朝日新闻》的老总编中马清福先生，他给予我许多指导和帮助，我翻译了他的著作《报业的活路》，这本书给了我颇多启发。同时，他还给我提供了很多资料，引荐了不少朋友，令我获益良多。另外，日经BP社的老社长吉村久夫先生也给我很多指导和建议，他曾是《日本经济新闻》的大牌记者，20世纪70年代来过中国，采访过周恩来、尼克松等著名领导人。

在我国的学者中，较早研究日本报业的有原复旦大学的张国良教授，他撰写的《现代日本大众传播史》以及他翻译的《日本新闻事业史》，成为我们研究日本报业的重要参考文献。上海社会科学院的研究员尹良富先生撰写的《日本报业集团研究》，对于日本五大报系的研究非常深入，给了我很多启发和借鉴，在此一并表示衷心感谢。

我对日本报社的采访和调研得到了日本新闻协会和日本各大报社的大力协助和支持，在此表示衷心感谢。在日本采访各大报社期间，庆应大学的博士留学生华金玲小姐和上智大学的博士留学生贾曦小姐曾协助我采访，帮我做了很多资料搜集的工作。在整理和翻译有关日本报业的资料时，我的几位研究生发挥了很大作用，在此我要衷心感谢他们——崔寅、崔扬、艾勤径、钱莉花、铃鹿叶子、李欣蓉、蔡瑞嘉等。在清华-日经研究所工作的王世蓉小姐为本书的修改、校对和联络做了很多工作，南方日报出版社的赵泓先生、陈微尘女士和编辑阮清钰先生也为本书的出版付出了很多心血，再次表示最诚挚的谢意。

由于成书仓促，挂一漏万，诚望各位专家不吝批评指正，也恳盼读者多提意见，多加指点。

崔保国

2007年3月于清华园